Staatsrecht I

Hemmer/Wüst/Christensen/Grieger

D1731721

November 2007

Juristisches Repetitorium hemmer

examenstypisch - anspruchsvoll - umfassend

Augsburg
Wüst/Skusa/Mielke/Quirling
Mergentheimer Str. 44
97082 Würzburg
Tel.: (0931) 79 78 2-30
Fax: (0931) 79 78 2-34
www.hemmer.de/augsburg

Bayreuth
Daxhammer
Matzenhecke 23
97204 Höchberg
Tel.: (0931) 400 337
Fax: (0931) 404 3109
www.hemmer.de/bayreuth

Berlin-Dahlem
Gast
Schumannstraße 18
10117 Berlin
Tel.: (030) 240 45 738
Fax: (030) 240 47 671
www.hemmer.de/berlin-dahlem

Berlin-Mitte
Gast
Schumannstraße 18
10117 Berlin
Tel.: (030) 240 45 738
Fax: (030) 240 47 671
www.hemmer.de/berlin-mitte

Bielefeld
Knoll/Sperl
Hinter dem Zehnthofe 18a
38173 Sickte
Tel.: (05305) 91 25 77
Fax: (05305) 91 25 88
www.hemmer.de/bielefeld

Bochum
Schlegel/Schlömer/Sperl
Salzstr. 14/15
48143 Münster
Tel.: (0251) 67 49 89 70
Fax.: (0251) 67 49 89 71
www.hemmer.de/bochum

Bonn
Ronneberg/Christensen/Clobes
Leonardusstr. 24c
53175 Bonn
Tel.: (0228) 23 90 71
Fax: (0228) 23 90 71
www.hemmer.de/bonn

Bremen
Kulke
Mergentheimer Str. 44
97082 Würzburg
Tel.: (0931) 79 78 230
Fax: (0931) 79 78 234
www.hemmer.de/bremen

Dresden
Stock
Zweinaundorfer Str. 2
04318 Leipzig
Tel.: (0341) 6 88 44 90
Fax: (0341) 6 88 44 96
www.hemmer.de/dresden

Düsseldorf
Ronneberg/Christensen/Clob
Leonardusstr. 24c
53175 Bonn
Tel.: (0228) 23 90 71
Fax: (0228) 23 90 71
www.hemmer.de/duesseldorf

Erlangen
Grieger/Tyroller
Mergentheimer Str. 44
97082 Würzburg
Tel.: (0931) 79 78 2-30
Fax: (0931) 79 78 2-34
www.hemmer.de/erlangen

Frankfurt/M.
Geron
Dreifaltigkeitsweg 49
53489 Sinzig
Tel.: (02642) 61 44
Fax: (02642) 61 44
www.hemmer.de/frankfurt

Frankfurt/O.
Neugebauer/ Vieth
Holzmarkt 4a
15230 Frankfurt/O.
Tel.: (0335) 52 29 87
Fax: (0335) 52 37 88
www.hemmer.de/frankfurtoder

Freiburg
Behler/Rausch
Rohrbacher Str. 3
69115 Heidelberg
Tel.: (06221) 65 33 66
Fax: (06221) 65 33 30
www.hemmer.de/freiburg

Gießen
Knoll/Sperl
Hinter dem Zehnthofe 18a
38173 Sickte
Tel.: (05305) 91 25 77
Fax: (05305) 91 25 88
www.hemmer.de/giessen

Göttingen
Sperl/Schlömer
Kirchhofgärten 22
74635 Kupferzell
Tel.: (07944) 94 11 05
Fax: (07944) 94 11 08
www.hemmer.de/goettingen

Greifswald
Burke/Lück
Buchbinderstr. 17
18055 Rostock
Tel.: (0381) 3 77 74 00
Fax: (0381) 3 77 74 01
www.hemmer.de/greifswald

Halle
Luke
Arndtstr. 1
04275 Leipzig
Tel.: (0177) 3 34 26 51
Fax: (0341) 4 62 68 79
www.hemmer.de/halle

Hamburg
Schlömer/Sperl
Pinnasberg 45
20359 Hamburg
Tel.: (040) 317 669 17
Fax: (040) 317 669 20
www.hemmer.de/hamburg

Hannover
Daxhammer/Sperl
Matzenhecke 23
97204 Höchberg
Tel.: (0931) 400 337
Fax: (0931) 404 3109
www.hemmer.de/hannover

Heidelberg
Behler/Rausch
Rohrbacher Str. 3
69115 Heidelberg
Tel.: (06221) 65 33 66
Fax: (06221) 65 33 30
www.hemmer.de/heidelberg

Jena
Hannich
Parkweg 7
97944 Boxberg
Tel.: (07930) 99 23 38
Fax: (07930) 99 22 51
www.hemmer.de/jena

Kiel
Sperl/Schlömer
Kirchhofgärten 22
74635 Kupferzell
Tel.: (07944) 94 11 05
Fax: (07944) 94 11 08
www.hemmer.de/kiel

Köln
Ronneberg/Christensen/Clobes
Leonardusstr. 24c
53175 Bonn
Tel.: (0228) 23 90 71
Fax: (0228) 23 90 71
www.hemmer.de/koeln

Konstanz
Guldin/Kaiser
Hindenburgstr. 15
78467 Konstanz
Tel.: (07531) 69 63 63
Fax: (07531) 69 63 64
www.hemmer.de/konstanz

Leipzig
Luke
Arndtstr. 1
04275 Leipzig
Tel.: (0177) 3 34 26 51
Fax: (0341) 4 62 68 79
www.hemmer.de/leipzig

Mainz
Geron
Dreifaltigkeitsweg 49
53489 Sinzig
Tel.: (02642) 61 44
Fax: (02642) 61 44
www.hemmer.de/mainz

Mannheim
Behler/Rausch
Rohrbacher Str. 3
69115 Heidelberg
Tel.: (06221) 65 33 66
Fax: (06221) 65 33 30
www.hemmer.de/mannheim

Marburg
Knoll/Sperl
Hinter dem Zehnthofe 18a
38173 Sickte
Tel.: (05305) 91 25 77
Fax: (05305) 91 25 88
www.hemmer.de/marburg

München
Wüst
Mergentheimer Str. 44
97082 Würzburg
Tel.: (0931) 79 78 2-30
Fax: (0931) 79 78 2-34
www.hemmer.de/muenchen

Münster
Schlegel/Sperl/Schlömer
Salzstr. 14/15
48143 Münster
Tel.: (0251) 67 49 89 70
Fax.: (0251) 67 49 89 71
www.hemmer.de/muenster

Osnabrück
Schlömer/Sperl/Knoll
Kirchhofgärten 22
74635 Kupferzell
Tel.: (07944) 94 11 05
Fax: (07944) 94 11 08
www.hemmer.de/osnabrueck

Passau
Mielke
Schlesierstr. 4
86919 Utting a.A.
Tel.: (08806) 74 27
Fax: (08806) 94 92
www.hemmer.de/passau

Potsdam
Gast
Schumannstraße 18
10117 Berlin
Tel.: (030) 240 45 738
Fax: (030) 240 47 671
www.hemmer.de/potsdam

Regensburg
Daxhammer
Matzenhecke 23
97204 Höchberg
Tel.: (0931) 400 337
Fax: (0931) 404 3109
www.hemmer.de/regensburg

Rostock
Burke/Lück
Buchbinderstr. 17
18055 Rostock
Tel.: (0381) 3777 400
Fax: (0381) 3777 401
www.hemmer.de/rostock

Saarbrücken
Bold
Preslesstraße 2
66987 Thaleischweiler-Fröschen
Tel.: (06334) 98 42 83
Fax: (06334) 98 42 83
www.hemmer.de/saarbruecken

Trier
Geron
Dreifaltigkeitsweg 49
53489 Sinzig
Tel.: (02642) 61 44
Fax: (02642) 61 44
www.hemmer.de/trier

Tübingen
Guldin/Kaiser
Hindenburgstr. 15
78465 Konstanz
Tel.: (07531) 69 63 63
Fax: (07531) 69 63 64
www.hemmer.de/tuebingen

Würzburg
- ZENTRALE -
Mergentheimer Str. 44
97082 Würzburg
Tel.: (0931) 79 78 230
Fax: (0931) 79 78 234
www.hemmer.de/wuerzburg

Assessorkurse

Bayern:		RA I. Gold, Mergentheimer Str. 44, 97082 Würzburg; Tel.: (0931) 79 78 2-50
Baden-Württemberg:	Konstanz/Tübingen	RAe F. Guldin/B. Kaiser, Hindenburgstr. 15, 78467 Konstanz; Tel.: (07531) 69 63 63
	Heidelberg/Freiburg/Stuttgart	RAe Behler/Rausch, Rohrbacher Str. 3, 69115 Heidelberg; Tel.: (06221) 65 33 66
Berlin/Potsdam:		RA L. Gast, Schumannstr. 18, 10117 Berlin, Tel. (030) 24 04 57 38
Brandenburg:		RA Neugebauer/Vieth, Holzmarkt 4a, 15230 Frankfurt/Oder, Tel.:(0335) 52 29 32
Bremen/Hamburg:		RAe M. Sperl/Clobes/Dr. Schlömer, Kirchhofgärten 22, 74635 Kupferzell; Tel. (07944) 94 11 05
Hessen:	Frankfurt	RA A. Geron, Dreifaltigkeitsweg 49, 53489 Sinzig; Tel.: (02642) 6144
	Marburg/Kassel	RAe M. Sperl/Clobes/Dr. Schlömer, Hinter dem Zehnthofe 18a, 38173 Sickte, Tel. (05305) 91 25 77
Mecklenburg-Vorp.:		Ludger Burke/Johannes Lück, Heilgeiststraße 30, 18439 Stralsund, Tel: (03831) 30 93 44
Niedersachsen:	Hannover	RAe M. Sperl/Dr. M. Knoll, Hinter dem Zehnthofe 18a, 38173 Sickte, Tel. (05305) 91 25 77
	Postversand	RAe M. Sperl/Clobes/Dr. Schlömer, Kirchhofgärten 22, 74635 Kupferzell; Tel. (07944) 94 11 05
Nordrhein-Westfalen:		Dr. A. Ronneberg, Leonardusstr. 24c, 53175 Bonn; Tel.: (0228) 23 90 71
Rheinland-Pfalz:		RA A. Geron, Dreifaltigkeitsweg 49, 53489 Sinzig; Tel.: (02642) 6144
Saarland:		RA A. Geron, Dreifaltigkeitsweg 49, 53489 Sinzig; Tel.: (02642) 6144
Thüringen:		RA J. Luke, Arndtstr. 1, 04275 Leipzig; Tel.: (0177) 3 34 26 51
Sachsen:		RA J. Luke, Arndtstr. 1, 04275 Leipzig; Tel.: (0177) 3 34 26 51
Schleswig-Holstein:		RAe M. Sperl/Clobes/Dr. Schlömer, Kirchhofgärten 22, 74635 Kupferzell; Tel. (07944) 94 11 05

Juristisches Repetitorium hemmer

examenstypisch - anspruchsvoll - umfassend

Augsburg
Wüst/Skusa/Mielke/Quirling
Mergentheimer Str. 44
97082 Würzburg
Tel.: (0931) 79 78 2-30
Fax: (0931) 79 78 2-34
www.hemmer.de/augsburg

Bayreuth
Daxhammer
Matzenhecke 23
97204 Höchberg
Tel.: (0931) 400 337
Fax: (0931) 404 3109
www.hemmer.de/bayreuth

Berlin-Dahlem
Gast
Schumannstraße 18
10117 Berlin
Tel.: (030) 240 45 738
Fax: (030) 240 47 671
www.hemmer.de/berlin-dahlem

Berlin-Mitte
Gast
Schumannstraße 18
10117 Berlin
Tel.: (030) 240 45 738
Fax: (030) 240 47 671
www.hemmer.de/berlin-mitte

Bielefeld
Knoll/Sperl
Hinter dem Zehnthofe 18a
38173 Sickte
Tel.: (05305) 91 25 77
Fax: (05305) 91 25 88
www.hemmer.de/bielefeld

Bochum
Schlegel/Schlömer/Sperl
Salzstr. 14/15
48143 Münster
Tel.: (0251) 67 49 89 70
Fax.: (0251) 67 49 89 71
www.hemmer.de/bochum

Bonn
Ronneberg/Christensen/Clobes
Leonardusstr. 24c
53175 Bonn
Tel.: (0228) 23 90 71
Fax: (0228) 23 90 71
www.hemmer.de/bonn

Bremen
Kulke
Mergentheimer Str. 44
97082 Würzbuzrg
Tel.: (0931) 79 78 230
Fax: (0931) 79 78 234
www.hemmer.de/bremen

Dresden
Stock
Zweinaundorfer Str. 2
04318 Leipzig
Tel.: (0341) 6 88 44 90
Fax: (0341) 6 88 44 96
www.hemmer.de/dresden

Düsseldorf
Ronneberg/Christensen/Clobes
Leonardusstr. 24c
53175 Bonn
Tel.: (0228) 23 90 71
Fax: (0228) 23 90 71
www.hemmer.de/duesseldorf

Erlangen
Grieger/Tyroller
Mergentheimer Str. 44
97082 Würzburg
Tel.: (0931) 79 78 2-30
Fax: (0931) 79 78 2-34
www.hemmer.de/erlangen

Frankfurt/M.
Geron
Dreifaltigkeitsweg 49
53489 Sinzig
Tel.: (02642) 61 44
Fax: (02642) 61 44
www.hemmer.de/frankfurt

Frankfurt/O.
Neugebauer/ Vieth
Holzmarkt 4a
15230 Frankfurt/O.
Tel.: (0335) 52 29 87
Fax: (0335) 52 37 88
www.hemmer.de/frankfurtoder

Freiburg
Behler/Rausch
Rohrbacher Str. 3
69115 Heidelberg
Tel.: (06221) 65 33 66
Fax: (06221) 65 33 30
www.hemmer.de/freiburg

Gießen
Knoll/Sperl
Hinter dem Zehnthofe 18a
38173 Sickte
Tel.: (05305) 91 25 77
Fax: (05305) 91 25 88
www.hemmer.de/giessen

Göttingen
Sperl/Schlömer
Kirchhofgärten 22
74635 Kupferzell
Tel.: (07944) 94 11 05
Fax: (07944) 94 11 08
www.hemmer.de/goettingen

Greifswald
Burke/Lück
Buchbinderstr. 17
18055 Rostock
Tel.: (0381) 3 77 74 00
Fax: (0381) 3 77 74 01
www.hemmer.de/greifswald

Halle
Luke
Arndtstr. 1
04275 Leipzig
Tel.: (0177) 3 34 26 51
Fax: (0341) 4 62 68 79
www.hemmer.de/halle

Hamburg
Schlömer/Sperl
Pinnasberg 45
20359 Hamburg
Tel.: (040) 317 669 17
Fax: (040) 317 669 20
www.hemmer.de/hamburg

Hannover
Daxhammer/Sperl
Matzenhecke 23
97204 Höchberg
Tel.: (0931) 400 337
Fax: (0931) 404 3109
www.hemmer.de/hannover

Heidelberg
Behler/Rausch
Rohrbacher Str. 3
69115 Heidelberg
Tel.: (06221) 65 33 66
Fax: (06221) 65 33 30
www.hemmer.de/heidelberg

Jena
Hannich
Parkweg 7
97944 Boxberg
Tel.: (07930) 99 23 38
Fax: (07930) 99 22 51
www.hemmer.de/jena

Kiel
Sperl/Schlömer
Kirchhofgärten 22
74635 Kupferzell
Tel.: (07944) 94 11 05
Fax: (07944) 94 11 08
www.hemmer.de/kiel

Köln
Ronneberg/Christensen/Clobes
Leonardusstr. 24c
53175 Bonn
Tel.: (0228) 23 90 71
Fax: (0228) 23 90 71
www.hemmer.de/koeln

Konstanz
Guldin/Kaiser
Hindenburgstr. 15
78467 Konstanz
Tel.: (07531) 69 63 63
Fax: (07531) 69 63 64
www.hemmer.de/konstanz

Leipzig
Luke
Arndtstr. 1
04275 Leipzig
Tel.: (0177) 3 34 26 51
Fax: (0341) 4 62 68 79
www.hemmer.de/leipzig

Mainz
Geron
Dreifaltigkeitsweg 49
53489 Sinzig
Tel.: (02642) 61 44
Fax: (02642) 61 44
www.hemmer.de/mainz

Mannheim
Behler/Rausch
Rohrbacher Str. 3
69115 Heidelberg
Tel.: (06221) 65 33 66
Fax: (06221) 65 33 30
www.hemmer.de/mannheim

Marburg
Knoll/Sperl
Hinter dem Zehnthofe 18a
38173 Sickte
Tel.: (05305) 91 25 77
Fax: (05305) 91 25 88
www.hemmer.de/marburg

München
Wüst
Mergentheimer Str. 44
97082 Würzburg
Tel.: (0931) 79 78 2-30
Fax: (0931) 79 78 2-34
www.hemmer.de/muenchen

Münster
Schlegel/Sperl/Schlömer
Salzstr. 14/15
48143 Münster
Tel.: (0251) 67 49 89 70
Fax.: (0251) 67 49 89 71
www.hemmer.de/muenster

Osnabrück
Schlömer/Sperl/Knoll
Kirchhofgärten 22
74635 Kupferzell
Tel.: (07944) 94 11 05
Fax: (07944) 94 11 08
www.hemmer.de/osnabrueck

Passau
Mielke
Schlesierstr. 4
86919 Utting a.A.
Tel.: (08806) 74 27
Fax: (08806) 94 92
www.hemmer.de/passau

Potsdam
Gast
Schumannstraße 18
10117 Berlin
Tel.: (030) 240 45 738
Fax: (030) 240 47 671
www.hemmer.de/potsdam

Regensburg
Daxhammer
Matzenhecke 23
97204 Höchberg
Tel.: (0931) 400 337
Fax: (0931) 404 3109
www.hemmer.de/regensburg

Rostock
Burke/Lück
Buchbinderstr. 17
18055 Rostock
Tel.: (0381) 3777 400
Fax: (0381) 3777 401
www.hemmer.de/rostock

Saarbrücken
Bold
Preslesstraße 2
66987 Thaleischweiler-Fröschen
Tel.: (06334) 98 42 83
Fax: (06334) 98 42 83
www.hemmer.de/saarbruecken

Trier
Geron
Dreifaltigkeitsweg 49
53489 Sinzig
Tel.: (02642) 61 44
Fax: (02642) 61 44
www.hemmer.de/trier

Tübingen
Guldin/Kaiser
Hindenburgstr. 15
78465 Konstanz
Tel.: (07531) 69 63 63
Fax: (07531) 69 63 64
www.hemmer.de/tuebingen

Würzburg
- ZENTRALE -
Mergentheimer Str. 44
97082 Würzburg
Tel.: (0931) 79 78 230
Fax: (0931) 79 78 234
www.hemmer.de/wuerzburg

Wer in vier Jahren sein Studium erfolgreich abschließen will, kann sich einen Irrtum im Hinblick auf Examensvorbereitung und Aus-bildungsmaterial nicht leisten!

Stellen Sie frühzeitig Ihre Weichen richtig. Trainieren Sie unter professioneller Anleitung das, was Sie im Examen erwartet.

www.hemmer.de

Vorwort

Staatsrecht I mit der **hemmer-Methode**

Wer in vier Jahren sein Studium abschließen will, kann sich einen **Irrtum** in bezug auf Stoffauswahl und -aneignung **nicht leisten**. Hoffen Sie nicht auf die leichten Rezepte, die Schemata und den einfachen Rechtsprechungsfall. Die unnatürlich klare Zielsetzung der Schemata läßt keine Frage offen und suggeriert eine Einfachheit, die in der Prüfung nicht besteht. Hüten Sie sich vor Übervereinfachung beim Lernen. Stellen Sie deswegen frühzeitig die Weichen richtig.

Im öffentlichen Recht gilt: Wenig Dogmatik – viel Gesetz. Vermittelt wird anwendungsorientierte Methodik. Es werden in unseren Skripten die im Verwaltungsrecht typischerweise vorkommenden Problemkreise dort behandelt, wo sie im Klausuraufbau zu prüfen sind. Damit können die Skripten wie ein großes Schema gelesen werden. Lernen Sie mit der **hemmer-Methode** die richtige Einordnung. Nur so macht auch "Ö-Recht" Spaß.

Die Grundrechte **(Staatsrecht I)** sind das Herzstück der Verfassung. Zulässigkeit und Begründetheit der Verfassungsbeschwerde geben jedem Klausurersteller die Möglichkeit, Grundrechtsverständnis abzuprüfen. Die einzelnen Grundrechte werden im Rahmen der Begründetheit der Verfassungsbeschwerde umfassend erklärt. Auf richtigen Aufbau wird Wert gelegt.

Die **hemmer-Methode** vermittelt Ihnen die **erste richtige Einordnung** und das **Problembewußtsein**, welches Sie brauchen, um an einer Klausur bzw. dem Ersteller nicht vorbeizuschreiben. Häufig ist dem Studenten nicht klar, warum er schlechte Klausuren schreibt. Wir geben Ihnen **gezielte Tips**! Vertrauen Sie auf unsere **Expertenkniffe**.

Durch die ständige Diskussion mit unseren Kursteilnehmern ist uns als erfahrenen Repetitoren klar geworden, welche **Probleme** der Student hat, sein **Wissen anzuwenden**. Wir haben aber auch von unseren Kursteilnehmern profitiert und von Ihnen erfahren, welche **Argumentationsketten** in der Prüfung zum Erfolg geführt haben.

Die **hemmer-Methode** gibt **jahrelange Erfahrung** weiter, erspart Ihnen viele schmerzliche Irrtümer, setzt richtungsweisende Maßstäbe und begleitet Sie als **Gebrauchsanweisung** in Ihrer Ausbildung:

1. Basics:

Das *Grundwerk* für Studium und Examen. Es schafft **Grundwissen** und mittels der **hemmer-Methode** richtige Einordnung für Klausur und Hausarbeit.

2. Skriptenreihe:

Vertiefend: Über 1.000 Prüfungsklausuren wurden auf ihre "essentials" abgeklopft.

Anwendungsorientiert werden die für die Prüfung nötigen Zusammenhänge umfassend aufgezeigt und wiederkehrende Argumentationsketten eingeübt.

Gleichzeitig wird durch die **hemmer-Methode** auf **anspruchsvollem Niveau** vermittelt, nach welchen Kriterien Prüfungsfälle beurteilt werden. Spaß und Motivation beim Lernen entstehen erst durch Verständnis.

Lernen Sie, durch Verstehen am juristischen Sprachspiel teilzunehmen. Wir schaffen den "background", mit dem Sie die innere Struktur von Klausur und Hausarbeit erkennen: **„Problem erkannt, Gefahr gebannt"**. Profitieren Sie von

Hemmer

unserem **technischen know how**. Wir werden Sie auf das Anforderungsprofil einstimmen, das Sie in Klausur und Hausarbeit erwartet.

Die **studentenfreundliche Preisgestaltung** ermöglicht auch den **Erwerb als Gesamtwerk**.

3. Hauptkurs:

Schulung am examenstypischen Fall mit der Assoziationsmethode. Trainieren Sie unter professioneller Anleitung, was Sie im Examen erwartet und wie Sie bestmöglich mit dem Examensfall umgehen.

Nur wer die Dramaturgie eines Falles verstanden hat, ist in Klausur und Hausarbeit auf der sicheren Seite! Häufig hören wir von unseren Kursteilnehmern: **„Erst jetzt hat Jura richtig Spaß gemacht"**.

Die Ergebnisse unserer Kursteilnehmer geben uns recht. Der **Bewährungsgrad** einer Theorie ist der **Erfolg**. Die Examensergebnisse zeigen, daß unsere Kursteilnehmer überdurchschnittlich abschneiden.

Z.B.: **Zentrale in Würzburg:** Von '91 bis '98 7x sehr gut, 53x gut, darunter mehrere Landesbeste, einer mit 15,08 (Achtsemester), z.B. '97: 14,79; '96: 14,08. Auch '95: Die 6 Besten, alle Freischüßler, Schnitt von 13,39, einer davon mit sehr gut; Sommer '97: Von 9x gut, 9x Hemmer! In den Terminen 95/96/97 5x Platzziffer 1, 1x Platzziffer 2, alles spätere Mitarbeiter. Landesbester in Augsburg 15,25 (Achtsemester). **Frühjahrsergebnisse `99:** über 2/3 der "vollbefriedigend" von hemmer! **München Frühjahr '97** (ein Termin!)**:** 36x über Neun: 2x sehr gut, 14x gut, 20x vollbefriedigend.

Bereits in unserem ersten Durchgang in Berlin, Göttingen, Konstanz die Landesbesten mit "sehr gut". "Sehr gut" auch in Freiburg, Bayreuth, Köln (2x), Bonn, Regensburg (15,54;14,2; 14,00) Erlangen (15,4; 15,0; 14,4), Heidelberg (14,7; Termin 97 I: 14,77) und München (14,25; 14,04; 14,04; 14,00). Augsburg: Schon im ersten Freischuß 91 I erzielten 4 Siebtsemester (!) einen Schnitt von 12,01. Auch in Thüringen '97 I 2x 12, 65 waren die Landesbesten Kursteilnehmer. Von 6x gut, 5 Hemmer-Teilnehmer. Fragen Sie auch in anderen Städten nach unseren Ergebnissen.

Lassen Sie sich aber nicht von diesen Supernoten verschrecken, sehen Sie dieses Niveau als Ansporn für Ihre Ausbildung. Denn: Wer auf 4 Punkte lernt, landet leicht bei 3!

Basics, Skriptenreihe und Hauptkurs sind als **modernes, offenes und flexibles Lernsystem** aufeinander abgestimmt und ergänzen sich ideal.

Wir hoffen, als Repetitoren mit unserem Gesamtangebot bei der Konkretisierung des Rechts mitzuwirken und wünschen Ihnen **viel Spaß beim Durcharbeiten** unserer Skripten.

Wir würden uns freuen, mit Ihnen später als Hauptkursteilnehmer mit der **hemmer-Methode** gemeinsam Verständnis an der Juristerei im Hinblick auf Examina zu trainieren.

Wüst

Staatsrecht I

Hemmer/Wüst/Christensen/Grieger

November 2007

Hemmer/Wüst Verlagsgesellschaft

Das Skript ist urheberrechtlich geschützt. Die dadurch begründeten Rechte, insbesondere des Nachdrucks, der Wiedergabe auf photomechanischem oder ähnlichem Wege und der Speicherung in Datenverarbeitungsanlagen bleiben, auch bei nur auszugsweiser Verwertung, der Hemmer/Wüst-Verlagsgesellschaft vorbehalten.

Hemmer/Wüst/Christensen/Grieger, Staatsrecht I

ISBN 978-3-89634-772-5
8. Auflage, November 2007

gedruckt auf chlorfrei gebleichtem Papier
von Schleunungdruck GmbH, Marktheidenfeld

Kommentare:

Kommentar zum Grundgesetz für die Bundesrepublik Deutschland	Reihe Alternativkommentare 2 Bände
Kommentar zum Bonner Grundgesetz	Bonner-Kommentar 11 Bände (seit 1950), Loseblattsammlung
Jarass/Pieroth	Grundgesetz für die Bundesrepublik Deutschland,
Maunz/Dürig	Grundgesetz, Kommentar, 5 Bände
v- Münch/Kunig	Grundgesetz-Kommentar 3 Bände

Lehrbücher:

Hesse	Grundzüge des Verfassungsrechts der Bundesrepublik Deutschland
Maunz/Zippelius	Deutsches Staatsrecht
Pestalozza	Verfassungsprozessrecht
Pieroth/Schlink	Staatsrecht II (Grundrechte)
Schlaich	Das Bundesverfassungsgericht
Schwerdtfeger	Öffentliches Recht in de Fallbearbeitung,
Stein	Staatsrecht
Stern	Das Staatsrecht der Bundesrepublik Deutschland 5 Bände ab 1984
Zuck	Das Recht der Verfassungsbeschwerde

Weitere Nachweise (insbesondere auf Aufsätze in den Fußnoten.
Zur Zulässigkeit der Verfassungsbeschwerde sei dabei besonders verwiesen auf die Aufsatzreihe von *Robbers*, Verfassungsprozessuale Probleme in der öffentlich-rechtlichen Arbeit, ab JuS 1993, 737 ff.

§ 1 EINLEITUNG

GRe als Herzstück der Verfassung

Die Verfassung beginnt mit den Grundrechten. Erst danach kommt das objektive Verfassungsrecht. Das unterstreicht die Bedeutung der Grundrechte als Herzstück der Verfassung. Die Ausgestaltung des Grundrechtsschutzes, aber auch die Sicherung desselben durch eine starke Stellung des Bundesverfassungsgerichts, das noch dazu auch vom einzelnen Bürger angerufen werden kann, sind in der deutschen Verfassungsgeschichte einmalig und gelten international als vorbildlich. Damit sind sie Ausdruck eines auch gesellschaftlich und politisch gewandelten Verständnisses von der subjektiven freiheitlichen Rechtsposition des Einzelnen gegenüber staatlichen Eingriffen.

1

Um solche politischen oder gesellschaftlichen Fragen soll es in diesem Skript zur Vorbereitung auf Übungs– und v.a. Examensklausuren im Staatsrecht natürlich nicht in erster Linie gehen. Gleichwohl werden mitunter Hinweise auf historische Entwicklungen und sozialwissenschaftliche Hintergründe gegeben werden, soweit sie für das Grundrechtsverständnis und damit für die Argumentation, gerade im besonders punkteträchtigen Bereich der materiellen Verfassungsmäßigkeit, förderlich sind. Im Übrigen sollen in diesem Skript – dem Konzept der Reihe folgend – zum einen die grundsätzliche Systematik, zum anderen die klausurtypischen Problemkonstellationen dargestellt werden.

Vorrang der GRe vor einfachgesetzlichen Vorschriften

Eine Besonderheit der Grundrechte als Bestandteil des Verfassungsrechts müssen Sie im Auge behalten: Die Grundrechte gehen einfachgesetzlichen Regeln vor und sind damit in allen Rechtsgebieten zu beachten. Und wenngleich davor gewarnt werden muss, aus jeder Klausur eine Grundrechtsklausur zu machen oder Lücken in der Argumentation durch ein bloßes Grundrechtszitat zu schließen, so ist doch zumindest in Rechtsbereichen, die mit staatlichen Eingriffen verbunden sind (insbesondere also im Verwaltungs-, aber auch z.B. im Strafprozessrecht), immer an einschlägige Grundrechte zu denken, und sei es nur im Rahmen einer verfassungskonformen Auslegung.

2

hemmer-Methode: Lernen und Assoziieren in größeren Zusammenhängen wird durch die „hemmer-Methode" gefördert. Insbesondere im Verfassungsrecht und bei den Grundrechten müssen Sie „gebietsübergreifend" denken. Grundrechte können in jeden Fall hineinwirken, behalten Sie deshalb auch außerhalb einer Verfassungsbeschwerde-Klausur die Grundrechte im Hinterkopf. Nur wenn Sie die Grundrechte richtig einzuordnen gelernt haben, können Sie diese in Klausur und Hausarbeit richtig gewichten. Machen Sie es sich aber nicht zu leicht und verwenden Sie nicht die „Grundrechtskeule", um Unebenheiten der eigenen Argumentation gewaltsam „einzuebnen". Denken Sie an die ähnliche Situation im Zivilrecht: Normalerweise ersetzt die Berufung auf § 242 BGB nicht die eigene Begründung.

Hauptanwendungsgebiet einer (zumindest ausführlichen) Grundrechtsprüfung wird aber i.d.R. die Verfassungsbeschwerde sein, da diese gerade der prozessualen Absicherung der Grundrechtsbindung des Staates dient. Deshalb soll sie in diesem Skript im Mittelpunkt stehen und ihre Zulässigkeit und Begründetheit ausführlich dargestellt werden.

3

1. ABSCHNITT: ZULÄSSIGKEIT DER VERFASSUNGSBE-SCHWERDE

Wichtigster Fall der GR-Prüfung: Verfassungsbeschwerde (VB)

Die Verfassungsbeschwerde ist der wichtigste Einstieg für die Grundrechtsprobleme in der Examensklausur. Die Grundrechte können aber natürlich auch im Rahmen anderer Verfahrensarten eine Rolle spielen. Vor allem die konkrete Normenkontrolle nach Art. 100 GG führt in der Begründetheit oft zu einer Grundrechtsprüfung. Die Zulässigkeit der anderen Klagen zum Bundesverfassungsgericht wird im zweiten Band dargestellt. Hier sollen zunächst kurz die Funktion des Bundesverfassungsgerichts und dann die Zulässigkeit der Verfassungsbeschwerde im Vordergrund stehen.

hemmer-Methode: Rolle und Selbstverständnis der Verfassungsgerichtsbarkeit sind im Zulässigkeitsschema kein Prüfungspunkt. Trotzdem brauchen Sie dieses Hintergrundwissen für Zusatzfragen in der Klausur, vor allem aber für die mündliche Prüfung. Auch werden Sie die einzelnen Prozessvoraussetzungen und besonders ihre Auslegung durch das Gericht nur verstehen können, wenn sie sich die Rolle des Bundesverfassungsgerichts im Verfassungsleben klar gemacht haben. So ist etwa die Anforderung der Rechtswegerschöpfung in § 90 II BVerfGG vom BVerfG erweiternd ausgelegt worden zum sogenannten Grundsatz der Subsidiarität. Das ist nachvollziehbar, sobald man berücksichtigt, dass das Bundesverfassungsgericht keine allgemeine Instanz zur Beseitigung der Ungerechtigkeiten in der Welt ist, sondern als ultima ratio nur eingreifen soll, wenn es um die von Art. 1 III und Art. 20 GG geforderte Verfassungsbindung der Staatsorgane geht.

4

§ 2 STELLUNG DES BUNDESVERFASSUNGSGERICHTS

A) Gesetzliche Grundlagen

Stellung des BVerfG:
Art. 92 und 97, 93, 94, 100 GG

Status und Kompetenzen des Bundesverfassungsgerichts sind in dem Abschnitt des GG geregelt, der sich mit der Rechtsprechung beschäftigt. Die entsprechenden Grundnormen, vor allem Art. 92 und 97 GG, gelten also auch hier.

5

In diesem Abschnitt sind dann vor allem Art. 93, 94 und 100 GG Zentralnormen für die Verfassungsgerichtsbarkeit.

BVerfGG

Im Übrigen wird diese in Erfüllung des Gesetzgebungsauftrags in Art. 94 II GG ausführlich durch das Bundesverfassungsgerichtsgesetz näher ausgeführt:

⇨ Die §§ 1 und 2 BVerfGG bestimmen Stellung, Sitz und Organisation des Gerichts (zwei Senate zu je acht Richtern), in den §§ 3-12 BVerfGG wird die Rechtsstellung der Verfassungsrichter einschließlich des Vorgangs ihrer Wahl je zur Hälfte vom Bundestag und vom Bundesrat geregelt.

⇨ In § 13 BVerfGG wird die Zuständigkeit im Anschluss an das Grundgesetz aufgelistet; diese Zuständigkeitsnormen werden dann in den §§ 36 ff. BVerfGG durch Verfahrensrecht für die einzelnen Prozessarten ergänzt. Am wichtigsten ist dabei das Verfahren der Verfassungsbeschwerde nach §§ 13 Nr. 8a, 90 ff. BVerfGG. Dazwischen stehen noch in den §§ 14 ff., 17 ff. BVerfGG allgemeine Verfahrensvorschriften, z.B. über Ausschließung oder Ablehnung eines Richters, über mündliche Verhandlung, Beweiserhebung, Zeugen und Sachverständige usw.

Hier sind die wichtigsten Vorschriften § 31 BVerfGG über die Verbindlichkeit der Entscheidungen und § 32 BVerfGG über einstweilige Anordnungen. Praktisch wichtig ist ferner, dass nach § 34 I BVerfGG das Verfahren vor dem BVerfG grundsätzlich kostenfrei ist. Eine Gebühr von bis zu 2.600,- € kann nur in Missbrauchsfällen auferlegt werden (§ 34 II BVerfGG). Ist eine Verfassungsbeschwerde begründet, so müssen dem Beschwerdeführer sogar die notwendigen Auslagen ganz oder zum Teil ersetzt werden (§ 34a II BVerfGG).

B) Überblick zu den Kompetenzen des Bundesverfassungsgerichts

Zusammenstellung der Kompetenzen des BVerfG: § 13 BVerfGG

Art. 93 I GG beschränkt sich auf die notwendigsten Vorschriften. Diese sind durch das Bundesverfassungsgerichtsgesetz dann ausführlich konkretisiert worden, vgl. oben. Aber auch außerhalb dieser Vorschrift gibt es noch zahlreiche weitere Kompetenzen, so für die Entscheidung über die Fortgeltung von altem Recht in Art. 126 GG usw. Alle Kompetenzen überblicken kann man mit Hilfe von § 13 BVerfGG; dort sind auch die entsprechenden Grundlagen im Grundgesetz jeweils angegeben.

6

Begriff der verfassungsrechtl. Streitigkeit

Zu klären ist der Begriff der Verfassungsstreitigkeit für die Abgrenzung von der sonstigen Gerichtsbarkeit. Diese darf sich nicht mit Verfassungsstreitigkeiten befassen. § 40 I VwGO nimmt von der Kompetenz der Verwaltungsgerichte ausdrücklich die „verfassungsrechtlichen" Streitigkeiten des öffentlichen Rechts aus.

7

Zur Verfassungsstreitigkeit gehört:

⇨ dass sich oberste Staatsorgane des Bundes oder der Länder als streitende Parteien gegenüberstehen

⇨ dass auch der Inhalt des Streites verfassungsrechtlicher Natur ist. Nur genügt dies nicht für eine „Verfassungsstreitigkeit", da häufig auch zivil-, straf- und verwaltungsrechtliche Streitigkeiten verfassungsrechtliche Elemente aufweisen. Entscheidend ist also, dass auch die Beteiligten als oberste Staatsorgane verfassungsrechtlich herausgehoben sind.

Bund-Länder-Streit

Art. 93 I GG enthält in Nr. 3 und Nr. 4 spezielle bundesstaatliche Schlichtungskompetenzen, den so genannten Bund-Länder-Streit.

8

Organstreit

In Art. 93 I Nr. 1 GG sind die Organstreitigkeiten geregelt: Zwischen obersten Bundesorganen oder solchen Beteiligten, „die durch das GG oder die Geschäftsordnung eines obersten Bundesorgans mit eigenen Rechten ausgestattet sind".

Bsp.: Streit zwischen Bundestag und Bundesrat auf der einen und Bundespräsident auf der anderen Seite über die Ausfertigung eines Bundesgesetzes. Im Grundgesetz „mit eigenen Rechten ausgestattet" ist z.B. der einzelne Abgeordnete (Art. 38, 46 ff GG.), in der Geschäftsordnung des Bundestages sind es die Fraktionen.

Normenkontrollen

Art. 93 I Nr. 2 GG regelt die abstrakte Normenkontrolle. „Abstrakt" bedeutet losgelöst von einem bestimmten Einzelfall. „Normenkontrolle" ist die Prüfung der Vereinbarkeit einer Norm an einer höherrangigen Vorschrift. „Konkret" ist die Normenkontrolle innerhalb eines bestimmten straf-, zivil- oder verwaltungsrechtlichen Einzelfalles. Hierfür gilt Art. 100 I GG.

hemmer-Methode: Ausführlicher dargestellt sind all diese Streitigkeiten im Skript Staatsrecht II, Staatsorganisationsrecht. Machen Sie sich aber die Sonderrolle der Verfassungsbeschwerde als Rechtsschutz des einzelnen Bürgers innerhalb dieser Reihe klar!

§ 3 ZULÄSSIGKEITSVORAUSSETZUNGEN

Bedeutung der VB in Klausur und Praxis

Die Individualverfassungsbeschwerde gemäß Art. 93 I Nr. 4a GG, §§ 13 Nr. 8a, 90 ff. BVerfGG ist nicht nur häufiger Prüfungsgegenstand, sondern auch in der Praxis die am häufigsten beanspruchte Verfahrensart vor dem BVerfG: Mehr als 90 Prozent der beim BVerfG anhängigen Verfahren sind Verfassungsbeschwerden.[1] Beachtlich ist allerdings, dass davon nur zwischen ein und zwei Prozent erfolgreich sind.[2]

kein Rechtsmittel

Die Verfassungsbeschwerde gehört nicht zum Rechtsweg und ist kein Rechtsmittel i.S.d. Prozessgesetze, sondern ein außerordentlicher Rechtsbehelf, der keinen Suspensiveffekt hat.

Funktion: GR-Sicherung und Bewahrung obj. VerfRs

Sinn und Zweck der Verfassungsbeschwerde ist nach der Auffassung des BVerfG nicht nur die Sicherung und Durchsetzung subjektiver (Grund)Rechtspositionen, sondern auch die Einhaltung objektiven Verfassungsrechts.[3]

Die Voraussetzungen der Zulässigkeit ergeben sich zum einen aus den §§ 90 ff. BVerfGG, zum anderen wurden sie durch die Rechtsprechung des Bundesverfassungsgerichts konkretisiert. Sie lassen sich in einem übersichtlichen Prüfungsschema zusammenfassen, das Parallelen zu den Sachurteilsvoraussetzungen einer verwaltungsgerichtlichen Klage aufweist. Dies darf aber nicht darüber hinwegtäuschen, dass das Schema nur Denkhilfe beim Überlegen der Lösung sein kann, wobei sich die Erörterung in der Regel auf die zweifelhaften Zulässigkeitsvoraussetzungen zu beschränken hat.

Übersicht über die Zulässigkeitsvoraussetzungen der Verfassungsbeschwerde[4]

(die fett markierten Punkte sollten in einer Klausur stets wenigstens kurz angesprochen werden)

A. Jedermann
   I. Antragsberechtigung
   II. Verfahrensfähigkeit
   III. Postulationsfähigkeit

B. Beschwerdegegenstand

C. Beschwerdebefugnis
   I. Behauptung der Rechtsverletzung von
   II. Grundrecht o. grundrechtsähnlichem Recht
   III. Rechtsrelevanz des angegriffenen Rechts
   IV. Betroffenheit
      1. **selbst**
      2. **gegenwärtig**
      3. **unmittelbar**

D. Rechtswegerschöpfung und Subsidiarität

E. Allgemeines Rechtsschutzbedürfnis

F. Form

G. Frist

H. Keine entgegenstehende Rechtskraft oder Rechtshängigkeit

---

1   Vgl. Schlaich, Rn. 187; Weber, JuS 1992, 122.

2   Zuck, Rn. 82.

3   St. Rspr., etwa BVerfGE 45, 63 (74); dazu unten § 5, Prüfungsmaßstab; vgl. auch Kloepfer, Ist die Verfassungsbeschwerde unentbehrlich?, DVBl. 2004, 676.

4   Vgl. im Detail auch Klein/Sennekamp, Aktuelle Zulässigkeitsprobleme der Verfassungsbeschwerde, NJW 2007, 945 ff.

A) Jedermann (Beschwerdeberechtigter)

Nach Art. 93 I Nr. 4a GG, § 90 I BVerfGG kann „jedermann" mit der Behauptung, durch die öffentliche Gewalt in seinen Grundrechten oder in einem seiner in Art. 20 IV, 33, 38, 101, 103 und 104 GG enthaltenen Rechte verletzt zu sein, Verfassungsbeschwerde erheben. Mit dem Begriff des „jedermann" werden drei Problembereiche verknüpft, nämlich die Frage nach der Antragsberechtigung (Beschwerdefähigkeit/Grundrechtsfähigkeit), nach der Verfahrensfähigkeit (Prozessfähigkeit/Grundrechtsmündigkeit) und der Postulationsfähigkeit. Zu den letzten beiden Punkten sind in der Klausur keine (breiten) Ausführungen erforderlich, wenn im Sachverhalt kein Problem angelegt ist.

10

I. Antragsberechtigung/Beschwerdefähigkeit/ Grundrechtsfähigkeit

Antragsberechtigung abhängig von GR-Fähigkeit

Antragsberechtigt ist „jedermann", der behauptet, durch die öffentliche Gewalt in einem seiner in Art. 93 I Nr. 4a GG genannten Rechte verletzt zu sein. Folglich ist antragsberechtigt nur diejenige Person, die überhaupt Träger von Grundrechten sein kann, so dass sich die Antragsberechtigung nach der Grundrechtsfähigkeit richtet.[5]

1. Natürliche Personen

Jedermann ist zunächst jede natürliche Person.

a) Ausländer und Staatenlose

bei Ausländern: „Bürgerrechte" (-)

Ausländer und Staatenlose können wie Deutsche eine Verletzung ihrer Menschenrechte mit der Verfassungsbeschwerde vor dem BVerfG angreifen. Indessen sind antragsberechtigt bezüglich der nur Deutschen gewährleisteten Grundrechte nur die Deutschen i.S.d. Art. 116 I GG. Diese sog. Bürgerrechte finden sich in Art. 8 I, 9 I, 11 I, 12 I, 16 I, 20 IV, 33 I, II und 38 I S. 1 GG.

11

Aufgrund der Regelungen der Art. 12, 17 EG (Diskriminierungsverbot für Unionsbürger) und des grundsätzlichen Vorrangs des Europarechts auch vor nationalem Verfassungsrecht werden diese Bürgerrechte allerdings auch auf EG-Bürger angewendet werden müssen.[6]

str., inwieweit „Auffangschutz" durch Art. 2 I GG:

Inwieweit der Schutz der Ausländer über Art. 2 I GG als Auffanggrundrecht gewährleistet sein soll, ist streitig.

h.M.: (+)

Ausländer und Staatenlose haben nach h.M. die Möglichkeit, im Rahmen des Schutzes von Art. 2 I GG entsprechende Rechtspositionen vor dem BVerfG geltend zu machen.[7] Das bedeutet, dass sich Ausländer auf Art. 2 I GG auch in den Bereichen berufen können, worin die Spezialgrundrechte nur Deutschen vorbehalten sind.

a.A. (-), abschließende Regelung

Eine andere Auffassung lehnt dies mit der Begründung ab, zum Regelungsgehalt der Deutschengrundrechte gehöre auch und gerade, Ausländern den entsprechenden Grundrechtsschutz abzusprechen.[8]

5   Schlaich, Rn. 198; Weber, JuS 1992, 123; Robbers, JuS 1993, 739.

6   Strittig, nach der Gegenansicht ist auf Art. 2 I GG abzustellen, das BVerfG hat sich hierzu bislang nicht geäußert.

7   BVerfGE 35, 382 (399); 78, 179 (196 f.); Stern, StR III/1, S.1041.

8   Schwabe, NJW 1974, 1044 f.; Erichsen, StR I, 142.

Gegen diese Auffassung spricht, dass die Spezialgrundrechte gegenüber Art. 2 I GG nur innerhalb ihres sachlichen und persönlichen Geltungsbereichs Vorrang besitzen.

Die freie Entfaltung der Persönlichkeit wird heute als allgemeine Handlungsfreiheit verstanden, die die Freiheit allgemein und stets dann schützt, wenn die speziellen Freiheitsrechte mit ihren Schutzbereichen nicht einschlägig sind.

Die Gefahr, dass über Art. 2 I GG der Unterschied zwischen den Deutschengrundrechten und den Menschenrechten weginterpretiert wird, besteht angesichts des allgemeinen Gesetzesvorbehalts des Art. 2 I GG nicht.[9] Folglich besteht für eine derart weite Einschränkung des Ausländerschutzes kein sachlicher Grund, so dass Ausländer über den weiten Schutzbereich des Art. 2 I GG antragsberechtigt sind.[10]

b) Minderjährige

Zum Teil wird versucht, schon die Grundrechtsfähigkeit vom Alter oder der Einsichtsfähigkeit abhängig zu machen.[11] Diese Beschränkung ist im Rahmen der Antragsberechtigung abzulehnen.

12

Zum einen gibt es für eine generelle altersmäßige Einschränkung der Grundrechtsberechtigung im unmittelbaren Verhältnis eines Minderjährigen zur öffentlichen Gewalt keine normative Grundlage. Der Jugendschutz ist als besondere Eingriffsermächtigung in Art. 5 II, 11 II und 13 VII GG ausdrücklich genannt, woraus deutlich erkennbar wird, dass die allgemeine Grundrechtsberechtigung der Minderjährigen gerade vorausgesetzt wird. Zum anderen ist die Reichweite der Freiheitsgewährleistung keine Frage der Vernünftigkeit desjenigen, der von der Freiheit Gebrauch machen will. Die Frage der Grundrechtsmündigkeit ist daher in erster Linie eine Frage des Schutzbereichs der jeweiligen Grundrechte, so dass jedenfalls allgemeine Altersgrenzen abzulehnen sind.

hemmer-Methode: Sicherlich kann bei einigen Grundrechten wie der Meinungsfreiheit davon ausgegangen werden, dass diese einem Säugling noch nicht zustehen. Andererseits ist ein Säugling ebenso unstreitig Grundrechtsträger, soweit es um Art. 2 II GG oder Art. 14 GG geht. Da er damit grundsätzlich als Grundrechtsberechtigter anzusehen ist, muss auch seine Antragsberechtigung bejaht werden. Auf welche Grundrechte er sich im Einzelfall berufen kann, ist keine Frage der Antragsberechtigung, sondern der Beschwerdebefugnis.

Dieses materiell-rechtliche Problem ist von der prozessualen Frage der Geltendmachung von Grundrechten durch Minderjährige im Rahmen der Verfassungsbeschwerde zu unterscheiden. Hier sind gewisse altersmäßige Grenzziehungen aus Gründen einer geordneten Rechtspflege notwendig. Dies ist aber keine Frage der Antragsberechtigung, sondern eine der noch zu besprechenden Prozessfähigkeit.[12]

GR-Fähigkeit von Minderjährigen nach h.M. stets (+), fragl. ist nur GR-Mündigkeit

---

9   Pieroth/Schlink, Rn. 140 m.w.N.

10   Vgl. dazu BVerfG, NJW 2002, 663 = Life & Law 2002, 333 = BayBl. 2002, 300 = DVBl. 2002, 328 sowie Rn. 159.

11   Nachweise bei Pieroth/Schlink, Rn. 151.

12   Vgl. auch Robbers, JuS 1993, 739.

c) Antragsberechtigung des nasciturus

auch nasciturus wohl (mindestens partiell) grundrechtsfähig

Das BVerfG hat die Frage, ob der nasciturus beschwerdefähig ist, im ersten Urteil zu § 218 StGB offengelassen und nicht entschieden, ob der nasciturus selbst Grundrechtsträger ist oder aber wegen mangelnder Rechts- und Grundrechtsfähigkeit nur von den objektiven Normen der Verfassung in seinem Recht auf Leben geschützt wird.[13] Indes hat es in späteren Urteilen zum Schwangerschaftsabbruch betont, dass Menschenwürde schon dem ungeborenen menschlichen Leben zukomme,[14] also eine Grundrechtsfähigkeit des nasciturus bezüglich Art. 1 I GG angenommen. Dem ist auch das Schrifttum grundsätzlich gefolgt.[15]

13

Zumindest muss der nasciturus nach h.M. hinsichtlich Art. 1 I, 2 II S. 1, 14 I GG grundrechtsfähig und damit antragsberechtigt sein,[16] da er erben kann[17], ein Recht auf Leben und körperliche Unversehrtheit hat und durch medizinische Manipulationen auch in seiner Menschenwürde verletzt werden kann.

hemmer-Methode: Selbstverständlich wird dieses Problem i.R.d. Zulässigkeit einer Verfassungsbeschwerde normalerweise nicht aktuell. Merken Sie sich aber das vieldiskutierte Problem „Grundrechtsfähigkeit des nasciturus", wobei die Grundrechtsfähigkeit mittlerweile anerkannt ist, strittig ist lediglich, wann dieser Grundrechtsschutz beginnt, was gerade in der Diskussion über die Zulässigkeit der Forschung mit menschlichen Genen eine wichtige Rolle spielt.

d) Grundrechtsfähigkeit Verstorbener

bei Verstorbenen u.U. Fortführung des Verfahrens möglich

Grundsätzlich erlischt die Grundrechtsfähigkeit nach dem Tode. Verstorbene sind nicht mehr grundrechtsfähig;[18] sie können sich z.B. weder versammeln (Art. 8 GG) noch einen Beruf ergreifen (Art. 12 I GG). Allerdings hat das BVerfG im Hinblick auf den sachlichen Gehalt einzelner Grundrechte Ausnahmen anerkannt: So soll das Persönlichkeitsrecht zwar nach dem Tode erlöschen, die Menschenwürde aber fortbestehen. Es sei mit der Menschenwürde, unvereinbar, wenn der Mensch, dem Würde kraft seines Personenseins zukomme, in diesem allgemeinen Achtungsanspruch nach seinem Tode herabgewürdigt werden dürfte. Dementsprechend ende die in Art. 1 I GG aller staatlichen Gewalt auferlegte Verpflichtung, dem Einzelnen Schutz gegen Angriffe auf seine Menschenwürde zu gewähren, nicht mit dem Tode.[19]

14

hemmer-Methode: Die materielle Grundrechtsfähigkeit des Verstorbenen ist mittlerweile unstreitig. Nicht völlig _geklärt ist aber die prozessuale Umsetzung, da der Verstorbene naturgemäß nicht in der Lage ist, seine Rechte selbst geltend zu machen. Die bisher zum postmortalen Persönlichkeitsrecht ergangenen Entscheidungen des BVerfG setzen sich mit dieser Frage gar nicht oder nur unzureichend auseinander. Es wird offen gelassen, ob die Erben ein ererbtes und damit eigenes Recht verfolgen oder ob die Angehörigen als Prozessstandschafter ein fremdes Recht im eigenen Namen geltend machen.

13 BVerfGE 39, 1 (36 ff.).

14 BVerfG, NJW 1998, 519, 523 (Kind als Schaden?).

15 Stern, StR III/1, S. 1063 m.w.N. in Fn. 277.

16 Zuck, Rn. 519; Robbers, JuS 1993, 740.

17 Vgl. § 1923 II BGB.

18 Pestalozza, S.96; Robbers, JuS 1993, 740; Pieroth/Schlink, Rn. 146.

19 BverfG, ZEV 2007, 129; BverfG, NJW 2001, 2957 ff. = Life & Law 2002, 49 ff.; BVerfGE 30, 173 (194) = Hemmer/Wüst/Triebel, Classics Ö-Recht, Fall 14 - Mephisto-Entscheidung.

Es wird vom BVerfG als Selbstverständlichkeit angesehen, dass eine Befugnis der Angehörigen zur Wahrnehmung postmortaler Rechte des Verstorbenen besteht. Die Rechtsprechung der Zivilgerichte nimmt mittlerweile eine Vererblichkeit der Ansprüche an, die sich aus dem (zivilrechtlichen) allgemeinen Persönlichkeitsrecht ergeben, was vom BVerfG nicht beanstandet wird.[20]

2. Juristische Personen

jur. Personen: Art. 19 III GG

Auch die Antragsberechtigung juristischer Personen richtet sich nach der Grundrechtsfähigkeit, d.h. nach materiellem Verfassungsrecht, Art. 19 III GG.

a) Inländische juristische Personen des Privatrechts

(+) für inländ. jur. Personen des PrivatR, soweit korporative Seite vorhanden

Die Grundrechtsfähigkeit nach Art. 19 III GG hat drei Voraussetzungen: Zunächst muss es sich um eine inländische juristische Person handeln, d.h. ihr Verwaltungssitz muss im Geltungsbereich des Grundgesetzes liegen. Dann muss es sich begrifflich um eine juristische Person handeln, wobei es entscheidend nicht auf das Gesellschaftsrecht, sondern auf das Verfassungsrecht ankommt.

15

Schließlich muss das Grundrecht noch seinem Wesen nach auf juristische Personen anwendbar sein, d.h. eine korporative Seite haben. Anerkannt ist die Möglichkeit, das Grundrecht im Verband auszuüben bei Art. 2 I, 3 I, 9, 12 I, 13, 14 I, 101 I S. 2, 103 I GG.

> *Bsp.: Private Rundfunkveranstalter haben nach den Gesetzen ihres jeweiligen Bundeslandes die Pflicht, Sendungen zu Zwecken der Rundfunkaufsicht aufzuzeichnen und diese Aufzeichnungen nach bestimmten Vorgaben der Landesmedienanstalt vorzulegen. Das BVerfG hat entschieden, dass dies mit Art. 5 I S. 2, 19 III GG vereinbar ist. In diesem Kontext war zu klären, dass das aus Art. 2 I i.V.m. Art. 1 GG folgende Recht, sich nicht selbst einer Straftat bezichtigen zu müssen, gemäß Art. 19 III GG nicht auf juristische Personen anwendbar ist.*

Weiter ist unstreitig, dass sich auch Religionsgemeinschaften und nicht nur der einzelne Gläubige auf Art. 4 I GG berufen können, sog. kollektive Religionsfreiheit, wobei allerdings umstritten ist, ob sich dies bereits unmittelbar aus Art. 4 I GG ergibt oder ob hierfür Art. 19 III GG heranzuziehen ist.

b) Inländische nichtrechtsfähige Personengemeinschaften

Art. 19 III GG auch für nichtrechtsfähige Gebilde

Aus Art. 19 III GG ergibt sich nicht, dass *nur* juristische Personen i.S.d. einfachen Rechts grundrechtsfähig sein können.

16

Art. 19 III GG lässt einen Umkehrschluss auf nichtrechtsfähige Gebilde nicht zu. Vielmehr mögen Grundrechte für sie häufig viel eher ihrem Wesen nach gelten als für juristische Personen.[21]

Es kommt also nicht darauf an, ob die juristische Person Rechtsfähigkeit im Sinne des Zivilrechts besitzt; entscheidend ist, dass die Personengemeinschaft eine gewisse binnenorganisatorische Struktur und die Fähigkeit zu einer eigenen internen Willensbildung hat.

---

20   M.w.N. BVerfG, ZEV 2007, 129.
21   BVerfGE 3, 383 (391).

Das BVerfG stellt bei der Antragsberechtigung dieser Personengemeinschaften dann in erster Linie auf die Natur des geltend gemachten Grundrechts ab und darauf, welche Rechte das Gebilde nach allgemeinem Recht hat.[22]

aa) Handelsgesellschaften - OHG/KG/GbR

OHG und KG zumindest partiell (+)

GbR, OHG, KG können als juristische Personen i.S.d. Art. 19 III GG Verfassungsbeschwerde erheben, wenn sich der staatliche Eingriff auf das von der Gesellschaft betriebene Handelsgewerbe oder auf das gesamthänderische Gesellschaftsvermögen bezieht.[23] Dies wurde bejaht für Art. 2 I, 3 I, 5 I, 12 I[24], 14 I, 101 I S. 2, 103 I GG.

17

bb) Aufgelöste Vereinigungen

Sie sind antragsberechtigt, soweit es sich um die Vereinbarkeit des Auflösungsverfahrens mit den Grundrechten handelt.[25]

18

cc) Nicht als parteifähig anerkannte Personenvereinigungen

War einer Beschwerdeführerin im Ausgangsverfahren die Parteifähigkeit abgesprochen worden, weil sie weder eine juristische Person noch eine sonstige teilrechtsfähige Vereinigung sei, so ist sie im Rahmen der Verfassungsbeschwerde jedenfalls soweit antragsberechtigt, wie sie behauptet, gerade durch diese Zurückweisung in einem Verfahrensgrundrecht verletzt zu sein. Die Antragsberechtigung entfällt nur dann, wenn eine Rechtsträgerschaft offenkundig undenkbar ist.[26]

19

dd) Politische Parteien/Fraktionen

polit. Parteien: bei GRen (+), bei Rechten aus Art. 21 GG Organstreit

Ob eine politische Partei antragsberechtigt ist, hängt davon ab, ob sie ihr Recht auf Teilhabe am Verfassungsleben verfolgt, d.h. die Verletzung ihres verfassungsrechtlichen Status gemäß Art. 21 GG geltend macht, oder ob es sich um die Verletzung von Rechtspositionen handelt, die von diesem Status unabhängig sind.

20

Streitet sie um Rechte, die sich aus ihrem in Art. 21 GG umschriebenen Status als Verfassungsorgan (kein Staatsorgan!) ergeben, wie z.B. das Recht auf Chancengleichheit der Parteien, ist die Partei auf den Weg des Organstreits gemäß Art. 93 I Nr. 1 GG zu verweisen.[27]

Als (meist nichtrechtsfähige) Vereine sind die Parteien hingegen im Verfassungsbeschwerdeverfahren antragsberechtigt, soweit es sich um ihren bürgerlich-rechtlichen Status handelt, wie z.B. bei der Verletzung des Rechts auf gleichberechtigte Nutzung einer öffentlich-rechtlichen Anstalt im Hinblick auf ihren Anspruch auf Sendezeit für Wahlwerbespots.[28]

22   BVerfGE 6, 273 (277).

23   BVerfGE 4, 7 (12); 13, 318 (323); 42, 374 (383 f.); Zuck, Rn. 529.

24   BVerfG, NJW 2002, 3533.

25   BVerfGE 13, 174 (174 f.).

26   BVerfGE 82, 286 (295).

27   St. Rspr., BVerfGE 4, 27 (30); 20, 119 (128 f.); 73, 40 (65); BVerfG, NVwZ 2004, 1224; vgl. auch Skript Staatsrecht II, Rn. 5.

28   BVerfGE 7, 99 (103); 47, 198 (222 f.); 67, 149 (151); vgl. zu dieser Problematik auch OVG Koblenz, NJW 2005, 3593 = Life & Law 2006, Heft 3.

hemmer-Methode: Das Organstreitverfahren ist für die Partei vorteilhaft, da es hier keine Einschränkungen im Sinne der Rechtswegerschöpfung und Subsidiarität gibt.

Für die Fraktionen ist bislang nur entschieden, dass sie im Organstreit antragsbefugt sind, soweit sie Rechte des Parlaments oder eigene verfassungsrechtlich verankerte Rechte geltend machen.[29]

bei Fraktionen wohl ähnlich

Es spricht aber viel dafür, die Fraktion insoweit den politischen Parteien gleichzustellen, ihr also dort, wo der Bereich verlassen wird, der nur im Organstreit gerügt werden kann, das Recht der Verfassungsbeschwerde zu geben.[30] Es ist aber zu beachten, dass die Fraktionen keine Vereine sind und ihr Aktionsfeld sich grundsätzlich gerade nicht auf der Bürgerebene bewegt.

hemmer-Methode: Ähnliche Probleme stellen sich beim Abgeordneten. Dieser kann nicht im Wege der Verfassungsbeschwerde um seine Abgeordnetenrechte mit einem Staatsorgan streiten. Geht es um die Verletzung seines verfassungsrechtlichen Status aus Art. 38 I S. 2 GG, dann ist der richtige Weg das Organstreitverfahren.[31] Hingegen hat der ausgeschiedene[32] oder auch der potentielle Abgeordnete das Recht der Verfassungsbeschwerde, da er dann wieder (oder noch) jedermann i.S.d. § 90 I BVerfGG ist.[33]

c) Ausländische juristische Personen

ausländ. jur. Personen grds. (-)

Art. 19 III GG beschränkt die Grundrechtsträgerschaft von juristischen Personen, unabhängig vom Wesen der Grundrechte auf solche des Inlandes, sodass ausländische juristische Personen grundsätzlich grundrechtsunfähig und damit auch nicht antragsberechtigt sind.[34] Allerdings wird man auch hier daran denken müssen, juristische Personen aus dem EG-Ausland aufgrund Art. 12 EG deutschen juristischen Personen gleichzustellen.

aber (+) für Verfahrens-GRe (Art. 103 I, 101 I S. 2 GG)

Da Art. 19 III GG indessen nur für die Grundrechte des 1. Abschnittes des Grundgesetzes gilt, können sie Träger von Grundrechten sein, die außerhalb dieses Abschnitts geregelt sind. Gemeint sind die sog. Verfahrensgrundrechte in Art. 103 I und Art. 101 I S. 2 GG.[35] Als Parteien eines Rechtsstreits können auch ausländische juristische Personen folglich die justiziellen grundrechtsgleichen Rechte im Rahmen der Verfassungsbeschwerde geltend machen.

hemmer-Methode: Eine interessante Frage ist, ob eine GbR, die nur aus türkischen Mitbürgern besteht, eine inländische juristische Person ist und sich damit auch auf Art. 12 GG berufen kann. Dagegen spricht, dass hiermit die Beschränkung des Art. 12 GG auf Deutsche umgangen würde. Andererseits ist es eine Gesellschaft mit Sitz im Geltungsbereich des GG, also eigentlich eine inländische juristische Person. Das BVerfG hat diese Frage offen gelassen.[36]

---

29 BVerfGE 70, 324 (351); BVerfG, NJW 1999, 2030.

30 Zuck, Rn. 534 a.E.

31 BVerfGE 32, 157 (162); 64, 301 (312); Zuck, Rn. 536.

32 BVerfGE 32, 157 (162); 64, 301 (313).

33 BVerfGE 38, 326 (335); 40, 296 (309); 64, 301 (313); Zuck, Rn. 538.

34 BVerfGE 21, 207 (208); 23, 229 (236); Zuck, Rn. 524; Robbers, JuS 1993, 741.

35 BVerfGE 12, 6 (8); 18, 441 (447).

36 BVerfG, NJW 2002, 1485.

d) Juristische Personen des öffentlichen Rechts

jur. Personen des öffentl. Recht grds. (-)

Juristische Personen des öffentlichen Rechts sind grundsätzlich nicht antragsberechtigte Beschwerdeführer.[37]

22

hemmer-Methode: Grundrechte schützen in erster Linie den Menschen und Bürger, und die Verfassungsbeschwerde ist der spezifische Rechtsbehelf des Bürgers gegen den Staat.
Da der Staat nicht gleichzeitig Verpflichteter und Berechtigter sein kann, genießt er keinen Grundrechtsschutz, wenn er öffentliche Aufgaben erfüllt. Das gilt nicht nur, wenn der Staat unmittelbar in Erscheinung tritt, sondern grundsätzlich auch, wenn er sich zur Erfüllung seiner Aufgaben eines selbständigen Rechtsgebildes bedient, also auch für die mittelbare Staatsverwaltung, d.h. Anstalten , Körperschaften und Stiftungen des öffentlichen Rechts, unabhängig davon, ob die Aufgabe in öffentlich-rechtlicher oder verwaltungsprivatrechtlicher Form wahrgenommen wird.[38]

Bsp.: So können sich Gemeinden nicht auf Art. 14 I GG[39] oder Art. 3 I GG[40] berufen. Handwerksinnungen als Körperschaften des öffentlichen Rechts sind ebenso wenig Träger materieller Grundrechte wie ihre Untergliederungen, die Innungsverbände, selbst wenn diese privatrechtlich organisiert sind;[41] ebenso wenig können sich öffentlich-rechtliche Sparkassen auf materielle Grundrechte berufen.[42]

aber Ausnahmen:

Es sind von diesem Grundsatz aber in zwei Richtungen Ausnahmen zu machen.

23

aa) Verfahrensgrundrechte

Verfahrensgrundrechte

Die vorstehende Argumentation gilt indes nur für solche Grundrechte, die auch inhaltlich Individualrechte sind. Art. 101 S. 2 und Art. 103 I GG gehören formell nicht zu den Grundrechten, sondern enthalten objektive Verfahrensgrundsätze, die für jedes Verfahren gelten.[43]

Wenn mithin juristische Personen des öffentlichen Rechts Partei eines Rechtsstreits sind und das grundrechtsspezifische Verhältnis vor dem Richter nicht gilt, dann können sie sich, wie jeder Private, aus Gründen der prozessualen Waffengleichheit auf die sog. Verfahrensgrundrechte aus Art. 103 I und Art. 101 I S. 2 GG berufen.[44]

bb) Grundrechtsdienende juristische Personen

„grundrechtsdienende" jur. Personen

Eine ganz grundsätzliche Ausnahme hat das Bundesverfassungsgericht für solche juristischen Personen des öffentlichen Rechts anerkannt, die von den ihnen durch die Rechtsordnung übertragenen Aufgaben unmittelbar einem durch bestimmte Grundrechte geschützten Lebensbereich zuzuordnen sind. Bei diesen Ausnahmen handelt es sich um juristische Personen des öffentlichen Rechts, die den Bürgern auch zur Verwirklichung ihrer individuellen Grundrechte dienen, und die als eigenständige, vom Staat unabhängige oder jedenfalls distanzierte Einrichtung Bestand haben.[45]

23a

---

37 St. Rspr., BVerfGE 45, 63 (78); Robbers, JuS 1993, 740; Zuck, Rn. 525 ff.

38 BVerfGE 21, 362 (369 f.); Robbers, Jus 1993, 740.

39 BVerfGE 45, 63 (76 f.); 61, 82 (100 ff.); 64, 301 (312).; vgl. auch unten Rn. 23e.

40 BVerfG, NVwZ 2005, 82: Allerdings kann sich eine Gleichbehandlungspflicht aus dem Rechtsstaatsprinzip ergeben.

41 BVerfGE 68, 193 (207).

42 BVerfGE 75, 192 (200); zu Handwerksinnungen vgl. aus jüngerer Zeit BVerfG, NVwZ 1994, 262. Der BGH (NJW 2003, 1658) nimmt umgekehrt eine Grundrechtsverpflichtung der Sparkassen an.

43 BVerfGE 21, 362 (373); 61, 82 (104 f.).

44 BVerfGE 6, 45 (49 f.); 13, 132 (139 f.).

45 BVerfGE 21, 362 (373); 31, 314 (322); 45, 63 (79).

Universitäten hinsichtl. Art. 5 III S. 1 GG

So sollen sich Universitäten auf Art. 5 III S. 1 GG stützen können, da sie als Einrichtungen des Staates Grundrechte in einem Bereich verteidigen, in dem sie vom Staat unabhängig sind.[46]

23b

Das BVerfG schließt mithin vom Einsatz für die Grundrechte auf die Teilhabe an Grundrechten.

Rundfunkanstalten hinsichtl. Art. 5 I GG

Aus dem gleichen Grund sollen sich Rundfunkanstalten auf Art. 5 I GG berufen können.[47]

23c

Kirchen hinsichtl. Art. 4, 140 GG (i.V.m. WRV)

Eine weitere Ausnahme bilden die Kirchen und Religionsgemeinschaften, die schon wegen des Verbots der Staatskirche gemäß Art. 137 I WRV i.V.m. Art. 140 GG nicht dem Bereich des Staatlichen eingegliedert sind.[48] Sie unterscheiden sich von anderen Körperschaften des öffentlich-rechtlichen Rechts (Art. 137 V WRV i.V.m. Art. 140 GG[49]) dadurch, dass sie nicht vom Staat geschaffen sind, im außerstaatlichen Bereich wurzeln und in ihrem Eigenbereich weder staatliche Aufgaben wahrnehmen noch staatliche Gewalt ausüben. Sie sind daher im Hinblick auf die Verletzung ihres Eigenbereichs z.B. aus Art. 4 GG i.V.m. Art. 140 GG, Art. 137 III WRV grundrechtsfähig[50] und damit antragsberechtigt.

23d

hemmer-Methode: Bei diesen drei Ausnahmen handelt es sich um Klassiker, die Sie jedenfalls kennen müssen! Verdeutlichen Sie sich die Problematik deshalb noch einmal an folgenden kurzen Beispielen:

Bsp.: Nach einem Landesgesetz sollen sich die Krankenhäuser an zentrale Rechenzentren anschließen. Das Nähere, wie Einzugsbereich und Gliederung, soll in einer Rechtsverordnung geregelt werden. Die Kirchengemeinde in D und eine GmbH, welche das evangelische Krankenhaus betreibt, halten das für einen Eingriff in die kirchliche Selbständigkeit. Wären sie bei einer Verfassungsbeschwerde antragsberechtigt?

Nach § 90 I BVerfGG kann jedermann Verfassungsbeschwerde erheben, u.a. soweit er grundrechtsfähig ist.

Nach staatlichem Recht gehört die beschwerdeführende GmbH zu den juristischen Personen im Sinne von Art. 19 III GG. Die beschwerdeführende Kirchengemeinde ist eine lokale Untergliederung einer Religionsgemeinschaft, welche eine besondere Körperschaft des öffentlichen Rechts nach Art. 140 GG i.V.m. Art. 137 V WRV darstellt.[51]

Fraglich ist, ob die GmbH als juristische Person und die Kirchengemeinde als Untergliederung einer Religionsgemeinschaft „ihrem Wesen nach" Träger von Grundrechten sein können.

Kein Zweifel ergibt sich insoweit hinsichtlich der beschwerdeführenden GmbH, die in einer Rechtsform des Privatrechts organisiert ist. Nach ihrer Zweckbestimmung widmet sie sich der Krankenpflege in der organisierten Form des Krankenhauses. In ihrer Tätigkeit ist die Beschwerdeführerin frei, soweit nicht verfassungsmäßige Gesetze diese Freiheit einschränken. Sie kann insoweit in einer mit den Freiheitsgarantien des GG unvereinbaren Weise behindert werden.[52]

---

46   BVerfGE 21, 362 (373).

47   BVerfGE 31, 314 (322); 34, 160 (162).

48   BVerfGE 42, 312 (322); 53, 366 (387).

49   Vgl. zu den Voraussetzungen für die Erlangung des öffentlich-rechtlichen Status: BVerwG, JuS 1998, 452; BVerfG, NJW 2001, 429 = Life & Law 2001, 348; OVG Berlin, NVwZ 2005, 1450; BVerwG, NJW 2006, 3157: Diese Entscheidungen befassen sich allesamt mit dem Körperschaftsstatus der Zeugen Jehovas, der letztlich rechtskräftig verliehen wurde.

50   Eine andere Frage ist, wieweit die Kirchen grundrechtsverpflichtet sind, was die h.M. bei einem hoheitliche Tätigwerden der Kirchen bejaht; BVerfG, DVBl. 2002, 1624, vgl. zu diesen Fragen Wilms, NJW 2003, 2070.

51   BVerfGE 30, 112 (119 f.).

52   BVerfGE 46, 73 (83).

Dies trifft auch für die beschwerdeführende Kirchengemeinde zu. Obgleich sie als kirchliche Untergliederung Teil einer Körperschaft des öffentlichen Rechts ist, bleibt eine Grundrechtsträgerschaft trotzdem möglich. Ungeachtet ihrer öffentlich-rechtlichen Organisationsform sind die Kirchen dem Staat nicht inkorporiert.[53]

Ihre wesentlichen Aufgaben, Befugnisse und Zuständigkeiten sind originäre, nicht etwa vom Staat abgeleitete.[54] Sie stehen unbeschadet ihrer besonderen Qualität wie jedermann dem Staat gegenüber und können eigene Rechte gegenüber dem Staat geltend machen. Aus diesem Blickwinkel ist also auch die Kirchengemeinde grundrechtsfähig.[55]

Gemeinden keine Grundrechtsträger

23e Gemeinden sind keine solchen grundrechtsdienenden, vom Staat unabhängige Einrichtungen. Grundrechtsfähigkeit wurde den Kirchen, Rundfunkanstalten und Universitäten deshalb eingeräumt, weil sie den Bürgern bei der Verwirklichung der individuellen Grundrechte dienen, nicht aus eigenen Grundrechten. Bezüglich dieser Mittlerstellung führt das Bundesverfassungsgericht aus, auch die Garantie der gemeindlichen Selbstverwaltung diene zwar der allgemeinen politischen Bürgerfreiheit, sie lasse sich aber dem Schutzbereich materieller Grundrechte einzelner Bürger nicht in vergleichbarer Weise zuordnen. Die Gemeinde sei damit nicht Sachwalter der Bürger bei der Wahrnehmung ihrer Grundrechte und könne insofern keine Grundrechtspositionen wahrnehmen. Auch die Wahrnehmung eigener Grundrechte, hier des Art. 14 I GG, wird der Gemeinde versagt. Die Gemeinde befindet sich auch bei Wahrnehmung nichthoheitlicher Tätigkeit, z.B. bei ihrem landwirtschaftlich genutzten Grundeigentum, das keinen öffentlichen Aufgaben dient, in keiner grundrechtstypischen Gefährdungslage. Sie wird in diesem Raum ihres Wirkens durch einen staatlichen Hoheitsakt nicht in gleicher Weise wie eine Privatperson „gefährdet" und ist mithin auch insoweit nicht „grundrechtsschutzbedürftig".

> **Bsp.:** *Die Gemeinde Sasbach als Beschwerdeführerin wendet sich mit einer Verfassungsbeschwerde gegen die atomrechtliche Genehmigung des AKW Whyl.[56] Ist die Gemeinde antragsberechtigt?*

Das Bundesverfassungsgericht hat schon früher grundsätzlich verneint, dass juristische Personen des öffentlichen Rechts Inhaber von Grundrechten sein können. Es hat dies bislang allerdings nur für den Bereich entschieden, in dem diese juristischen Personen öffentliche Aufgaben wahrnehmen.[57]

Exkurs für Bayern: Eine teilweise andere Auffassung vertritt der BayVerfGH hinsichtlich des Eigentumsgrundrechts aus Art. 103 BV. Hierauf kann sich eine Gemeinde dann berufen, wenn sie sich einem Bürger vergleichbar in der grundrechtstypischen Gefährdungslage befindet. Diese Voraussetzung ist allerdings nicht erfüllt, soweit die Gemeinde im Rahmen der Erfüllung ihrer Aufgaben betroffen ist.[58]

e) Sonderproblem: Gemischt-wirtschaftliche Unternehmen

gemischt-wirtschaftl. Unternehmen

24 Ein Sonderproblem kann sich in der Klausur bei sog. gemischt-wirtschaftlichen Unternehmen ergeben, d.h. also v.a. bei solchen juristischen Personen, deren Träger z.T. Private, z.T. die öffentliche Hand sind.

---

53 BVerfGE 42, 312 (321).

54 BVerfGE, aaO, m.w.N.

55 BVerfGE 42, 312 (322).

56 Nach BVerfGE 61, 82 ff. v. 8. Juli 1982 = Hemmer/Wüst/Triebel, Classics Ö-Recht, Fall 42.

57 BVerfGE 21, 362; 45, 63.

58 BayVerfGH, BayVBl. 2001, 339.

hemmer-Methode: Durch die zunehmende Privatisierung und das Bemühen der öffentlichen Hand, durch (z.T. beherrschende) Beteiligungen gleichwohl ihren Einfluss zu bewahren, handelt es sich um ein aktuelles Problem. Es ist auch durchaus klausurrelevant, weil Sie Ihre Problemsensibilität und Ihr Argumentationsvermögen zeigen können.

Man könnte nun einerseits davon ausgehen, dass eine juristische Person des Privatrechts stets Grundrechtsträger sein kann oder dass dies bei (zumindest mehrheitlicher) Beteiligung der öffentlichen Hand stets ausgeschlossen sei.

wohl grundrechtsfähig (+) zum Schutz der privaten Beteiligten, soweit nicht bloße Alibifunktion

Allerdings erscheinen diese Argumentationswege beide allzu formal. Überzeugender ist wohl eine materiell-orientierte Argumentation: einerseits kann z.B. eine Gemeinde sicher nicht dadurch Quasi-Grundrechtsträger werden, dass sie eine AG „zwischenschaltet", so dass die juristische Person jedenfalls dann kein Grundrechtsträger ist, wenn sie allein von der öffentlichen Hand getragen wird und Aufgaben der Daseinsvorsorge tätigt. Soweit aber Privatleute beteiligt sind, die keine reine „Alibi-Funktion" wahrnehmen, dürfte indes deren Grundrechtsschutz vorgehen, und sie dürfen nicht schlechter stehen, nur weil an „ihrer" juristischen Person auch die öffentliche Hand beteiligt ist.[59]

aber nach BVerfG (-) im Bereich der Daseinsvorsorge

Das BVerfG hat allerdings in einer Entscheidung zumindest für die (wichtige) Gruppe der juristischen Personen, die in der Daseinsvorsorge tätig sind, eine Grundrechtsträgerschaft bei Beteiligung der öffentlichen Hand abgelehnt.[60] Abgrenzungskriterium bei gemischtwirtschaftlichen Unternehmen wäre demnach also nur die Betätigung, was freilich nur bedingt zur Systematik des Art. 19 III GG passt.[61]

3. Kein Antragsgegner

kein Antragsgegner

Da das Verfassungsbeschwerdeverfahren kein kontradiktorisches Verfahren ist, gibt es keine Antragsgegner.

25

II. Verfahrensfähigkeit/Prozessfähigkeit/Grundrechtsmündigkeit

grds. verfahrensfähig, wenn nach BGB geschäftsfähig

Unter Verfahrensfähigkeit bzw. Prozessfähigkeit versteht man die Fähigkeit eines Beteiligten, Verfahrenshandlungen wirksam vorzunehmen und entgegenzunehmen bzw. durch einen selbst gewählten Vertreter vornehmen und entgegennehmen zu lassen.[62]

26

Die Voraussetzungen der Verfahrensfähigkeit im Verfassungsbeschwerdeverfahren sind im BVerfGG nicht ausdrücklich geregelt.

Das BVerfG verweist insoweit auf eine Teilanalogie zum sonstigen Verfahrensrecht.[63] Insbesondere die §§ 51 ff. ZPO, 62 VwGO sind nicht ohne Weiteres anwendbar, vielmehr richtet sich die Verfahrensfähigkeit nach der Ausgestaltung der in Anspruch genommenen Grundrechte und deren Beziehungen auf das im Ausgangsverfahren streitige Rechtsverhältnis.[64] Im Einzelnen heißt das:

Verfahrensfähig ist ohne Weiteres, wer nach bürgerlichem Recht geschäftsfähig ist.

---

59   So auch J/P, Art. 19 GG, Rn. 13a m.w.N.

60   BVerfG, NJW 1990, 1783.

61   Umfassend zu diesem Problem Lang, NJW 2004 , 3601.

62   Pestalozza, S. 98.

63   BVerfGE 1, 109 (110 f.); 28, 243 (254 f.).

64   BVerfGE 28, 243 (254); 51, 405 (407).

aber auch Minderjährige, soweit grundrechtsmündig, vgl. z.B. RelKErzG, § 1 II EheG

Minderjährige sind verfahrensfähig, wenn sie „grundrechtsmündig" sind, insbesondere, wenn ihnen in bestimmten Bereichen die Geschäftsfähigkeit zuerkannt worden ist. Im Bereich von Art. 4 GG soll das RelKErzG Hinweise für die Grundrechtsmündigkeit geben.[65] Bei minderjährigen Soldaten, die im Wehrdisziplinarverfahren als prozessfähig behandelt werden, entscheidet die Einsichtsfähigkeit.[66]

Ebenso sind Kinder im Verfassungsbeschwerdeverfahren verfahrensfähig, die im Sorgerechtsverfahren berechtigt sind, ihre Rechte geltend zu machen.[67]

Analoges wird auch hinsichtlich des Grundrechts aus Art. 6 I GG zu gelten haben, wenn Jugendliche unter achtzehn Jahren die Ehe eingehen dürfen (§ 1303 II BGB), oder hinsichtlich des Grundrechts aus Art. 5 I GG, wenn Jugendlichen das Recht zur Herausgabe einer Schülerzeitung zugesprochen wird. Maßgeblich ist also nicht einzig die faktische individuelle Einsichtsfähigkeit, sondern vielmehr der Inhalt des jeweiligen Grundrechts einerseits und die rechtlichen Zuweisungen bezüglich der jeweiligen Materie an den Minderjährigen andererseits. Soweit ihnen das Recht eigene, selbständige Entscheidungsbefugnisse zuweist, können sie das jeweils einschlägige Recht auch vor dem BVerfG selbst geltend machen.

Geschäftsunfähige und beschränkt Geschäftsfähige müssen sich im Übrigen durch ihre gesetzlichen Vertreter, juristische Personen durch ihre Organe vertreten lassen. Dem nasciturus kann zur Wahrnehmung seiner Rechte ein Pfleger bestellt werden, § 1912 BGB.

bei Streit über Geschäftsfähigkeit GR-Mündigkeit zu unterstellen

Wird gerade darüber gestritten, ob der Betroffene geschäftsfähig ist, wird in diesem Umfang die Prozessfähigkeit vorausgesetzt, weil ansonsten der Rechtsschutz unerträglich verkürzt würde.[68]

Das Vorliegen der Prozessfähigkeit wird vom BVerfG von Amts wegen geprüft; ihr Fehlen macht die Verfassungsbeschwerde unzulässig.

hemmer-Methode: Gerade weil es keine explizite Regelung gibt, eignet sich diese Frage natürlich für die Klausur. Ihr Wissen und Ihr Argumentationsvermögen können geprüft werden. Sie sollten sich allerdings (lange) Ausführungen dazu sparen, wenn im Sachverhalt keine Probleme angelegt sind.

III. Postulationsfähigkeit

grds. kein Anwaltszwang, nur in mündlicher Verhandlung

Postulationsfähigkeit ist die Fähigkeit, vor dem fraglichen Gericht aufzutreten und Prozesshandlungen wirksam vornehmen zu können. Die Postulationsfähigkeit fehlt einer Partei insbesondere dann, wenn vor dem Gericht Anwaltszwang besteht, wie es z.B. § 78 ZPO vor dem Landgericht vorsieht. Im Verfahren vor dem BVerfG ist das gemäß § 22 I S. 1 BVerfGG nur in der mündlichen Verhandlung der Fall. Wenn also das BVerfG über die Verfassungsbeschwerde mündlich verhandelt, muss der Beschwerdeführer sich durch einen Anwalt oder Hochschullehrer vertreten lassen, da anderenfalls seine Anträge als unzulässig zurückgewiesen würden. Ansonsten kann jede verfahrensfähige Partei die Verfassungsbeschwerde selbst wirksam einlegen und die erforderlichen prozessualen Anträge stellen.

27

---

65   BVerfGE 1, 87 (89).

66   BVerfGE 28, 243 (254 f.).

67   BVerfGE 72, 122 (132 f.).

68   Robbers, JuS 1993, 741.

hemmer-Methode: Die Postulationsfähigkeit wird hier in Abgrenzung zur Antragsberechtigung und Prozessfähigkeit erörtert. Anders als bei diesen, handelt es sich bei der Postulationsfähigkeit aber nicht um eine (unmittelbare) Frage der Zulässigkeit, sondern nur um eine Prozesshandlungsvoraussetzung. Handelt ein Postulationsunfähige,r ist der Antrag bzw. die Klage nicht wirksam erhoben und deshalb unzulässig. In der Klausur sollten Sie die Postulationsfähigkeit aus diesem Grund bei der ordnungsgemäßen Antragstellung ansprechen.

IV. Prozessführungsbefugnis

grds. keine Prozessstandschaft vor BVerfG

Prozessführungsbefugt ist derjenige, der prozessual berechtigt ist, das fragliche Grundrecht im eigenen Namen geltend zu machen. Das ist grundsätzlich jeder, der eigene Rechte geltend macht, jedoch auch derjenige, der in zulässiger Weise fremde Rechte in eigenem Namen geltend machen kann.

28

Im Zivilgerichtsverfahren kann sich diese Berechtigung aus dem Gesetz ergeben (gesetzliche Prozessstandschaft) oder auf einer Vereinbarung mit dem Berechtigten beruhen (gewillkürte Prozessstandschaft).

Das BVerfGG kennt dagegen keine Prozessstandschaft, so dass das als verletzt gerügte Recht dem Beschwerdeführer selbst zustehen muss.[69] So hat das BVerfG entschieden, dass die Gesellschaft nicht Rechte ihrer Gesellschafter, der Verband nicht Rechte seiner Mitglieder wahrnehmen kann, selbst wenn die Satzung dies vorschreibt.[70] Bei den sog. Parteien kraft Amtes (Insolvenzverwalter, Testamentsvollstrecker, Nachlassverwalter) soll es sich nach Ansicht des BVerfG nicht um einen Fall der gesetzlichen Prozessstandschaft handeln, da diese aus eigenem Recht handelten und bereits deswegen prozessführungsbefugt seien.[71]

allenfalls nach Tod des Beschwerdeführers

Beim Tod des Beschwerdeführers erkennt das BVerfG hingegen dann ausnahmsweise eine Fortführungsbefugnis der Erben an, wenn es sich um finanzielle Ansprüche handelt[72], während das Verfahren mit dem Tode enden soll, wenn es sich um höchstpersönliche Ansprüche handelt[73].

hemmer-Methode: Eine Ausnahme hiervon wird bei dem postmortalen Ehrenrecht gemacht. Hier können Angehörige sogar neue Verfahren einleiten, wobei unklar ist, ob sie dabei als Prozessstandschafter fremde Rechte des Verstorbenen oder eigene „ererbte" Rechte geltend machen.[74]
Der Prüfungspunkt Prozessführungsbefugnis ähnelt dem der Beschwerdebefugnis. Dort werden aber noch strengere Anforderungen gestellt als lediglich die Geltendmachung eigener Rechte.[75]

B) Beschwerdegegenstand

I. Öffentliche Gewalt

öffentl. Gewalt i.S.d. Art. 93 I Nr. 4a GG: alle drei Gewalten

Nach Art. 93 I Nr. 4a GG und § 90 I BVerfGG kommen als Beschwerdegegenstand der Verfassungsbeschwerde nur Akte der öffentlichen Gewalt in Betracht.

29

---

69   BVerfGE 33, 247 (257 f.); 56, 296 (297); Zuck, Rn. 546 ff.

70   BVerfGE 25, 256 (263); 27, 326 (333); 31, 275 (280); 35, 348 (352).

71   BVerfGE 27, 326 (333); 21, 139 (143); 65, 182 (190); kritisch Zuck, Rn. 548 ff. m.w.N.

72   BVerfGE 3, 162 (164); 23, 288 (300); 26, 327 (332); 39, 169 (185).

73   BVerfGE 6, 389 (442); 12, 311 (315).

74   Ausführlich hierzu Rn. 14.

75   Vgl. unten Rn. 45.

Hierunter fallen alle Maßnahmen der deutschen unmittelbaren und mittelbaren Staatsgewalt und zwar aller Gewalten, d.h. Legislative, Judikative und Exekutive. Insofern unterscheidet sich der Begriff der „öffentlichen Gewalt" von dem des Art. 19 IV GG, der nach allgemeiner Meinung Akte der Rechtsprechung grundsätzlich nicht erfasst[76] und - jedenfalls nach der Rechtsauffassung des BVerfG - auch auf Gesetzgebungsakte des parlamentarischen Gesetzgebers nicht anwendbar ist.[77]

hemmer-Methode: Diese Auslegung der ganz h.M. kann auch auf Art. 1 III GG gestützt werden, wonach alle drei Gewalten durch die Grundrechte gebunden sind. Formulierungsvorschlag für die Klausur: „Öffentliche Gewalt i.S.d. Art. 93 I Nr. 4a GG, § 90 I BVerfGG sind alle drei Gewalten (Exekutive, Legislative und Judikative), da die Verfassungsbeschwerde der prozessualen Sicherung der ebenfalls umfassenden Grundrechtsbindung aus Art. 1 III GG dienen soll."

Bsp.: Öffentliche Gewalt i.S.d. Art. 93 I Nr. 4a GG, § 90 I BVerfGG wird danach ausgeübt von Bund und Ländern, den sonstigen juristischen Personen des öffentlichen Rechts, darunter Gemeinden und Gemeindeverbänden, Hochschulen, berufsständischen Kammern, Sozialversicherungsträgern und berufsständischen Unternehmen, sowie von Rundfunk- und Fernsehanstalten, jedenfalls dann, wenn sie im Wahlkampf Sendezeiten zur Wahlwerbung zuteilen oder verweigern.[78]

Auch können Akte von sog. beliehenen Unternehmern tauglicher Gegenstand einer Verfassungsbeschwerde sein, soweit sie im Rahmen ihrer Beleihung öffentliche Gewalt ausüben.[79]

Keine öffentliche Gewalt üben dagegen nach ständiger Rechtsprechung des BVerfG die öffentlich-rechtlichen Religionsgemeinschaften aus, soweit sich die Maßnahme im innerkirchlichen Bereich hält; anderes gilt nur, wenn diese Religionsgemeinschaften im Einzelfall, z.B. im Kirchensteuerrecht, Gebrauch von staatlich verliehener öffentlicher Gewalt machen.[80]

Tarifverträge (-), wohl aber Allgemeinverbindlicherklärung

Tarifverträge der Tarifvertragsparteien können mit der Verfassungsbeschwerde nicht angegriffen werden, da sie gerade im staatsfreien Raum ergehen, wie die Garantie der Tarifautonomie in Art. 9 III GG zeigt.[81] Die Allgemeinverbindlicherklärung gemäß § 5 IV TVG vom Bundesarbeitsminister hingegen ist ein Akt öffentlicher Gewalt, der mit der Behauptung angegriffen werden kann, die für allgemeinverbindlich erklärten Bestimmungen verstießen gegen Grundrechte.[82]

nur Akte der öffentl. Gewalt der BRD

30

Die Grundrechte und grundrechtsgleichen Rechte des Grundgesetzes binden nur die deutsche öffentliche Gewalt, sodass Gegenstand der Verfassungsbeschwerde grundsätzlich nur Akte der öffentlichen Gewalt der Bundesrepublik Deutschland sein können.

So mögen Maßnahmen der UNO, von Interpol oder etwa der NATO Grundrechtsgüter verletzen, beschwerdefähig sind sie nicht.[83] Dasselbe galt grds. für Akte der Organe der ehemaligen DDR.[84]

---

76   Vgl. Zuck, Rn. 391 m.w.N.

77   BVerfGE 24, 33 (49 ff.); 45, 297 (334); Jarass/Pieroth, Art. 19 GG, Rn. 25 mit Nachweisen zur Gegenmeinung.

78   BVerfGE 7, 99 (104); 14, 121 (130); 47, 198 (223); 67, 149 (151); 69, 257 (266).

79   Zusammenstellung bei Zuck, Rn. 393 ff.

80   BVerfGE 18, 385 (387); 19, 288 (289); BVerfG, DVBl. 2002, 1624; Zuck, Rn. 423 ff., 394; diese Frage korrespondiert mit der bereits mehrfach angesprochenen Problematik der Grundrechtsbindung der Kirchen.

81   Robbers, JuS 1993, 741.

82   Robbers, JuS 1993, 741.

83   Zuck, Rn. 413 m.w.N.

84   BVerfGE 1, 332 (341 ff.); 11, 150 ff.; Gusy, Rn. 26.

Internationale oder ausländische Stellen üben keine deutsche Hoheitsgewalt aus, auch wenn ihre Maßnahmen im Inland Wirkungen entfalten.[85]

hemmer-Methode: Allerdings kann eine Verfassungsbeschwerde gegen die Bundesrepublik Deutschland Erfolg haben, wenn ausländische Staaten oder sonstige ausländische oder internationale Stellen Grundrechtsgüter von Deutschen verletzen, während die Bundesrepublik Deutschland die erforderlichen Maßnahmen des diplomatischen Schutzes unterlässt und dabei den weiten Rahmen ihres außenpolitischen Ermessens überschreitet.

bei EU-Recht: Solange-Rechtsprechung des BVerfG

Ein Sonderproblem bilden Akte der Organe der Europäischen Union. Die Frage ist, ob abgeleitetes (sekundäres) Gemeinschaftsrecht von den nationalen Verfassungsgerichten überprüfbar, also z.B., ob das BVerfG eine EG-Verordnung, die gemäß Art. 249 EG unmittelbare Geltung besitzt, an den nationalen Grundrechten messen darf. Dies ist Gegenstand einer längeren Rechtsprechungsentwicklung von den BVerfG-Entscheidungen „Solange I"[86] bis zu „Solange II"[87] und dem Maastricht-Urteil.[88]

Dabei ist als gegenwärtiger Stand davon auszugehen, dass das BVerfG zwar seine Gerichtshoheit über die Anwendbarkeit von abgeleitetem Gemeinschaftsrecht in einem Kooperations- bzw. Subsidiaritätsverhältnis zum EuGH ausübt.

Allerdings beansprucht es („solange" generell ausreichender Grundrechtsschutz v.a. durch den EuGH gewährleistet wird) diese grds. nicht mehr, sodass bei Akten auf der Grundlage von abgeleitetem Gemeinschaftsrecht kein zulässiger Beschwerdegegenstand einer Verfassungsbeschwerde vorliegt.[89]

Grenze auch bei EU-Recht: Art. 79 III GG

Die Grenze, ab der das BVerfG auch europäisches Gemeinschaftsrecht kontrollieren will, bildet Art. 79 III GG, zu dessen Grundentscheidungen auch das Grundrechtssystem zählt. Sobald also europäisches Gemeinschaftsrecht und in Ausführung dessen auch mittelbar Akte deutscher Gewalt gegen die in Art. 79 III GG als unabdingbar festgeschriebenen Grundwerte verstößt, kann eine Verfassungsbeschwerde zulässig sein. Dies wird aber angesichts des mittlerweile hohen Grundrechtsstandards des europäischen Gemeinschaftsrechts ein seltener Fall sein, zumal die Grundrechte im Rahmen der Schaffung einer „EG-Verfassung" nun verbindlich normiert werden sollen.[90]

II. Akte der öffentlichen Gewalt

Öffentliche Gewalt manifestiert sich nach dem Ausgeführten als rechtsetzende, richterliche und rechtsanwendende Gewalt. Im Einzelnen sind folgende Sonderprobleme erwähnenswert:

---

85   Dazu zählte das BVerfG auch das Besatzungsrecht, das nicht der Verfassungsbeschwerde unterliegen sollte, da die Rechtsakte nicht von einer an das Grundgesetz gebundenen öffentlichen Gewalt entstammten. BVerfGE 1, 10 (11); 2, 181 ff.; 3, 368 (377); 4, 45 (49, 52); 6, 15 (16 f.).

86   BVerfGE 37, 271 ff.

87   BVerfGE 73, 339 ff. = Hemmer/Wüst/Triebel, Classics Ö-Recht, Fall 92.

88   BVerfG, EuZW 1993, 667 ff. = Hemmer/Wüst/Triebel, Classics Ö-Recht, Fall 93; eine Bestätigung dieser Rechtsprechung ist die Entscheidung des BVerfG zur Bananenmarktordnung; BVerfG, NJW 2000, 3124 = BayVBl. 2000, 754 = Life & Law 2001, 64.

89   Vgl. ausführlicher, auch zur Entwicklung: Hemmer/Wüst/Hutka, Europarecht, Rn. 290 ff.; Limbach, NJW 2001, 2913, Das BVerfG und der Grundrechtsschutz in Europa: Zum Verhältnis EuGH und BVerfG.

90   Vgl. den Beschluss des Rates der Europäischen Gemeinschaft vom 23.06.2007: Geplant ist die Charta für alle Mitgliedsstaaten bis auf Großbritannien für verbindlich zu erklären.

1. Akte der rechtsetzenden Gewalt

a) Grundsatz

Rechtsetzung: alle formellen und materiellen Gesetze

Aus §§ 93 III, 94 IV, 95 III BVerfGG ergibt sich bereits unmittelbar, dass auch Gesetze zu den überprüfbaren Beschwerdegegenständen gehören. Darunter fallen alle formellen und materiellen Gesetze, also auch Rechtsverordnungen und Satzungen, wobei es gleichgültig ist, ob das Gesetz vom Bundes- oder Landesgesetzgeber erlassen worden ist oder ob es sich um vor- oder nachkonstitutionelles Recht handelt.[91] Beschwerdegegenstand können auch sonstige materielle Rechtsätze der Verwaltung sein.[92] Etwas anders gilt für Verwaltungsvorschriften, die nur den internen Verwaltungsbereich betreffen und nach h.M. mangels Außenwirkung keine beschwerdefähigen Rechtsnormen darstellen.[93]

Gesetze grds. erst ab Verkündung

Gesetze sind grundsätzlich erst mit ihrer Verkündung Akte der Rechtsetzung und daher erst dann mit der Verfassungsbeschwerde angreifbar.[94] Zu einem Akt der Rechtsetzung zählt aber nicht die bloße Neubekanntmachung, die lediglich rein deklaratorisch den unveränderten Wortlaut ohne inhaltliche Änderung bekannt gibt[95], im Gegensatz zu Gesetzesänderungen, die Beschwerdegegenstand sein können.[96]

b) Gesetzgeberisches Unterlassen

Sonderproblem: Unterlassen des Gesetzgebers

grds. auch Unterlassungen vb-fähig, aber bei Gesetzgebung weiter Spielraum zu beachten; nur bei verfassungsrechtl. Pflicht

Ob das Unterlassen des Gesetzgebers i.S.d. legislativen Unrechts verfassungsbeschwerdefähig ist, ist eine der umstrittensten Fragen des Verfassungsprozessrechts.

Gem. § 92 BVerfGG sind nicht nur Handlungen, sondern auch Unterlassungen der öffentlichen Gewalt verfassungsbeschwerdefähig. Dies gilt grundsätzlich auch für ein Unterlassen des Gesetzgebers, allerdings nicht ohne gewisse Einschränkungen.

Bedeutsam ist nämlich, dass es dem Gesetzgeber nach dem Grundgesetz regelmäßig weitgehend freisteht, eine Materie gesetzlich zu regeln oder dies zu unterlassen. Das allgemeine Verlangen nach Erlass neuer Gesetze kann jedenfalls nicht im Wege der Verfassungsbeschwerde geltend gemacht werden.[97] Vielmehr ist zu berücksichtigen, dass die einzelnen Staatsbürger grds. keinen gerichtlich verfolgbaren Anspruch auf ein Handeln des Gesetzgebers haben können. Sonst käme es zu einer vom Grundgesetz schwerlich gewollten Schwächung der gesetzgebenden Gewalt.[98] Voraussetzung jeder Handlungspflicht des Gesetzgebers ist daher die positive Feststellung einer verfassungsgerichtlichen Norm, welche die Legislative zu einem spezifischen Tun verpflichtet.

Allgemeine Verpflichtungen wie etwa aus dem Sozialstaatsprinzip oder die allgemeine Nachbesserungspflicht gegenüber Gesetzen reichen dazu an Eindeutigkeit nicht aus.[99]

32

33

---

91   Gusy, Rn. 29; Zuck, Rn. 443 ff.

92   BVerfGE 40, 237 (254 f.); Pestalozza, S.103; Zuck, Rn. 444.

93   BVerfGE 1, 82 (83 f.); 2, 139 (141); 2, 237 (242 f.); 12, 180 (199); 18, 1 (15); 41, 88 (105); Zuck, Rn. 444; kritisch Gusy, Rn. 31 m.w.N.

94   BVerfGE 42, 263 (283); Zuck, Rn. 445.

95   BVerfGE 17, 364 (368 f.).

96   Übersicht bei Gusy, Rn. 30.

97   BVerfGE 2, 287 (291); NJW 1986, 1979; umfassend Zuck, Rn. 491 ff.

98   BVerfGE 1, 97 (100); 11, 255 (261).

99   BVerfGE 6, 257 (264); 8, 1 (9); 11, 255 (261 f.); 12, 139 (142); 56, 54 (70 f.).

Handlungsauftrag aus Grundgesetz?	Legislatives Unterlassen ist nur dann beschwerdefähig, wenn im Grundgesetz ein ausdrücklicher Auftrag zum Tätigwerden enthalten ist, der Inhalt und Umfang der Gesetzgebungspflicht im Wesentlichen bestimmt.[100] Dies hat das BVerfG bislang nur für Art. 6 V und Art. 12a II S. 3 GG angenommen.[101] Weiterhin hat das BVerfG in Konkretisierung der Schutzgebotsfunktion der Grundrechte ausgeführt, dass, wenn die öffentliche Gewalt Schutzvorkehrungen entweder überhaupt nicht getroffen habe, oder wenn die vom Gesetzgeber getroffenen Maßnahmen offensichtlich gänzlich ungeeignet oder völlig unzureichend seien, jedenfalls im Bereich des Art. 2 II S. 1 GG Verfassungsbeschwerde gegen dieses Unterlassen erhoben werden könne.[102]

Voraussetzungen	Das BVerfG akzeptiert mithin eine Kontrolle gesetzgeberischen Unterlassens unter drei Voraussetzungen:	34
	⇨ Echtes Unterlassen	

„echtes Unterlassen" (⇨ nur bei unvollständiger Norm gegen diese vorzugehen)	Der Gesetzgeber muss trotz bestehender Handlungs- und Schutzpflichten gänzlich untätig geblieben sein. Ist der Gesetzgeber hingegen tätig geworden, und enthält das Gesetz eine - sei es auch ablehnende - Regelung, dann hat er eine Entscheidung nicht unterlassen. Wer diese Regelung als unzureichend ansieht, muss unmittelbar gegen das Gesetz oder gegen einen Vollzugsakt vorgehen.[103]

hemmer-Methode: Dies wird der häufigere Fall in einer Klausur sein, wenn z.B. das Gesetz bestimmte Gruppen gleichheitswidrig nicht erfasst oder keine Ausnahmebestimmungen für Härtefälle enthält.

Bsp.: In einer Verfassungsbeschwerde, in der die Einleitung von Gesetzgebungsmaßnahmen zur Aidsbekämpfung gefordert wurde, hat das BVerfG die staatliche Schutzpflicht bejaht, aber die Voraussetzung der gänzlichen Untätigkeit (echtes Unterlassen) verneint[104] und die Verfassungsbeschwerde als unzulässig verworfen.

Dagegen ist die zulässige Verfassungsbeschwerde gegen eine begünstigende Regelung, die den Fall des Beschwerdeführers nicht erfasst, kein Fall des Unterlassens, da nur eine für den Betroffenen unzureichende Regelung vorliegt.[105]

Schutzpflicht	⇨ Annahme einer Schutzpflicht durch Auslegung der Grundrechtsnorm
konkrete Handlungspflicht	⇨ Begründung konkreter Handlungspflichten aus dem Schutzauftrag.[106]

c) Völkerrechtliche Verträge

völkerrechtl. Verträge (-), wohl aber ZustimmungsG	Zu erwähnen ist ob des Sachzusammenhangs noch, dass zwar völkerrechtliche Verträge, an denen die Bundesrepublik Deutschland beteiligt ist, nicht beschwerdefähig sind, dagegen aber das Zustimmungsgesetz tauglicher Beschwerdegegenstand ist.[107]	35

---

100 BVerfGE 56, 54 (70); 55, 37 (53 f.); 59, 360 (375); Robbers, JuS 1993, 742; Gusy, Rn. 32.

101 Vgl. Zuck, Rn. 498 m.w.N.

102 BVerfGE 77, 170 (214); BVerfG, NJW 1998, 2961 (Nichtraucherschutz); in BVerfG, Life & Law 2007, Heft 4 = LNRB 2007, 10599 bejaht das BVerfG auch einen Anspruch auf Schaffung eines gerichtlichen Verfahrens auf Klärung der Abstammung eines Kindes von seinem juristischen Vater. Diesen Anspruch leitet das BVerfG aus dem Persönlichkeitsrecht des Vaters nach Art. 2 I, 1 I GG ab. Auch hier war die Verfassungsbeschwerde letztlich wegen eines gesetzgeberischen Unterlassens erfolgreich.

103 BVerGE 56, 54 (71).

104 BVerfG, Kammerentscheidung, EuGRZ 1987, 353 (354).

105 BVerfGE 18, 288 (301); 22, 349 (359 ff.).

106 Nachweise bei Zuck, Rn. 502 ff.

107 BVerfGE 6, 290; Zuck, Rn. 439; Robbers, JuS 1993, 742.

Fehlt es indes an einem Zustimmungsgesetz, etwa weil der Vertrag nicht die politischen Beziehungen des Bundes regelt (Art. 59 II GG), können seine Regelungen implizit im Rahmen der Verfassungsbeschwerde geprüft werden, die sich gegen die konkrete Anwendung des Vertrages durch die deutsche öffentliche Gewalt richten muss. Anders als sonstige Gesetze kann das Zustimmungsgesetz zu völkerrechtlichen Verträgen mit der Verfassungsbeschwerde bereits angegriffen werden, bevor es in Kraft tritt, d.h. schon nach der Verabschiedung im Parlament.[108] Dies gilt, wie auch bei der abstrakten Normenkontrolle, um zu verhindern, dass sich die Bundesrepublik in verfassungswidriger Weise völkerrechtlich bindet und in die Situation gerät, aus Treue zur Verfassung einen Völkerrechtsbruch begehen zu müssen.

Im Übrigen enthalten die §§ 93 III, 94 IV, 95 III BVerfGG Sonderregelungen für Verfassungsbeschwerden gegen die rechtsetzende Gewalt.

2. Akte der vollziehenden Gewalt

a) Grundsatz: Einheitlicher Beschwerdegegenstand

Akte der vollziehenden Gewalt grds. (+) (⇨ ggf. Aufhebung des Akts und der bestätigenden Entscheidung)

Die Verfassungsbeschwerde ist grundsätzlich gegen jeden Akt der Exekutive möglich, unabhängig davon, ob die Maßnahme im Bereich der Leistungs- oder Eingriffsverwaltung ergeht. Zu beachten ist allerdings, dass wegen des Erfordernisses der Rechtswegerschöpfung die Verfassungsbeschwerde regelmäßig gegen die abschließende Gerichtsentscheidung in Verbindung mit der angegriffenen Verwaltungshandlung zu richten ist. Es gilt dann die angegriffene Verwaltungshandlung in der Form des letztinstanzlich bestätigenden Urteils. Diese Einheit des Beschwerdegegenstands ändert indessen nichts an der doppelten Schutzrichtung der Verfassungsbeschwerde; ist sie erfolgreich, so sind alle angegriffenen Vorentscheidungen aufzuheben.[109]

b) Problem: Gnadenentscheidungen

Gnadenentscheidungen str., nach h.M. aber (+)

Ein Problemfeld bilden die Gnadenentscheidungen. Nach Ansicht des BVerfG sollen diese selbst nicht öffentliche Gewalt[110] und damit nicht beschwerdefähig sein. Dagegen soll jedenfalls der Widerruf des Gnadenerweises im Verfassungsbeschwerdeverfahren überprüfbar sein.[111] Aus rechtsstaatlichen Gründen sollte man zumindest das Verfahren einer Überprüfung unterziehen.

Auch der Gnadenerweis selbst sollte nach kritischen Stimmen aus dem Schrifttum tauglicher Gegenstand sein, wobei aber zu beachten ist, dass dem Bundespräsidenten und den Ministerpräsidenten der Länder ein erheblicher Entscheidungsspielraum zusteht. Dies spielt jedoch erst für die Begründetheit eine besondere Rolle.[112]

hemmer-Methode: Das BVerfG folgt der alten Regel „Gnade vor Recht" und lässt überhaupt keine Überprüfung der Gnadenakte zu. Dies lässt sich auch mit der Tradition des Gnadenrechts begründen, das (u.a.) im Absolutismus wurzelt. Der absolute Herrscher schuldet niemandem über sein Handeln Rechenschaft. Das Gnadenrecht des Bundes- bzw. Ministerpräsidenten ist damit eigentlich ein Fremdkörper in unserer Verfassung.

---

108   Vgl. BVerfGE 24, 33 ff.(LS 2); Robbers, JuS 1993, 742.

109   Gusy, Rn. 33, 36 m.w.N.

110   BVerfGE 25, 352 (357 ff.).

111   BVerfGE 30, 108 (110 f.).

112   Robbers, JuS 1993, 742; Schenke, JA 1981, 583 ff. m.w.N.

c) Problem: Privatrechtliches Behördenhandeln

Streitig ist hingegen noch, wie weit auch privatrechtsförmliches Handeln der vollziehenden Gewalt unter den Begriff der öffentlichen Gewalt i.S.d. Art. 93 I Nr. 4a GG, § 90 I BVerfGG fallen kann.

fiskalisches Handeln str., nach h.M. aber (-), nur über Drittwirkung

Das BVerfG und Teile der Literatur halten die Verfassungsbeschwerde bei fiskalischem Verwaltungshandeln, d.h. bei bloßer erwerbswirtschaftlicher Betätigung des Fiskus, wenn dieser wie ein Privater auftritt, für unzulässig.[113] Die Grundrechte sollen dann nicht gemäß Art. 1 III GG unmittelbar gelten, sondern nur über die Grundsätze der mittelbaren Drittwirkung, nach der die Grundrechte zwischen Privaten nur über die Generalklauseln des bürgerlichen Rechts wirken. Dies hat zur Folge, dass eine Verfassungsbeschwerde allenfalls gegen einen richterlichen Akt denkbar ist, wenn dieser die Ausstrahlungswirkung der Grundrechte nicht hinreichend berücksichtigt hat, indes kann die Verfassungsbeschwerde gegen das fiskalische Verwaltungshandeln selbst mangels unmittelbarer Grundrechtsbindung der vollziehenden Gewalt nach dieser Ansicht in diesem Bereich nicht zulässig sein. Demgegenüber ist es mittlerweile fast unbestritten, dass die Exekutive im Rahmen des Verwaltungsprivatrechts, d.h., wenn sie öffentliche Aufgaben in privatrechtlicher Form erfüllt, unmittelbar an die Grundrechte gebunden ist[114] (Stichwort: „Keine Flucht ins Privatrecht") und die Grundrechtsbindung auch im Verfahren der Verfassungsbeschwerde durchgesetzt werden kann.[115]

Diese Differenzierung ist in Teilen der Literatur auf Kritik gestoßen.[116] Zum einen liefert Art. 1 III GG i.V.m. Art. 93 I Nr. 4a GG für eine solche Differenzierung keine Anhaltspunkte. Zudem konstituieren die Grundrechte den Staat in allen seinen Ausprägungen und Aktivitäten, weshalb die Grundrechtsbindung nach der Gegenansicht auch jedes privatrechtliche Handeln des Staates erfasst.

hemmer-Methode: In erster Linie richten sich die Bedenken der h.M. gegen eine unmittelbare Grundrechtsbindung bei fiskalischem Handeln auf die unmittelbare Geltung des Art. 3 I GG, der die Staatsfinanzen sprengen würde, wenn der Staat auch bei rein erwerbswirtschaftlichen Geschäften an ihn gebunden wäre. Diese Argumentation ist aber insofern nicht zwingend, als der Staat sachliche Gründe wie z.B. die Kapazitätsauslastung, unterschiedliche Qualität etc. haben kann, einen Geschäftspartner zu bevorzugen. Dann liegt jedoch keine Verletzung des Art. 3 GG vor.
Bestehen keine sachlichen Gründe, dann ist es nach der Gegenansicht nicht ersichtlich, warum der Staat mit seiner öffentlichen und mächtigen Position nicht den Gleichheitssatz soll beachten müssen, wenn er erwerbswirtschaftlich tätig wird.[117] In der Klausur kann es zwar ratsam sein, der h.M. zu folgen, zeigen Sie aber Ihre Fähigkeit, hergebrachte Argumentationsmuster kritisch zu hinterfragen.

3. Akte der richterlichen Gewalt

Justiz: grds. jede Gerichtsentscheidung, aber Rechtswegerschöpfung und Subsidiarität zu beachten

Auch die Justiz ist - insoweit gleichfalls im Unterschied zur Auslegung des Art. 19 IV GG durch das BVerfG - öffentliche Gewalt i.S.d. § 90 I BVerfGG. Grundsätzlich kann jede Gerichtsentscheidung Gegenstand der Verfassungsbeschwerde sein.

38

39

---

113   Vgl. BVerfGE 3, 1 (3); Weber, JuS 1992, 124.

114   Schwerdtfeger, Rn. 562; Stern, StR III/1, S.1415 m.w.N.

115   Weber, JuS 1992, 124 m.w.N.

116   Gusy, Rn. 34; Stern, StR III/1, S.1412 ff.; Jarass/Pieroth, Art. 1 GG, Rn. 18; Stelkens, DVBl. 2003, 43 m.w.N.

117   Ausführlich dazu Stern, StR III/1, S. 1412 ff.

Das gilt für Entscheidungen der Gerichte des Bundes mit Ausnahme des Bundesverfassungsgerichts selbst,[118] seiner Senate und Annahmeausschüsse i.S.d. § 93a BVerfGG.[119] Ferner sind die Entscheidungen aller Gerichte der Länder einschließlich der Landesverfassungsgerichte, von berufsständischen Gerichten, von Wahlprüfungsgerichten etc. mit der Verfassungsbeschwerde anfechtbar.[120] Auch können letztinstanzliche Entscheidungen im Verfahren des vorläufigen Rechtsschutzes i.S.d. §§ 123, 80 V VwGO mit der Verfassungsbeschwerde anfechtbar sein, da sie grundsätzlich gegenüber dem Hauptsacheverfahren selbständig sind.[121]

hemmer-Methode: Allerdings hat das BVerfG dabei wegen des Grundsatzes der Subsidiarität der Verfassungsbeschwerde die Einschränkung gemacht, dass je nach Eigenart des Verfahrensgegenstandes das Hauptsacheverfahren durchzuführen ist.[122]

Gründe für Verfassungswidrigkeit einer Entscheidung

Die Verfassungsbeschwerde gegen Gerichtsentscheidungen kann insbesondere darauf gestützt werden, dass

40

⇨ die Gerichtsentscheidung auf einem verfassungswidrigen Gesetz beruht,[123]

⇨ das Gericht gegen eine Verfahrensnorm des Grundgesetzes wie Art. 103, 101 I S. 2 GG verstoßen hat oder

⇨ die Gerichtsentscheidung selbst inhaltlich gegen das Grundgesetz verstößt, wobei insbesondere dann das Problem der sog. mittelbaren Drittwirkung auftritt, d.h. die Frage, ob das Gericht die Ausstrahlungswirkung der Grundrechte über die Generalklauseln des bürgerlichen Rechts hinreichend berücksichtigt hat.[124]

hemmer-Methode: Diese Einschränkungen der Überprüfbarkeit müssen Sie jedenfalls in der Begründetheit der Verfassungsbeschwerde als Einschränkung des Prüfungsmaßstabs darstellen.
Wenn der Beschwerdeführer gegen einen Akt der öffentlichen Gewalt zunächst den Instanzenzug durchlaufen hat und sich auch noch durch die letztinstanzliche Entscheidung beschwert fühlt, kommen als Angriffsgegenstand sowohl der ursprüngliche Hoheitsakt, als auch die Entscheidungen aller Instanzen in Betracht.
Das BVerfG lässt ihm die Wahl, ob er nur gegen die letzte Instanz[125] vorgehen oder auch die unteren Instanzen bzw. den vorangegangenen Exekutivakt einbeziehen will.[126] Er kann sich aber nicht auf die erstinstanzliche Entscheidung oder den Exekutivakt beschränken.[127]

C) Beschwerdebefugnis

Beschwerdebefugt im Verfahren der Verfassungsbeschwerde ist gemäß Art. 93 I Nr. 4a GG, § 90 I BVerfGG nur, wer behauptet, durch die öffentliche Gewalt in einem seiner Grundrechte oder der im Grundgesetz genannten grundrechtsgleichen Rechte verletzt zu sein.

---

118   BVerfGE 7, 7 (18); 19, 88 (90).

119   BVerfGE 7, 241 (243); 18, 440 f.; 19, 88 (90).

120   Nachweise bei Zuck, Rn. 446; allerdings sind Landesverfassungsgerichtsurteile durch das BVerfG nur sehr eingeschränkt überprüfbar, da Landesverfassung und Grundgesetz grundsätzlich zwei getrennte, eigenständige Verfassungsräume darstellen. Ein Landesverfassungsgerichtsurteil kann wohl nur an den Grenzen des Homogenitätsprinzips nach Art. 28 I GG gemessen werden.

121   Siehe die vielen Nachweise bei Zuck, Rn. 453 f.

122   BVerfG, NJW 2002, 741; dazu näher unten Rn. 59.

123   BVerfGE 35, 81 ff.; 24, 104 ff.; 48, 240 ff. u.a.

124   BVerfGE 7, 198 (204 ff.) = Hemmer/Wüst/Triebel, Classics Ö-Recht, Fall 1 - Lüth-Urteil; vgl. auch Rn. 91.

125   BVerfGE 4, 52 (56); 19, 377 (393).

126   BVerfGE 3, 377 (379); 20, 257 (267).

127   BVerfGE 21, 102 (104).

I. Behauptung der Rechtsverletzung

mögliche Verletzung ausreichend

Wenn jedermann die Beschwerde mit der Behauptung erheben kann, er sei in den genannten Rechten verletzt, dann kann in der Zulässigkeitsprüfung sinnvollerweise nicht mehr verlangt werden, als dass sich die Verletzung aus seiner Behauptung ergibt. Es genügt für die Zulässigkeit die Möglichkeit der Grundrechtsverletzung. Das tatsächliche Vorliegen der Verletzung wird erst in der Begründetheit geprüft.

substantiierte Behauptung einer GR-Verletzung

Nach der Rechtsprechung des Bundesverfassungsgerichts, der die Lehre gefolgt ist, muss sich indes aus dem Tatsachenvortrag ergeben, dass die geltend gemachte Grundrechtsverletzung zumindest möglich erscheint.[128] Das BVerfG verlangt also - über den Wortlaut des § 90 I BVerfGG hinaus - die ausreichend substantiierte Behauptung einer Grundrechtsverletzung;[129] insoweit bestehen deutliche Parallelen zu der für die Klagebefugnis bei der verwaltungsgerichtlichen Klage erforderlichen Behauptung der möglichen Rechtsverletzung, § 42 II VwGO.[130]

II. Grundrecht oder grundrechtsähnliches Recht

Verletzung eines GR oder grundrechtgleichen Rechts

Als Beschwerdegrundlage kommen ausschließlich die in Art. 93 I Nr. 4a GG, § 90 I BVerfGG genannten Rechte in Betracht, so dass als unmittelbare Prüfungsgrundlage alle Normen des Grundgesetzes ausscheiden, die nicht unter diesen Katalog fallen und der Beschwerdeführer sich grundsätzlich nicht auf die Verletzung objektiven Verfassungsrechts berufen kann.

über Art. 2 I allerdings mittelbar auch Überprüfung obj. Verfassungsrechts

Allerdings hat das BVerfG im „Elfes-Urteil" die Brücke von den Grundrechten zur Rechtsordnung im Übrigen über die „verfassungsmäßige Ordnung" in Art. 2 I GG geschlagen.[131] Das BVerfG betont seitdem, dass belastende Normen nur dann zur verfassungsmäßigen Ordnung gehören, wenn sie formell und materiell mit dem Grundgesetz in Einklang stehen. Wenn nicht, schränken sie die allgemeine Handlungsfreiheit unzulässig ein. Art. 2 I GG ist so zum Hebel geworden, gegen jede Belastung möglicherweise auch Verfassungsbeschwerde erheben zu können, und dies, obwohl Art. 93 I Nr. 4a GG die Befugnis zu ihrer Erhebung auf die Verletzung enumerativ aufgezählter Rechte beschränkt und daher kein unbegrenztes Recht zur Verfassungsbeschwerde begründet.[132]

Eingeschränkt wird diese Rechtsprechung insofern, als das BVerfG die Fälle einer bloß unrichtigen Anwendung unterverfassungsmäßigen Rechts aus der Anwendung des Art. 2 I GG und der benannten Einzelgrundrechte ausscheidet und sich insoweit bei der Prüfung auf die Fragen beschränkt, ob die dem angegriffenen Akt zugrundeliegende Norm zur verfassungsmäßigen Ordnung gehört und ob ihre Auslegung gegen spezifisches Verfassungsrecht verstößt.[133]

Der Beschwerdeführer darf sich insoweit nicht damit begnügen, dem angegriffenen Akt die Verletzung einfachen Rechts vorzuwerfen; Ansatzpunkt ist der mögliche Verstoß gegen Verfassungsrecht über Art. 2 I GG und die anderen Grundrechte.

---

128   BVerfGE 13, 237 (239); BVerfGE 64, 367 (375); Weber, JuS 1992, 124; Robbers, JuS 1993, 1022.

129   Vgl. nur BVerfGE 64, 367 (375).

130   Weber, JuS 1992, 124 m.w.N.

131   BVerfGE 6, 32 (36 ff., 41).

132   Weber, JuS 1992, 124 f. m.w.N.; krit. Schlaich, Rn. 241 ff.

133   BVerfGE 49, 252 (258); 55, 244 (247); st. Rspr.; mehr dazu unten, Prüfungsmaßstab in der Begründetheit, Rn. 90.

41

42

III. Rechtsrelevanz des angegriffenen Aktes

Rechtsrelevanz gegenüber Beschwerdeführer

Wenn der angegriffene Akt überhaupt keine Rechtswirkungen entfaltet, kann er den Beschwerdeführer auch nicht beschweren. Das kann er nur dann, wenn er eine materielle Entscheidung enthält und unmittelbare Auswirkungen zeitigt.[134]

43

> *Bsp.:* Die Frage der Rechtsrelevanz hat das BVerfG verneint bei Maßnahmen mit bloß staatsinterner Wirkung, etwa der Auflösung des Bundestages,[135] behördeninternen Anträgen[136] und sonstigen Mitwirkungshandlungen interner Art, bei unverbindlichen Meinungsäußerungen, Mitteilungen über den Stand der Dinge, bloßen Auslegungen und Anregungen an den Bürger,[137] bei bloßen Vorbereitungshandlungen zu staatlichen Maßnahmen, wie Ankündigungen, Vorbereitungen und bloßen Entwürfen, auch die bloße Neubekanntmachung einer Norm ohne inhaltliche Änderung[138] sowie bei sonstigen staatlichen Maßnahmen, die ihrem konkreten Inhalt nach keine Beschwerde begründen können, wie etwa der Haushaltsplan oder außenpolitische Absichten und Einstellungen.[139]

hemmer-Methode: Nicht notwendig zur Annahme der Beschwerde ist allerdings ein gezielter Eingriff in das Grundrecht, faktische Grundrechtsverletzungen genügen für die Beschwerde.[140] Denken Sie in diesem Zusammenhang an die parallele Problematik bei der Feststellung eines Eingriffs i.R.d. Grundrechtsprüfung (vgl. unten Rn. 109 ff.). Allerdings werden hier in der Klausur seltener Probleme liegen. Regelmäßig näher zu prüfen ist dagegen der nachfolgende Punkt der Betroffenheit des Beschwerdeführers.

IV. Betroffenheit des Beschwerdeführers

BVerfG: Beschwerdeführer muss selbst, gegenwärtig und unmittelbar betroffen sein

Nach ständiger Rechtsprechung des BVerfG muss der Beschwerdeführer ferner substantiiert behaupten, *selbst, gegenwärtig und unmittelbar* in seiner grundrechtlich geschützten Position betroffen zu sein.[141] Das BVerfG hat diese Formel zunächst für die Verfassungsbeschwerde unmittelbar gegen Rechtsnormen entwickelt, sie später aber auch für Beschwerden gegen Einzelakte angewendet; dabei hat es aber betont, dass die Voraussetzungen bei Beschwerden gegen Gerichtsentscheidungen i.d.R. keiner näheren Prüfung bedürften.[142]

44

1. Selbstbetroffenheit

„selbst" immer (+), wenn Adressat des staatl. Handelns

Der rechtsrelevante Akt muss gerade den Beschwerdeführer betreffen, was unzweifelhaft immer dann vorliegt, wenn der Beschwerdeführer Adressat des Verhaltens der öffentlichen Hand ist.

45

hemmer-Methode: Machen Sie sich den Unterschied zur Prozessführungsbefugnis klar: Bei dieser geht es darum, ob dem Beschwerdeführer das Recht in concreto zusteht, während die Selbstbetroffenheit erst dann gegeben ist, wenn er zudem selbst verletzt sein kann. Beide Gesichtspunkte ergänzen einander und schließen eine Popularklage im Wege der Verfassungsbeschwerde aus.[143]

---

134   BVerfGE 33, 18 (20 f.); Gusy, Rn. 100.

135   BVerfGE 62, 397 (398).

136   BVerfGE 20, 162 (172).

137   Nachweise bei Gusy, Rn. 101.

138   Nachweise bei Pestalozza, S.110.

139   BVerfGE 55, 345 (367); NJW 1983, 2136.

140   Weber, JuS 1992, 125 m.N.

141   St. Rspr. seit BVerfGE 1, 97 (101).

142   BVerfGE 53, 30 (40 ff.).

143   BVerfGE 1, 97 (101 f.).

problematisch bei Nicht-Adressaten: unmittelbare, rechtl. Betroffenheit erforderlich

Problematisch wird die Selbstbetroffenheit in den Fällen, in denen die Maßnahme zwar nur auf die Adressaten zielt, aber auch auf andere wirkt, und der Beschwerdeführer zu den Nicht-Adressaten gehört. Voraussetzung ist dann, dass zwischen seiner Rechtsposition und dem Akt eine hinreichend enge Beziehung besteht, wofür das BVerfG eine unmittelbare, rechtliche im Gegensatz zur bloß mittelbaren, faktischen oder wirtschaftlichen Betroffenheit verlangt.[144]

Bsp.: Diese rechtliche Betroffenheit hat das BVerfG etwa bejaht bei der Ausweisung des Ehemannes, die auch die Ehefrau in Art. 6 I GG betrifft,[145] bei einer Norm, die eine Partei im Wahlverfahren benachteiligt, aber dadurch auch deren Wähler betrifft[146] oder beim Mitbestimmungsgesetz, das sich zwar an den Arbeitgeber richtet, aber auch die Arbeitnehmer betrifft.[147] Es soll außerdem ein Eingriff in Rechte einer Religionsgemeinschaft darstellen, wenn dem Sektenführer gegenüber ein Einreiseverbot verhängt wird.[148]

Hingegen hat das BVerfG die Selbstbetroffenheit abgelehnt bei einer Gerichtsentscheidung, die der GmbH Prozesskostenhilfe versagt, im Hinblick auf deren Gesellschafter[149] und bei einer gegenüber Strafgefangenen verfügten Kontaktsperre im Hinblick auf deren Verteidiger.[150]

hemmer-Methode: Immer wieder versuchen Organisationen Grundrechtsverletzungen zu rügen, die ihre Mitglieder erlitten haben. Sie können aber nur ihre eigenen Grundrechte geltend machen. Wie bei der Prozessführungsbefugnis bereits dargestellt, gibt es grundsätzlich keine Prozessstandschaft. Bei den Beispielen sehen Sie aber auch die enge Verknüpfung von Prozessführungsbefugnis und Selbstbetroffenheit in manchen Konstellationen.

2. Gegenwärtige Betroffenheit

„gegenwärtig": nicht nur virtuell

Gegenwärtige Betroffenheit bedeutet zweierlei: Der Beschwerdeführer darf auf der einen Seite nicht bloß virtuell, also irgendwann einmal in der Zukunft, betroffen sein. Voraussetzung für die Zulässigkeit der Verfassungsbeschwerde ist demnach, dass zum Zeitpunkt ihrer Erhebung die angegriffene Maßnahme Gültigkeit aufweist. Verfassungsbeschwerden gegen Gesetze sind daher grundsätzlich erst nach ihrer Verkündung zulässig.[151]

Es bleibt bei der gegenwärtigen Betroffenheit, wenn der Beschwerdeführer schon jetzt zu nicht mehr korrigierbaren Entscheidungen gezwungen ist oder Dispositionen treffen muss, die später nicht mehr nachgeholt werden können, und ihm deshalb ein Abwarten nicht zugemutet werden kann.[152]

hemmer-Methode: Das BVerfG wendet die Kriterien selbst, gegenwärtig und unmittelbar nicht sklavisch an, sondern wertet im Einzelfall, ob dem Betroffenen ein Abwarten zumutbar ist oder nicht. So hat es Verfassungsbeschwerden gegen § 14 III LuftSiG[153] angenommen, obwohl die Beschwerdeführer durch das Gesetz nicht unmittelbar betroffen waren.

46

144 BVerfGE 34, 338 (340); 28, 384 (320 f.); 51, 369 (376 f.).

145 BVerfGE 51, 386 (395).

146 BVerfGE 12, 10 (22).

147 BVerfGE 50, 290 (323 f.). Weitere Beispiele bei Pestalozza, S.112.

148 BVerfG, Beschluss vom 24.10.2006; 2 BvR 1908/03 = Life & Law 2007, Heft 6.

149 BVerfGE 35, 348 (352).

150 BVerfGE 52, 24 (47 f.).

151 Vgl. nur Gusy, Rn. 113 f.

152 BVerfGE 60, 360 (372); 65, 1 (37); 75, 246 (263); BVerfG FamRZ 2003, 832.

153 Befugnis für die Bundeswehr, etwaige Terrorflugzeuge abzuschießen.

Hier konnten die Beschwerdeführer unmöglich darauf verwiesen werden, so lange zu warten, bis das Gesetz in ihrem Fall auch wirklich relevant wird, da dann jeglicher Antrag an das BVerfG zwangsläufig zu spät käme.[154]

grds. auch noch fortbestehend

Auf der anderen Seite muss die Betroffenheit auch gegenwärtig noch fortbestehen, dass sie einmal in der Vergangenheit vorgelegen hat, reicht grundsätzlich nicht aus.[155] Diese Problematik wird allerdings partiell auch unter dem Aspekt des Rechtsschutzbedürfnisses thematisiert.[156]

Der Beschwerdeführer kann insbesondere noch betroffen sein durch Rechtsnormen, die mit ex-nunc-Wirkung aufgehoben werden.[157] Stets ist erforderlich, dass die Maßnahme eine andauernde belastende Wirkung für den Beschwerdeführer zeitigt.

hemmer-Methode: Der Beschwerdeführer muss also „schon" und „noch" betroffen sein!

3. Unmittelbare Betroffenheit

„unmittelbar" (-), wenn noch Vollzugsakt erforderlich

Die unmittelbare Betroffenheit fehlt, wenn der angegriffene Akt der öffentlichen Gewalt rechtsnotwendig oder auch nur nach der tatsächlichen Verwaltungspraxis einen besonderen Vollzugsakt voraussetzt.[158] Problematisch ist sie besonders, wenn Gesetzesvorschriften angegriffen werden, die regelmäßig auf Vollzug durch die Verwaltung angelegt sind.

> *Bsp.: Die Unmittelbarkeit wurde bejaht beim Mitbestimmungsgesetz im Hinblick auf die Arbeitgeber, weil es für die Gesellschaften Handlungspflichten, insbesondere zu einer neuen Zusammensetzung des Aufsichtsrates, ohne weitere Vollzugsakte auslöst,[159] und bei einem Landesmediengesetz im Hinblick auf die öffentlich-rechtlichen Rundfunkanstalten, da es bestimmte Sendeveranstaltungen ohne weitere Konkretisierungen privaten Rundfunkanbietern vorbehielt.[160]*

Dagegen wurde die Unmittelbarkeit abgelehnt für die gesetzliche Verpflichtung bestimmter Krankenhäuser, sich zur Erfüllung automatisierter Aufgaben gemeinsamer Rechenzentren zu bedienen: diese betrifft die Krankenhäuser dann nicht unmittelbar, wenn die Einzelheiten dieser Verpflichtung einer Rechtsverordnung vorbehalten ist, die noch nicht erlassen ist.[161] Ebenso wurde sie abgelehnt für Vorschriften, welche die Hochschulen auffordern, Vorkehrungen zur Harmonisierung der freien Meinungsäußerung der Studenten zu treffen; diese betrifft Mitglieder der Hochschule nicht unmittelbar, solange von dieser Möglichkeit im betreffenden Fachbereich noch kein Gebrauch gemacht worden ist.[162]

hemmer-Methode: Bedarf es mithin eines Vollzugsaktes, muss zunächst gegen diesen vorgegangen und der Rechtsweg erschöpft werden. Auf diesem Weg kann die konkrete Normenkontrolle gem. Art. 100 I GG durch eine Richtervorlage erreicht oder die Norm implizit bei der Entscheidung über die Verfassungsbeschwerde gegen die letztinstanzliche Entscheidung überprüft werden.

47

---

154 BVerfG, NJW 2006, 751 =Life & Law 2006, 269.

155 Weber, JuS 1992, 125 m.w.N.

156 Vgl. Pestalozza, S.115.

157 BVerfGE 2, 237 (242); 23, 208 (223); Gusy, Rn. 117.

158 St. Rspr. vgl. nur BVerfGE 72, 39 (42).

159 BVerfGE 50, 290 (319).

160 BVerfGE 74, 297 (318).

161 BVerfGE 53, 366 (388 ff.).

162 BVerfGE 55, 37 (52 f.).

Dadurch will man den Zugang zum BVerfG steuern und verhindern, dass die Verfassungsbeschwerde sich zu sehr der abstrakten Normenkontrolle angleicht, für die der Einzelne gerade nicht antragsbefugt ist.

aber keine Unmittelbarkeit erforderlich bei:

Allerdings hat das BVerfG auch Ausnahmen bezüglich des weiteren Vollzugsaktes bei Normen zugelassen.

48

- fehlendem Entscheidungsspielraum bei Vollzugsakt

So soll eine Verfassungsbeschwerde unmittelbar gegen ein Gesetz trotz Erforderlichkeit eines Vollzugsaktes zulässig sein, wenn die Normanwendung keinerlei Entscheidungsspielraum zulässt, wobei allerdings hierbei eine Einschränkung über den Grundsatz der Subsidiarität des BVerfG gegenüber der Überprüfung durch die Fachgerichte erfolgt.[163]

- Unzumutbarkeit, v.a. bei Strafvorschriften

Die wichtigste Ausnahme bildet indessen der Grundsatz der Unzumutbarkeit. Danach hat das BVerfG dann die unmittelbare Betroffenheit des Beschwerdeführers angenommen, wenn ihm ein Abwarten des Vollzugsaktes und das Vorgehen dagegen nicht zumutbar erschien.

> *Bsp.: Durch Landtagsgesetz wird das Rauchen in der Öffentlichkeit unter Strafe gestellt. Es kann dem Betroffenen hier nicht zugemutet werden, zunächst straffällig zu werden, nur um so eine Überprüfung des Gesetzes durch das Bundesverfassungsgericht zu ermöglichen.*

- Unzumutbarkeit bei irreversiblen Dispositionen

Nicht zumutbar ist das Abwarten eines Vollzugsaktes, wenn das Gesetz den Betroffenen bereits vorher zu Dispositionen veranlasst, die er nach dem Gesetzesvollzug nicht mehr nachholen oder beseitigen könnte, und der Vollziehungsakt ohne Auslegungs- und Entscheidungsspielraum der Verwaltung ergehen muss.[164]

hemmer-Methode: Ein interessantes Beispiel für das Problem der Unmittelbarkeit ist die Mitwirkung deutscher Stellen bei Maßnahmen der EU. Das BVerfG hat hierzu ausgeführt, dass eine Verfassungsbeschwerde gegen die Mitwirkung der Bundesregierung an der Entstehung sekundären Gemeinschaftsrechts unzulässig sei, da die Zustimmung der Bundesregierung zu dem Erlass der Richtlinie durch den Rat der Europäischen Gemeinschaft keinen den Beschwerdeführer unmittelbar belastenden Hoheitsakt darstelle. Die Mitwirkung der Bundesregierung sei kein Akt öffentlicher Gewalt gegenüber dem Beschwerdeführer, sondern trage lediglich zur Entstehung einer Richtlinie bei, die erst nach Inkrafttreten und nach ihrer Umsetzung in nationales Recht den Beschwerdeführer betreffe.[165]
Auch hier gilt es wieder, das Ergebnis im Blick zu behalten. Kann es dem Betroffenen zugemutet werden, den Vollzugsakt abzuwarten? Durch die Befugnis des § 14 III LuftSiG, Terrorflugzeuge abzuschießen, ist kein Passagier unmittelbar im engeren Sinn betroffen. Allein das Gesetz tötet keinen Flugzeuginsassen. Es kann aber aus einleuchtenden Gründen sicher keinem möglichen Flugzeuginsassen zugemutet werden, zunächst einen Vollzugsakt, spricht einen Abschuss abzuwarten, so dass die Beschwerdebefugnis zu bejahen ist.[166]

---

163 Vgl. BVerfGE 72, 39 (44); 74, 69 (75); 58, 81 (104 f.); in einer neueren Entscheidung lässt das BVerfG das Vorliegen einer gebundenen Entscheidung alleine nicht ausreichen, sondern fordert zusätzlich, dass bereits jetzt irreversible Dispositionen getroffen werden müssen; BVerfG, FamRZ 2003, 832, dazu sogleich.

164 BVerfGE 46, 246 (256); 77, 84 (100); zuletzt BVerfG, DVBl 1994, 751 (751 f.); BVerfG, NJW 1998, 1385; BVerfG, FamRZ 2003, 832.

165 Vgl. BVerfG, NJW 1990, 974.

166 BVerfG, NJW 2006, 751 =Life & Law 2006, 269.

D) Rechtswegerschöpfung (§ 90 II BVerfGG) und der Grundsatz der Subsidiarität

§ 90 II S. 1 BVerfGG verlangt, gestützt auf Art. 94 II S. 2 GG, die Erschöpfung des Rechtsweges in den Fällen, in denen ein Rechtsweg prinzipiell eingeräumt ist, was bei formellen Gesetzen nicht der Fall ist. Des Weiteren geht das BVerfG von einer grundsätzlichen Subsidiarität der Verfassungsbeschwerde aus.

hemmer-Methode: Nach ständiger Rechtsprechung des BVerfG[167] und Ansicht des herrschenden Schrifttums[168] ist das Gebot der Rechtswegerschöpfung i.S.d. § 90 II BVerfGG nur die gesetzliche Ausprägung des Grundsatzes der Subsidiarität der Verfassungsbeschwerde. Dennoch sind beide Grundsätze selbstständig nebeneinander zu prüfen. Machen Sie dem Korrektor klar, dass „Subsidiarität" im Einzelfall mehr ist als bloße Rechtswegerschöpfung!

I. Rechtswegerschöpfung

„Rechtsweg" umfassend zu verstehen

Rechtsweg ist der Weg, der dem Einzelnen mit dem Begehren, die behauptete Grundrechtsverletzung zu überprüfen und auszuräumen, vor die deutschen staatlichen Gerichte führt. Er beginnt u.U. bei der Verwaltung, wenn nämlich dem Gerichtsverfahren das Widerspruchsverfahren vorgeschaltet ist.

49

Er endet normalerweise mit der Entscheidung letzter Instanz, gegen die kein Rechtsmittel mehr gegeben ist.

Zum Rechtsweg gehören auch der Antrag auf Wiedereinsetzung in den vorigen Stand[169] und der Antrag auf Wiederaufnahme des Verfahrens.[170] Zum Rechtsweg gehören ferner auch Normenkontrollen gemäß § 47 VwGO sowie solche Rechtsbehelfe, die keinen Devolutiveffekt haben, d.h. zur Überprüfung nicht durch eine höhere, sondern dieselbe Instanz führen, z.B. Einspruch gegen einen Strafbefehl gemäß §§ 409 ff. StPO und Einspruch gegen ein Versäumnisurteil gemäß §§ 338 ff. ZPO.

Wegen der zunehmenden praktischen Bedeutung des vorläufigen Rechtsschutzes, insbesondere der §§ 80 V, 123 VwGO, ist die Frage bedeutsam, ob Verfassungsbeschwerden gegen letztinstanzliche Entscheidungen im Verfahren des vorläufigen Rechtsschutzes zulässig sind. Das BVerfG bejaht dies grundsätzlich. Der Zulässigkeit stehe nicht entgegen, dass der Beschwerdeführer das Verfahren in der Hauptsache betreiben könne und dass insoweit der Rechtsweg nicht erschöpft sei, denn gegenüber dem Hauptsacheverfahren sei das Verfahren des vorläufigen Rechtsschutzes rechtlich selbständig.[171] Allerdings beschränkt es wiederum die Anfechtbarkeit letztinstanzlicher Entscheidungen im vorläufigen Rechtsschutz über den Grundsatz der Subsidiarität (dazu näher unten Rn. 58 ff.).

50

Anforderungen im einzelnen

Erschöpfung des Rechtsweges bedeutet, dass der Beschwerdeführer alle zulässigen und ihm zumutbaren prozessualen Möglichkeiten zur Beseitigung der behaupteten Grundrechtsverletzung in Anspruch genommen haben muss. Das bedeutet im Einzelnen:

51

---

167 Vgl. etwa BVerfGE 51, 130 (139); DVBl. 1995, 147.

168 Gusy, Rn. 131 m.w.N.

169 BVerfGE 42, 252 (257).

170 BVerfGE 11, 61 (63). Zum Wiederaufnahmeverfahren als Voraussetzung für die Zulässigkeit einer Verfassungsbeschwerde vgl. auch BayVerfG, NJW 1998, 1136.

171 BVerfGE 35, 382 (397); DVBl 1995, 147; Robbers, JuS 1993, 1024.

kein Amtshaftungsprozess erforderlich	⇨ Nicht erforderlich ist die Durchführung von Verfahren, in denen es nicht um die Beseitigung der behaupteten Grundrechtsverletzung geht, sondern um andere, wenngleich damit zusammenhängende Fragen, z.B. im Amtshaftungsprozess.[172]
jedes zulässige Rechtsmittel ausgeschöpft	⇨ Die zulässigen prozessualen Möglichkeiten dürfen vom Beschwerdeführer nicht versäumt worden sein, d.h., dass er jedes zulässige Rechtsmittel eingelegt haben muss.[173]
frühzeitiges Vorbringen der GR-Verletzung – sog. materielle Rechtswegerschöpfung	⇨ Nach Auffassung des BVerfG muss der Beschwerdeführer bereits während der einfachgerichtlichen Auseinandersetzung im Kern mit denselben Gründen gegen die behauptete Rechtsverletzung vorgegangen sein, die er mit der Verfassungsbeschwerde geltend macht, ansonsten ist der Rechtsweg nicht erschöpft.[174]
kein aussichtsloses Rechtsmittel erforderlich	⇨ Der Rechtsweg gilt als erschöpft, wenn das zulässige Rechtsmittel aussichtslos ist.[175]

hemmer-Methode: Häufig wird hier in der Klausur kein Problem liegen. Richtet sich die Verfassungsbeschwerde gegen ein formelles Gesetz, gibt es keinen Rechtsweg, richtet sie sich gegen einen Verwaltungsakt oder eine Gerichtsentscheidung, wird häufig eine letztinstanzliche Entscheidung vorliegen. Geht allerdings aus dem Sachverhalt hervor, dass der Rechtsweg nicht erschöpft ist, ist an die sogleich dargestellten Ausnahmen zu denken. Mehr Probleme bereitet die beschriebene allgemeine Subsidiarität der Verfassungsbeschwerde.

II. Ausnahmen

1. Gesetzliche Ausnahmen

gesetzliche Ausnahmen	§ 90 II S. 2 BVerfGG enthält zwei Ausnahmen, bei deren Vorliegen die Rechtswegerschöpfung entbehrlich ist.

a) Allgemeine Bedeutung

allgemeine Bedeutung	Gemäß § 90 II S. 2 Alt. 1 BVerfGG kann (Ermessensentscheidung) das BVerfG über die Verfassungsbeschwerde entscheiden, ohne dass der Rechtsweg erschöpft zu sein braucht, wenn die Vorabentscheidung von allgemeiner Bedeutung ist. Die Verfassungsbeschwerde ist von allgemeiner Bedeutung, wenn sie grundsätzliche verfassungsrechtliche Fragen aufwirft und die zu erwartende Entscheidung über den Einzelfall hinaus Klarheit über die Rechtslage in einer Vielzahl gleichgelagerter Fälle schafft.[176]

52

b) Schwerer und unabwendbarer Nachteil

schwerer und unabwendbarer Nachteil	§ 90 II S. 2 Alt. 2 BVerfGG lässt eine weitere Ausnahme dann zu, wenn dem Beschwerdeführer ein schwerer und unabwendbarer Nachteil entstünde, falls er zunächst auf den Rechtsweg verwiesen würde.

53

---

172 BVerfGE 20, 162 (173).

173 BVerfGE 1, 12 (13).

174 BVerGE 82, 6 (11); vgl. BVerfG, NJW 1994, 2817; BVerfG, NJW 2004, 1650; zu den Bedenken Robbers, JuS 1993, 1024.

175 BVerfGE 55, 154 (157); BVerfG, NJW 1999, 2031.

176 BVerfGE 19, 268 (273); 19, 288 (289); 25, 236 (246); 68, 176 (185); vgl. BVerfG, ZIP 1995, 101 ff.; Beispiele bei Zuck, Rn. 635.

Wann ein schwerer und unabwendbarer Nachteil angenommen werden muss, lässt sich nicht allgemein sagen, sondern richtet sich nach den Umständen des Einzelfalls.[177] Voraussetzung ist jedenfalls, dass gerade das Abwarten einer späteren Entscheidung diesen Nachteil begründet, etwa weil sie zu spät käme und den Beschwerdeführer damit praktisch rechtsschutzlos stellte,[178] wie z.B. bei Zuteilung von Rundfunksendezeiten an Parteien unmittelbar vor der Wahl.[179]

2. Ungeschriebene Ausnahmen

ungeschriebene Ausnahmen

Als ungeschriebene Ausnahme lässt das BVerfG ferner die Unzumutbarkeit der Rechtswegerschöpfung zu, die sowohl materiell als auch prozessual begründet sein kann.

a) Materiell begründete Unzumutbarkeit

⇨ Die entgegenstehende gefestigte höchstrichterliche Rechtsprechung:

entgegenstehende gefestigte höchstrichterliche Rechtsprechung

Nach dem Sinn des § 90 II S. 1 BVerfGG ist die Rechtswegerschöpfung objektiv nicht geboten und dem Beschwerdeführer subjektiv nicht zuzumuten, wenn im Hinblick auf eine gefestigte jüngere und einheitliche höchstrichterliche Rechtsprechung auch im konkreten Einzelfall kein von dieser Rechtsprechung abweichendes Ergebnis zu erwarten ist.[180]

⇨ Bei eindeutiger gesetzlicher Regelung:

eindeutige gesetzl. Regel

Die Erschöpfung des Rechtsweges kann ferner nicht gefordert werden, wenn der Beschwerdeführer bereits durch zwei Instanzen erfolglos geblieben ist, und im Hinblick auf die eindeutige gesetzliche Regelung auch bei Durchführung eines erneuten Beschwerdeverfahrens kein anderes Ergebnis zu erwarten ist.[181]

⇨ Bei Verweigerung der Prozesskostenhilfe für die Erschöpfung des Rechtsweges.[182]

Das allgemeine Erfolgs- und Kostenrisiko eines Prozesses macht im Hinblick auf die Regeln der Prozesskostenhilfe die Erschöpfung des Rechtswegs aber grundsätzlich nicht unzumutbar. [183]

⇨ *Keine* Unzumutbarkeit liegt indessen vor, wenn die Zulässigkeit eines Rechtsmittels unterschiedlich beurteilt wird.[184]

b) Prozessual begründete Unzumutbarkeit

Prozessual ist die Rechtswegerschöpfung unzumutbar, wenn Parallelverfahren anhängig sind,[185] oder wenn unsicher ist, welches von mehreren Verfahren in Betracht kommt.[186]

---

177 BVerfGE 9, 120 (121).

178 Vgl. BVerfG, EuGRZ 1994, 642 (642 f.).

179 BVerfGE 14, 121 (130); Beispiele bei Zuck, Rn. 639.

180 St. Rspr. seit BVerfGE 9, 3 (7 f.); 55, 154 (157); 70, 180 (186).

181 BVerfGE 47, 1 (17 f.); 56, 363 (380); 69, 188 (202); BVerfG, NJW 2004, 3029.

182 BVerfGE 16, 1 (2); 22, 349 (355); 26, 206 (209); vgl. BVerfG, NJW 1994, 2749.

183 BVerfG, NJW 1998, 590 f.

184 BVerfGE 16, 1 (2); 47, 168 (175).

185 BVerfGE 52, 43 (52).

186 BVerfGE 27, 88 (97).

Geht es um die Beseitigung groben prozessualen Unrechts, so ist es den Betroffenen zumutbar, Abhilfe zunächst durch Einlegung auch eines außerordentlichen Rechtsbehelfs im fachgerichtlichen Verfahren zu suchen. Die Monatsfrist zur Einlegung der Verfassungsbeschwerde wird durch eine auf einen solchen Rechtsbehelf hin ergehende Entscheidung neu in Lauf gesetzt.[187]

hemmer-Methode: Die hier dargestellten Ausnahmen sind eng zu begrenzen, weil die darin zum Ausdruck kommende Subsidiarität der Verfassungsbeschwerde ein Wesensmerkmal dieses außerordentlichen Rechtsbehelfs ist.[188] Im Übrigen gilt: Lernen Sie die Fallgruppen nicht auswendig, sondern versuchen Sie, sie unter dem Gesichtspunkt der hier nicht zu fordernden Subsidiarität zu verstehen! Dann werden Sie in der Klausur entsprechende Informationen aus dem Sachverhalt richtig einordnen und die Ausnahmen vom Erfordernis der Rechtswegerschöpfung auch zur Zufriedenheit des Korrektors begründen können.

III. Irrtum des Beschwerdeführers über den Rechtsweg

Probleme in der Klausur können sich ergeben, wenn der Beschwerdeführer über den Rechtsweg bzw. das Erfordernis seiner Beschreitung irrt. Hier ist zu differenzieren:

1. Irrtümliche Beschreitung des Rechtswegs

irrtüml. Beschreitung: VB gegen vorausgegangene Entscheidung

Beschreitet der Beschwerdeführer den Rechtsweg, obwohl er wissen musste, dass die von ihm gewählte Verfahrensart unstatthaft und unzulässig war, muss er nach ständiger Rechtsprechung Verfassungsbeschwerde gegen die der Rechtsmittelentscheidung vorausgegangene Entscheidung einlegen.[189]

Frist aber erst ab Rechtsmitteleinlegung, falls schuldlos

Beschreitet der Beschwerdeführer schuldlos den Rechtsweg, so läuft die Frist zur Einlegung der Verfassungsbeschwerde erst von der Entscheidung an, die das Rechtsmittel als unstatthaft oder unzulässig verwirft, wobei vom Beschwerdeführer nicht verlangt werden kann, vorsorglich Verfassungsbeschwerde zu erheben.[190]

2. Irrtümliche Nichtbeschreitung des Rechtsweges

Erhebt der Beschwerdeführer Verfassungsbeschwerde, obwohl er eigentlich den Rechtsweg hätte beschreiten müssen, so hängt die Zulässigkeit von der Frage der Zumutbarkeit ab.[191] Bloße Zweifel an der Statthaftigkeit oder Zulässigkeit des Rechtsmittels reichen für den Verzicht auf den Rechtsweg nicht aus.[192]

IV. Subsidiarität der Verfassungsbeschwerde

1. Inhalt

Subsidiarität: jede zumutbare Möglichkeit ausschöpfen, um GR-Verletzung abzuwenden

Das BVerfG hat die Zulässigkeitsvoraussetzung der Rechtswegerschöpfung zum Grundsatz der Subsidiarität der Verfassungsbeschwerde ausgedehnt:

---

187   BVerfG, NJW 1997, 46; vgl. dazu auch Berl.VerfGH, NJW1999, 275 sowie Sächs.VerfGH, NJW 1998, 3114 und BVerfG, NJW 1997, 1301.

188   St. RSpr. seit BVerfGE 1, 97 (103); vgl. 70, 180 (186).

189   BVerfGE 5, 17 (19); 28, 1 (6); 57, 121 (130).

190   BVerfGE 51, 150 (154 f.); 52, 380 (387); BVerfG, NJW 1994, 2817 ff.

191   BVerfGE 38, 139 (145); 51, 150 (155).

192   Pestalozza, S.124.

Der Beschwerdeführer muss über die Rechtswegerschöpfung i.e.S. hinaus alle nach Lage der Sache zur Verfügung stehenden Möglichkeiten ergreifen, um eine Korrektur der geltend gemachten Verfassungsverletzungen zu erwirken oder eine Grundrechtsverletzung zu verhindern.[193] Dem Grundsatz der Subsidiarität entnimmt das BVerfG auch eine generelle Aussage über die Aufgabenverteilung zwischen BVerfG und den Fachgerichten.

Diesen obliegt ausschließlich die Ermittlung und Würdigung des Sachverhalts sowie die Auslegung des einfachen Rechts; ihnen obliegt auch zunächst die Wahrung der Grundrechte.[194] Sie sind auch dann vorrangig anzurufen, wenn das Gesetz keinen Auslegungs- oder Entscheidungsspielraum offen lässt.[195]

Um das BVerfG zu entlasten und für seine eigentliche Aufgabe des Verfassungsschutzes frei zu machen, muss der Beschwerdeführer alle zumutbaren Rechtsschutzmöglichkeiten wahrnehmen, sonst ist die Verfassungsbeschwerde unzulässig.[196]

2. Ausprägungen

Gegenvorstellung

⇨ Wegen des Grundsatzes der Subsidiarität verlangt das BVerfG, dass der Betroffene gegen offensichtliche Fehler der letztinstanzlichen Entscheidung bei dem entscheidenden Gericht noch Gegenvorstellungen erhebt, mit dem Ziel, das Gericht zur Aufhebung seiner Entscheidung zu bewegen.[197]

§ 33a StPO, § 321a ZPO

⇨ Der Beschwerdeführer ist verpflichtet, vor Durchführung des Verfassungsbeschwerdeverfahrens alle in Betracht kommenden rechtlichen Mittel zu ergreifen, um sich nachträglich das rechtliche Gehör zu verschaffen, d.h., dass die Verfassungsbeschwerde wegen Subsidiarität unzulässig ist, wenn der Beschwerdeführer einen Antrag gemäß § 33a StPO zu stellen unterlässt, der jeden Verstoß gegen Art. 103 I im Beschlussverfahren erfassen würde.[198] Gleiches gilt, wenn ein möglicher Antrag nach § 321a ZPO nicht gestellt wird.[199]

keine Zwischenentscheidung angreifbar

⇨ Erstinstanzliche Eröffnungsbeschlüsse sind Zwischenentscheidungen,[200] die im Hinblick auf den Subsidiaritätsgrundsatz grundsätzlich nicht mit der Verfassungsbeschwerde angegriffen werden können. Dies gilt jedenfalls dann, wenn der angebliche Verfassungsverstoß im Ausgangsverfahren zum Gegenstand der fachgerichtlichen Nachprüfung gemacht werden kann.[201]

Inzidentkontrolle bei Gesetzen

⇨ Bei Verfassungsbeschwerden direkt gegen Gesetze stellt das BVerfG ebenfalls auf den Subsidiaritätsgrundsatz ab, da ein Rechtsweg für den Bürger gegen Gesetze in der Regel nicht gegeben ist. Vor der Erhebung einer Verfassungsbeschwerde fordert das BVerfG, dass der Beschwerdeführer zuvor alle Möglichkeiten einer Inzidentkontrolle durch die Fachgerichte wahrgenommen hat.[202]

59

---

193 BVerfGE 68, 384 (388 f.); 73, 322 (325); 74, 102 (103); zur Subsidiarität der Verfassungsbeschwerde gegen Rechtschreibreform vgl. BVerfG, NJW 1998, 1218; zum Dosenpfand vgl. BVerfG, NJW 2003, 418.

194 BVerfGE 49, 252 (258); 55, 244 (247); 74, 69 (75).

195 BVerfGE 72, 39 (43 ff.); 79, 1 (20); BVerfG, FamRZ 2003, 832.

196 BVerfGE 71, 305 (335 f.); 74, 69 (74); 75, 246 (263).

197 BVerfGE 63, 77 (78 f.); zur Kritik s. Robbers, JuS 1993, 1024.

198 BVerfGE 42, 243 (250); vgl. BVerfGE 33, 192 (194).

199 BVerfG, NJW 2002, 3387, 3388.

200 Dazu ausführlich Zuck, Rn. 447 ff.

201 BVerfG, NJW 1995, 316.

202 BVerfGE 86, 382.

In Betracht kommen die Beantragung einer Ausnahme, soweit diese im Gesetz vorgesehen ist, und die Erhebung einer negativen Feststellungsklage nach § 43 I VwGO mit dem Antrag festzustellen, dass durch das fragliche Gesetz gerade kein Rechtsverhältnis begründet wurde.[203]

⇨ Sinn des Subsidiaritätsprinzips ist es dabei auch zu verhindern, dass das BVerfG seine Entscheidung über die Wirksamkeit der Norm auf ungesicherten Grundlagen zur Auslegung und Anwendung dieser Vorschrift sowie zu verschiedenen Fallkonstellationen treffen muss.[204]

Ausnahme Unzumutbarkeit

Der Subsidiaritätsgrundsatz greift bei Gesetzen als Beschwerdegegenstand allerdings dann nicht, wenn der denkbare Weg zu den Fachgerichten dem Bürger unzumutbar ist. Das ist insbesondere der Fall, wenn es sich um Straf- und Ordnungswidrigkeitengesetze handelt. Es kann dem Betroffenen nicht zugemutet werden, zunächst gegen ein für verfassungswidrig gehaltenes Gesetz zu verstoßen, um dann gegen Strafverfolgungsmaßnahmen gerichtlich vorzugehen und so eine Inzidentkontrolle der Norm zu erreichen. Er würde dann mit dem Risiko einer Strafe für den Fall belastet, dass die Vorschrift entgegen seiner Ansicht doch verfassungsgemäß ist oder sich zumindest verfassungskonform auslegen lässt.[205]

Bsp. zur Subsidiarität: Entscheidung des BVerfG zum nordrhein-westfälischen Universitätsgesetz - Der Beschwerdeführer hatte sich gegen dieses Gesetz gewendet, welches in seinem § 71 I, II der Studentenschaft die Befugnis zur Wahrnehmung eines allgemein-politischen Mandates verleiht.

Instruktiv ist zu dieser Problematik die Ausführung des Gerichts, dass der Beschwerdeführer als Student Zwangsmitglied sei und in dieser Eigenschaft selbst, gegenwärtig und unmittelbar von der Regelung betroffen werde. Allerdings scheitere seine Verfassungsbeschwerde an der Subsidiarität. Der Grundsatz solle gewährleisten, dass das BVerfG keine weitreichenden Entscheidungen auf einer ungesicherten Tatsachen- und Rechtsgrundlage treffen müsse und erst dann über die Verfassungsmäßigkeit einer Norm entscheide, wenn anhand eines konkreten Falles feststehe, ob und in welchem Ausmaße ein Beschwerdeführer durch die Regelung betroffen sei. Das gelte insbesondere, wenn das Gesetz einen Auslegungs- oder Entscheidungsspielraum offen ließe. Unzumutbar sei aber eine Verweisung auf den fachgerichtlichen Schutz nur, wenn sie den Normadressaten zu später nicht mehr korrigierbaren Entscheidungen zwinge oder zu Dispositionen veranlasse, die er nicht mehr rückgängig machen könne. § 71 des nordrhein-westfälischen Universitätsgesetzes sei auslegungsbedürftig.

Dem Wortlaut sei nicht zu entnehmen, ob und in welchem Umfang die Studentenschaft ein allgemein-politisches Mandat ausüben dürfe. Außerdem sei zu berücksichtigen, dass es der Entscheidungsfindung diene, wenn nicht nur die abstrakte Rechtsfrage, sondern auch die Beurteilung der Rechtslage durch ein für die Materie speziell zuständiges Gericht vorliege.[206]

bei vorläufigem Rechtsschutz Hauptsache abwarten, wenn kein irreversibler Schaden droht

⇨ Eine sehr wichtige Rolle spielt der Subsidiaritätsgrundsatz im einstweiligen Rechtsschutz. Zwar erkennt das BVerfG letztinstanzliche Entscheidungen im vorläufigen Rechtsschutz als selbständigen Rechtsweg i.S.d. § 90 II BVerfGG an, jedoch gebiete der Grundsatz der Subsidiarität, dass die Erschöpfung des Rechtsweges im Eilverfahren dann nicht ausreiche, wenn das Hauptverfahren ausreichende Möglichkeiten biete, der Grundrechtsverletzung abzuhelfen, und dieser Weg dem Beschwerdeführer zumutbar ist.

---

203 BVerfG NVwZ 2005, 79; BVerfG, NVwZ 2006, 922 ff. = LNRB 2006, 15333 = Life & Law 2006, 773.

204 BVerfG, NJW 1997, 2446.

205 BVerfGE 80, 70 (82).

206 BVerfG, NVwZ 1998, 1286 f.; zur Problematik des allgemein-politischen Mandats der Studentenschaft vgl. außerdem VGH Kassel, NVwZ 1998, 873 und davor schon in DVBl 1998, 972; ferner VG Gießen, NVwZ-RR 1998, 241.

Das sei regelmäßig anzunehmen, wenn mit der Verfassungsbeschwerde ausschließlich Grundrechtsverletzungen gerügt würden, die sich auf die Hauptsache bezögen, wenn die tatsächliche und einfachrechtliche Lage durch die Fachgerichte noch nicht ausreichend geklärt sei und dem Beschwerdeführer durch die Verweisung auf den Rechtsweg in der Hauptsache kein schwerer Nachteil entstehe.[207]

Bsp.: Der Medienforscher Friedolin Kittler hat sich aufgrund seiner Schreibmaschinenkenntnisse in die Redaktion der Computerzeitschrift Lowscreen eingeschlichen. Dabei werden ihm die Namen von Insider-Informanten aus der Industrie bekannt. Er nimmt diese Namen in sein Forschungsmanuskript auf. Die geplante Veröffentlichung wird durch eine einstweilige Verfügung des Lowscreen-Verlages verhindert. Nachdem sämtliche Rechtsmittel ohne Erfolg geblieben sind, erhebt er formgerecht Verfassungsbeschwerde. Er bringt zur Begründung vor, der Verlag nehme seinen Text nur an, wenn dieser innerhalb der nächsten vier Monate veröffentlicht werden könnte. Wie ist dies hinsichtlich der Erfordernisse der Rechtswegerschöpfung und der Subsidiarität zu beurteilen?

60

a) Rechtswegerschöpfung, § 90 II BVerfGG

Nach § 90 II BVerfGG ist vor Erhebung einer Verfassungsbeschwerde grundsätzlich der Rechtsweg zu erschöpfen.[208] Der Beschwerdeführer muss demnach durch die Einlegung aller statthaften und zumutbaren Rechtsbehelfe versuchen, die Grundrechtsverletzung abzuwenden.

Unter Rechtsweg i.S.v. § 90 II BVerfGG ist der Weg gerichtlicher Nachprüfung des Hoheitsaktes einschließlich der Durchführung vorgeschriebener Vorschaltverfahren (z.B. Widerspruchsverfahren nach §§ 68 ff. VwGO) und der Erhebung möglicher Rechtsmittel mit oder ohne Devolutiveffekt zu verstehen.

Hier wendet sich F gegen eine einstweilige Verfügung. Die vorgesehenen Rechtsmittel gegen diese Art einer gerichtlichen Entscheidung wurden von F erfolglos eingelegt. Damit hat F den möglichen Rechtsweg in vollem Umfang ausgeschöpft.

Weitere Rechtsbehelfe kommen gegen die einstweilige Anordnung nicht in Betracht. Insbesondere ist die Möglichkeit, ein Hauptsacheverfahren durchzuführen, nicht Teil des Rechtswegs. Deshalb steht das noch nicht durchgeführte Hauptsacheverfahren der Verfassungsbeschwerde unter dem Gesichtspunkt der Rechtswegerschöpfung nicht entgegen.

b) Subsidiarität

Das bisher noch nicht durchgeführte Hauptsacheverfahren könnte der Verfassungsbeschwerde des F jedoch im Hinblick auf die grundsätzliche Subsidiarität der Verfassungsbeschwerde entgegenstehen. Diese zusätzliche Zulässigkeitsvoraussetzung leitet das BVerfG ebenfalls aus § 90 II BVerfGG ab.[209]

Der Grundsatz der Subsidiarität der Verfassungsbeschwerde erfordert also, dass der Beschwerdeführer über das Gebot der Rechtswegerschöpfung im engeren Sinne hinaus auch sonstige prozessuale Möglichkeiten ergreift, um eine Korrektur der geltend gemachten Verfassungsverletzung zu erwirken oder eine Grundrechtsverletzung zu verhindern.[210]

---

207   St. Rspr., zuletzt BVerfGE 80, 40 (45); DVBl.1995, 147.
208   Jarass/Pieroth, 1992, Art. 94 GG, Rn. 39.
209   Jarass/Pieroth, 1992, Art. 94 GG, Rn. 3.
210   Vgl. BVerfG, NVwZ 1989, 855.

Danach ist eine Verfassungsbeschwerde nur zulässig, wenn der Beschwerdeführer neben der Erschöpfung des Rechtswegs auch alle ihm sonst zur Verfügung stehenden und zumutbaren verfahrensrechtlichen Möglichkeiten zur Verhinderung der Grundrechtsverletzung ergriffen hat. Bei der Beurteilung einer Verfassungsbeschwerde gegen Entscheidungen, die im Verfahren des vorläufigen Rechtsschutzes ergangen sind, ist deshalb zu prüfen, ob die behauptete Verletzung verfassungsmäßiger Rechte ohne Inanspruchnahme des BVerfG, insbesondere durch das Verfahren in der Hauptsache, ausgeräumt werden kann.[211] Das ist in der Regel anzunehmen, wenn mit der Verfassungsbeschwerde ausschließlich Grundrechtsverletzungen gerügt werden, die sich auf die Hauptsache beziehen, wenn die tatsächliche und einfachrechtliche Lage durch die Fachgerichte noch nicht ausreichend geklärt ist und dem Beschwerdeführer in der Hauptsache kein schwerer Nachteil entsteht.[212]

Das heißt, dass die Durchführung des Hauptsacheverfahrens dann nicht erforderlich ist, wenn der Beschwerdeführer behauptet, gerade durch die Entscheidung im vorläufigen Rechtsschutzverfahren in seinen verfassungsmäßigen Rechten verletzt zu sein.

Ebenso, wenn der Sachverhalt umfassend geklärt ist und die im vorläufigen Rechtsschutzverfahren und die im Hauptsacheverfahren zu klärenden Rechtsfragen identisch sind oder wenn die gerügte Verletzung von Grundrechten durch das Hauptsacheverfahren nicht mehr ausreichend ausgeräumt werden kann. Der zweite und dritte Gesichtspunkt sind hier von entscheidender Bedeutung.

> Der Sachverhalt, der der einstweiligen Verfügung zugrunde liegt, ist umfassend geklärt. Entscheidend - auch für das Hauptsacheverfahren - ist allein die Frage, ob das Gericht beim Erlass der einstweiligen Verfügung bei der Auslegung und Anwendung einfachgesetzlicher Rechtsnormen die Bedeutung der betroffenen Grundrechte richtig erkannt hat. Die zu klärenden Rechtsfragen sind demnach in beiden Verfahren identisch. Somit besteht keine Notwendigkeit, dass vor der Entscheidung über die Verfassungsbeschwerde das Hauptsacheverfahren durchgeführt wird.

> Das Abwarten einer rechtskräftigen Entscheidung im Hauptsacheverfahren würde für F aber auch einen schwerwiegenden Nachteil bedeuten: Nach dem Sachverhalt will der Verlag die Forschungsarbeit des F nur herausbringen, wenn dies innerhalb der nächsten vier Monate möglich ist. Nach Ablauf dieser Zeitspanne besteht die Gefahr, dass die Untersuchung des F überhaupt nicht mehr veröffentlicht werden kann. Stellt sich nach Durchführung eines möglicherweise Jahre dauernden Verfahrens vor den Zivilgerichten heraus, dass die einstweilige Verfügung F in seinen Grundrechten verletzt hat, ist zu befürchten, dass die Nachteile, die sich für F aus der damit rechtswidrigen Maßnahme ergeben haben, nicht mehr ausreichend ausgeglichen werden können. Deshalb ist F die Durchführung eines Hauptsacheverfahrens vor Erhebung der Verfassungsbeschwerde nicht zumutbar.

> Die Verfassungsbeschwerde des F ist nicht wegen Verstoßes gegen den Grundsatz der Subsidiarität unzulässig.

hemmer-Methode: Zusammenfassend ist festzuhalten: Das BVerfG stellt im Rahmen der Subsidiarität sehr hohe Anforderungen – schon um sich selbst etwas vor der immer weiter steigenden Zahl von Verfassungsbeschwerden zu schützen. Das BVerfG geht auch dazu über, nicht nur die Verfassungsbeschwerde als solche, sondern auch einzelne Argumente des Beschwerdeführers an der Subsidiarität scheitern zu lassen. Konkret hatte der Beschwerdeführer sämtliche Rechtsmittel gegen ein Urteil eingelegt, aber erst im Verfassungsbeschwerdeverfahren vorgebracht, dass die Urteile seiner Ansicht nach einen Verstoß gegen Völkerrecht darstellen.[213]

---

211   Vgl. auch BayVerfGH, BayVBl 1989, 78, der bei der Vb nach Art. 120 BV ebenfalls von dem Grundsatz der Subsidiarität ausgeht.

212   Vgl. BVerfGE 77, 381, 401 f.; NVwZ 1989, 451.

213   BVerfG, NJW 2004, 1650.

E) Allgemeines Rechtsschutzbedürfnis

allgemeines Rechtsschutzbedürfnis

Die Zulässigkeit der Verfassungsbeschwerde setzt nach allgemeinem Prozessrecht ein Rechtsschutzbedürfnis voraus. Ein allgemeines Rechtsschutzbedürfnis der Verfassungsbeschwerde besteht dann, wenn sie geeignetes, erforderliches und zumutbares verfassungsprozessuales Rechtsschutzmittel für das Rechtsschutzbegehren des Beschwerdeführers ist, es insbesondere kein anderes Verfahren gibt, mit dem das angestrebte Ziel leichter zu erreichen ist.

z.T. Subsidiaritätsgrundsatz spezieller

Spezielle Ausprägungen dieses Rechtsschutzinteresses sind die bereits behandelten Erfordernisse des selbst, gegenwärtig und unmittelbaren Betroffenseins sowie der Subsidiarität der Verfassungsbeschwerde.

Im Regelfall erschöpft sich die Behandlung des Erfordernisses des Rechtsschutzinteresses in den vorgenannten Kategorien; das BVerfG hat indes immer daran festgehalten, dass die Erfüllung dieser besonderen Rechtsschutzvoraussetzungen das Erfordernis des allgemeinen Rechtsschutzinteresses nicht entfallen lasse.[214]

Das allgemeine Rechtsschutzinteresse fehlt insbesondere, wenn ein spezielleres Verfahren, etwa das Wahlprüfungsverfahren, zum BVerfG möglich ist.[215]

Problem: weggefallene Beschwer

Ist die Beschwer zwischenzeitlich weggefallen, dürfte häufig bereits die gegenwärtige Betroffenheit und damit die Beschwerdebefugnis entfallen. Das Rechtsschutzbedürfnis muss noch im Zeitpunkt der Entscheidung des BVerfG gegeben sein. Es entfällt grundsätzlich mit der Erledigung des mit der Verfassungsbeschwerde verfolgten Begehrens.

Das Rechtsschutzbedürfnis kann allerdings unter engen Voraussetzungen auch nach Erledigung des Begehrens bestehen bleiben, wenn:

⇨ Wiederholungsgefahr besteht[216]

⇨ die Maßnahme faktische oder rechtliche Voraussetzung weiterer belastender Nachwirkungen ist, etwa wenn weiter die Verwertung von Erkenntnissen aus verfassungswidrigen Maßnahmen droht[217], *oder*

⇨ der gerügte Grundrechtseingriff besonders belastend erscheint *und*

entweder

⇨ die Klärung einer verfassungsrechtlichen Frage von grundsätzlicher Bedeutung anderenfalls unterbliebe

oder

⇨ eine direkte Belastung durch den angegriffenen Hoheitsakt sich auf eine Zeitspanne beschränkt, in der der Betroffene nach dem regelmäßigen Geschäftsgang eine Entscheidung des BVerfG kaum erlangen konnte, weil sonst der Grundrechtsschutz in unzumutbarer Weise verkürzt werden würde[218]

---

214   Nachweise bei Zuck, Rn. 595 ff.

215   BVerfGE 14, 154 (155); BVerfGE 64, 301 (312) bzgl. Organstreit.

216   BVerfGE 33, 247 (257); 35, 1 (4); 47, 198 (223 f.); 56, 99 (106); Robbers, JuS 1993, 1025.

217   BVerfGE 44, 353 (367).

218   BVerfGE 81, 138 (140 f.).

⇨ die Länge des Rechtsschutzverfahrens vor den Fachgerichten anderenfalls den Grundrechtsschutz ausschließen würde[219]

Bsp.:[220] A und B hatten als Mitglieder des örtlichen Geistigen Rates der Bahai erfolglos den Rechtsweg erschöpft mit dem Begehren, den Geistigen Rat als Verein einzutragen, obwohl er entgegen den vereinsrechtlichen Bestimmungen gegenüber dem Nationalen Geistigen Rat keine vereinsrechtlich hinreichende Selbständigkeit besitzt. Nach Erhebung der Verfassungsbeschwerde sind A und B aus dem örtlichen Geistigen Rat ausgeschieden.

Die Verfassungsbeschwerde bleibt zulässig, weil die aufgeworfenen verfassungsrechtlichen Fragen im Blick auf die Religionsfreiheit aus Art. 4 GG grundsätzliche Bedeutung besitzen und A und B bei Wahlen erneut Mitglieder des örtlichen Geistigen Rates werden können und endlich weitere gerichtliche Verfahren bei erneuten Eintragungsanträgen möglich sind.[221]

hemmer-Methode: Das allgemeine Rechtsschutzbedürfnis ist aber wie bei allen Zulässigkeitsprüfungen nur ausnahmsweise zu problematisieren. Bei der Verfassungsbeschwerde gilt dies umso mehr, da bestimmte Fallgruppen durch den Grundsatz der Subsidiarität erfasst sind.

F) Form gemäß §§ 23, 92 BVerfGG

62

Die Form der Verfassungsbeschwerde spielt in Übungs- und Examensarbeiten selten eine Rolle, daher ist auf sie nur kurz einzugehen.

Schriftform, § 23 I BVerfGG

Wie alle anderen verfahrenseinleitenden Anträge ist auch die Verfassungsbeschwerde schriftlich beim BVerfG gemäß § 23 I BVerfGG einzureichen (Antragsgrundsatz). Telegramm, Telefax oder Fernschreiben sind möglich, sie müssen aber schriftlich bestätigt werden. Zur Zulässigkeit gehört, dass das Schriftstück Inhalt, d.h. insbesondere den Beschwerdegegenstand[222], und Urheber des Antrags klar erkennen lässt.[223]

Die Verfassungsbeschwerde ist innerhalb der Beschwerdefrist zu begründen, die erforderlichen Beweismittel sind gem. § 23 I S. 2 BVerfGG anzugeben; gemäß § 92 BVerfGG sind in der Begründung das Recht, das verletzt sein soll, und die Handlung oder die Unterlassung des Organs oder der Behörde, durch die der Beschwerdeführer sich verletzt fühlt, zu bezeichnen. Kann ein Grundrechtsträger nach der gesetzlichen Ausgestaltung und dem tatsächlichen Geschehensablauf nicht wissen, ob er tatsächlich von Eingriffsmaßnahmen betroffen ist (Datenerhebungs- und Datenverarbeitungsbestimmungen etwa des Polizeigesetzes), genügt er den Begründungsanforderungen einer Verfassungsbeschwerde, wenn er darlegt, dass er mit einiger Wahrscheinlichkeit in seinen Grundrechten verletzt sei. Dies entbindet ihn nicht von der Pflicht, die beanstandete Bestimmung exakt zu bezeichnen und darzutun, dass gerade er unter die Vorschrift fällt, ohne von den entsprechenden Maßnahmen zu erfahren. [224]

219   Gusy, Rn. 117 m.w.N.

220   Robbers, JuS 1993, 1025.

221   BVerfGE 83, 341 (352).

222   BayVerfGH, BayVBl. 2003, 396.

223   Weber, JuS 1992, 127; Robbers, JuS 1993, 1026.

224   BVerfG, NVwZ 1998, 1287 f.

G) Frist gemäß § 93 BVerfGG

Hinsichtlich der Frist, binnen derer die Verfassungsbeschwerde zu erheben ist, ist gemäß § 93 BVerfGG zwischen zwei Fällen zu unterscheiden: zum einen die Verfassungsbeschwerde gegen ein Gesetz oder einen Hoheitsakt, gegen den ein Rechtsweg nicht offen steht, und zum anderen die Verfassungsbeschwerde gegen einen sonstigen Hoheitsakt.

I. Verfassungsbeschwerde gegen einen sonstigen Hoheitsakt/Entscheidung i.S.d. § 93 I BVerfGG

gegen Entscheidung oder vergleichbaren Hoheitsakt: ein Monat

Dieser Fall ist – aufgrund der Punkte Rechtswegerschöpfung und Subsidiarität - der praktisch häufigste. Die Verfassungsbeschwerde muss im Regelfall binnen eines Monats nach Zustellung oder Mitteilung der Entscheidung erhoben werden, § 93 I S. 1, 2 BVerfGG.

63

Für die Berechnung der Frist gelten wie auch sonst die üblichen Regeln, insbesondere §§ 187 ff. BGB, auch wenn auf diese Vorschriften im BVerfGG nicht direkt verwiesen wird; Einzelheiten zum Fristablauf in Fällen, in denen eine Zustellung nicht erfolgt, enthalten § 93 I S. 2 bis 4 BVerfGG. Besonderheiten gelten in den Fällen, in denen ein am Verfahren nicht Beteiligter Verfassungsbeschwerde erhebt: In diesen Fällen beginnt die Frist zur Einlegung der Verfassungsbeschwerde erst mit der Kenntnis der in vollständiger Form abgefassten Entscheidung.[225]

außerdem Begründungspflicht

§ 93 I S. 1 BVerfGG sieht vor, dass innerhalb der Frist nicht nur der Sachverhalt mitgeteilt werden muss, hinsichtlich dessen der Verfassungsverstoß gerügt wird, sondern zudem, dass die Verfassungsbeschwerde innerhalb der Frist auch zu begründen ist.

Nach Ablauf der Frist darf zwar die rechtliche Begründung ergänzt, nicht aber mehr ein neuer Sachverhalt dem BVerfG unterbreitet werden, wenn nicht nach § 93 II BVerfGG eine Wiedereinsetzung in den vorigen Stand in Betracht kommt[226]

64

II. Verfassungsbeschwerden gegen ein Gesetz oder einen Hoheitsakt, gegen den der Rechtsweg nicht offen steht

gegen Gesetze: ein Jahr

Gemäß § 93 III BVerfGG muss die Verfassungsbeschwerde in diesen Fällen binnen eines Jahres seit Inkrafttreten des Gesetzes oder Erlass des Hoheitsaktes erhoben werden. Gesetze im Sinne dieser Vorschrift sind Gesetze im materiellen Sinn, also auch Rechtsverordnungen und Satzungen.

65

Wird ein Gesetz geändert, beginnt die Frist nur für die konkrete Änderung zu laufen. Für die unveränderten Teile des Gesetzes wird die Frist daher nicht erneut eröffnet, selbst wenn der Gesetzgeber diese Teile erneut in seinen Willen aufgenommen hat.

Treten Gesetze rückwirkend in Kraft, beginnt die Frist erst mit der Verkündung, weil sonst der gebotene Grundrechtsschutz verkürzt oder sogar entzogen werden könnte.[227]

---

225 BVerfGE 4, 309 (313); 21, 132 (136 und LS 1).
226 BVerfGE 84, 212 (223); 81, 208 (214 f.).
227 BVerfGE 1, 415 (416 f.); 32, 157 (162); 62, 374 (382).

bei echtem Unterlassen des Gesetz-gebers: keine Frist

Bleibt der Gesetzgeber gänzlich untätig (echtes Unterlassen), so läuft die Frist nicht, solange diese Untätigkeit andauert.[228] Unterlässt es der Gesetzgeber bei einer Normierung bloß, gewisse Fälle in seine Regelung mit einzubeziehen (unechtes bzw. kein Unterlassen), so muss der Betroffene die Jahresfrist gemäß § 93 III BVerfGG gegen die aus seiner Sicht unvollkommene Norm einhalten.[229]

bei VB gegen Gesetz wohl keine Wiedereinsetzung

Wegen der systematischen Stellung des § 93 II BVerfGG ist indes die Wiedereinsetzung in den vorigen Stand in den Fällen des § 93 III BVerfGG nicht möglich, d.h., dass es sich bei Verfassungsbeschwerden gegen Gesetze um eine Ausschlussfrist handelt.[230] Angesichts der Jahresfrist dürfte freilich auch das praktische Bedürfnis für eine Wiedereinsetzung eher gering sein.

H) Keine entgegenstehende Rechtshängigkeit, Rechtskraft oder Gesetzeskraft[231]

entgegenstehende Rechtshängigkeit oder Rechtskraft

Der Zulässigkeit der Verfassungsbeschwerde kann u.U. entgegenstehen, dass die Sache durch eine Entscheidung des BVerfG gegenüber dem Beschwerdeführer rechtskräftig entschieden ist oder dass die streitige Frage durch eine Entscheidung des BVerfG auch gegenüber Dritten mit Gesetzeskraft geklärt ist (vgl. § 31 II BVerfGG).

Für die Bestimmung des inhaltlichen Umfangs der inter omnes wirkenden Gesetzeskraft ist nach der Rechtsprechung des BVerfG nicht nur der Entscheidungstenor heranzuziehen, sondern auch die zu dessen Ermittlung wesentlichen Entscheidungsgründe.[232]

parallele unterschiedliche Verfahren vor BVerfG möglich

Die Rechtshängigkeit der gleichen Rechtsfrage vor dem BVerfG hindert die Zulässigkeit der Verfassungsbeschwerde hingegen nur dann, wenn der konkrete Rechtsstreit dort bereits anhängig ist; in parallelen Verfahren, auch unterschiedlicher Verfahrensarten, kann die gleiche Frage durchaus anhängig sein.

hemmer-Methode: Das ergibt sich für das Verhältnis von Verfassungsbeschwerde und Richtervorlage auch aus § 80 III BVerfGG.

Unzulässigkeit nur bei Identität von Beschwerdeführern und Beschwerdegegenstand

Voraussetzung einer Unzulässigkeit ist die Identität von Beschwerdeführern und angegriffenen Maßnahmen. Dass eine Person gegen eine staatliche Maßnahme Verfassungsbeschwerde eingelegt hat, schließt die Zulässigkeit der Verfassungsbeschwerde einer weiteren Person gegen dieselbe Maßnahme nicht aus.

Da die Verfahren vor den LVerfGen und dem BVerfG selbständig voneinander sind (§ 90 III BVerfGG), macht die anderweitige Rechtshängigkeit bei einem Landesverfassungsgericht die Verfassungsbeschwerde zum BVerfG nicht unzulässig.

Exkurs: Annahmeverfahren gemäß §§ 93a ff. BVerfGG[233]

Das Verfahren zur Annahme der Verfassungsbeschwerde i.S.d. §§ 93a ff. BVerfGG gehört nicht zu den Zulässigkeitsvoraussetzungen der Verfassungsbeschwerde und ist auch für Klausuraufgaben weniger geeignet.

66

67

---

228 BVerfGE 6, 257 (266); 10, 302 (308); 58, 208 (218).

229 BVerfGE 13, 284 (287 f.); 15, 126 (132).

230 Robbers, JuS 1993, 1026.

231 Ausführlich Gusy, Rn. 163 ff.

232 Gusy, Rn. 170 ff.

233 Ausführlich Gusy, Rn. 286 ff.; Zuck, Rn. 726 ff.

Wegen der großen praktischen Bedeutung soll es kurz beschrieben werden.[234]

hemmer-Methode: Soweit im Bearbeitervermerk das Annahmeverfahren nicht ausgeschlossen wird, sollten Sie in Ihrer Lösung der Vollständigkeit halber kurz darauf eingehen, bspw. bereits im Obersatz: „Die Verfassungsbeschwerde hat Aussicht auf Erfolg, wenn sie angenommen wird, zulässig und begründet ist. Die Annahmeentscheidung hängt dabei nach § 93a IIb BVerfGG u.a. davon ab, ob dies zur Durchsetzung der Grundrechte angezeigt ist. Dies ist dann der Fall, wenn eine besonders schwere Grundrechtsbeeinträchtigung vorliegt oder die Verfassungsbeschwerde hinreichend Erfolgsaussichten aufweist, was nun im Folgenden in Zulässigkeit und Begründetheit zu prüfen ist."

§ 93a BVerfGG sieht in Ausführung von Art. 94 II S. 2 BVerfGG vor, dass die Verfassungsbeschwerde der Annahme zur Entscheidung bedarf. Über die Annahme entscheidet zunächst eine Kammer des BVerfG, die aus drei Richtern des BVerfG besteht. Jeder der beiden Senate bildet drei dieser Kammern.

Die Verfassungsbeschwerde ist gemäß § 93a II BVerfGG zur Entscheidung anzunehmen, soweit ihr grundsätzliche Bedeutung zukommt oder wenn es zur Durchsetzung der verfassungsbeschwerdefähigen Rechte angezeigt ist, insbesondere wenn dem Beschwerdeführer durch die Versagung der Entscheidung zur Sache ein besonders schwerer Nachteil entstünde. Dabei nimmt das BVerfG zumindest teilweise eine summarische Prüfung der Erfolgsaussichten vor.[235]

In diesem Annahmeverfahren scheitern die meisten Verfassungsbeschwerden. Von den eingelegten Verfassungsbeschwerden, die 95 Prozent der Verfahren vor dem BVerfG ausmachen, werden nur ca. zwei Prozent zur Hauptsacheentscheidung durch den Senat angenommen.[236]

Die Entscheidung der Kammer ist unanfechtbar, § 93d I S. 2 BVerfGG. Die Ablehnung der Annahme braucht zudem nicht begründet zu werden, § 93d I S. 3 BVerfGG.

---

234   Zu weiteren Einzelheiten, lies §§ 93b, c, d BVerfGG.

235   BVerfG, NJW 1998, 443.

236   Vgl. Gusy, Rn. 1.

§ 4 ABSCHLIESSENDER ÜBUNGSFALL ZUR ZULÄSSIGKEIT

Wiederholungsfall

Arbeiten Sie zur Wiederholung noch folgenden Übungsfall hinsichtlich der Zulässigkeit der Verfassungsbeschwerde durch[237]:

In der Stadt S betreibt der Verein „Drogenhilfe e.V.", der nicht öffentlich-rechtlich anerkannt ist, eine Drogenberatungsstelle. Als der Verdacht aufkommt, dass dort mit Drogen gehandelt wird, wird aufgrund richterlicher Anordnung die Drogenberatungsstelle am 12.01. durchsucht. Ein Schreiben vom nächsten Tag fordert den Trägerverein auf, zur Durchsuchung Stellung zu nehmen. Dies erfolgt jedoch nicht. Die sichergestellten Akten werden auf Antrag der Staatsanwaltschaft am 17.01. beschlagnahmt. Dem Verein wird dies formgerecht bekannt gemacht. Nachdem die Akten ausgewertet wurden und gegen verschiedene Klienten Ermittlungsverfahren eingeleitet sind, hebt das Amtsgericht die Beschlagnahme am 01.02. wieder auf. Am 06.02. weist das Landgericht die vom Trägerverein der Drogenberatungsstelle eingelegten Beschwerden ab. Gegen die bereits vollzogene Durchsuchung sei die Beschwerde unzulässig, gegen die Beschlagnahme unbegründet.

Am 24.02. erhebt der Trägerverein „Drogenhilfe e.V." vertreten durch seinen ersten Vorsitzenden A formgerecht Verfassungsbeschwerde. A wendet sich gegen die Durchsuchung, die Beschlagnahme und die Beschwerdeentscheidung des Landgerichts.

Beurteilen Sie die Zulässigkeit, wobei davon auszugehen ist, dass die Durchsuchung verfassungswidrig war.

Vorüberlegung: Der Verein wendet sich laut Sachverhalt gegen drei Eingriffe. Normalerweise werden der Ersteingriff und die entsprechende Gerichtsentscheidung zu einem einheitlichen Beschwerdegegenstand verbunden. Das geht aber nur dann, wenn das Gericht in seiner Entscheidung den Ersteingriff bestätigt. Wenn dagegen das Gericht das eingelegte Rechtsmittel als unzulässig abweist, dann ist eine Verbindung nicht möglich. Deswegen muss der Verein drei Akte angreifen: Einmal die Durchsuchungsanordnung des Amtsgerichts. Dann die Beschwerdeentscheidung des Landgerichts über die Durchsuchung. Sowie drittens schließlich die Beschlagnahme, welche mit der Landgerichtsentscheidung über die Beschwerde des Vereins verbunden werden kann. Denn hier hat das Landgericht in der Begründetheit zur Sache entschieden.

A) Antragsberechtigung und Prozessfähigkeit

I. Verfassungsbeschwerde gegen die Durchsuchung

1. Parteifähigkeit

Der e.V. kann als juristische Person des Privatrechts eine Verfassungsbeschwerde erheben, wenn er geltend macht, in Grundrechten oder grundrechtsähnlichen Rechten verletzt zu sein, die im Sinne des Art. 19 III GG ihrem Wesen nach auf juristische Personen anwendbar sind, d.h. nicht nur individuell, sondern auch korporativ betätigt werden können. Da der e.V. als juristische Person grundrechtsfähig ist, ist er hier auch parteifähig, weil die Durchsuchungsanordnung in sein Hausrecht eingreift.

2. Prozessfähigkeit

Der Verein wird gemäß § 51 I ZPO, § 26 BGB vom ersten Vorsitzenden A vertreten.

II. Verfassungsbeschwerde gegen die Beschwerdeentscheidung des LG über die Durchsuchung

Hier gilt das oben ausgeführte.

---

237   Fallbeispiele zur Verfassungsbeschwerde finden Sie auch im Skript Hemmer/Wüst, Die 32 wichtigsten Fälle zum Staatsrecht, Fälle 14 ff.

III. Verfassungsbeschwerde gegen die Beschlagnahme und die bestätigende Landgerichtsentscheidung

Auch hier ist das Merkmal „Jedermann" zu bejahen.

B) Beschwerdegegenstand

I. Verfassungsbeschwerde gegen die Durchsuchung:

Der Beschluss des AG ist als gerichtliche Entscheidung ein Akt der öffentlichen Gewalt. Fraglich ist jedoch, ob es sich nicht um eine Zwischenentscheidung handelt, die nur eine vorbereitende Maßnahme darstellt und keinen selbständigen Charakter hat. Gegen gerichtliche Zwischenentscheidungen findet die Verfassungsbeschwerde generell nur statt, wenn sie ein bestimmtes Zwischenverfahren abschließen, dessen Mängel bei der Endentscheidung nicht mehr korrigiert werden können, oder wenn sie auf andere Weise für den Beschwerdeführer einen bleibenden Rechtsnachteil zur Folge haben. Durchsuchungsbeschlüsse enthalten für den Betroffenen einen bleibenden rechtlichen Nachteil und stellen eine abschließende Entscheidung über wesentliche Rechtsfragen für das weitere Verfahren dar. Es handelt sich somit um eine beschwerdefähige Maßnahme.[238]

II. Verfassungsbeschwerde gegen die Beschwerdeentscheidung des LG über die Durchsuchung:

Die gerichtliche Entscheidung ist ein Akt der öffentlichen Gewalt. Da es auch keine unselbständige Zwischenentscheidung ist, liegt eine beschwerdefähige Maßnahme vor.

III. Verfassungsbeschwerde gegen die Beschlagnahme und die bestätigende Landgerichtsentscheidung

Die Beschlagnahmeanordnung ist zwar eine Zwangsentscheidung im strafprozessualen Sinne, doch kann sich hier aus der Verwertbarkeit der gewonnenen Erkenntnisse ein bleibender rechtlicher Nachteil ergeben, so dass es sich um eine beschwerdefähige Maßnahme handelt. Da die Entscheidung des LG die Anordnung bestätigt hat, ist sie ebenfalls Gegenstand der Verfassungsbeschwerde.

C) Beschwerdebefugnis

I. Verfassungsbeschwerde gegen die Durchsuchung

1. Unmittelbare rechtliche Selbstbetroffenheit

Die Durchsuchungsanordnung und die daraufhin erfolgte Durchsuchung betreffen den Verein unmittelbar in dem ihm als subjektivem Recht zustehenden Hausrecht, also nicht nur in einem Rechtsreflex.

2. Gegenwärtige Betroffenheit

Diese könnte hier in Frage stehen, weil die Durchsuchung bereits abgeschlossen und daher die so genannte strafprozessuale Überholung eingetreten ist. Für die strafprozessualen Rechtsmittel fehlt es in der Regel an der Beschwer, wenn der Mangel aus tatsächlichen oder rechtlichen Gründen nicht mehr ungeschehen gemacht werden kann.[239] Es ist jedoch die strafprozessuale Überholung von der verfassungsrechtlichen Erledigung zu unterscheiden. Hier wurde die Grundrechtswidrigkeit des Durchsuchungsbeschlusses behauptet und diese kann nicht entfallen sein, da andernfalls Art. 19 IV GG im Bereich der strafprozessualen Ermittlungsmaßnahmen auch schweren Grundrechtsverletzungen weitgehend leer liefe. Damit ist das Rechtsschutzinteresse des Vereins gegeben.[240]

---

238   Vgl. BVerfGE 42, 217 (218).
239   Vgl. BGH, NJW 1973, 2035.
240   Vgl. BGH, MDR 1987, 184.

II. Verfassungsbeschwerde gegen die Beschwerdeentscheidung des LG über die Durchsuchung

Der Verein könnte behaupten, die landgerichtliche Beschwerdeentscheidung, die sich jeder Sachprüfung enthält, sei verfassungswidrig, weil sie gegen Art. 19 IV, 103 I GG und das Rechtsstaatsprinzip verstoße. Der Verein ist insoweit auch grundrechtsfähig.

1. Die unmittelbare rechtliche Selbstbetroffenheit des Vereins ist durch die Versagung der Sachentscheidung gegeben.

2. Fraglich ist die gegenwärtige Betroffenheit. Hierzu müsste der Verein durch die Entscheidung noch beschwert sein. Die Beschwerde könnte mit der (hier zu unterstellenden) Feststellung der Verfassungswidrigkeit der Durchsuchungsanordnung entfallen sein. Mit der strafprozessualen Beschwerde könnte der Verein nicht mehr erreichen als mit seiner Verfassungsbeschwerde. Daher kommt es nicht mehr darauf an, ob das LG die Beschwerde als unzulässig verwerfen durfte, denn diese Versagung einer Sachentscheidung kann sich jetzt nicht mehr als Sperre auf dem Weg zum angestrebten Rechtsschutzziel auswirken und hat somit ihre Bedeutung verloren.[241] Wegen Wegfalls der Beschwer ist daher das Rechtsschutzinteresse für die Verfassungsbeschwerde entfallen, so dass die Verfassungsbeschwerde unzulässig ist, wenn man davon ausgeht, dass die Verfassungsbeschwerde hinsichtlich der Durchsuchung begründet sein wird.

hemmer-Methode: Die gegenwärtige Betroffenheit und damit das Rechtsschutzinteresse muss im Zeitpunkt der Entscheidung des BVerfG und nicht nur im Zeitpunkt der Erhebung der Verfassungsbeschwerde gegeben sein. Hier wäre die Verfassungsbeschwerde gegen die Entscheidung des LG hinsichtlich der Beschwerde gegen die Durchsuchungsanordnung nur dann zulässig gewesen, wenn die Verfassungsbeschwerde gegen die Durchsuchungsanordnung unzulässig oder unbegründet wäre. Würde man den Fall daher klausurmäßig mit der Begründetheit prüfen, könnte es vorteilhaft sein, die einzelnen Beschwerdegegenstände separat zu prüfen.

III. Verfassungsbeschwerde gegen die Beschlagnahme und die bestätigende Landgerichtsentscheidung

Die Beschwerdebefugnis ergibt sich aus Art. 14, 9 I und 2 I GG.

Das AG hat die Beschlagnahmeanordnung mit Beschluss vom 01.02. wieder aufgehoben und es ist davon auszugehen, dass die Unterlagen daraufhin dem Verein zurückgegeben wurden. Daher könnte die gegenwärtige Betroffenheit des Vereins hinsichtlich Art. 14 GG fraglich sein. Die Beschlagnahme wurde jedoch nicht wegen Grundrechtswidrigkeit, sondern wegen Zweckerreichung aufgehoben. Das schutzwürdige Interesse des Vereins erschöpft sich nicht darin, die seiner Verfügungsgewalt zeitweilig entzogenen Akten zurückzuerhalten, sondern es richtet sich zugleich darauf, deren Verwertung im Strafprozess zu verhindern. Damit bleibt das Interesse an der Feststellung der Verfassungswidrigkeit aus Art. 9 I und 2 I GG, bestehen.

D) Rechtswegerschöpfung und Subsidiarität

I. Verfassungsbeschwerde gegen die Durchsuchung

Unter Rechtsweg ist hierbei der Weg gerichtlicher Nachprüfung des Hoheitsaktes einschließlich der Durchführung vorgeschriebener Vorschaltverfahren und der Erhebung möglicher Rechtsbehelfe mit oder ohne Devolutiveffekt zu verstehen.

---

241   BVerfGE 42, 223.

Der Rechtsweg ist nicht erschöpft, wenn der Beschwerdeführer den Versuch unterlassen hat, durch Einlegung zulässiger und zumutbarer Rechtsbehelfe die Grundrechtsverletzung abzuwenden. Als Rechtsbehelf kommt hier die Beschwerde nach § 304 StPO in Betracht. Die frühere Auffassung in der Strafrechtswissenschaft ging davon aus, dass mit dem Abschluss der Durchsuchung die prozessuale Beschwer entfalle und deswegen eine Fortsetzungsfeststellungsbeschwerde nach § 304 StPO nicht möglich sei. Wegen der besonderen Bedeutung der Prozessökonomie im Strafverfahren sei der Fortsetzungsfeststellungsgedanke der StPO fremd.

Das Bundesverfassungsgericht hat nunmehr aber klargestellt, dass auch gegen die Anordnung einer Wohnungsdurchsuchung durch den Richter, nach Erledigung, wegen Art. 19 GG i.V.m. Art. 13 GG, eine Beschwerde möglich sein muss. Diese Beschwerde hat der Betroffene auch eingelegt.[242]

II. Verfassungsbeschwerde gegen die Beschwerdeentscheidung des LG über die Durchsuchung unzulässig (s.o.).

III. Verfassungsbeschwerde gegen die Beschlagnahme und die bestätigende Landgerichtsentscheidung.

Der Verein hat erfolglos die Beschwerde zum LG gemäß § 304 StPO erhoben, womit der Rechtsweg erschöpft ist.

E) Fristwahrung

I. Verfassungsbeschwerde gegen die Durchsuchung

Fraglich ist die Wahrung der Frist[243] gemäß § 93 I BVerfGG. Die Bekanntgabe der Durchsuchungsanordnung erfolgte zwar am 12.01., jedoch hat die Monatsfrist durch den landgerichtlichen Beschluss vom 06.02. erneut begonnen, so dass das Rechtsmittel rechtzeitig eingelegt wurde.[244]

II. Verfassungsbeschwerde gegen die Beschwerdeentscheidung des LG über die Durchsuchung

Verfassungsbeschwerde ebenfalls fristgerecht erhoben, vgl. oben.

III. Verfassungsbeschwerde gegen die Beschlagnahme und die bestätigende Landgerichtsentscheidung

Auch dieser Antrag wurde fristgerecht gestellt (s.o.).

F) Weitere Zulässigkeitsprobleme sind nicht ersichtlich

hemmer-Methode: Arbeiten Sie die Wiederholungsfragen zur Zulässigkeit durch!   69

---

242   BVerfG, NJW 1997, 2163.

243   Zur Berechnung der Frist vgl. BVerfG, NJW 1999, 299; sowie NJW 1999, 350.

244   Offenhaltung der Frist auch durch Gegenvorstellung möglich; vgl. Berl.VerfGH, NJW 1999, 275.

2. ABSCHNITT: Begründetheit der Verfassungsbeschwerde

In der Zulässigkeit wurde an mehreren Stellen dargelegt, dass der Beschwerdeführer geltend machen muss, dass bzw. wie er in seinen Grundrechten verletzt sein könnte. Dementsprechend gilt für die Begründetheit der Verfassungsbeschwerde:

„Die Verfassungsbeschwerde ist begründet, wenn der Beschwerdeführer in seinen Grundrechten (bzw. grundrechtsgleichen Rechten) verletzt ist."

hemmer-Methode: Denken Sie auch hier wieder an die Obersatzbildung. Diese ist im vorliegenden Fall zwar gänzlich unproblematisch, umso unvollständiger wirkt aber deshalb die Arbeit, wenn der Korrektor großen Wert auf saubere Obersätze legt. Die „grundrechtsgleichen Rechte" hier noch einmal zu zitieren, empfiehlt sich zumindest dann, wenn ein solches ausführlich geprüft wird.

Zur genaueren Prüfung einer solchen Verletzung sind im Folgenden die Grundrechte und grundrechtsgleichen Rechte mit ihren examenstypischen Problembereichen näher darzustellen. Bevor dies aber erfolgt, sind drei allgemeine Fragen zu klären, die sich im Zusammenhang mit (fast) jedem Einzelgrundrecht i.R.d. Begründetheit stellen können, nämlich

⇨ in welchem Umfang das Bundesverfassungsgericht überhaupt staatliches Handeln, insbesondere letztinstanzliche Gerichtsentscheidungen, überprüft,

⇨ welche Funktionen Grundrechten zukommen können und in welchen staatlichen Handlungen dementsprechend Grundrechtsverletzungen liegen könnten sowie

⇨ nach welchem Schema im Normalfall eine Grundrechtsverletzung zu prüfen ist und was bei dessen einzelnen Prüfungspunkten typischerweise zu beachten ist.

Außerdem sollen als kurzer Exkurs der Entscheidungsinhalt der Entscheidung über eine Verfassungsbeschwerde und ihre Wirkung dargestellt werden.

70

§ 5 PRÜFUNGSUMFANG BEI EINER VERFASSUNGS-BESCHWERDE

A) Prüfungsmaßstab

Prüfungsmaßstab: GRe und grundrechtsgleiche Rechte (Art. 93 I Nr. 4a GG)

Prüfungsmaßstab sind gemäß Art. 93 I Nr. 4a GG, § 90 I BVerfGG die Grundrechte der Art. 1 - 19 GG und die grundrechtsgleichen Rechte der Art. 20 IV, 33, 38, 101, 103 und 104 GG. Keinen Maßstab im Verfahren der Verfassungsbeschwerde bilden daher die UN-Menschenrechtserklärung,[245] die Europäische Menschenrechtskonvention[246] und insbesondere Landesverfassungsrecht.[247]

71

hemmer-Methode: Die EMRK ist nach Ansicht des BVerfG als Völkervertragsrecht im Rang einem einfachen Bundesgesetz gleichzustellen, so dass sie nicht unmittelbar Prüfungsmaßstab einer Verfassungsbeschwerde sein kann. Wird die EMRK von dem nationalen Gericht aber überhaupt nicht beachtet (oder schematisch streng umgesetzt), kann aber eine Verletzung des Rechtsstaatsprinzips in Verbindung mit den Grundrechten, v.a. Art. 2 I GG, gegeben sein![248]

aber mittelbar auch obj. Verfassungsrecht

Die Grundrechtsverletzung kann sich dabei auch aus sonstigem Verfassungsrecht des Bürgers ergeben. Dies ist vom BVerfG zunächst in seiner Rechtsprechung zu Art. 2 I entwickelt worden. Danach ist ein Eingriff in die allgemeine Handlungsfreiheit nur dann durch die verfassungsmäßige Ordnung gedeckt, wenn er mit der Verfassung im übrigen übereinstimmt. So werden Verstöße gegen sonstiges Verfassungsrecht einschließlich der Kompetenz- und Verfahrensvorschriften zu Grundrechtsverletzungen.

72

Die vom BVerfG für Art. 2 I GG angestellten Überlegungen gelten gleichermaßen für alle anderen Grundrechte. So kann etwa eine Verletzung des Art. 12 I GG darin liegen, dass bei einer berufsbeschränkenden Maßnahme gegen das Rechtsstaatsgebot,[249] die Kompetenzordnung[250] oder Art. 72 II GG[251] verstoßen worden ist.

nach BVerfG auch Prüfungsbefugnis über gerügte GR-Verletzung hinaus

Das BVerfG nimmt in Konsequenz zu dieser Ausweitung des Prüfungsmaßstabes eine umfassende Prüfungsbefugnis für sich in Anspruch, die sich unabhängig von dem als verletzt gerügten Grundrecht auf die Einhaltung sonstigen Verfassungsrechts erstreckt. Die Verfassungsbeschwerde diene nicht nur der Sicherung grundgesetzlich verbürgter subjektiver Rechte, sondern in gleicher Weise sei sie ein spezifisches Rechtsschutzmittel des objektiven Verfassungsrechts.[252]

73

hemmer-Methode: Trotzdem dürfen Sie objektives Verfassungsrecht wie die Gesetzgebungskompetenz nicht isoliert, sondern nur im Rahmen der Grundrechte, genauer bei der Rechtfertigung des Grundrechtseingriffs prüfen.[253]

---

245   BVerfGE 41, 88 (118).

246   BVerfGE 10, 271 (274); 34, 384 (395); 41, 88 (105 f.).

247   BVerfGE 41, 88 (118).

248   BverfG, NJW 2004, 3407; Life & Law 2005, 48 ff.

249   BVerfGE 9, 83 (87 f.).

250   BVerfGE 13, 181 (190).

251   BVerfGE 13, 237 (239).

252   BVerfGE 45, 63 (74); kritisch AK-GG/Rinken, Art. 93 GG, Rz. 52, 62, 70 f.

253   Vgl. unten Rn. 120 ff.

B) Bei Urteilsverfassungsbeschwerden Einschränkung des Prüfungsumfangs auf die Verletzung spezifischen Verfassungsrechts

aber BVerfG keine Superrevisionsinstanz

Durch die erweiterte in Anspruch genommene Prüfungsbefugnis könnte die Gefahr entstehen, dass wegen des Gesetzmäßigkeitsprinzips in der Ausprägung des Vorrangs und des Vorbehalts des Gesetzes, das aus dem Rechtsstaatsgebot abgeleitet wird, zu prüfen ist, ob ein staatlicher Akt gegen einfaches Gesetzesrecht verstößt, also gesetzeswidrig ist. Der Beschwerdeführer könnte dann über Art. 2 I GG und das Rechtsstaatsprinzip das BVerfG dazu veranlassen, die Anwendung einfachen Gesetzesrechts zu überprüfen, so dass das BVerfG zur Superrevisionsinstanz werden würde. Gerade das ist aber nicht Aufgabe des BVerfG. Die Aufgabe der anderen obersten Bundesgerichte, für die Rechtsgebiete ihrer Zuständigkeit letzte Instanz zu sein, würde ausgehöhlt. Zudem wäre wegen Überlastung die Funktionsfähigkeit des BVerfG aufs Spiel gesetzt.

74

⇨ bei Urteilsverfassungsbeschwerde nur Prüfung der Verletzung spezifischen Verfassungsrecht

Das BVerfG beschränkt angesichts dieses Problems seine Überprüfung gerichtlicher Entscheidungen auf die Verletzung spezifischen Verfassungsrechts. Falsche Rechtsanwendung durch den Richter stellt nur dann eine Grundrechtsverletzung dar, wenn

⇨ der Einfluss der Grundrechte oder einer einschlägigen Verfassungsnorm ganz oder doch grundsätzlich verkannt wird

⇨ die Rechtsanwendung grob und offensichtlich willkürlich ist, Art. 3 I GG, oder

⇨ die Grenzen richterlicher Rechtsfortbildung überschritten werden.

Dabei kommt es maßgeblich auf die Intensität des Eingriffs an, d.h. je stärker z.B. ein Gericht die grundrechtliche Position verkürzt, desto umfangreicher ist die verfassungsgerichtliche Überprüfung.[254] Daher sind strafrechtliche Sanktionen für eine Grundrechtsausübung besonders streng zu kontrollieren.[255]

Das Unterscheidungskriterium der Willkür ist insbesondere dann maßgeblich, wenn Gesetzesnormen, die den Schutzbereich eines Grundrechts ausgestalten, fehlen und das Grundrecht selbst alleiniger Maßstab für die Fachgerichte ist oder wenn die grundrechtliche Gewährleistung gerade in der Gesetzlichkeit besteht, wie etwa bei Art. 101 I S. 2 GG und Art. 103 II GG.

hemmer-Methode: Das BVerfG bejaht ein willkürliches Urteil zum Teil auch in solchen Fällen, in denen es dem Richter besonders deutlich die Fehlerhaftigkeit seines Urteils vor Augen führen, ihm gleichsam eine Lektion erteilen will.[256] Mit diesem Ansatz sollten Sie im Examen äußerst zurückhaltend sein, da Sie hier mittelbar doch die Richtigkeit und nicht nur die Verfassungswidrigkeit prüfen und es im Examen auch nicht darum gehen kann, einem fiktiven Gericht die Leviten zu lesen.

Wo keine spezifische Verfassungsrechtsverletzung in diesem Sinne vorliegt, lässt das BVerfG eine gerichtliche Entscheidung bestehen, selbst wenn sie gesetzeswidrig sein sollte.[257]

---

254   BVerfGE 61, 1 (6); 70, 297 (316); 75, 201 (221).

255   BVerfGE 67, 213 (223); 75, 369 (376); 77, 240 (250 f.).

256   BVerfG, FamRZ 2006, 1358 = Life & Law 2006, 780: Kopftuchverbot gegen Zuhörerin in einem Gerichtssaal.

257   St. Rspr., etwa BVerfGE 18, 85 (92); BayVerfGH, BayVBl. 1999, 369; eine kritische Bestandsaufnahme bei Kenntner, NJW 2005, 785.

hemmer-Methode: Die Lehre hat unterschiedliche Versuche unternommen, die Abgrenzung zwischen der Verletzung einfachen Rechts und spezifischen Verfassungsrechts klarer zu fassen, wovon hier nur die sog. Schumann`sche Formel erwähnt werden soll, die eine breitere Zustimmung gefunden hat.[258] Danach liegt eine spezifische Grundrechtsverletzung jedenfalls dann vor, wenn der angefochtene Richterspruch eine Rechtsfolge annimmt, die der einfache Gesetzgeber nicht als Norm erlassen dürfte.[259] Diese Formel ist allerdings insofern zu eng, als sie dem BVerfG verwehren würde, selbst bei besonders intensiven Eingriffen in Grundrechte einzelne Auslegungsfehler als relevant anzusehen, wofür ein Bedürfnis bestehen kann.[260] In Übungsarbeiten sollte man sich nicht unter Berufung darauf, dass keine Verletzung spezifischen Verfassungsrechts vorliege, von der Prüfung relevanter Probleme ausschließen. Vielmehr ist in der Begründetheit regelmäßig dem weiten Verständnis des BVerfG zu folgen. Eine Kontrolle der richtigen Anwendung des einfachen Gesetzesrechts an sich hat aber selbstverständlich nicht stattzufinden. Kurz: Die Verfassungsbeschwerde ist nicht bereits begründet, wenn die angefochtene Entscheidung rechtswidrig ist, sondern erst dann, wenn sie auch verfassungswidrig ist!

---

258   Vgl. AK-GG/Rinken, Art. 93 GG, Rz. 67.

259   Schumann, Verfassungs- und Menschenrechtsbeschwerde gegen richterliche Entscheidungen, 1963, S.207.

260   Vgl. BVerfGE 60, 79 (91).

§ 6 EXKURS: BINDUNGSWIRKUNG DER VERFASSUNGS-GERICHTSENTSCHEIDUNG

Ist eine Verfassungsbeschwerde unbegründet, so wird sie zurückgewiesen, ist sie unzulässig, wird sie verworfen oder abgelehnt.

76

bei zulässiger und begründeter VB grds. Feststellung der Verfassungswidrigkeit und Aufhebung ...

Ist die Verfassungsbeschwerde indessen zulässig und begründet, so stellt das BVerfG gemäß § 95 I S. 1 BVerfGG fest, dass die bestimmte Handlung oder Unterlassung eine bestimmte Vorschrift des Grundgesetzes verletzt. Entscheidungen von Gerichten und Behörden werden gemäß § 95 II BVerfGG grundsätzlich aufgehoben. Das gilt nicht nur für die letztinstanzliche Entscheidung, sondern für alle Entscheidungen im Laufe des Verfahrens, die Grundrechte verletzen. Im Falle des § 90 II S. 1 BVerfGG verweist das BVerfG die Sache an das zuständige Gericht zur erneuten Entscheidung zurück, § 95 IIHS 2 BVerfGG.

77

... bzw. bei Gesetzen Nichtigerklärung

Kommt das BVerfG zu dem Ergebnis, dass ein Gesetz in Widerspruch zur Verfassung steht, so wird das Gesetz grundsätzlich für nichtig erklärt, § 95 III BVerfGG.

78

ausnahmsweise (v.a. bei Art. 3 GG) aber auch nur Erklärung für verfassungswidrig

Entgegen dem Wortlaut von § 95 III BVerfGG gilt dies nicht, wenn das Gesetz gegen Gleichheitssätze wie Art. 3 I GG oder Art. 33 V GG verstößt. Wegen des Gewaltenteilungsprinzips bleibt es grds. dem Gesetzgeber überlassen, innerhalb einer angemessenen Frist seine bisherige Regelung auf den unter Verletzung des Art. 3 I GG übergangenen Personenkreis zu erstrecken oder aber den gesamten von dem Verfassungsauftrag ergriffenen Bereich neu zu regeln.[261] In einem solchen Fall stellt das BVerfG nur die Verfassungsverletzung fest und fordert den Gesetzgeber auf, die Gleichheitswidrigkeit in einer bestimmten Frist zu beseitigen.

Hiervon macht das BVerfG nicht nur bei Gleichheitsverletzungen, sondern allgemein dann Gebrauch, wenn der Gesetzgeber mehrere Möglichkeiten hat, die Verfassungswidrigkeit aus der Welt zu schaffen.[263] Mit der Feststellung der Verfassungswidrigkeit begnügt sich das BVerfG auch dann, wenn durch die Nichtigerklärung des Gesetzes ein nicht hinnehmbarer, chaosähnlicher Zustand entstünde.

79

Wirkung inter omnes

Die Entscheidungen des BVerfG binden gemäß § 31 I BVerfGG die Verfassungsorgane des Bundes und der Länder sowie alle Gerichte und Behörden.[264] Diese Bindungswirkung inter omnes besteht nicht nur für den einzelnen Fall, sondern für die Rechtsfrage insgesamt. Nach ständiger Rechtsprechung des BVerfG ergreift die Bindungswirkung nicht nur den Tenor, sondern auch die tragenden Gründe der Entscheidung.[265]

80

sowie formelle und materielle Rechtskraft

Neben dieser besonderen Bindungswirkung erwachsen die Entscheidungen des BVerfG natürlich auch in „normale" Rechtskraft.

81

Alle Entscheidungen des BVerfG erwachsen, da unanfechtbar, zunächst in formelle Rechtskraft. Daraus folgt, dass das BVerfG selbst an seine für den konkreten Fall einmal verkündete Entscheidung gebunden ist, d.h., dass diese nicht mit Rechtsbehelfen angegriffen werden kann, das BVerfG sie also nicht wieder aufheben kann.

Außerdem besteht die materielle Rechtskraft, d.h. die inter partes Bindung, durch die die Beteiligten des Verfahrens an die formellrechtskräftige Entscheidung gebunden sind und zwar über das Verfahren selbst hinaus.

---

261 Vgl. auch unten Rn. 186 zu Art. 3 GG.

263 Vgl. bspw. BVerfG, FamRZ 2003, 816 zur Verfassungswidrigkeit von §§ 1600, 1684 BGB.

264 Ausführlich Zuck, Rn. 842 ff.

265 BVerGE 1, 14 (37); 19, 377 (392); 40, 88 (93); Nachweise zur Kritik bei Zuck, Rn. 852 in Fn. 129.

§ 7 ARTEN UND FUNKTIONEN DER GRUNDRECHTE

Arten und Funktionen der GRe aus Wortlaut und Systematik zu ermitteln

Die Grundrechte des GG können nach ihrer Zielrichtung in verschiedene Gruppen eingeteilt werden. Ausschlaggebend ist dabei der sich aus Wortlaut und Systematik ergebende Hauptzweck der jeweiligen Vorschrift. Darüber hinaus können aber die meisten Grundrechte auch auf verschiedene Arten gedeutet werden, d.h. ihnen könnten verschiedene Funktionen zugedacht werden, welche mehr vom grundsätzlichen Grundrechtsverständnis des jeweiligen Interpreten abhängen. Dieses Vorverständnis ist hier besonders wichtig, da die Grundrechte mit ihren relativ knappen Formulierungen auslegungsbedürftiger sind, als die meisten anderen Gesetze.[266]

82

hemmer-Methode: Die folgenden Einteilungen und Interpretationsansätze sind somit nicht etwa nur von wissenschaftlichem Interesse, sondern auch für die Examensklausur von Bedeutung. Für den Umfang der Grundrechtsgewährleistung und damit im Einzelfall für die Frage, ob im konkreten Fall das Grundrecht berührt ist oder nicht, können die hier behandelten Fragen ausschlaggebend sein!

A) Grundrechtsarten

grds. Unterteilung: Freiheits-, Gleichheits- und Teilhaberechte

Nach ihrem Hauptzweck lassen sich Freiheitsgrundrechte, Gleichheitsrechte und Teilhaberechte unterscheiden.[267] Die *Freiheitsgrundrechte*[268] zielen primär auf ein staatliches Unterlassen ab, wollen also dem Grundrechtsinhaber einen Freiraum gegen staatliche Einwirkungen sichern: sie werden also in der Klausur v.a. relevant werden, wenn es um eine den Grundrechtsträger belastende staatliche Maßnahme geht, gegen die dieser sich wehren will. Die *Gleichheitsrechte*[269] richten sich dagegen auf ein relatives staatliches Verhalten, d.h. sie haben dann Bedeutung, wenn der Staat in vergleichbaren Konstellationen anders gehandelt hat bzw. ebenso, wie es nun von ihm gefordert wird. Die dritte Gruppe der *Teilhaberechte*[270] gibt dem Bürger einen Einfluss auf staatliches Handeln.

83

dabei aber auch mehrere Funktionen eines GRs möglich

Über diese erste Einteilung hinaus, können Grundrechte der einen Art, aber auch einmal Funktionen einer anderen Art übernehmen, insbesondere für die große Gruppe der Freiheitsgrundrechte wird diskutiert, inwiefern sie nicht im Einzelfall auch Leistungs- oder zumindest Teilhabeansprüche verbürgen können. Dies ist aber keine Frage der Grundrechts*arten*, sondern eher eine solche der Grundrechts*funktionen*. Freiheitsrechte, die ihrer Art nach staatliches Handeln abwehren, können dann im Einzelfall die Funktion eines Teilhaberechtes übernehmen.

84

---

266   So auch Frotscher, JuS 1994, L65; Böckenförde, NJW 1974, 1529.

267   Vgl. Jarass/Pieroth, Vorb. vor Art. 1 GG, Rn. 1.

268   Diese machen die größte Gruppe aus.

269   Also v.a. Art. 3 GG, vgl. im Einzelnen unten Rn. 177 ff.

270   Etwa Art. 17, 19 IV, 103 I GG, vgl. Jarass/Pieroth a.a.O.

hemmer-Methode: Differenzieren Sie also zwischen Leistungs-grundrechten i.S.v. z.B. Art. 17, 103 I GG o.ä. und der Streitfrage, ob nicht die Grundrechte generell auch staatliches Tätigwerden fordern können: Während Sie in den erstgenannten Fällen ohne breite Ausführungen schon aus dem Verfassungswortlaut zu einem entsprechenden Anspruch kommen können, kann die zweite Frage eine tiefergehende Diskussion erfordern.

B) Grundrechtsfunktionen

Die Auslegung der Grundrechte über ihre primäre Arteneinteilung (vgl. o.) hinaus wird stark vom Grundrechts- und überhaupt vom Staatsverständnis des Interpreten beeinflusst.[271] Dabei dürfen aber grundrechtstheoretische Vorentscheidungen nicht die geschriebene Systematik der Verfassung überspielen.

hemmer-Methode: Das BVerfG vertritt die sog. objektive Auslegungslehre. Danach haben in einem Konfliktfall der Wortlaut und die Systematik des Gesetzes Vorrang vor der historischen und genetischen Auslegung. Dies wird damit begründet, dass Wortlaut und Systematik näher am Normtext stehen. Daraus lässt sich allgemein ableiten, dass der engere normtextnähere Kontext Vorrang hat vor normgelösten Argumenten. Entsprechend hat die Systematik der Verfassung Vorrang vor einer grundrechtstheoretischen Überlegung, wenn diese der Systematik widerspricht.

I. Grundrechte als subjektive Abwehrrechte

Mehrzahl der GRe: Abwehrrechte in liberal-staatlicher Tradition

Die Mehrzahl der Grundrechte stellen sich auf den ersten Blick als subjektive Abwehrrechte dar (vgl. o. zu den anderen Arten), womit sie in einer *liberal-staatlichen* Tradition stehen: dem Einzelnen soll eine Freiheit i.S.v. „Freiheit vor dem Staat" garantiert werden, die Grundrechte wehren also staatliche Übergriffe in die gesellschaftliche Sphäre ab. Der dieser Auffassung zugrunde liegende Dualismus zwischen Staat und Gesellschaft entsprach zwar nicht mehr unbedingt den Vorstellungen z.Zt. der Verfassungsentstehung. Der Rückgriff auf diese klassische liberale Funktion ist aber auch als Reaktion auf die elementare Freiheitsverletzung in der der Verfassungsgebung vorausgehenden NS-Zeit zu verstehen.

Diese subjektive Abwehrfunktion steht auch heute noch im Zentrum des Verfassungsverständnisses des BVerfG[272] und hat deshalb auch die größte Klausurrelevanz. Dabei ist nicht nur in staatstheoretischer Hinsicht daran zu denken, dass auch in einer Demokratie letztlich Menschen über andere herrschen und damit ein Machtmissbrauch möglich ist, sondern auch daran, dass z.B. neue technische aber auch gesellschaftliche Entwicklungen Eingriffe möglich erscheinen lassen, an die früher noch gar nicht zu denken war.

hemmer-Methode: Dabei sind mehrere Wege gangbar, um auf veränderte tatsächliche und soziale Verhältnisse zu reagieren: entweder es werden Leitbegriffe in den speziellen Grundrechten neu interpretiert (so z.B. bei der Rundfunkfreiheit, die wegen der gestiegenen Zahl der zur Verfügung stehenden Sendefrequenzen nicht mehr den „Binnenpluralismus" innerhalb jedes Senders, sondern nur noch einen „Außenpluralismus" in der Gesamtbewertung aller Sender fordert) oder es werden neue Schutzrichtungen (v.a.) in die Auffanggrundrechte aus Art. 1 I, 2 I GG hinein interpretiert (so z.B. das allgemeine Persönlichkeitsrecht und das Recht auf informationelle Selbstbestimmung).

85

---

271   Vgl. auch Böckenförde a.a.O.

272   Vgl. Pieroth/Schlink, Rn. 97.

Zu denken ist an Probleme wie Datenschutz und informationelle Selbstbestimmung, Genomanalysen, strafprozessuale Abhör- und Fahndungstechniken etc.: Hier kann in der Klausur der Ort sein, bei der Frage nach Schutzbereich oder Eingriff klarzustellen, dass der vorliegende Sachverhalt vielleicht nicht exakt in die von den Verfassungsvätern gewählten Begrifflichkeiten passt, dass aber der umfassende Schutz des Individuums vor staatlichen Eingriffen als Grundidee die Abwehrrechte beherrscht.

II. Nichtdiskriminierungsfunktion

Schutz vor Diskriminierung

86

Schutz vor Diskriminierung dadurch, dass auf das relative Verhalten des Staates abgestellt wird, gewähren grundsätzlich die Gleichheitsrechte (vgl. o.). Aber auch Freiheitsrechte können eine solche Funktion einnehmen, wenn man davon ausgeht, dass ein bestimmtes grundrechtlich geschütztes Verhalten nicht Anknüpfungspunkt einer negativen Unterscheidung sein darf: so wäre es z.B. jeweils sub specie der Abwehrrechte aus Art. 4 I, II, 5 I S. 1 Alt. 1, 6 I GG verfassungsrechtlich bedenklich, an eine bestimmte Religionszugehörigkeit, eine bestimmte Meinung oder an eine geschlossene Ehe negative Konsequenzen anzuknüpfen.[273] Im Einzelfall kann es aber entbehrlich sein, hier erst eine „gleichheitsrechtliche Seite" zu konstruieren, vielmehr können solche Maßnahmen im Einzelfall auch unmittelbar als Eingriff gewertet werden, dem die Abwehrfunktion entgegensteht.

III. Grundrechte als Leistungs- und Teilhaberechte

Leistungs- und Teilhaberechte in sozial-staatlicher Dimension

87

Die Abwehrfunktion, die letztlich auch dem Diskriminierungsschutz zugrunde liegt, war aus einer liberal-staatlichen Rechtstradition erklärt worden. Die Grundrechtsdogmatik hat aber auch neue verfassungsrechtliche Vorgaben[274] und neue gesellschaftliche Wirklichkeiten zu berücksichtigen. Insbesondere tritt der Staat dem Bürger nicht mehr nur in Form der Eingriffsverwaltung gegenüber, sondern zunehmend auch mit seinen sozialen Vorsorge- und Verteilungsfunktionen im Bereich der Leistungsverwaltung. In einer Gesellschaft, in der die Staatsquote rund 50 Prozent des Sozialprodukts beträgt, drängt sich der Gedanke auf, dass nicht nur in bereits bestehende Freiheiten möglichst wenig eingegriffen werden darf, sondern dass solche Freiheiten nicht zuletzt vom Staat auch mit geschaffen werden müssen.[275]

Eine mehr *sozialstaatliche* Grundrechtstheorie geht davon aus, dass auch die Freiheitsgrundrechte nicht nur Abwehrrechte, sondern auch Ansprüche beinhalten, wobei unterschieden wird zwischen[276]

⇨ *derivativen Teilhaberechten*, die sich darauf richten, in gleicher Weise an staatlichen Leistungen beteiligt zu werden, und

⇨ *originären Teilhaberechten*, nach denen unmittelbar aus den Grundrechten ein Anspruch auf eine bestimmte staatliche Leistung bestehen soll.

---

273 Vgl. Jarass/Pieroth, Vorb. vor Art. 1 GG, Rn. 6.

274 Z.B. die Verfassungsstrukturprinzipien des Art. 20 GG bzw. nunmehr auch des Art. 20a GG.

275 Vgl. Pieroth/Schlink, Rn. 95 ff.; ausführlich die Beiträge von Häberle und W. Martens in VVDStRL 30, 69 ff. bzw. 28 ff.

276 Zu dieser Unterscheidung z.B. Richter/Schuppert, S. 42; Frotscher, JuS 1994, L 67; auch Jarass/Pieroth, Vorb. vor Art. 1 GG, Rn. 7.

1. Derivative Teilhaberechte

derivative Teilhaberechte: (gerechte) Beteiligung an vorhandenen Kapazitäten und Ressourcen

Gleicher Zugang zu staatlichen Leistungen ist v.a. dann von Bedeutung, wenn der Staat ein (weitgehendes) Monopol an den zur Grundrechtsausübung erforderlichen Einrichtungen besitzt, z.B. im Hochschulbereich. Ein entsprechendes Recht ergibt sich i.d.R. aus Art. 3 I GG, welcher eine ungleiche Verteilung freilich dann zulässt, wenn ein sachlicher Grund für die Ungleichbehandlung besteht. Bei dieser Frage können dann andere (an sich Abwehr-) Grundrechte eine weitere Rolle spielen: Zum einen ist als Differenzierungsmerkmal ein grundrechtlich geschütztes Verhalten problematisch, zum anderen wird man um so strengere Anforderungen an die gerechte Verteilung stellen, je wichtiger sie für die Grundrechtsverwirklichung ist.

hemmer-Methode: Bei den derivativen Teilhaberechten liegt die Schwierigkeit also weniger in der grundsätzlichen Begründung, da zumindest Art. 3 GG eine Gleichbehandlung vorschreibt. Dafür wird u.U. Argumentationsarbeit erwartet, soweit Sie die Rechtfertigung einer gleichwohl vorgenommenen Differenzierung untersuchen müssen.

88

2. Originäre Teilhaberechte

originäre Teilhaberechte: Anspruch auf (neu zu schaffende) Leistung per se

Weit problematischer ist die Konstruktion so genannter originärer Teilhaberechte, aus denen sich unmittelbar Ansprüche herleiten lassen sollen, die also gleichsam *echte Leistungsrechte* darstellen. Zwar deutet etwa zur NC-Problematik das BVerfG die Frage an, ob nicht auch ein sozialstaatlicher Auftrag zur Schaffung ausreichender Ausbildungskapazitäten bestehen könnte, dem sogar ein Individualanspruch korrespondieren könnte.[277] Jedoch ist bei einer generellen dahingehenden Annahme Vorsicht geboten, zumal auch das BVerfG diese Frage offen gelassen und in der Folgezeit kaum wieder aufgegriffen hat. Für die Klausur sind sich gleichwohl der argumentative Ansatz des BVerfG wie auch die entgegenstehenden Gründe zu vergegenwärtigen:

89

Konstruktion über objektiv-rechtl. Dimension

a) Das BVerfG sieht die Grundrechte nicht nur als subjektive Abwehrrechte, sondern auch als objektive Wertordnung.[278] Gerade in Bereichen staatlicher Monopole (vgl. o.) besteht deshalb nicht nur die Verpflichtung eine rein formale, sondern auch eine tatsächliche Freiheit zu gewährleisten. Dies muss v.a. dann gelten, wenn ansonsten die betroffene Freiheitsgarantie leer zu laufen droht.

Außerdem kann über die objektiv-rechtliche Seite im Einzelfall auch eine grundrechtlich geschützte Tätigkeit zur Einrichtungsgarantie verstärkt werden, so z.B. aus Art. 5 I S. 2 GG die Pressefreiheit als solche: Wenn aber eine solche Einrichtung als solche in ihrem Bestand bedroht ist, kann sich eine staatliche Förderungspflicht ergeben. Entwickelt hat sich diese Problematik im Bereich des Art. 7 IV GG. Die grundgesetzliche Garantie von Privatschulen stellt an solche Einrichtungen eine doppelte Anforderung: Einerseits soll sie den staatlichen Schulen in ihrer Leistung gleichwertig sein. Andererseits soll sie aber kein Schulgeld erheben können, dass eine Sonderung nach Besitzverhältnissen fördert. Diese doppelte Anforderung bringt Privatschulen in eine Zwickmühle, denn sie brauchen für die Erreichung des Funktionsniveaus staatlicher Schulen finanzielle Mittel, die über das Schulgeld nicht erbracht werden können. Deswegen ergibt sich aus Art. 7 IV GG unter bestimmten Voraussetzungen ein Anspruch der Privatschulen auf staatliche Förderung. Denn ohne diesen Anspruch wäre die Existenz der Privatschulen nicht zu gewährleisten.[279]

---

277 BVerfGE 33, 303 (333).

278 Vgl. nur E 23, 367, 389; E 35, 79, 112; dazu auch Richter/Schuppert, S. 48; Schwerdtfeger, Rn. 484 ff.

279 Vgl. zu der Problematik der Leistungsrechte als grundlegenden Text Friedrich Müller, Bodo Pieroth, Lothar Fohmann, Leistungsrechte im Normbereich einer Freiheitsgarantie, 1982.

aber Zurückhaltung geboten wegen Kompetenzproblemen

b) Trotzdem ist bei einer leistungsrechtlichen Interpretation Vorsicht geboten. Zum einen hat der Verfassungsgeber gerade auf eine Reihe sozialer Grundrechte in der Verfassung verzichtet.[280]

Zum anderen würde die Anerkennung einer Vielzahl von Ansprüchen unmittelbar aus den Grundrechten die grundgesetzliche Kompetenzzuweisung zumindest einengen, nach der die (Verfassungs-) Gerichtsbarkeit v.a. die Einhaltung des Rechtsstaatsprinzips[281] überwachen soll, während die nähere Ausgestaltung des Sozialstaatsprinzips grundsätzlich dem Gesetzgeber obliegt.

Es gibt eine größere Anzahl von Entscheidungen zu den Grundrechten als Leistungsrechten. So hat der BayVGH entschieden, dass es mit Art. 3 III S. 2 GG vereinbar sei, wenn kein Anspruch behinderter Kinder auf Aufnahme in einen Regelschule oder Schaffung von Integrationsklassen nach bayerischem Schulrecht bestehe.[282] Zu dieser Problematik hat auch das BVerfG Stellung genommen:[283] Eine Benachteiligung i.S.d. Benachteiligungsverbots des Art. 3 III S. 2 GG liegt nicht nur bei Regelungen und Maßnahmen vor, die die Situation des Behinderten wegen seiner Behinderung verschlechtern. Vielmehr kann eine Benachteiligung auch bei einem Ausschluss von Entfaltungs- und Betätigungsmöglichkeiten durch die öffentliche Gewalt gegeben sein, wenn dieser Ausschluss nicht durch eine auf die Behinderung bezogene Förderungsmaßnahme hinlänglich kompensiert wird. Wann dies der Fall ist, wird regelmäßig von Wertungen, wissenschaftlichen Erkenntnissen und prognostischen Einschätzungen abhängen. Art. 3 III S. 2 GG verlangt jedoch keine gemeinsame Erziehung und Unterrichtung von schulpflichtigen behinderten und nichtbehinderten Kindern und Jugendlichen an allgemeinen öffentlichen Schulen, wenn diese Integrationsform aus pädagogischen, aber auch aus organisatorischen, personellen oder finanziellen Gründen nicht vertretbar erscheint. Auch im Zusammenhang der Entstehung neuartiger Krankheiten wurden die Grundrechte als Leistungsgrundrechte herangezogen. Das BVerfG führt hierzu aus:[284] Ein mit der Verfassungsbeschwerde durchsetzbarer Anspruch auf Bereitstellung spezieller Gesundheitsleistungen, die der Heilung von Krankheiten dienen oder jedenfalls bezwecken, dass sich Krankheiten nicht weiter verschlimmern, kann aus Art. 2 II S. 1 GG nicht hergeleitet werden. Es ist verfassungsrechtlich unbedenklich, die Verordnungsfähigkeit eines Arzneimittels zu verneinen, wenn und solange dieses nicht arzneimittelrechtlich zugelassen ist. Auch neue technische Risiken können die leistungsrechtlichen Dimensionen von Grundrechten berühren. Das BVerfG ist allerdings in diesem Bereich sehr vorsichtig:[285] „Soweit Art. 2 II S. 1 GG Schutz gegen Einwirkungen benachbarter Anlagen verlangt (hier mögliche Gesundheitsgefährdung durch elektromagnetische Felder einer Trafo-Station), hat der Gesetzgeber dem durch die Vorschriften des zivilen und öffentlichen Nachbarrechts, insbesondere § 906 BGB und § 22 BImschG ausreichend Rechnung getragen."

Im Übrigen scheint es beim BVerfG noch einige Raucher zu geben:

außerdem Problem des „Vorbehalts des Möglichen"

„Es ist von Verfassungs wegen nicht zu beanstanden, dass der Gesetzgeber derzeit eine Verstärkung des Nichtraucherschutzes nicht für geboten hält.[286]"

---

280 So Hesse, Rn. 289.

281 Das Rechtsstaatsprinzip ist aber mit seinen Ausgestaltungen von Vorrang und Vorbehalt des Gesetzes v.a. im Bereich der Abwehrfunktionen betroffen.

282 Vgl. dazu BayVGH, BayVBl. 1997,561 und dazu auch JuS 1997, 1034.

283 BVerfG, NJW 1997, 1844; vgl. zu Art. 3 III S. 2 GG aber auch das umstrittene „Kölner Behinderten-Urteil", OLG Köln, NJW 1998, 763 = JuS 1998, 1061.

284 BVerfG, NJW 1997, 3085.

285 BVerfG, NJW 1997, 2509.

286 BverfG, NJW 1998, 2961 ff.; zum Nichtraucherschutz vgl. auch VG Wiesbaden, NJW 1997, 3042 ff; BAG, NJW 1996, 3028 ff. (Passagierflugzeug); BverwG, NJW 1994, 955 (Arbeitsplatz Bundeswehr).

Als mehr praktisches Problem ist jedenfalls zu beachten, dass jeder Anspruch unter „dem Vorbehalt dessen, was der Einzelne vernünftigerweise von der Gesellschaft beanspruchen kann",[287] stehen würde, so dass sich also jedenfalls schnell Grenzen aus den Staatsfinanzen ergeben würden. Eine solche permanente Relativierung durch den „Vorbehalt des Möglichen" kann auf Dauer auch die normative Kraft der Grundrechte, die ja gerade nicht nur Programmsätze, sondern durchsetzbare Rechte enthalten, aushöhlen.[288] Auch deshalb ist einer grundsätzlichen Interpretation als Leistungsgrundrechte mit einem ebenso grundsätzlichen Vorbehalt die Begründung allenfalls in einzelnen, besonders gelagerten Fällen vorzuziehen. Dabei ist mit dem BVerfG nicht pauschal auf eine sozialstaatliche Neuinterpretation abzustellen, sondern auf den objektiv verstärkten Gehalt des entsprechenden Grundrechts unter Berücksichtigung der sozialen Wirklichkeit.

Die sich aus dieser Problematik ergebende Abwägung wird vom BVerfG immer wieder deutlich herausgestellt: „Weder durch das nach Art. 2 I GG i.V.m. Art. 1 GG geschützte Recht des Kindes auf Kenntnis seiner Abstammung noch durch Art. 6 V GG ist für die Frage, ob ein nichteheliches Kind einen Anspruch gegen seine Mutter auf Benennung des Vaters hat, ein bestimmtes Ergebnis vorgegeben. Den Gerichten steht bei der Abwägung zwischen den widerstreitenden Grundrechten der Mutter und des Kindes im Rahmen der Anwendung zivilrechtlicher Generalklauseln – wie des hier vom Gericht herangezogenen § 1618a BGB – ein weiter Spielraum zur Verfügung.[289]"

hemmer-Methode: Die Grundrechte als originäre Leistungsrechte bilden die Ausnahme in der Rechtspraxis und wohl auch in der Klausur. Trotzdem sollten Sie sich einmal in die Problematik hineindenken, da sie dann, wenn sie in der Klausur gefragt ist, einen Schwerpunkt darstellen wird. Die Linie des BVerfG - keine schematische Einordnung, sondern Entscheidung im Einzelfall - kommt Ihnen natürlich auch klausurtaktisch entgegen, da es bei dieser Diskussion Punkte zu gewinnen gibt! Achten Sie in solchen Fällen auch besonders auf die Angaben zur Sache und vorgebrachten Argumentationsstränge im Sachverhalt („Echoprinzip")!

IV. Grundrechte als objektive Wertordnung

Wie oben schon ausgeführt, wird vom BVerfG und ihm folgend von der h.L. eine objektiv-rechtliche Seite der Grundrechte i.S.e. Wertordnung anerkannt, die an den Grundrechten orientiert ist. Wichtig wird diese bei der Begründung von Leistungsrechten (vgl. o. Rn. 89) und grundgesetzlich garantierten Einrichtungen i.w.S. (vgl. u. Rn. 97). Darüber hinaus soll diese objektive Wertordnung noch für andere Bereiche von Bedeutung sein:

90

1. Ausstrahlung ins Privatrecht

Ausstrahlung ins Privatrecht/mittelbare Drittwirkung

Nach ganz überwiegender Ansicht sollen die Grundrechte als klassische Abwehrrechte gegen den Staat unter Privaten nicht unmittelbar[290] wirken, sondern nur mittelbar durch ein Ausstrahlen über die sogenannten Generalklauseln.[291]

91

---

287   E 33, 303 (333).

288   Zu dieser Gefahr auch Pieroth/Schlink, Rn. 125; in diesem Sinne auch BVerfGE 50, 290, 336 f.

289   BVerfG, NJW 1997, 1769.

290   So noch BAGE 1, 185 (193); vgl. auch VGH Kassel, NVwZ 2003, 874, wonach eine Aktiengesellschaft, die sich mehrheitlich in öffentlicher Hand befindet, unmittelbar Grundrechtsverpflichteter sein soll.

291   Vgl. Pieroth/Schlink, Rn. 202 ff.

Das Ausmaß dieser „Ausstrahlungswirkung" ergibt sich aus der objektiv-rechtlichen Dimension. Die Grundrechte beeinflussen so das bürgerliche Recht; dieses darf nicht im Widerspruch zu den Grundrechten stehen, es ist vielmehr im Sinne der Grundrechte auszulegen.

hemmer-Methode: Bei der mittelbaren Drittwirkung von Grundrechten handelt es sich um ein Problem das Ihnen bekannt sein muss. In diesem Zusammenhang sollten Sie schon jetzt das Lüth-Urteil des BVerfG in Hemmer/Wüst/Triebel, Classics Ö-Recht, Fall 1 nachlesen. Dieses wichtige Urteil wird Ihnen noch mehrfach in diesem Skript begegnen.[292]

2. Fiskalverwaltung und Verwaltungsprivatrecht

Fiskalverwaltung (im einzelnen str.) und Verwaltungsprivatrecht

Zumindest die gleiche Ausstrahlung der Grundrechte muss bestehen, wenn der Staat dem Bürger fiskalisch gegenübertritt, wobei die Tatsache, dass der Staat eigentlicher Grundrechtsadressat ist, noch verstärkend wirken muss.[293] Dagegen ist die Grundrechtsgeltung im Bereich des Verwaltungsprivatrechts weitgehend unumstritten,[294] wofür freilich die Konstruktion über eine objektiv-rechtliche Seite nicht unbedingt herangezogen werden muss, da ein „abwehrfähiger" staatlicher Eingriff auch hier stattfinden und der Staat sich durch eine „Flucht ins Privatrecht" nicht seiner Grundrechtsbindung entziehen kann.

92

3. Staatliche Schutzpflichten

staatliche Schutzpflichten

Ebenfalls aus der objektiv-rechtlichen Funktion abgeleitet hat das BVerfG gewisse staatliche Schutzpflichten. Grundlegend hierzu war das erste Abtreibungsurteil.[295] In diesem bewertete das BVerfG nicht nur unmittelbare Eingriffe in das (hier werdende) Leben als verboten, sondern nahm an, Art. 2 II GG gebiete dem Staat auch, „sich schützend und fördernd vor dieses Leben zu stellen".[296] Eine ähnliche Argumentation hat das BVerfG seitdem mehrfach im Bereich der Gesundheitsfürsorge und des Umweltschutzes gewählt.[297]

93

hemmer-Methode: Gerade im Bereich der Schutzpflichten können neue gesellschaftliche oder technische Entwicklungen im Einzelfall eine großzügige Beurteilung dieser Frage gebieten, wenn das Individuum den drohenden Gefahren sonst hilflos gegenüber steht. Wenn sich die Klausur mit neuen und aktuellen Problemen befasst, ist durchaus juristische Kreativität gefragt, denken Sie in solchen Fällen Schutzpflichten zumindest im Konzept kurz an!

Dabei besteht aber ein weiter Entscheidungsspielraum des Staates, wie er dieser Schutzpflicht nachkommt,[298] insbesondere müssen auch hier kollidierende Rechte in eine Abwägung zur Schutzpflicht eingestellt werden.[299]

---

292   Hierzu auch BVerfG, NJW 1998, 1387 = JuS 1998, 1053 und BGH, NJW 1999, 3552.

293   Vgl. auch Pieroth/Schlink, die aus diesem Grund sogar eine unmittelbare Grundrechtsgeltung bevorzugen. Zum Ganzen auch Stelkens, DVBl. 2003, 43; sowie oben Rn. 38. Das BVerfG neigt zumindest bei einer öffentlich-rechtlichen Auftragsvergabe zu einer unmittelbaren Anwendung des Art. 3 I GG, BVerfG, NJW 2006, 3701 ff.; LNRB 2006, 24488 = Life & Law 2007, 269.

294   Vgl. BGHZ 52, 325 (327).

295   E 39, 1, 41 ff.; krit. hier das Minderheitsvotum zur Konsequenz einer „Pflicht zum Strafen", die die Grundrechte in ihr Gegenteil verkehre, vgl. a.a.O., S. 73 f.

296   E 31, 1, 42.

297   Vgl. E 49, 89 - Kalkar; NJW 1987, 2287 - AIDS; NJW 1988, 1651 - Chemiewaffenlagerung.

298   Vgl. dazu die Schleyer-Entscheidung, BVerfGE 46, 160.

299   Allg. zum Abwägungsvorgang vgl. u. Rn. 135.

Das BVerfG führt zum Problem der Waldschäden durch Luftverschmutzung dabei folgendes aus:

„Die Gestaltungsfreiheit des Gesetzgebers bei der Bewältigung der Schutzaufgaben im Zusammenhang mit der Luftverunreinigung hat sich nicht derart verengt, dass nur noch Ausgleichsregeln zugunsten der geschädigten Waldeigentümer in Betracht kämen.[300]"

Bisher wurde davon ausgegangen, dass die Gefährdungen von Dritten ausgehen; problematischer kann die Konstellation sein, in der der Grundrechtsträger sich selbst gefährdet, so dass die Schutzpflicht in Kollision mit dem Selbstbestimmungsrecht geraten kann: hier wird zumindest bei Suizid der Schutzpflicht der Vorrang zu geben sein, bei bloßen Selbstgefährdungen tendenziell das Selbstbestimmungsrecht.[301]

4. Objektiv-rechtliche Seite als Wesensgehalt

obj. Kern als Wesensgehalt

Z.T. wird die objektive Seite der Grundrechte mit dem Wesensgehalt in Art. 19 II GG gleichgesetzt,[302] doch soll dies an dieser Stelle nicht näher ausgeführt werden (zum Wesensgehalt vgl. u. Rn. 136).

94

5. Objektiv-rechtliche Seite in der Güterabwägung

Abwägungskriterium in Güterabwägung

Keine eigene Funktion i.e.S., aber dafür sehr klausurrelevant ist der Einfluss der objektiv-rechtlichen Seite auf die Güterabwägung i.R.d. Verhältnismäßigkeitsprüfung:[303] Zusätzlich zur Berechtigung des Einzelnen ist hier u.U. die objektive Dimension zugunsten des Grundrechtsschutzes mit zu berücksichtigen, insb. wenn die Ausübung des betreffenden Grundrechts sonst partiell unmöglich würde. Insoweit gelten die Ausführungen, die zur individualrechtsverstärkenden Wirkung der Einrichtungsgarantien gemacht wurden, entsprechend.

95

hemmer-Methode: Hierbei ist freilich Vorsicht geboten: Die Argumentation mit der „objektiven Wertentscheidung" wird oft im Gegenteil die subjektive Einschätzung des Bearbeiters wiedergegeben! Achten Sie darauf, dass die objektiv-rechtliche Seite oft nicht die ganze Weite des Abwehranspruchs ausschöpft, z.B. kann die weit ausgelegte allgemeine Handlungsfreiheit aus Art. 2 I GG nicht zum umfassenden Ordnungsprinzip eines „Jeder kann tun und lassen was er will" führen![304]

Für Sie in der Klausur ist entscheidend, dass Sie den Charakter des Grundrechts als objektive Wertentscheidung nicht einfach behaupten, sondern für den Korrektor nachvollziehbar begründen. Verwenden Sie dazu folgende Methode: Zum Kern des Grundrechts gehören alle Handlungsmodalitäten, die nicht hinweggedacht werden können, ohne dass die Freiheitsgarantie als Ganzes entfällt. So ist es für die Kunstfreiheit unverzichtbar, dass ein Musiker Gelegenheit zum Üben hat. Der Zeitpunkt seines Übens ist dagegen eine ersetzbare Handlungsmodalität und wird nicht mehr vom Kern des Grundrechts als Wertentscheidung geschützt.

Das geschilderte Gedankenexperiment können Sie verwenden bei der Frage nach der Drittwirkung, bei der Abwägung in der Verhältnismäßigkeitsprüfung und bei der Bestimmung des Wesensgehalts.

---

300 BVerfG, NJW 1998, 3264 ff.; eine Anmerkung findet sich in NJW 1998, 3254.

301 Für einen möglichen Vorrang der Schutzpflicht durch gesetzgeberische Entscheidung aber BVerfGE 59, 275 zur Helmpflicht.

302 Vgl. die Darstellung bei Schwerdtfeger, Rn. 488.

303 Zur Verhältnismäßigkeit näher unten Rn. 131 ff., 135; vgl. auch Schwerdtferger, Rn. 487.

304 Beispiel bei Schwerdtfeger, Rn. 490.

V. Grundrechte als Einrichtungsgarantien

Die objektiv-rechtliche Seite der Grundrechte als Wertentscheidung kann sich zu einer Einrichtungsgarantie für einen sozialen Zusammenhang verdichten. Dabei sind terminologisch korrekt *Institutsgarantien* und *institutionelle Garantien* zu unterscheiden:

Institutsgarantie: Institut des Privatrechts (z.B. Art. 6 I, 14 I GG)

1. Unter *Institutsgarantie* versteht man die Verbürgung eines Rechtsinstituts des *Privatrechts*, z.B. Art. 6 I GG (Ehe), Art. 7 IV GG (Privatschulen) und 14 I GG (Eigentum und Erbrecht).

96

Dabei ist jedoch die subjektiv-rechtliche Seite für den Bürger insoweit wichtiger, als ihm die Institutsgarantie an sich i.d.R. keine zusätzlichen Rechte verschafft.[305] Allerdings können diese Garantien sich auch beim Abwehrrecht auswirken, so z.B. wenn ein durch Gesetzesvorbehalt an sich möglicher Eingriff in das Eigentum für den Betroffenen partiell nur noch eine Rechtsstellung übrig ließe, die die Bezeichnung Eigentum nicht mehr verdient, und deshalb verfassungswidrig ist. Allgemeiner: Im Rahmen einer erforderlichen Güterabwägung können die Einrichtungsgarantien auch für den individuellen Grundrechtsschutz streiten.

institutionelle Garantie: Institut des öffentl. Rechts (z.B. Art. 7 III S. 1, 33 V GG)

2. Demgegenüber verbürgen *institutionelle Garantien* ein Rechtsinstitut des *öffentlichen Rechts*, z.B. Art. 7 III S. 1 GG (Religionsunterricht an öffentlichen Schulen), Art. 33 V GG (Berufsbeamtentum).[306] Hinsichtlich der Bedeutung für den Grundrechtsschutz des Einzelnen gelten die Ausführungen zu den Institutsgarantien entsprechend.

97

3. Diese grundgesetzlichen Einrichtungsgarantien sind vom Schutz über eine objektiv-rechtliche Seite, z.B. der Pressefreiheit, insoweit zu unterscheiden, als diese als solche eher ein gesellschaftlicher Tatbestand als Rechtsinstitut bzw. -institution ist.[307]

VI. Grundrechte als Verfahrens- und Organisationsrechte

GRe als Verfahrens- und Organisationsrechte

Nicht mehr der objektiv-rechtlichen Dimension zugehörig dürfte die Funktion der Grundrechte als Verfahrens- und Organisationsrechte sein. Danach sollen die Grundrechte eine den Grundrechtsschutz effektuierende Organisations- und Verfahrensgestaltung gewähren;[308] dies hat Bedeutung zum einen bei der verfassungsrechtlichen Beurteilung von Verfahrensregeln ("Verfahrensrecht als Vorposten der materiellen Rechtsposition"[309]):

98

Z.B. sind Zwangsvollstreckungsvorschriften wegen Art. 14 I GG so auszulegen, dass das Vermögen des Schuldners nicht über Bedarf durch die Vollstreckung „verschleudert" wird;[310] das Verfahren bei einer Volkszählung muss das Grundrecht auf informationelle Selbstbestimmung sichern.[311]

V.a. aber können Verfahrensvorschriften nicht nur als bloße Ordnungsvorschriften betrachtet werden, sondern ihnen muss u.U. drittschützender Charakter zuerkannt werden, wenn gerade durch die Verfahrensgestaltung Grundrechtsschutz beabsichtigt ist bzw. gewährleistet werden muss.[312]

---

305 Zu den Ausnahmen (Leistungsrechte kraft Institusgarantie) vgl. o. Rn. 89.

306 Dabei ist freilich bei Art. 33 V GG str., ob bzw. in welchem Umfang er grundrechtsgleichen Schutz vermittelt.

307 So auch Pieroth/Schlink, Rn. 88 f.

308 Vgl. BVerfGE 69, 315 (355); 73, 280 (296); auch Jarass/Pieroth, Vorb. vor Art. 1 GG, Rn. 11; Richter/Schuppert, S. 45 f. m.w.N.

309 Vgl. Pieroth/Schlink, Rn. 121.

310 BVerfGE 46, 325 (334 f.).

311 BVerfGE 65, 1 (44).

312 Grundlegend BVerfGE 53, 30 (insb. 65 f.) - Mühlheim-Kärlich = Hemmer/Wüst/Triebel, Classics Ö-Recht, Fall 31.

VII. Exkurs: Die klassische Statuslehre

klass. Statuslehre: diff. status negativus, positivus und activus

Mehr von historischem Interesse als von Relevanz für die Examensklausur ist die klassische Einteilung der Grundrechtsfunktionen von Georg Jellinek,[313] die nur der Vollständigkeit halber genannt sein soll:

99

Hier wird unterschieden zwischen dem status negativus (der ungefähr den Freiheits- und Abwehrrechten entspricht), dem status positivus (der Teilhabe- und Leistungsrechten nahe kommt) und dem status activus (der bestimmte staatsbürgerliche Rechtspositionen umfasst, wie sie heute z.B. Art. 38 I, 33 I - III GG enthalten).

Grundrechtsfunktionen:

I. Abwehrfunktion

II. Nichtdiskriminierungsfunktion

III. Leistungsfunktion

    1. Originäre Leistungsrechte

    2. Derivative Leistungsrechte

IV. Objektive Wertordnung

    1. Privatrecht

    2. Fiskalverwaltung + Vw.Privatrecht

    3. Schutzpflichten

    4. Wesensgehalt

    5. Güterabwägung

V. Einrichtungsgarantie

    1. Institution

    2. institutionell

VI. Verfahrens-/Organisationsrecht

C) Grundrechte und Grundpflichten[314]

Grundpflichten nach GG wohl (-), zumindest nicht gleichrangig mit GRen

In den Verfassungstexten (und v.a. in der Verfassungswirklichkeit) der modernen westlichen Demokratien findet der Gedanke der Grundpflichten kaum eine Ausprägung, soweit man nicht den Staat und i.R. einer Drittwirkung der Grundrechte[315] die Bürger als durch die Grundrechte der anderen verpflichtet sieht, was freilich keinen hohen Erkenntniswert hat.

Im Übrigen mögen sich aus dem Gesamtgefüge der Verfassung oder allgemein zu einem staatlichen Zusammenleben gewisse nicht wegzudenkende Pflichten ergeben, wie z.B. die zur Steuerzahlung, doch sind dies keine verfassungsrechtlichen Grundpflichten, die auf derselben Ebene wie die Grundrechte liegen. Vielmehr werden sie - soweit sie rechtlich bedeutsam sind - erst durch den Gesetzgeber geschaffen und sind dementsprechend gerade an den Grundrechten zu messen.

---

313   Dazu z.B. Pieroth/Schlink, Rn. 71 ff.; Richter/Schuppert, S. 40.

314   Relativ ausführlich Maunz/Zippelius, § 22 (allerdings nicht in allem mit der h.L. gehend); vertiefend vgl. auch die Beiträge von Götz und Hofmann in VVDStRL 1983, 7 ff. bzw. 41 ff.

315   Dazu oben Rn. 91.

Eine hinter solchen gesetzlichen Verpflichtungen stehende Grundpflicht, diese Gesetze zu erfüllen, hätte ebenfalls einen ausgesprochen geringen Erkenntniswert.[316]

100

Im Grundgesetz[317] werden nur sehr eingeschränkt Pflichten genannt:

Pflichten im GG: Art. 6 II, 14 II GG

Art. 6 II S. 1 GG nennt die Kindererziehung Recht, aber auch Pflicht der Eltern; Art. 5 III S. 2 GG könnte als Pflicht der wissenschaftlichen Lehrer zur Verfassungstreue verstanden werden; Art. 14 II GG statuiert die (als solche bezeichnete) Sozial–„Pflichtigkeit" des Eigentums; Art. 12a GG schließlich eröffnet die Möglichkeit, für Männer eine Wehrpflicht einzuführen. Doch gilt auch in diesen Fällen, dass diese Pflichten erst jeweils durch den Gesetzgeber aktualisiert werden müssen, und außerdem sind diese Fälle alle in gewisser Hinsicht als (zumindest immanente) Schranken bestehender Grundrechte interpretierbar.[318]

hemmer-Methode: Zu dieser Frage werden normalerweise keine vertieften Kenntnisse vorausgesetzt werden können. Es reicht daher, wenn Sie sich diesen gegenwärtigen Befund noch einmal klarmachen. Klausurrelevant dürfte allenfalls die Konstellation der genannten Normen als (immanente) Grundrechtsschranken sein, die Sie sehen müssen, wenn in die jeweils korrespondierenden Grundrechte, also das Erziehungs*recht*, die Wissenschaftsfreiheit oder das Eigentum eingegriffen wird.[319]

---

316   Zutreffend Pieroth/Schlink, Rn. 224c.

317   Anders z.T. in einigen Länderverfassungen, in denen z.B. eine Pflicht, Ehrenämter zu übernehmen, konstituiert wird.

318   Ebenso Maunz/Zippelius, § 22 I 2; dies gilt auch für Art. 12a GG, soweit er im Zusammenhang mit Art. 12 GG verstanden wird.

319   Vgl. hierzu ausführlich Rn. 334 ff.

§ 8 PRÜFUNGSSCHEMA ZUR VERLETZUNG VON FREIHEITS-GRUNDRECHTEN

Zentraler Punkt der Begründetheit einer Verfassungsbeschwerde ist die Prüfung, ob ein Grundrecht verletzt ist. Dabei wird hier der Übersichtlichkeit wegen unterschieden zwischen Grundrechten mit und ohne Eingriffsvorbehalt.

101

A) Grundrechte mit (geschriebenem) Gesetzesvorbehalt

vierstufiges Schema für GRe mit Gesetzesvorbehalt

Zunächst soll das Schema für Grundrechte mit Gesetzesvorbehalt dargestellt werden. Der Systematik dieser Grundrechte wird dabei wohl ein vierstufiger Prüfungsaufbau am ehesten gerecht, von dem in diesem Skript auch ausgegangen wird:

I.   Eröffnung des Schutzbereichs

II. Eingriff

III. Rechtfertigung des Eingriffs/Schranken

IV. Schranken-Schranken

Daneben sind auch andere Prüfungsschemata geläufig, insbesondere werden die Schranken-Schranken oft als Unterpunkt der Schranken geprüft, teilweise werden auch die ersten beiden Prüfungspunkte unter „Eingriff in den Schutzbereich" zusammengezogen. Wie häufig bei Aufbauvorschlägen ändert sich dadurch aber nichts in der Sache. Das vorliegende Schema wird im Folgenden auch der Darstellung der Einzelgrundrechte zugrunde gelegt, so dass diese i.d.R. nach Schutzbereich, typischen Eingriffen und Schranken dargestellt werden.

hemmer-Methode: Wie immer gilt zwar: Klammern Sie sich nicht zu starr an Aufbauschemata. Da das vorliegende aber nur vier Prüfungspunkte aufweist, wird es in der Klausur nicht schwer fallen, zu jedem etwas zu schreiben. Der Vorteil des vierstufigen Schemas liegt auch gerade darin, dass Sie in der Klausur automatisch zu einer sauberen Ausdifferenzierung kommen. Eines der verkürzten Schemata bietet sich aber u.U. dann an, wenn Sie z.B. in einer verwaltungsrechtlichen Arbeit nur noch eine kurze Anmerkung zu den Grundrechten machen wollen.

Mit Modifikationen ließen sich zwar auch die Gleichheitsrechte unter dieses Schema einordnen, doch soll hierzu ein eigenes, besser passendes Schema vorgestellt werden,[320] so dass die nachfolgenden Ausführungen für Freiheitsgrundrechte und hier v.a. für die Abwehrfunktion gelten.

I. Eröffnung des Schutzbereichs

einzelne GRe schützen jeweils einzelne Bereiche aus Sphäre des GR-Trägers

Die einzelnen Grundrechte schützen jeweils einzelne Bereiche oder Umstände aus der Sphäre des Grundrechtsinhabers, etwa Verhaltensweisen (z.B. die Meinungsäußerung), Rechtsgüter (etwa Leib und Leben) oder auch nur bestimmte Situationen, in denen sich der Grundrechtsträger befindet (z.B. wenn er Rechtsschutz gegen die staatliche Gewalt begehrt, Art. 19 IV GG).[321]

102

---

320   Vgl. u. Rn. 184.

321   Vgl. Jarass/Pieroth, Vorb. vor Art. 1 GG, Rn. 13.

Je nachdem, wie problematisch sich der Klausurfall an dieser Stelle darstellt, kann man i.R.d. Schutzbereichs noch weiter unterscheiden:

1. Sachlicher Schutzbereich[322]

sachl. Schutzbereich: geschützte Verhaltensweise bzw. Rechtsgüter

Sachlich werden die Tätigkeiten, Verhaltensweisen, Rechtsgüter etc. (vgl. o.) umfasst, die das Grundrecht seinem Wortlaut nach schützt. Dabei wird man häufig mit einer vorläufigen Definition der zentralen Begriffe (z.B. Presse, Kunst, Meinung[323]) zu beginnen haben.

103

"funktionaler Schutzbereich"

Soweit kein finaler Eingriff, sondern z.B. eine bloß faktische Beeinträchtigung[324] vorliegt, kann über den thematischen Bezug hinaus fraglich sein, ob das Grundrecht auch seiner Funktion nach eingreift (sog. *funktionaler Schutzbereich*[325]); in der Tendenz verfährt die Rechtsprechung hier jedoch großzügig.[326] Dieses Problem ließe sich im Übrigen ebenso gut vertretbar bei der Prüfung des Eingriffs verorten, nämlich unter dem Gesichtspunkt, ob eine bestimmte (insbesondere nicht-finale) Maßnahme Eingriffscharakter hat.[327]

Insbesondere für die Begriffe Kunst, Wissenschaft und Religion wird z.T. vertreten, dass eine Definition an sich nicht möglich sei:[328] hier kann man an die sachlichen Gegebenheiten des jeweiligen Lebensbereichs anknüpfen, also z.B. an historische Entwicklungen, allgemein anerkannte Sachverhalte o.ä.

hemmer-Methode: Natürlich ist es in der Klausur von Vorteil die wichtigsten anerkannten Definitionen ungefähr zu kennen. Da man sich aber nicht alles merken kann, müssen Sie in der Klausur auch einmal in der Lage sein, sich eine Definition selbst zu erschließen. Dabei ist es zweckmäßig, sich - je nach Komplexität des zu definierenden Begriffs - zwei bis fünf konstituierende Merkmale zu überlegen und diese dann in einem oder zwei definierenden Sätzen miteinander zu verbinden. Dies gilt übrigens auch in anderen Rechtsgebieten, in denen man eine Definition zum Einstieg braucht, z.B. im Verwaltungs- oder Strafrecht.

u.U. auch Schutzbereichsbegrenzungen (z.B. Art. 8 I GG: „friedlich und ohne Waffen)

Bereits im Rahmen des Schutzbereichs sind im Wortlaut angelegte Begrenzungen (*nicht* aber Begrenzungs*möglichkeiten*) zu berücksichtigen, v.a. in Art. 8 I GG die Versammlung „friedlich ohne Waffen".[329] Soweit darüber Streit besteht, ist hier auch die Stelle, weitere Einschränkungen zu diskutieren, z.B. ob nur „wertvolle" Meinungen oder Presse und nur Versammlungen zum Zweck einer im Allgemeininteresse liegenden Willensbildung geschützt sind.

Auslegung des Schutzbereichs: „in dubio pro libertate"

Allgemein ist zum sachlichen Schutzbereich anzumerken, dass das BVerfG im Zweifel eine extensive Auslegung bevorzugt, nämlich diejenige, „welche die juristische Wirkungskraft der Grundrechtsnorm am stärksten entfaltet",[330] die also den weitestreichenden Grundrechtsschutz gewährleistet.

---

322   Zur unterschiedlichen Terminologie und ihren Bedeutungsinhalten (Schutzbereich, Normbereich, Regelungsbereich) vgl. näher Pieroth/Schlink, Rn. 229 ff.

323   Dazu im Einzelnen im „Besonderen Teil" bei den Einzelgrundrechten.

324   Zu den Qualifikationen der Eingriffe vgl. unten Rn. 108 ff.

325   Dazu knapp Schwerdtfeger, Rn. 447 m.w.N.

326   Zur weiten Auslegung durch das BVerfG und deren Vorzüge für die Klausurtaktik vgl. sogleich unten.

327   Zum „nicht-klassischen" Eingriff vgl. ausführlich unten Rn. 110.

328   Vgl. beispielhaft zur Kunst: Jarass/Pieroth, Art. 5 GG, Rn. 67.

329   Str. ist, ob die verbotene Vereinigung in Art. 9 II GG Schutzbereichsbegrenzung oder Schranke ist, vgl. unten Rn. 250.

330   So die st. Rechtsprechung, z.B. E 39, 1 (37); 32, 54 (71); 6, 55 (72).

hemmer-Methode: Dies kommt Ihnen natürlich klausurtaktisch entgegen! Nur so erschließen sich Ihnen noch weitere Probleme, v.a. der Rechtfertigung und Schranken-Schranken, in denen Sie argumentieren und damit Punkte sammeln können. Denken Sie deshalb in Zweifelsfällen an diese Rechtsprechung und bejahen Sie mit Hinweis darauf und auf den optimalen Grundrechtsschutz die Eröffnung des Schutzbereichs, um zu weiteren Problemen zu kommen. Dass dieses Vorgehen nicht völlig abwegige Ergebnisse decken kann, versteht sich von selbst.

2. Personaler Schutzbereich

personaler Schutzbereich: vgl. GR-Fähigkeit und -Mündigkeit

Vom personalen Schutzbereich werden die Personen umfasst, die überhaupt nur Träger des jeweiligen Grundrechts sein können, wobei sich die Fragen der Grundrechtsmündigkeit, der Menschen- und Bürgerrechte[331] etc. stellen. Diese wurden bereits i.R.d. Zulässigkeit erörtert,[332] worauf hier verwiesen sei. Häufig wird man zu dieser Frage auch in der Klausur i.R.d. Begründetheit nicht mehr viel zu schreiben haben, weil man die Problemfälle schon in der Zulässigkeit diskutiert bzw. nicht einschlägige Grundrechte schon abgelehnt hat.

104

3. Grundrechtskonkurrenzen

GR-Konkurrenz: Verhalten fällt in Schutzbereich mehrerer GRe eines GR-Trägers

Aufbaumäßig am Günstigsten als Schutzbereichsproblem behandelt werden ebenfalls mögliche Grundrechtskonkurrenzen: von solchen spricht man, wenn ein Verhalten *in den Schutzbereich mehrerer Grundrechte* desselben Grundrechtsträgers fällt. Schwierigkeiten macht die Grundrechtskonkurrenz besonders, wenn die Grundrechte unterschiedlichen Schranken unterliegen.

105

hemmer-Methode: Unterscheiden Sie davon genau das Problem der *Grundrechts-Kollision*, die vorliegt, wenn die Verwirklichung eines Grundrechts durch einen Grundrechtsträger ein *Grundrecht eines anderen* beschneidet. Die Grundrechtskollision spielt im Bereich der *Schranken* eine wichtige Rolle.[333] Die Behandlung von Konkurrenzen erfordert besonderes Verständnis eines Rechtsgebiets und juristische Argumentationsfähigkeit und ist nicht nur im Verfassungsrecht von Bedeutung.

entweder Vorrang der lex specialis

Zunächst ist zu prüfen, ob ein Grundrecht *grundsätzlich* als *lex specialis* vorgeht: dies ist regelmäßig der Fall im Verhältnis zwischen Art. 2 I GG und den übrigen Freiheitsgrundrechten. Dann ist zu beachten, dass Art. 2 I GG auch dann nicht eingreifen kann, wenn das speziellere Grundrecht dem Betroffenen nicht weiterhilft.[334] Für den Aufbau bedeutet das, dass Art. 2 I GG immer erst *nach* den speziellen Freiheitsrechten anzusprechen und dann nicht mehr ausführlich zu prüfen ist.

hemmer-Methode: Denken Sie in Zusammenhängen! Im Verwaltungsrecht besagt die sog. Adressatentheorie, dass der Adressat eines belastenden VA im Rahmen einer Anfechtungsklage immer möglicherweise in seiner allgemeinen Handlungsfreiheit aus Art. 2 I GG verletzt, und deshalb nach § 42 II VwGO klagebefugt ist. Auch hier müssen Sie aber beachten, dass Art. 2 I GG ein Auffanggrundrecht darstellt.

---

331   Zu Art. 2 I GG als Auffanggrundrecht für Nicht-Deutsche bei Deutschengrundrechten vgl. unten Rn. 159.

332   Vgl. oben Rn. 10 ff.

333   Vgl. dazu unten Rn. 140 ff.

334   Vgl. Jarass/Pieroth, Vorb. vor Art. 1 GG, Rn. 18; Pieroth/Schlink, Rn. 385 ff., die freilich differenzieren, wenn das Verhalten zwar in den Regelungs-, nicht aber in den Schutzbereich des speziellen Grundrechts fällt. Vertiefend zu den Konkurrenzen Frohmann, EuGRZ 1985, 49.

Ist daher eine andere Rechtsverletzung evident, so müssen Sie immer erst auf die spezielle Rechtsverletzung abstellen. Wenn Sie danach noch die Adressatentheorie mit einem Verweis auf deren Subsidiarität erwähnen, zeigen Sie dem Korrektor Verständnis.

oder Frage nach stärkerem sachl. Bezug

Problematischer sind die Fälle, in denen ein Grundrecht dem anderen *nicht generell*, wohl aber in der gegebenen Konstellation vorgeht, wie es z.B. für Presse- und Meinungsäußerungsfreiheit der Fall sein kann.[335]

Das BVerfG stellt darauf ab, welches Grundrecht „nach seinem Sinngehalt die stärkere sachliche Beziehung zu dem zu prüfenden Sachverhalt"[336] aufweist. Dabei soll dann der spezifische Gehalt des verdrängten Grundrechts i.R.d. des konsumierenden Grundrechts mitberücksichtigt werden.[337]

hemmer-Methode: Hier haben Sie Raum für eine umfassende Argumentation, mit der Sie Punkte sammeln können. Einschränkend muss man sich natürlich klarmachen, dass oft kein so großer „spezifischer Gehalt des verdrängten Grundrechts" übrig bleiben wird, da man sonst gar keinen Vorrang eines Grundrechts annehmen wird.

ansonsten Idealkonkurrenz

Lässt sich dagegen kein deutlich stärkerer Bezug eines Grundrechts ausmachen, liegt Idealkonkurrenz vor, d.h. beide Grundrechte sind parallel anzuwenden. Der staatliche Eingriff hat dann die Schrankenanforderungen beider Grundrechte, im Ergebnis also des strengeren Grundrechts zu berücksichtigen.[338] Aufbaumäßig empfiehlt es sich, mit dem Grundrecht zu beginnen, welches zumindest „etwas sachnäher" ist, soweit sich dies feststellen lässt.

hemmer-Methode: Für die Klausur bedeutet das also, dass Sie beide Grundrechte zu prüfen haben. Allerdings werden Sie beim zweiten viel nach oben verweisen können. Insbesondere wenn der Vorrang eines Grundrechts auch ernsthaft zur Diskussion stand, wird sich man im Rahmen der Verhältnismäßigkeitsabwägung u.U. auch mit einem Hinweis dahingehend helfen können, dass das zweite Grundrecht auch im Falle seiner Einschlägigkeit für diesen speziellen Sachverhalt keinesfalls weitergehenden Schutz vermitteln kann, als das zuerst geprüfte. Das geschützte Verhalten wird dann nämlich regelmäßig in den (stärker geschützten) Kernbereich des ersten Grundrechts fallen, während es beim zweiten nur eine Handlungsmodalität im Randbereich betrifft.

II. Eingriff

1. Benennung des Eingriffsakts

konkrete Benennung des Eingriffs

Je nach Fallkonstellation kann es ratsam sein, bei der Frage nach dem Eingriff klarzustellen, welche staatliche Maßnahme letztlich Anknüpfungspunkt der Prüfung sein soll. Dies hat Bedeutung z.B. bei Klagen gegen letztinstanzliche Verwaltungsgerichtsentscheidungen, denen regelmäßig ursprünglich ein Verwaltungsakt zugrunde liegt.

106

In solchen Fällen wird sich der Beschwerdeführer zumindest gegen das letztinstanzliche Urteil wehren, kann die (einheitliche) Verfassungsbeschwerde aber auch zusätzlich gegen alle vorangegangenen Akte richten,[339] die dann grds. auch alle aufzuheben sind.[340]

---

335   Vgl. Pieroth/Schlink, Rn. 390.
336   E 64, 229 (238 f.); 67, 186 (195).
337   Vgl. BVerfGE 13, 290 (296 ff.); 65, 104 (112).
338   Vgl. Pieroth/Schlink, Rn. 391; Jarass/Pieroth, Vorb. vor Art. 1 GG, Rn. 18; zur - abzulehnenden - a.A., wenn es sich um ein schrankenloses Grundrecht handelt („Schrankenübertragung durch Grundrechtskonkurrenz") vgl. unten Rn. 141.
339   Vgl. BVerfGE 19, 377 (389); 54, 53 (64 ff.).
340   So BVerfGE 84, 1 (3 ff.).

Ist dagegen ein verfassungsrechtlich zweifelhaftes Gesetz Befugnisnorm für das angegriffene Handeln und ist möglicherweise eine Prüfung sowohl des Gesetzes als auch des Einzelakts von Nöten, empfiehlt es sich, schon ganz zu Beginn klarzustellen, auf welchen Akt sich die folgende Prüfung bezieht.

2. Eingriff und Ausgestaltung

Problem bei GRen mit normgeprägtem Schutzbereich: Abgrenzung Eingriff ggü. Ausgestaltung

Die Grundrechte schützen nicht vor jeder staatlichen Einwirkung auf den grundrechtlich geschützten Lebensbereich. Kein Eingriff liegt insbesondere in (zulässigen) Ausgestaltungen, zu denen der Gesetzgeber berechtigt sein kann. Schon strukturell ist eine nähere Ausgestaltung erforderlich bei echten Leistungsgrundrechten: so ist zur Gewährung von Rechtsschutz i.S.d. Art. 19 IV GG Voraussetzung, dass der Gesetzgeber ein Gerichtssystem schafft,[341] und erst der Gesetzgeber macht letztlich aus einem Zusammensein von Mann und Frau die Ehe (Art. 6 I GG) oder aus der persönlichen Habe das Eigentum (Art. 14 I GG). Obwohl bei Grundrechten mit solchen normgeprägten Schutzbereichen[342] der Gesetzgeber einen gewissen Gestaltungsspielraum hat, ist auch diese Gestaltungsmöglichkeit im Lichte des betreffenden Grundrechts zu sehen, damit nicht auf diesem Wege verdeckte Eingriffe zulässig werden.

107

Die größte Klausurrelevanz dürfte hier Art. 14 GG haben, bei dem man in der Prüfung deshalb auch von einer „probeweisen Eröffnung des Schutzbereichs" statt von einem Eingriff sprechen kann, da ja gerade fraglich sein kann, ob eine bestimmte Rechtsposition noch vom Eigentum umfasst sein muss.[343]

Grundrechtsverzicht problematisch, jedenfalls eng auszulegen

Kein Eingriff könnte auch vorliegen, wenn der Bürger in eine grundrechtsrelevante Maßnahme einwilligt bzw. auf den Grundrechtsschutz verzichtet:[344] zumindest einige Vorschriften machen die Schutzwirkung der Grundrechte ausdrücklich vom Willen des Betroffenen abhängig, z.B. Art. 6 III, 7 III S. 3 GG und wohl auch Art. 16 I S. 1 GG („Entziehen"), andererseits versagt Art. 9 III S. 2 GG den Berechtigten die Disposition über das Grundrecht aus Art. 9 III S. 1 GG. In den übrigen Fällen macht der Verfassungstext keine Aussagen über Zulässigkeit und Auswirkungen eines Grundrechtsverzichts; wenn man diesen nicht von vornherein als Verstoß gegen die abschließende Schrankensystematik des GG versteht, sind bei der Argumentation v.a. folgende Gesichtspunkte einzustellen: (abstrakte) Schwere der Grundrechtsbeeinträchtigung, Schutzrichtung des Grundrechts (v.a. Selbstentfaltung des Betroffenen oder auch politische Willensbildung), Betroffenheit nur des subjektiven Bereichs oder der objektiven Wertentscheidung (vgl. o. Rn. 90 ff.). Jedenfalls muss ein solcher Verzicht freiwillig, konkret und für den Verzichtenden überschaubar sein, weshalb auch kein völliger Verzicht „auf ein Grundrecht", sondern allenfalls auf den Grundrechtsschutz für eine einzelne Handlungsweise möglich ist. Ein Verzicht scheidet auch dann aus, wenn der Menschenwürdegehalt eines Grundrechts betroffen ist. Die Menschenwürde ist „unantastbar", auch für den Würdeträger selbst.

108

---

341   Vgl. Jarass/Pieroth, Art. 19 GG, Rn. 30a.

342   So die Bezeichnung bei Pieroth/Schlink, Rn. 241.

343   Zur Prüfung bei Art. 14 GG ausführlicher vgl. unten § 24.

344   Für eine Einordnung des Verzichts beim Prüfungspunkt Eingriff auch Pieroth/Schlink, Rn. 168.

3. Eingriffsarten

a) Klassischer Eingriff

klass. Eingriff: final, imperativ und unmittelbar

Geht es - wie i.d.R. - in der Klausur um das Grundrecht als Abwehrrecht, liegt der klassische (und v.a. früher einzig als solcher anerkannte) Eingriff in einem *finalem* staatlichem Handeln durch *Rechtsakt*, das *mit Befehl und Zwang durchsetzbar* ist und *unmittelbar* das grundrechtlich geschützte Verhalten einschränkt.

109

hemmer-Methode: Ein solcher klassischer Eingriff wird i.d.R. vorliegen bei belastenden Verwaltungsakten, Verbotsgesetzen und Gerichtsurteilen. Hier sind in der Klausur lange Ausführungen über den Eingriffscharakter der staatlichen Maßnahme nicht erforderlich. Legen Sie sich im Hinblick auf das Examen für solche Fälle eine kurze, prägnante Formulierung zurecht, mit der Sie hier „Ihren Haken bekommen", ohne viel Zeit zu verlieren.

b) Modernes Eingriffsverständnis

Dem Grundrechtsverständnis unter dem GG, v.a. aber dem Staat der heutigen Zeit, der der Gesellschaft nicht mehr nur gegenüber steht, sondern vielfältig mit ihr verwoben ist,[345] wird indes dieser enge Eingriffsbegriff nicht mehr gerecht. Von den Voraussetzungen des klassischen Eingriffs werden deshalb nach verschiedenen Richtungen Abstriche gemacht:

110

Erweiterung: auch faktischer Eingriff

aa) Fast einhellig wird auf das Kriterium des Rechtsakts und der imperativen Wirkung (Durchsetzbarkeit mit Befehl und Zwang) verzichtet, vielmehr können auch faktische Maßnahmen Eingriffscharakter haben.[346]

111

hemmer-Methode: Auch insoweit müssen *keine breiten* Ausführungen in einer Klausur gemacht werden, wenngleich sich ein *kurzer* Hinweis auf die Abweichung vom klassischen Eingriffsbegriff empfiehlt. Begründen lässt sich diese Ausweitung zusätzlich mit der umfassenden Grundrechtsbindung des Staates (Art. 1 III GG). Behalten Sie auch folgendes Argument im Kopf: ein Eingriff z.B. in die persönliche Ehre wird regelmäßig ein faktischer sein.

Problem: mittelbare Einwirkungen

bb) Problematischer stellen sich Fälle dar, in denen es an der Unmittelbarkeit des Staatshandelns für die Grundrechtsbeeinträchtigung fehlt: einerseits verbietet die Grundrechtsbindung aus Art. 1 III GG sicherlich, mittelbare Auswirkungen ganz aus dem Eingriffsbereich herauszunehmen, andererseits könnte eine grenzenlose Eingriffsbejahung selbst bei fernliegendsten Folgen die staatliche Handlungsfähigkeit empfindlich beschneiden.[347]

112

Wichtigstes Beispiel für das Problem des „mittelbaren Eingriffs" sind die vielgestaltigen Fälle behördlicher Warnungen, sei es vor verseuchten Lebensmitteln[348] oder der Zugehörigkeit zu Jugendsekten.[349] Hier wirkt die Behörde nicht unmittelbar auf die betroffenen Grundrechtsträger ein, sondern erst die Reaktion der gewarnten Bürger erschwert den Betroffenen die Grundrechtsausübung.[350]

---

345 Zur Bedeutung des geänderten Staats- für ein geändertes Grundrechtsverständnis vgl. bereits oben Rn. 82, 84.

346 Statt vieler Erichsen/Martens, S. 327; ausführlich und m.w.N. Bleckmann/Eckhoff, DVBl 1988, 373 (374, 376).

347 Vgl. zu diesem Gesichtspunkt Erichsen, Jura 1992, 142 (146).

348 Vgl. dazu BVerwGE 71, 183 - Transparenzlisten-Entscheidung; Bestätigung bei BVerfG, NJW 2002, 2621 ff., hierzu kritisch Murswiek, NVwZ 2003, 1.

349 Vgl. dazu BVerfG, NJW 2002, 2621 ff., hierzu kritisch Murswiek, NVwZ 2003, 1; BVerfG, NJW 2002, 3458; BVerwGE 82, 76; BVerwG, NJW 1991, 1770; 1992, 2496 = Hemmer/Wüst/Triebel, Classics Ö-Recht, Fall 2 (Förderung eines Vereins, der sich kritisch mit Jugendsekten auseinandersetzt); BVerfG, NJW 1989, 3269; instruktiv zu diesen Urteilen- auch hinsichtlich der Eingriffsproblematik - Dischler, JuS 1993, 463.

350 Ein Eingriff liegt nach OVG Münster, NJW 2006, 391 = Life & Law 2006, Heft 5 auch in dem Fall eines Gefährderanschreibens vor: Ein potentieller

hemmer-Methode: Das BVerfG spricht allerdings nicht von einem Eingriff, sondern nimmt „lediglich" eine bloße „Grundrechtsbeeinträchtigung" an, vor der Art. 4 GG allerdings auch Schutz gewähren soll.[351] Dem BVerfG wird hier zu Recht vorgeworfen, durch neue Begrifflichkeiten Unklarheit zu schaffen, ohne zur Lösung des Problems beizutragen.[352] Hintergrund für die neue Begrifflichkeit dürfte die außergewöhnliche Rechtfertigung über eine bloße Kompetenzzuweisung sein, die für einen Eingriff im herkömmlichen Sinn gerade nicht ausreichen würde.[353] Die Examensrelevanz dieser „Warnungsrechtsprechung" zeigt sich v.a. an den Folgeproblemen: Besteht eine gesetzliche Grundlage? Ist eine solche überhaupt erforderlich oder genügt die Staatsaufgabe „Öffentlichkeitsarbeit" (Frage dann: in wessen Kompetenz fällt diese hier)? Welche kollidierenden Grundrechte der „Gewarnten" können zur Rechtfertigung herangezogen werden?

Bei der Frage nach dem Vorliegen eines Eingriffs ist vieles streitig und in der Klausur ist von Ihnen eine fundierte Argumentation am einzelnen Fall gefordert.

hemmer-Methode: Denken Sie aber auch hier klausurtaktisch: die weitere Grundrechtsprüfung - u.U. mit den eben genannten punkteträchtigen Folgeproblemen - erschließt sich Ihnen richtig nur dann, wenn Sie einen Eingriff bejahen.

mögliche Kriterien: Finalität, Typizität, Intensität, Schutzzweck

In diese Argumentation sind folgende Gesichtspunkte einzustellen: finales Handeln hinsichtlich der Beeinträchtigung wird man als hinreichende, aber nicht als notwendige Voraussetzung für einen Eingriff betrachten können, wobei die Finalität freilich bei mittelbaren Eingriffen genau zu prüfen ist. Für einen Eingriff spricht auch die Typizität der Folge des staatlichen Handelns für den Grundrechtsträger.[354] Des Weiteren kann nach der Rechtsprechung[355] die Intensität der mittelbaren Beeinträchtigung zur Abgrenzung herangezogen werden. Die sog. „Schutzzwecktheorie"[356] dagegen fragt, ob der Schutzzweck des Grundrechts einen Schutz vor mittelbaren Eingriffen erfordert[357] bzw. ob die Beeinträchtigung Ausdruck derjenigen Gefahr ist, vor dem das Grundrecht schützen will.[358]

hemmer-Methode: Gerade die letzten Formulierungen zeigen, dass hier die Entscheidung letztlich von Wertungen abhängt. Achten Sie aber darauf, zumindest formal keinen Zirkelschluss zu ziehen! Machen Sie sich auch klar, dass hier ähnliche Gesichtspunkte eine Rolle spielen wie beispielsweise im Staatshaftungsrecht bei der Frage, wann ein enteignender Eingriff vorliegt oder im Zivilrecht bei der Frage, wann mittelbare Eigentums- (z.B. Nutzungs-)beeinträchtigungen eine Verletzung i.S.d. § 823 I BGB darstellen. Lernen Sie also bestimmte Argumentationsfiguren fachübergreifend zu nutzen.

c) Weitere Eingriffsvarianten

Eingriff durch Diskriminierung oder Leistungsverweigerung

Die bisherigen Ausführungen beziehen sich (v.a.) auf Eingriffe, denen das Grundrechtsverständnis der Abwehrrechte[359] zugrunde liegt.

113

Störer erhält nur eine Warnung, nicht aber ein Verbot an einer bestimmten Versammlung teilzunehmen.

351   BVerfG, NJW 2002, 2626.

352   Murswiek, Das Bundesverfassungsgericht und die Dogmatik mittelbarer Grundrechtseingriffe, NVwZ 2003, 1 ff.

353   Vgl. unten Rn. 117.

354   Vgl. Discher, JuS 1993, 463 (465), der zu Recht damit das von der Rechtsprechung, etwa BVerwGE 82, 76 (79), gebrauchte Kriterium der „Inkaufnahme" für staatliches Handeln objektiviert.

355   Vgl. BVerwG, NJW 1992, 2496 (2499).

356   Z.B. Lübbe-Wolff, NJW 1987, 2705; Schulte, DVBl 1988, 512.

357   Insoweit wird also die dem funktionalen Schutzbereich zugrunde liegende Idee fruchtbar gemacht, weshalb eine Erörterung auch i.R.d. Schutzbereichs staatfinden könnte.

358   So die Formulierung bei Jarass/Pieroth, Vorb. vor Art. 1 GG, Rn. 21a.

359   Vgl. oben Rn. 85.

Bei den Gleichheits- und Leistungsgrundrechten bzw. bei den Freiheitsgrundrechten, soweit ihnen so eine Funktion zukommt,[360] ist immer auch an Eingriffe durch Diskriminierung oder Verweigerung von Leistungen zu denken.

aa) Ein Eingriff läge also in einer Ungleichbehandlung, die zur (relativen) Belastung eines Grundrechtsträgers führt. Eine solche kann auch vorliegen, wenn eine Handlung im Schutzbereich schlechter behandelt wird als eine außerhalb, also z.B. negative Konsequenzen an den Tatbestand des Verheiratetsein im Vergleich zum nichtehelichen Zusammenleben geknüpft werden. Ähnlich sind die sog. influenzierenden Maßnahmen zu beurteilen, bei denen die Grundrechtsausübung zwar nicht verboten, an ihren Verzicht aber Vorteile geknüpft werden.[361]

bb) Die Nichtgewährung bzw. das Nichtteilhabenlassen an einer Leistung kommt als Eingriff nur in Frage, wo ein originäres oder derivatives Teilhaberecht besteht; hier ist außerdem auch daran zu denken, dass gerade bei Leistungsrechten häufig ausgestaltungsbedürftige Grundrechte vorliegen.[362]

cc) Soweit staatliche Schutzpflichten bestehen oder eine mittelbare Drittwirkung anzunehmen ist,[363] kommt als Eingriff schließlich noch das Nichtgewähren dieses Schutzes bzw. die Nichtbeachtung der Ausstrahlungen ins Privatrecht in Betracht.

III. Rechtfertigung des Eingriffs/Schranken

(geschriebene) Schranken

Erfolgt im Schutzbereich des Grundrechts eine Beeinträchtigung, muss diese Maßnahme noch nicht verfassungswidrig sein,[364] vielmehr kann der Eingriff auf verschiedene Arten gerechtfertigt sein. Der Trennung der Schemata entsprechend werden an dieser Stelle nur geschriebene Schranken genannt.[365]

114

hemmer-Methode: Achten Sie auf die richtigen Begrifflichkeiten! Obwohl an sich das Schema später richtig weiter geprüft wird, sprechen viele Bearbeiter schon in der Eingriffsstufe von „Verletzung" des Grundrechts. Ein dummer Fehler, der einen schlechten Eindruck macht, und eigentlich sehr leicht vermeidbar ist.

1. Arten der geschriebenen Grundrechtsschranken

Arten: Eingriffs-, Schranken-, Ausgestaltungs- und Regelungsvorbehalte

Die meisten Grundrechte sind schon nach dem Wortlaut des GG nicht schrankenlos gewährt, sondern einschränkbar. Dabei kennt das GG einfache und qualifizierte Gesetzesvorbehalte; eine weitere Unterscheidung ist möglich zwischen Eingriffsvorbehalten, Schrankenvorbehalten, Ausgestaltungsvorbehalten und Regelungsvorbehalten, indes spielt diese hier keine grundsätzliche Rolle, soweit man nicht bei normgeprägten Grundrechten in einer Ausgestaltung begrifflich gar keinen Eingriff sieht. Wichtig wird diese Unterscheidung lediglich im Zusammenhang mit Art. 19 I GG, weshalb sie dort näher dargestellt werden soll.

115

---

360   Vgl. oben Rn. 86 f.

361   Vgl. zu diesen Maßnahmen Jarass/Pieroth, Vorb. vor Art. 1 GG, Rn. 21.

362   Vgl. dazu oben Rn. 89.

363   Vgl. dazu oben Rn. 91.

364   Ob angesichts der z.T. großzügigen Schrankenregelungen einer- und des durch die Gesamtheit der Grundrechte erfassten Bereichs andererseits viel damit gewonnen ist, insofern von einer indiziellen Wirkung des Eingriffs für eine Grundrechtsverletzung zu sprechen - so z.B. Jarass/Pieroth, Vorb. vor Art. 1 GG, Rn. 28a - erscheint zumindest fraglich.

365   Zu den ungeschriebenen vgl. unten Rn. 140 ff.

hemmer-Methode: Hier handelt es sich um keinen Prüfungspunkt im Schema, sondern die nachfolgende Differenzierung soll lediglich dem Verständnis dienen. In der Klausur genügt es, zunächst den Vorbehalt zu erwähnen und die nähere Bestimmung dann vorzunehmen, wenn es u.U. erforderlich wird.

a) Einfacher Gesetzesvorbehalt

einfacher Gesetzesvorbehalt

Grundrechte mit einfachem Gesetzesvorbehalt sind ihrem Wortlaut nach leicht einschränkbar, verlangt wird nur, dass der Eingriff durch ein *Gesetz* oder *aufgrund eines Gesetzes* erfolgt.

116

Beispiele sind Art. 2 II S. 3, 8 II, 10 II S. 1 GG. Dabei macht es sachlich keinen Unterschied, ob die Norm beide Alternativen oder nur die zweite („aufgrund eines Gesetzes") erwähnt.[366]

aa) Begriff des Gesetzes

Begriff des Gesetzes individuell zu entwickeln; im Zweifel Gesetz im formellen Sinne

Die Bedeutung der Formulierung „Gesetz" ist aus dem jeweiligen Einzelgrundrecht zu entwickeln. Wenn sich dabei keine Besonderheiten ergeben, ist nach der ständigen Rechtsprechung des BVerfG und dem folgend der ganz h.M.[367] ein *Gesetz im formellen Sinne*, also Rechtsetzung durch das Parlament, gemeint. Allerdings hat das BVerfG hiervon Ausnahmen zugelassen für vorkonstitutionelles (sogar Gewohnheits-) Recht[368] und auch für Art. 2 I und 12 I GG liegen Äußerungen des BVerfG vor, dass die Gesamtheit der verfassungsmäßigen Normen (also auch Satzungen und Verordnungen) diese Grundrechte einschränken können.[369]

117

dann aber i.d.R. („auf Grund") auch durch VO oder VA möglich

Es ist aber folgendes zu beachten: wenn eine Einschränkung *aufgrund eines Gesetzes* möglich ist, umfasst das ja gerade auch Eingriffe durch Verwaltungsakte oder untergesetzliche Normen, die auf der Grundlage der Parlamentsgesetze erlassen werden. Dass Verordnungen einer solchen Grundlage bedürfen, ergibt sich schon aus Art. 80 GG. Bei Satzungen ist zu berücksichtigen, dass die allgemeine Einräumung der Satzungsautonomie nicht zu Grundrechtseingriffen berechtigt, sondern hierzu immer eine spezielle gesetzliche Grundlage vorhanden sein muss.

> *Bsp.:* Die Regelungen über Anschluss- und Benutzungszwang für gemeindliche Einrichtungen bedürfen einer speziellen gesetzlichen Grundlage, weil sie in die Grundrechte der Einwohner (Art. 14 GG) eingreifen.

Die Ausweitung in Richtung auf Gesetze im materiellen Sinn spielt also höchstens da eine Rolle, wo der Wortlaut des GG nicht ausdrücklich auf Eingriffe „aufgrund eines Gesetzes" abstellt, v.a. in Art. 2 I und 5 II GG.

hemmer-Methode: Lassen Sie sich also nicht durcheinanderbringen: prinzipiell meint „Gesetz" ein solches im formellen Sinn. D.h. aber gerade nicht, dass schon alle Fälle ausdrücklich und erschöpfend geregelt sein müssen, vielmehr ist ein Eingriff der Verwaltung durch Verwaltungsakt und/oder untergesetzliche Norm „aufgrund eines Gesetzes" möglich. Wie weit der Spielraum der Verwaltung dabei ist, ist eine Frage der „Wesentlichkeitstheorie", die im folgenden zu erörtern ist.

---

366 Vgl. BVerfGE 33, 125 (156).

367 St. Rspr. seit BVerfGE 33, 1; vMü-Krebs, Art. 19 GG, Rn. 4; BK-Menger, Art. 19 GG, Rn. 76; vgl. auch Schwerdtfeger, Rn. 452; etwas anders wohl Richter/Schuppert, S. 51 f.

368 Jeweils unter Verweis auf Art. 123 GG, E 9, 338 (343); 41, 253 (261); zum Gewohnheitsrecht E 34, 293 (303).

369 Vgl. E 6, 32 (38) (Elfes), 33, 125 (155) (Facharztbeschluß/Satzungsgewalt von Ärztekammern).

> Schranken- bzw. Gesetzesvorbehalt bedeutet aber immer, dass ein Handeln der Behörde nur auf einer gesetzlichen Grundlage erfolgen kann, die Behörde kann sich niemals direkt auf Vorschriften des GG berufen. Von diesem Grundsatz wird in der Rspr. des BVerfG nur eine Ausnahme zugelassen:
>
> Bei Warnungen (bspw. vor verunreinigten Lebensmitteln oder jugendgefährdenden Sekten) genügt dem jeweiligen Bundesminister seine aus der Ressortkompetenz nach Art. 65 S. 2 GG abgeleitete Ressortkompetenz. Eine spezielle gesetzliche Regelung ist nach Ansicht des BVerfG entbehrlich, da diese ohnehin zwangsläufig so unbestimmt wäre, dass an Rechtssicherheit für den Bürger nichts gewonnen wäre.[370] Aus Sicht des BVerfG ist dies auch kein Bruch mit der allgemeinen Grundrechtsdogmatik, da ja kein Grundrechtseingriff, sondern nur eine –beeinträchtigung vorliegt.[371]

bb) Parlamentsvorbehalt und Wesentlichkeitstheorie

„Wesentlichkeitstheorie": Wesentl. Entscheidungen sind vom Gesetzgeber selbst zu treffen.

Aus dem Wortlaut des GG ergibt sich bei Gesetzesvorbehalten lediglich die Forderung, dass eine (formell-)gesetzliche Ermächtigung einem Eingriff mittelbar zugrunde liegt, nicht aber wie diese aussieht: somit könnte das Gesetz den Grundrechtseingriff detailliert regeln oder aber der Verwaltung einen großen Spielraum überlassen. Eine erste Grenze bildet hier schon Art. 80 GG für den Erlass von Verordnungen.[372]

Noch über Art. 80 GG hinausgehend[373], v.a. aber auch für die von Art. 80 GG nicht erfassten Satzungen hat das BVerfG die sog. „Wesentlichkeitstheorie" entwickelt, nach der „der Gesetzgeber verpflichtet (ist), in grundlegenden normativen Bereichen, zumal im Bereich der Grundrechtsausübung, soweit diese staatlicher Regelung zugänglich ist, alle wesentlichen Entscheidungen selbst zu treffen.[374]" Der Gesetzesvorbehalt erstarkt insoweit zu einem Parlamentsvorbehalt, so dass die wesentlichen Fragen ausreichend detailliert im förmlichen Gesetz geregelt sein müssen.

Abgrenzungskriterien zur Wesentlichkeit

Problematisch ist natürlich, was als „wesentlich" zu betrachten ist: abzustellen ist auf die Intensität des Eingriffs und die Bedeutung für die Grundrechtsausübung, also z.B. auf die Frage, ob[375]

⇨ durch die Einschränkung ein großer oder nur ein kleiner Teil des grundrechtlich geschützten Verhaltens unmöglich gemacht wird,

⇨ ein Kernbereich oder nur ein Randbereich der grundrechtlich geschützten Betätigung erfasst wird,

⇨ das grundrechtlich geschützt Verhalten kurz, lang oder gar andauernd unmöglich gemacht wird,

⇨ die Grundrechtsausübung von subjektiven oder von objektiven Kriterien außerhalb des Einflussbereichs des Grundrechtsträgers abhängig gemacht wird.

118

---

370 BVerfG, NJW 2002, 2621 ff., hierzu kritisch Murswiek, NVwZ 2003, 1.

371 Vgl. oben Rn. 112, zur Kritik hieran Murswiek, NVwZ 2003, 1.

372 Näher zu Art. 80 GG im Skript Staatsrecht II, Staatsorganisationsrecht.

373 Insoweit krit. Ak/GG-Ramsauer, Art. 80 GG, Rn. 28 f.

374 E 61, 260 (275); 77, 170 (230 f.); grundlegende Entscheidungen auch E 45, 400 (417 f.) - Hessische Oberstufenreform; E 33, 125 (138 f.) = Hemmer/Wüst/Triebel, Classics Ö-Recht, Fall 3 - Satzungsgewalt der Ärztekammern; E 58, 257 (268) - Schulausschluss; über die Wesentlichkeit löst das BVerfG auch den „Kopftuchstreit"; BVerfG, NJW 2003, 3111, sehr krit. Bspr. von Ipsen in NVwZ 2003, 1210 sowie von Sacksofsky, NJW 2003, 3297, Pofalla, NJW 2004, 1218; Hufen, NVwZ 2004, 575.

375 Angelehnt an Pieroth/Schlink, Rn. 309.

hemmer-Methode: Bei der Frage nach dem Gesetzes- bzw. Parlamentsvorbehalt sind die *drei für die Examensklausur wichtigsten juristischen Qualifikationen* von Ihnen gefordert:
Zum einen das *materielle Wissen* um die Unterschiede zwischen formellem und materiellem Gesetz sowie der Lehre von der Wesentlichkeit. Zum anderen die Fähigkeit, Informationen zu ordnen und Begrifflichkeiten sauber zu trennen.
Schließlich die *Argumentation am konkreten Fall*, bei der Sie oben genannten Topoi sowie das mit der „hemmer-Methode" fortlaufend trainierte juristische Handwerkszeug einzubringen haben.

Eine wichtige Entscheidung zur Wesentlichkeitsproblematik betrifft die Rechtschreibreform. Das BVerfG formuliert folgende Leitsätze:

⇨ Der Staat ist von Verfassungs wegen nicht gehindert, Regelungen über die richtige Schreibung der deutschen Sprache für den Unterricht in den Schulen zu treffen. Das Grundgesetz enthält auch kein generelles Verbot gestaltender Eingriffe in die Schreibung.

⇨ Regelungen über die richtige Schreibung für den Unterricht in den Schulen fallen in die Zuständigkeit der Länder.

⇨ Für die Einführung der von der Kultusministerkonferenz vom 30.11./01.12.1995 beschlossenen Neuregelung der deutschen Rechtschreibung an den Schulen des Landes Schleswig-Holstein bedurfte es keiner besonderen, über die allgemeinen Lernzielbestimmungen des Landesschulgesetzes hinausgehenden gesetzlichen Grundlage.

⇨ Grundrechte von Eltern und Schülern werden durch diese Neuregelung nicht verletzt.[376]

b) Qualifizierter Gesetzesvorbehalt

qualifizierter Gesetzesvorbehalt

Qualifizierte Gesetzesvorbehalte lassen eine Beeinträchtigung des Grundrechts nur zu, wenn das einschränkende Gesetz bestimmten, näher spezifizierten Anforderungen genügt bzw. bestimmten Zwecken dienen soll.

> *Beispiele sind Art. 5 II GG (allgemeine Gesetze), 6 III GG (zum Schutz vor Verwahrlosung) oder 11 II GG (drohende Gefahr für die dort näher aufgezählten Rechtsgüter).*

Man könnte die Qualifikation zwar bereits als Schranken-Schranke betrachten, systemgerechter erscheint es jedoch, sie i.R.d. Schranken/Rechtfertigung anzusprechen: wenn das Gesetz nicht den qualifizierten Anforderungen genügt, besteht für den Eingriff eben gar kein (geschriebener[377]) Vorbehalt.

2. Anforderungen an die Schranke

weitere Anforderungen an die Schranke

Auch solche Schranken, die durch das GG gestattet werden, können ein Grundrecht nur dann verfassungsgemäß beschränken, wenn sie ihrerseits formell und materiell verfassungsmäßig sind.

119

---

376   BVerfG, NJW 1998, 2515; vgl. zum selben Problem Menzel, NJW 1998, 1177 ff; Wagner, NJW 1998, 1184 ff; Roellecke, NJW 1997, 2501 ff.; ausführliche Besprechung und klausurmäßige Darstellung der Problematik in Life & Law 1998, 802 ff.

377   Zu den ungeschriebenen Schranken sogleich; ob freilich eine solche gesucht werden darf, wenn ein qualifizierter Vorbehalt besteht, aber die Qualifikation nicht erfüllt ist, erscheint allerdings fraglich.

hemmer-Methode: Nach dem vorliegenden Schema wird also die formelle und materielle Verfassungsmäßigkeit schon als Anforderung an die Schranke geprüft. Erst im Anschluss werden die Fragen der Verhältnismäßigkeit und der Wesensgehaltsgarantie im Prüfungspunkt „Schranken-Schranken" erörtert. Denkbar wäre es aber auch, bei den Schranken überhaupt nur die Existenz eines Gesetzesvorbehalts sowie die Erfüllung einer eventuellen Qualifikation zu prüfen und die Fragen der formellen und materiellen Verfassungsmäßigkeit bereits als Problem der Schranken-Schranken zu verstehen.

120

a) Formelle Verfassungsmäßigkeit

formelle Verfassungsmäßigkeit:

Fragen der formellen Verfassungsmäßigkeit eines Gesetzes[378] sind solche der Gesetzgebungskompetenz, des Gesetzgebungsverfahrens und u.U. sonstiger Formvorschriften.

121

aa) Gesetzgebungskompetenz

Kompetenzen, Art. 70 ff. GG

Noch am Häufigsten als Problem der formellen Verfassungsmäßigkeit taucht in der Grundrechtsklausur die Frage nach der Gesetzgebungskompetenz auf. Nach der Konzeption des GG steht diese den Ländern zu (vgl. Art. 70 I GG), soweit nicht dem Bund die Kompetenz ausdrücklich im GG ausschließlich (Art. 73 GG) oder konkurrierend (Art. 74, 72 GG) zugewiesen ist.

hemmer-Methode: Die Rahmengesetzgebungskompetenz, Art. 75, 72 GG, wurde im Rahmen der Föderalismusreform gestrichen. Dazu und zu weiteren Problemen der Gesetzgebungskompetenz, z.B. zu ungeschriebenen Kompetenzen des Bundes, vgl. ausführlicher das Skript Staatsrecht II Staatsorganisationsrecht.
hemmer-Methode: Denken Sie in der Klausur an die Gesetzgebungskompetenz insbesondere dann, wenn es um die Beurteilung eines fiktiven neuen Gesetzes geht, im Einzelfall auch dann, wenn einem schon existenten Gesetz eine neue Vorschrift mit ganz anderem Regelungsgehalt eingefügt wird. Bei „realen" Gesetzen, z.B. aus dem Sartorius, spricht sehr viel dafür, dass die Gesetzgebungskompetenz beachtet wurde. Besonders im Bereich der konkurrierenden Gesetzgebung kann es u.U. erforderlich sein, eine bundesgesetzliche Regel dahingehend auszulegen, ob sie hinsichtlich bestimmter Regelungsbereiche abschließend sein soll - nur dann besteht nämlich die Sperrwirkung für den Landesgesetzgeber. Diese Sperrwirkung tritt allerdings nicht nur bei positiver Regelung, sondern auch bei bewusster „Nichtregelung" durch den Bundesgesetzgeber ein.[380]

122

bb) Gesetzgebungsverfahren

Verfahren, Art. 76 - 82 GG

Einzelheiten des Gesetzgebungsverfahrens sind selten Gegenstand der Klausur; ggf. wird es ausreichen, die ausführlichen Regelungen der Art. 76 - 82 GG aufmerksam zu subsumieren. Eine nähere Darstellung des Gesetzgebungsverfahrens mit möglichen Problemen erfolgt im Skript Staatsrecht II Staatsorganisationsrecht.

123

---

378   Im Weiteren wird von einer Grundrechtsbeeinträchtigung durch ein Gesetz ausgegangen. Soweit die belastende Maßnahme in einem Verwaltungsakt oder einem Gerichtsurteil liegt, wird man im Endeffekt ebenfalls häufig zu dem Gesetz kommen, welches dem Verwaltungsakt bzw. Urteil zugrundeliegt. Natürlich z.B. muss ein Verwaltungsakt auch seinerseits formell rechtmäßig erlassen worden sein, doch stellen sich insofern keine spezifischen verfassungsrechtlichen Probleme, vielmehr sind die allgemeinen Vorschriften für das einschlägige Verwaltungsverfahren zu beachten. Rechtsverletzungen in diesem Bereich werden aber vom Bundesverfassungsgericht nur geprüft, soweit die Verfahrensvorschriften dem Grundrechtsschutz dienen.

380   BVerfG, BayVBl. 1999,79 (abweichende Ansicht BayVBl. 1999, 111) = NJW 1999, 841.

Als wichtigster Punkt ist hier schon einmal der Unterschied zwischen Einspruchs- und Zustimmungsgesetz hinsichtlich der Beteiligung des Bundesrates zu erwähnen.[381]

cc) Formerfordernisse/Zitiergebot

Zitiergebot, Art. 19 I S. 2 GG; allerdings enge Auslegung und nur bei „Einschränkungsvorbehalten"

124

Soweit bestimmte Förmlichkeiten des Verfahrens (vgl. o.) einzuhalten sind, ergeben sich regelmäßig keine Probleme. Als „Formvorschrift" speziell im Zusammenhang mit Grundrechtseingriffen ist in der Klausur an das Zitiergebot des Art. 19 I S. 2 GG zu denken.[382] Diese Vorschrift soll den Gesetzgeber zwingen, sich über die grundrechtsrelevanten Auswirkungen seiner Regelung noch einmal klar zu werden, und somit „sicherstellen", dass „nur wirklich gewollte Eingriffe erfolgen".[383]

Fehlt ein solcher ausdrücklicher Hinweis, ist das Gesetz wegen Verletzung des eingeschränkten Grundrechts i.V.m. Art. 19 I S. 2 GG nichtig.[384]

Allerdings wird der Anwendungsbereich des Art. 19 I S. 2 GG von der h.M. beträchtlich eingeschränkt. Streng am Wortlaut orientiert soll er nur für „Einschränkungsvorbehalte" gelten,[385] d.h. nur in den Fällen der Art. 2 II S. 3, 6 III, 8 II, 10 II, 11 II, 13 II, VII, 16 I S. 2 GG.

Dagegen findet das Zitiergebot keine Anwendung bei Art. 2 I GG, bei sog. Regelungsvorbehalten (Art. 12 I S. 2 GG), Inhaltsbestimmungen (Art. 14 I S. 2 GG), ungeschriebenen Ausgestaltungsaufträgen (z.B. Art. 6 I, 9 I GG) und verfassungsimmanenten Schranken.

Auch im Übrigen wird das Zitiergebot eng ausgelegt, so dass es auch keine Anwendung finden soll bei Gesetzen, die schon bestehende Einschränkungen unverändert oder lediglich geringfügig modifiziert wiedergeben,[386] sowie bei vorkonstitutionellen Gesetzen.[387] Zweifelhaft ist dagegen, ob es ebenfalls nicht gelten soll, wenn die Grundrechtsbeschränkung offensichtlich ist,[388] wie der Verzicht auf ein Zitat bei nur mittelbaren und faktischen Eingriffen, soweit diese bei Gesetzen überhaupt denkbar sind.

hemmer-Methode: Hier liegt in der Klausur ebenfalls i.d.R. kein großes Problem, insbesondere wenn man dem eingeschränkten Anwendungsbereich der h.M. folgt. Um dies mit einem Argument abzustützen, kann man auf die Funktion (vgl. o.) verweisen, die in diesen Fällen ein Zitat nicht unbedingt fordert. Andernfalls droht Art. 19 I S. 2 GG zu einer leeren Förmlichkeit zu erstarren, die den Gesetzgeber unnötig behindert.

dd) Verbot des einschränkenden Einzelfallgesetzes

hemmer-Methode: Da hier inhaltliche Anforderungen eine große Rolle spielen, wäre es auch vertretbar, diesen Punkt in der materiellen Verfassungsmäßigkeit zu prüfen.

---

381   Dazu Jarass/Pieroth, Art. 74 GG, Rn. 4 ff.

382   Hierzu ausführlich Selk, JuS 1992, 816.

383   BVerfGE 64, 72 (79); vgl. auch M/D-Herzog, Art. 19 GG, Rn. 48.

384   Vgl. BVerfGE 5, 13 (15 f.); M/D-Herzog, Art. 19 GG, Rn. 60; Jarass/Pieroth, Art. 19 GG, Rn. 2.

385   Vgl. BVerfGE 83, 130 (154); auch 64, 72 (79); Jarass/Pieroth, Art. 19 GG, Rn. 3.

386   So schon BVerfGE 5, 13 (16).

387   Vgl. BVerfGE 28, 36 (46).

388   So wohl BVerfGE 35, 185 (189); krit. auch Jarass/Pieroth, Art. 19 GG, Rn. 5.

Verbot des Einzelfallgesetzes

Nach Art. 19 I S. 1 GG ist ein grundrechtseinschränkendes Gesetz nur verfassungsgemäß, wenn es *allgemein*[389] und nicht nur für den Einzelfall gilt. Für den Anwendungsbereich wäre es zwar konsequent, ihn genauso zu begrenzen wie beim Zitiergebot (vgl. Rn. 124), indes wird dies von der wohl überwiegenden Ansicht abgelehnt.[390]

Die Bedeutung dieser Frage ist aber deshalb eher gering, weil Art. 19 I S. 1 GG sowohl in der Praxis als auch in der Klausur eine untergeordnete Rolle spielt:

formelles Verständnis: konkret oder allgemein

Während eine eher formale Theorie die Bedeutung des Verbots des Einzelfallgesetzes ohnehin in der Abgrenzung konkret-individuelle (etwa i.S.d. § 35 VwVfG) und abstrakt allgemeine Regelung und damit in einer Abgrenzung der Kompetenzen von Legislative und Exekutive erschöpft, sieht die wohl h.M.[391] zwar durchaus einen materiellen Gehalt des Art. 19 I S. 1 GG darin, dass der Gesetzgeber aus einer Reihe gleichartiger Sachverhalte willkürlich einen Fall herausgreift.

materielles Verständnis: Willkürkontrolle (ähnlich Art. 3 GG)

Dies entspricht aber im Wesentlichen der Beschränkung, die schon Art. 3 GG dem Gesetzgeber auferlegt, zumal dann, wenn „es nur einen Fall dieser Art gibt und die Regelung dieses singulären Sachverhalts von sachlichen Gründen getragen wird[392]", das Gesetz nicht nur mit Art. 3 GG, sondern auch mit Art. 19 I S. 1 GG für vereinbar gehalten wird. Soweit aus mehreren vergleichbaren Fällen aber einer individualisiert herausgezogen und anders behandelt wird, ist der Verstoß gegen Art. 19 I S. 1 GG leichter festzustellen als der gegen Art. 3 GG, da rechtfertigende Gründe (die in so einem Fall freilich schlecht denkbar sind) gar nicht erst näher untersucht werden müssen.

Zur Anwendung des Art. 19 I S. 1 GG ist noch festzuhalten, dass er seinem Sinn nach zwar nicht anwendbar ist, wenn ein Gesetz gegenwärtig zwar nur einen Fall betrifft, seine Anwendung in Zukunft aber durchaus möglich ist[393], wohl aber dann, wenn ein abstrakt-generell gehaltenes Gesetz in Wahrheit nur einen Fall betrifft und auch nur diesen einen Fall treffen soll („getarntes Einzelfallgesetz").

**hemmer-Methode: Wenn hier ein Problem liegen soll, wird sich dies klar aus dem Sachverhalt ergeben. Sprechen Sie dann Art. 19 I S. 1 GG in seinem Verhältnis zu Art. 3 GG an, wobei Sie argumentativ bei der zweiten Prüfung nach oben verweisen können.
Denken Sie auch daran, dass aus anderen Prinzipien heraus Einzelfallgesetze problematisch sein können: so kann der Grundsatz der Gewaltenteilung zu prüfen sein, da die Legislative Einzelfälle entscheidet, was i.d.R. Aufgabe der Exekutive ist. Außerdem wird der Rechtsschutz der Betroffenen (Art. 19 IV GG) erschwert, wenn sie sich gegen ein Gesetz richten müssen.**

b) Materielle Verfassungsmäßigkeit

materielle Verfassungsmäßigkeit

Wenn man die Verhältnismäßigkeitsprüfung bei den Schranken-Schranken getrennt durchführt, ist die Frage der materiellen Verfassungsmäßigkeit häufig kurz abzuhandeln.

125

126

389 Zu unterscheiden davon ist der Begriff des allgemeinen Gesetzes i.S.d. Art. 5 II GG. Vgl. dazu unten Rn. 211 ff.

390 Vgl. M/D-Herzog, Art. 19 GG, Rn. 21; vMü-Krebs, Art. 19 GG, Rn. 13. Zuzugeben ist dieser Ansicht immerhin, dass sich Art. 19 I S. 1 GG gerade *nicht* in einer rein formalen Regelung erschöpft.

391 In diesem Sinne wohl BVerfGE 25, 371 (399); vMü-Krebs, Art. 19 GG, Rn. 10 ff.; Jarass/Pieroth, Art. 19 GG, Rn. 1; beide Ansätze verbindend Pieroth/Schlink, Rn. 351 f.

392 BVerfGE 25, 371 (399).

393 Vgl. BVerfGE 13, 225 = Hemmer/Wüst/Triebel, Classics Ö-Recht, Fall 9 – Bahnhofsapothekenfall.

Es bleiben dann hier v.a. die Prüfungspunkte der Bestimmtheit, der Schrankenqualifikation und u.U. des Willkürverbots.

Rückwirkungsverbot

Eine Rolle kann auch das sog. Rückwirkungsverbot spielen; da dies jedoch nicht die Regel ist, wird auf eine weitere Darstellung in diesem Rahmen verzichtet. Zu der weiteren Darstellung vgl. das Skript Staatsrecht II Staatsorganisationsrecht, Rn. 131 ff..

aa) Bestimmtheitsgrundsatz

Bestimmtheitsgrundsatz (z.B. Probleme „unbestimmter Rechtsbegriff", „Ermessen")

Der Bestimmtheitsgrundsatz ist Ausfluss des Rechtsstaatsprinzips und wird noch näher dargestellt im Skript Staatsrecht II Staatsorganisationsrecht.[394] In der Grundrechtsklausur ist er regelmäßig nur kurz anzusprechen. Einzugehen hat man dann auf unbestimmte Rechtsbegriffe und evtl. eröffnete Ermessensspielräume in der Norm. Hierzu kann man regelmäßig feststellen, dass eine gewisse Flexibilität der Verwaltung schon aus Gründen der Verhältnismäßigkeit erforderlich sein kann[395].

127

Weiterhin kann eine Ermessensbetätigung nach den anerkannten Regeln über die Ermessensausübung überprüft werden und (v.a. auch sonst häufiger gebrauchte) unbestimmte Rechtsbegriffe (z.B. öffentliche Sicherheit und Ordnung) der gerichtlichen Kontrolle anhand der durch Rechtsprechung und Lehre gefundenen Begriffsausfüllungen unterliegen.

hemmer-Methode: Natürlich ist es immer wichtig, den konkreten Fall zu prüfen und eingeübte Schemata und Begründungsmuster nur kritisch und mit Bedacht anzuwenden. Andererseits ist die Examensklausur z.T. auch eine Ansammlung von Standardsituationen, für die Sie sich vernünftig klingende Argumentationsstrategien zurechtlegen sollten, so die genannten Schemata zu unbestimmten Rechtsbegriffen und Ermessensspielräumen. Holen Sie sich auf diese Weise hier den Haken und sparen Sie ihre Zeit und Kreativität für die eigentlichen Probleme.

Wie viel an Bestimmtheit in kritischen Fällen zu fordern ist, lässt sich in der Klausur mit den zur Wesentlichkeitstheorie genannten Kriterien[396] näher entwickeln.

bb) Erfüllung der Schrankenqualifikation

Erfüllung der Schrankenqualifikation

Soweit es sich beim Gesetzesvorbehalt um einen qualifizierten handelt, ist es eine Frage der materiellen Verfassungsmäßigkeit, ob das Gesetz diese Qualifikation erfüllt. Wichtigstes Beispiel für die Klausur sind hierzu die „allgemeinen Gesetze" i.S.d. Art. 5 II GG, die unten näher erläutert werden.[397]

128

cc) Willkürverbot

nach BVerfG: Willkürverbot

Das BVerfG prüft als Frage der materiellen Verfassungsmäßigkeit z.T. noch Verstöße gegen das Willkürverbot. Für die Klausur sauberer erscheint es aber, in solchen Fällen eine spezielle Prüfung anhand des Grundrechts aus Art. 3 GG oder ggf. an einem speziellen Gleichheitssatz durchzuführen.

129

---

394 Hemmer/Wüst/Christensen, Staatsrecht II, Rn. 140.

395 Zur Verhältnismäßigkeit sogleich Rn. 131; aus diesem Grund kann es auch ratsam sein, den Bestimmtheitsgrundsatz erst am Ende kurz anzusprechen; vgl. auch Pieroth/Schlink, Rn. 357, die zweifeln, ob der Bestimmtheitsgrundsatz neben dem Übermaßverbot überhaupt noch eigene Bedeutung hat.

396 Vgl. dazu oben Rn. 118.

397 Vgl. dazu unten Rn. 211 ff.

IV. Schranken-Schranken

Schranken-Schranken: Wechselwirkung zwischen GR und Schranke

Die Grundrechte stehen allerdings auch bei einem Gesetzvorbehalt nicht unbeschränkt zur Disposition des Gesetzgebers, vielmehr sind gewisse Einschränkungen der Beschränkungsmöglichkeiten, kurz „Schranken-Schranken"[398] zu beachten.[399]

130

Es besteht also eine Wechselwirkung zwischen der Schranke und der eingeschränkten Freiheitsgarantie. Die Schranke muss „im Lichte der Bedeutung der Freiheitsgarantie" ausgelegt werden.[400] Sowohl Gesetzgeber als auch Rechtsanwender müssen zwischen beiden einen verhältnismäßigen Ausgleich zustande bringen. Prüft man die allgemeinen Erfordernisse der formellen und materiellen Verfassungsmäßigkeit schon bei der Schranke selbst, spielen hier v.a. der Grundsatz der Verhältnismäßigkeit und die Wesensgehaltsgarantie eine Rolle.

1. Grundsatz der Verhältnismäßigkeit[401]

Verhältnismäßigkeitsgrundsatz

Das Kernstück vieler Grundrechtsklausuren liegt in der Frage der Verhältnismäßigkeit des Gesetzes. Grundsätzlich ist dabei nach dem folgenden Schema vorzugehen, bei einigen Einzelgrundrechten hat sich aber eine der Verhältnismäßigkeitsprüfung z.T. entsprechende Sonderprüfung eingebürgert.[402]

131

Der Verhältnismäßigkeitsgrundsatz wird ebenfalls aus dem Rechtsstaatprinzip abgeleitet und gilt umfassend für das staatliche Handeln, d.h. v.a. sowohl für Verwaltung als auch für Gesetzgebung. Dabei ist zum einen der Gesetzgeber freier als die Verwaltung, die bei der Auswahl ihrer Mittel durch die Gesetze viel enger gebunden ist als der Gesetzgeber. Andererseits macht z.B. bei gebundenen Entscheidungen der Verwaltung eine Verhältnismäßigkeitsprüfung nur bedingt Sinn, da die Verwaltung gerade bei Vorliegen der Tatbestandsvoraussetzungen so und nicht anders handeln muss.

Aufbaumäßig sei noch einmal betont, dass dieser Punkt u.U. auch als Teil der materiellen Verfassungsmäßigkeit behandelt werden kann, wenn man diese als Schranken-Schranke versteht.

diff. Verhältnismäßigkeit i.e.S. und i.w.S.

Begrifflich ist klarzustellen: Es wird unterschieden zwischen der Verhältnismäßigkeit i.w.S. und i.e.S., wobei die Verhältnismäßigkeit i.w.S. (= Übermaßverbot) die Prüfungspunkte „legitimer Zweck, Geeignetheit, Erforderlichkeit und Verhältnismäßigkeit i.e.S. (= Angemessenheit)" umfasst. Die Terminologie ist im Übrigen auch etwas schwankend. Wichtig ist in der Klausur v.a., dass klar wird, was Sie jeweils wo ansprechen.

a) Legitimer Zweck

Erreichung eines legitimen Zwecks

Eine Grundrechtsbeschränkung ist von vornherein nur zur Erreichung eines legitimen Zwecks zulässig, welcher vorliegt, wenn das gesetzgeberische Ziel auf das Wohl der Allgemeinheit gerichtet ist.

132

---

398 Das GG kennt diesen Begriff nicht, er ist aber mittlerweile in der Literatur weit verbreitet, so dass er auch in der Klausur bedenkenlos verwendet werden kann.

399 Eine solche Einschränkung würde auch das Qualifikationserfordernis eines Gesetzesvorbehalts bedeuten, soweit dieses noch nicht beim Prüfungsgesichtspunkt der Schranken angesprochen wird, vgl. oben Rn. 119.

400 Grundlegend: BVerfGE 7, 198 = Hemmer/Wüst/Triebel, Classics Ö-Recht, Fall 1 - Lüth-Urteil.

401 Dazu umfassend aus neuerer Zeit Bleckmann, JuS 1994, 177 ff.

402 So die Wechselwirkungslehre bei Art. 5 I, II GG, vgl. unten Rn. 215 und die Drei-Stufen-Theorie bei Art. 12 I GG, vgl. unten Rn. 270.

Dabei ist dem Gesetzgeber ein gewisser Spielraum einzuräumen, wenn der Zweck nicht verfassungsrechtlichen Wertungen eindeutig widerspricht.

hemmer-Methode: Dieses Element wird in vielen Darstellungen nicht ausdrücklich erwähnt. Zwar wird hier oft kein großes Problem liegen. Gleichwohl sollten Sie es zur Abrundung der Prüfung ansprechen. Juristische Kompetenz können Sie dabei beweisen, indem Sie nicht einfach einen Gesetzeszweck „erfinden", sondern diesen aus gesetzlichen Vorschriften oder aus verfassungsrechtlichen Vorgaben ableiten.

b) Geeignetheit

Geeignetheit zur Erreichung des Zwecks

Geeignet ist ein Mittel, wenn es zur Erreichung des angestrebten Zwecks tauglich ist,[403] wobei nicht unbedingt die bestmögliche Möglichkeit gewählt werden musste und selbstverständlich im Einzelfall Hypothesen zulässig sind. Dabei steht dem Gesetzgeber wieder ein Beurteilungsspielraum zu, allerdings wird man verlangen müssen, dass zumindest bewährte und nicht ganz fernliegende Hypothesen über den Zusammenhang mit dem angestrebten Zweck bestehen.[404]

133

hemmer-Methode: Dabei kann in der Klausur ein Zusammenhang zwischen Eingriff und Eignung bestehen: behauptet z.B. eine Jugendsekte einen mittelbaren Eingriff[405] durch eine Warnung der Bundesregierung und ist bei der Frage des Eingriffs zu ihren Gunsten zu unterstellen, dass sich die Bürger davon beeinflussen lassen, ist es nur konsequent, auch anzunehmen, dass die Warnung zum Zwecke der Sensibilisierung der Bevölkerung vor solchen Sekten geeignet ist.

c) Erforderlichkeit

Erforderlichkeit (keine weniger eingreifende Maßnahme gleich effektiv)

Erforderlichkeit (= Notwendigkeit) bedeutet, dass es kein milderes (= weniger eingreifendes) Mittel gibt, um den *gleichen* Erfolg im Hinblick auf das angestrebte Ziel zu erreichen. Auch hier besteht eine Einschätzungsprärogative des Gesetzgebers,[406] die man als freilich umso stärker eingeschränkt betrachten wird, je härter das ausgewählte Mittel den Bürger trifft.

134

nach BVerfG bereits weniger effektiv, wenn teurer

Nicht unproblematisch, aber vom BVerfG akzeptiert[407] ist der Ansatz, dass das alternative Mittel schon dann nicht mehr genauso effizient sein soll, wenn es zu höheren finanziellen Belastungen des Staates führt. Freilich bleibt dann als Korrektiv die Verhältnismäßigkeitsprüfung i.e.S. mit der Frage, ob dieser geringere finanzielle Aufwand in einem angemessenen Verhältnis zur größeren Belastung des Bürgers steht.

d) Verhältnismäßigkeit i.e.S. (= Angemessenheit)

Verhältnismäßigkeit i.e.S. (= Angemessenheit): Ziel und GR-Beeinträchtigung dürfen nicht außer Verhältnis stehen

Unter dem Prüfungspunkt der Verhältnismäßigkeit i.e.S. ist zuletzt zu prüfen, ob das zu erreichende Ziel und die dafür in Kauf genommene Belastung des Bürgers nicht außer Verhältnis steht. Dabei hat eine Abwägung zwischen den betroffenen Interessen stattzufinden, für die folgendes Vorgehen empfohlen wird, welches zugleich als Beispiel für eine saubere juristische Abwägung in der verfassungsrechtlichen Klausur dienen soll.

135

---

403   Vgl. BVerfGE 30, 292 (316); 33, 171 (187); Jarass/Pieroth, Art. 20 GG, Rn. 59.

404   Vgl. Pieroth/Schlink, Rn. 322 f.

405   Vgl. dazu oben Rn. 112.

406   Vgl. Pieroth/Schlink, Rn. 326.

407   E 77, 84 (110 f.).

keine Position vollständig verdrängt

aa) Zunächst gehört es zu einer Abwägung bzw. zu einem gerechten Ausgleich, dass keine der im Streit stehenden Positionen völlig verdrängt wird.

abstrakte Wertigkeit

bb) In einem ersten Prüfungsschritt ist sodann das *abstrakte Wertverhältnis* der betroffenen Positionen zu vergleichen: hier kann ein Unterschied zwischen verfassungsrechtlichen und einfachgesetzlichen Positionen bestehen. Zwischen zwei Grundrechten könnte die Unterscheidung zwischen schrankenloser Gewährung und Gesetzesvorbehalt genannt werden. Außerdem könnte man unterscheiden zwischen Grundrechten, die „nur" der Selbstverwirklichung dienen und solchen, die auch eine Bedeutung für die politische Willensbildung haben.

konkrete Wertigkeit (⇨ Kernbereich oder nur periphere Modalität)

cc) Ist man so zu einer ersten Einschätzung gelangt, wird in einem zweiten Schritt die eigentliche (und für das Ergebnis wichtigere) Abwägung im *konkreten Fall* vorgenommen: hierbei ist v.a. nach der Eingriffsintensität zu fragen, wobei ein Eingriff intensiver ist, wenn er das Grundrecht in seinem Kernbereich trifft, als wenn er nur die Peripherie berührt. Es ist also zu prüfen, ob eine Ausübung des Grundrechts nahezu völlig unmöglich wird oder ob nur eine bestimmte Modalität beschnitten wird, die durch funktional gleichwertige Grundrechtsbetätigungen ersetzbar ist.

hemmer-Methode: Hier werden in der Klausur viele Punkte vergeben! Machen Sie also Ihre Argumentation dem Korrektor nachvollziehbar und arbeiten Sie juristisch sauber. So unterscheiden Sie sich von einer „Abwägung", die nur in den Kategorien „Vorteile - Nachteile Ergebnis" auf dem Niveau eines Deutschaufsatzes aus der Mittelstufe arbeitet. Wichtig ist hierbei neben einem geschulten Judiz auch die Sachverhaltsanalyse: nehmen Sie die von den handelnden Personen vorgebrachten Argumente auf („Echoprinzip")!
Z.T. wird vorgebracht, ein solches Abwägen und Gewichten entbehre jeder rationalen und verbindlichen Maßstäbe. Richtig daran ist, dass hier ein Rest Subjektivität bestehen bleibt, was für Sie in der Klausur heißt, dass es i.d.R. auf das Ergebnis letztlich nicht so sehr ankommen wird. Deshalb ist für das Examen auch zu empfehlen, die Prüfungspunkte der Geeignetheit und Erforderlichkeit durchaus ernst zu nehmen und nicht möglichst schnell in die Angemessenheitsprüfung zu kommen und dort womöglich noch einfach „ins Blaue hinein" zu argumentieren. Andererseits wird in der Klausur von Ihnen eine Diskussion erwartet, in der nicht zuletzt auch eine Notendifferenzierung eher stattfinden kann als z.B. im Zulässigkeitsschema, wo viele Bearbeiter ungefähr das Gleiche schreiben werden.

2. Wesensgehaltsgarantie

Wesensgehaltsgarantie: nach h.M. muss Wesensgehalt auch einzelnem erhalten bleiben

Art. 19 II GG ist eine dogmatisch nicht ganz einfach zu handhabende, in der Klausur aber ebenfalls meist nicht zu bedeutungsvolle Vorschrift. Früher wurde vertreten, dass die Vorschrift letztlich im öffentlichen Interesse einen letzten Rest der Grundrechtsbindung sichere.

Heute wird sie – der primären Abwehrfunktion der Grundrechte entsprechend – eher als Mindestgrenze des subjektiven Schutzes betrachtet,[408] so dass dem Einzelnen etwas vom Grundrechtsschutz bleiben muss. Nicht ausreichend ist, dass irgendjemandem das Grundrecht erhalten bleibt. Problematischer ist, wie der Wesensgehalt zu ermitteln ist:

136

---

408   Z.B. Pieroth/Schlink, Rn. 349.

a) Absolute Theorie

absolute Theorie

Die Theorie vom absoluten Wesensgehalt[409] postuliert einen *unabhängig von der jeweiligen Konstellation* zu bestimmenden Kernbereich, der jedenfalls unangetastet bleiben muss.

b) Relative Theorie

relative Theorie: wie viel bleibt in konkreter Situation übrig?

Dagegen geht die Theorie vom relativen Wesensgehalt[410] davon aus, dass in der *konkreten Situation* unter Berücksichtigung der betroffenen privaten und öffentlichen Interessen abzuwägen ist, ob der Wesensgehalt betroffen ist. Gegen diese Theorie spricht systematisch, dass Art. 19 II GG dann neben dem Verhältnismäßigkeitsprinzip keine eigenständige Bedeutung hätte.

Obwohl die relative Theorie flexiblere Lösungen für den Einzelfall zulässt und ein absoluter Wesensgehalt schwer zu bestimmen ist, spricht deshalb wohl mehr für die absolute Theorie. In Verbindung mit dem subjektiven Ansatz (vgl. o.) ist deshalb zu fragen, ob dem konkret Betroffenen noch etwas von dem Schutz verbleibt, den das Grundrecht gewähren will.

Dies würde bedeuten, dass z.B. die Einführung der Todesstrafe (von Art. 102 GG abgesehen) gegen Art. 2 II S. 1 GG i.V.m. Art. 19 II GG verstoßen, da das Grundrecht auf Leben für den Betroffenen völlig suspendiert wird. Das zeigt zugleich die Probleme der absoluten Theorie i.V.m. dem subjektiven Verständnis bei einem Grundrecht wie Art. 2 II S. 1 GG, bei dem jeder Eingriff zugleich den Wesensgehalt beseitigen würde. Anders z.B. bei Art. 12 GG, da selbst das Totalverbot mehrerer Berufe die grundsätzliche Berufsfreiheit nicht völlig suspendieren würde.

BVerfG: Relative Theorie

Das BVerfG vertritt (in neueren Entscheidungen) wohl schon aus Gründen der Praktikabilität die relative Theorie, so dass Art. 19 II GG neben der Verhältnismäßigkeitsprüfung tatsächlich weitgehend irrelevant ist.[411]

**hemmer-Methode: Letztlich können Sie in der Klausur beide Ansichten vertreten, u.U. auch einmal ergebnisorientiert. Meist werden aber die Fälle ohnehin nicht so gelagert sein, dass ein Eingriff in den Kernbereich ernsthaft in Betracht kommt. Aufbaumäßig kann es sich empfehlen, auch diesen Prüfungspunkt nach der Verhältnismäßigkeit zu behandeln, da in dieser normalerweise der Schwerpunkt liegen sollte und Sie die Frage nach dem Wesensgehalt dann u.U. mit einem Verweis nach oben kurz abhandeln können.
Art. 19 II GG gilt allerdings nur für den einfachen Gesetzgeber. Der verfassungsändernde Gesetzgeber ist hieran nicht gebunden. Er kann einzelne Grundrechte auch komplett abschaffen. Die Grenze hierfür ist allein Art. 79 III GG![412]**

B) Aufbau für vorbehaltlos gewährte Grundrechte

Schema für schrankenlose GRe

137

Da sich das oben dargestellte Schema an den Schranken und Schranken-Schranken orientiert, gilt es primär für Grundrechte *mit* Gesetzesvorbehalt. Es gibt aber auch Grundrechte ohne Gesetzesvorbehalt. Für diese soll nachfolgend ein Aufbauschema dargestellt werden, das ihre Besonderheiten berücksichtigt. Freilich gibt es dabei sehr viele Übereinstimmungen, so dass häufig nach oben verwiesen werden kann.

---

409   Z.B. vMü-Hendrichs, Art. 19 GG, Rn. 25.

410   Z.B. M/D-Maunz, Art. 19 II GG, Rn. 16 ff.

411   Vgl. exemplarisch hierzu die Entscheidung zu § 14 III LuftSiG, BVerfG in NJW 2006, 751 =Life & Law 2006, 269. Das BVerfG billig hier grundsätzlich die Tötung eines Terroristen, was nach der absoluten Theorie nicht möglich wäre.

412   BVerfG, NJW 2004, 999.

hemmer-Methode: Missbrauchen Sie Ihren Kopf nicht als Festplatte! Verinnerlichen Sie das Grundschema zu den Grundrechten mit Gesetzesvorbehalt und merken Sie sich v.a. die Abweichungen.

Es ergibt sich folgende grobe Prüfungsreihenfolge:

> **I.** Eröffnung des Schutzbereichs
>
> **II.** Eingriff in den Schutzbereich
>
> **III.** Schranken, v.a. Schrankengewinnung
>
> **IV.** Praktische Konkordanz

I. Schutzbereich

Schutzbereich w.o.

Für die Ermittlung des Schutzbereichs gilt grds. das Gleiche wie bei den Grundrechten mit Gesetzesvorbehalt (vgl. o. Rn. 102 ff.). U.U. kann aber in die Auslegung einfließen, dass der vorbehaltlos grundrechtlich geschützte Bereich vom Verfassungsgeber als besonders gefährdet betrachtet wurde. Umgekehrt wäre es aber auch einmal denkbar, den Schutzbereich als nicht eröffnet anzusehen, wenn nicht anzunehmen ist, dass der Verfassungsgeber ein bestimmtes Verhalten vorbehaltlos schützen wollte.

138

II. Eingriff

Eingriff w.o.

Für den Eingriff ergeben sich bei den vorbehaltlos garantierten Grundrechten keine Unterschiede im Vergleich zu denen mit Gesetzesvorbehalt, so dass hier auf die Ausführungen oben (Rn. 106 ff.) verwiesen werden kann.

139

III. Schranken

keine geschriebenen Schranken

Bei den vorbehaltlos gewährten Grundrechten (z.B. Art. 4 I, 5 III S. 1 GG) bestehen nach dem Wortlaut des GG gerade überhaupt keine Schrankenvorbehalte und damit Beschränkungsmöglichkeiten. Gleichwohl ist leicht einsichtig, dass eine uneingeschränkte Ausübung dieser Grundrechte nicht immer zugelassen werden kann.

140

> *Beispiele: Das öffentliche Schlachten von Säuglingen kann weder als religiöse Kulthandlung sub specie Art. 4 I, II GG noch sub specie Art. 5 III S. 1 GG als künstlerische Darbietung oder soziologische Feldforschung (etwa "Wie reagieren Passanten auf das öffentliche Abschlachten von Kleinkindern?") zulässig sein. Aber auch in weniger extremen Fällen kann sich die Frage stellen, ob z.B. künstlerische Anliegen am Bau über die Verletzung bauordnungsrechtlicher Vorschriften hinweghelfen können.*

auch keine Schrankenübertragung ⇨ nur verfassungsimmanente Schranken

Das BVerfG[413] und die h.L.[414] gehen deshalb davon aus, dass auch diesen Grundrechten *verfassungsimmanente Schranken* aus anderen Vorschriften der Verfassung gesetzt sind. Damit erteilt die h.M. zugleich allen Versuchen eine Absage, auf die schrankenlos gewährleisteten Grundrechte pauschal anderswo bestehende Schranken zu übertragen, insbesondere also einer Schrankenübertragung:

141

---

413   Z.B. E 28, 243 (261).

414   Beispielhaft statt vieler v. Münch, Vorb. Art. 1 – 19 GG, Rn. 57; Pieroth/Schlink, Rn. 301 ff.; Schwerdtfeger, Rn. 472 ff.

⇨ der Schrankentrias des Art. 2 I GG[415]: insbesondere wegen der weiten Auslegung der „verfassungsmäßigen Ordnung" i.S.d. Art. 2 I GG[416] würde diese der Systematik des GG jedoch nicht gerecht und wird heute nicht mehr vertreten

⇨ der „allgemeinen Gesetze" i.S.d. Art. 5 II GG, die insbesondere bei Art. 5 III GG herangezogen wird, wobei gerade hier aus der Systematik des GG der entgegenstehende Wille des Verfassungsgebers deutlich wird[417]

⇨ in Form einer Gemeinwohlklausel, welche viel zu weit und unbestimmt ist

⇨ kraft konkurrierenden Verfassungsrechts, wenn das betreffende Verhalten zugleich in den Schutzbereich eines anderen, beschränkbaren Grundrechts fällt:[418] hier wird nicht nur methodisch der Grundsatz der Spezialität durchbrochen, sondern v.a. ist nicht ersichtlich, weshalb ein mehrfach geschütztes Verhalten leichter einschränkbar sein sollte.

praktische Konkordanz

Vielmehr können vorbehaltlos gewährte Grundrechte nur eingeschränkt werden, um diese mit anderen verfassungsrechtlichen Rechtspositionen, die durch eine vorbehaltslose Gewährung ihrerseits eingeschränkt würden, in einen gerechten Ausgleich zu bringen, sog. *praktische Konkordanz*.[419] Hierzu ist eine Abwägung zwischen den verfassungsrechtlich geschützten Positionen erforderlich.

Zu dieser Abwägung ist vorweg zu bemerken: da es um Grenzen unmittelbar aus der Verfassung geht, die gerade nicht mittels Gesetzesvorbehalts vorrangig dem Gesetzgeber zur näheren Bestimmung überlassen wurden, ist insofern die Kontrolldichte des Verfassungsgerichts bzw. des Klausurbearbeiters enger als bei Abwägungen im Zusammenhang mit dem Gesetzesvorbehalt.[420] Wegen dieser größeren Nachprüfbarkeit ist es auch systematisch nicht zu bevorzugen, die praktische Konkordanz schon zur Frage des Schutzbereichs zu machen, indem man diesen nur so weit reichen lässt, wie keine anderen Rechtspositionen beeinträchtigt werden.

verfassungsimmanente Schranken durch

Fraglich ist noch, welche Positionen zu einer verfassungsimmanenten Schranke führen können:

1. Grundrechte Dritter

GRe Dritter (unprobl.)

Unproblematisch ist dies bei Grundrechten Dritter.[421] Bei einer Abwägung ist freilich zu beachten, dass die Differenzierung zwischen vorbehaltlosen Grundrechten und solchen mit Gesetzesvorbehalt nicht unterlaufen wird, da erstere zeigen, dass der Verfassungsgeber die durch sie geschützten Lebensbereiche für besonders sensibel gegen staatliche Eingriffe gehalten hat.

142

143

---

415   Dagegen ausdrücklich BVerfGE 30, 173 (192) = Hemmer/Wüst/Triebel, Classics Ö-Recht, Fall 14 - Mephisto; BVerfGE 32, 98 (107).

416   Dazu unten Rn. 164.

417   Für diesen Ansatz aber Schwerdtfeger, Rn. 482 f.

418   So Mangold/Klein, Art. 6 GG, Anm. X 6b.

419   Hierzu v.a. Hesse, Rn. 317 ff.

420   So auch Schwerdtfeger, Rn. 479; zu diesen Abwägungen unten Rn. 135.

421   Beispiele aus der Rspr. des BVerfG: Menschenwürde bzw. Jugendschutz als Grenzen der Kunstfreiheit, E 30, 173 (193) = Hemmer/Wüst/Triebel, Classics Ö-Recht, Fall 14; E 83, 130 (139) = Hemmer/Wüst/Triebel, Classics Ö-Recht, Fall 33; NJW 1990, 3026 (3027).

2. Sonstige Rechtsgüter von Verfassungsrang

sonstige Rechtsgüter von Verfassungsrang (im einzelnen str.)

Schwieriger und zweifelhaft ist dagegen die Situation, wenn kein Grundrecht einschlägig und auf sonstige Rechtsgüter von Verfassungsrang zurückgegriffen wird. Solche wird man nur dann anerkennen können, wenn sie eine ähnliche Bedeutung haben wie die Grundrechte,[422] weshalb es bedenklich erscheint, wenn vom BVerfG neben dem Bestand der Bundeswehr[423] oder der Sicherheit des Staates und seiner Bevölkerung[424] sogar die Erwähnung in Kompetenznormen[425] als ausreichend betrachtet wird, um von einem verfassungsrechtlich geschützten Gut auszugehen. Gerade die Kompetenznormen stellen nicht unbedingt Wertungen dar, sondern bestimmen nur die Zuständigkeiten. Nur einzelne Gesetzgebungskompetenzen, wie etwa der Tierschutz, lassen Wertungen erkennen, wobei es auf letzteres angesichts der Neufassung des Art. 20a GG nicht mehr ankommt.

144

hemmer-Methode: Zeigen Sie in der Klausur bei solch umstrittenen Fragen ruhig Kritikfähigkeit. Gehen Sie aber auf die Rspr. unseres höchsten Gerichts ein und verwerfen Sie ein solches Vorgehen nicht als „abwegig" oder dergleichen. Am günstigsten ist es, das grundsätzliche Problem anzureißen und bei der Entscheidung für oder gegen die Anerkennung als verfassungsrechtlich geschütztes Gut letztlich besondere Umstände des jeweiligen Klausurfalls heranzuziehen.

Selbstverständlich können an die Verfassungsmäßigkeit eines eingreifenden Gesetzes bei vorbehaltlosen Grundrechten keine geringeren Anforderungen gestellt werden als bei solchen mit Gesetzesvorbehalt. Entsprechend ist auch hier erforderlichenfalls eine Prüfung der formellen und materiellen Verfassungsmäßigkeit durchzuführen.[426]

Diese ist freilich insofern eingeschränkt, als weder das Zitiergebot noch die Erfüllung einer Vorbehaltsqualifikation zu prüfen ist, so dass i.d.R. nur Gesetzgebungskompetenz und -verfahren sowie Bestimmtheit kurz anzusprechen sind.

IV. Praktische Konkordanz/Verfassungsmäßiger Ausgleich

praktische Konkordanz: ähnlich wie Verhältnismäßigkeitsprüfung

Schließlich muss auch bei der Grundrechtsbeschränkung durch kollidierendes Verfassungsrecht im Wege der praktischen Konkordanz ein verhältnismäßiger Ausgleich gefunden werden. Orientiert man sich am Schema für die Grundrechte mit Gesetzesvorbehalt,[427] gilt hier Folgendes:

145

1. Der legitime Zweck der Einschränkung ist hier unproblematisch, da man ja schon zur Schrankengewinnung festgestellt hat, dass andere Grundrechte bzw. im Einzelfall sonstiges Verfassungsrecht dadurch begünstigt werden sollen.

hemmer-Methode: Der Schutz des kollidierenden Verfassungsrechts ist der legitime Zweck des in das schrankenvorbehaltlos gewährte Grundrecht eingreifenden Gesetzes. Bei schrankenvorbehaltlos gewährten Grundrechten sind mithin die Anforderungen an eine Rechtfertigung des Eingriffs ungleich höher als bei anderen Grundrechten. Während bei diesen vernünftige Erwägungen des Allgemeinwohls als legitimer Zweck ausreichen können, muss es hier um den Schutz kollidierenden Verfassungsrechts gehen!

---

422   So Jarass/Pieroth, Vorb. vor Art. 1 GG, Rn. 38; restrikitv auch Pieroth/Schlink, Rn. 381.

423   E 28, 243 (261).

424   E 49, 202 (209).

425   E 53, 30 (56).

426   Vgl. dazu oben Rn. 121 bis Rn. 129.

427   Vgl. oben Rn. 130 bis Rn. 135.

bei Abwägung zu beachten: geringerer Spielraum des Gesetzgebers

2. Hinsichtlich Geeignetheit und Erforderlichkeit gilt das zu den Grundrechten mit Gesetzesvorbehalt Ausgeführte entsprechend.

3. Der Prüfung der Verhältnismäßigkeit i.e.S. bzw. Angemessenheit entspricht hier die Prüfung, ob ein angemessener Ausgleich zwischen den kollidierenden Grundrechten getroffen wurde.

Es kommt also wieder zu einer Güterabwägung, bei der das oben (Rn. 135) dargestellte Vorgehen (abstrakte und konkrete Wertigkeiten, Eingriff in Kernbereich oder periphere Modalitäten) verfolgt werden sollte. Hier ist kurz festzustellen (und auch bei der Abwägung deutlich zu machen), dass die Kontrolldichte enger ist als bei Grundrechten mit Gesetzesvorbehalt, bei denen dem Gesetzgeber ein größerer Beurteilungsspielraum zusteht.

4. Schon aus dem Prinzip der praktischen *Konkordanz* ergibt sich ferner, dass bei der Abwägung - ähnlich wie bei Art. 19 II GG - keines der Grundrechte völlig geopfert werden darf, also immer zumindest der Wesensgehalt bestehen bleiben muss.

hemmer-Methode: Sie sehen also, dass die Schemata auch in der zweiten Hälfte im Wesentlichen übereinstimmen. Nur ist bei der Frage der Schranken deren Gewinnung besonders zu untersuchen. Der „verhältnismäßige Ausgleich" entspricht weitgehend der „Schranken-Schranken"-Prüfung bei Grundrechten mit Gesetzesvorbehalt. Der wesentliche Unterschied ist der, dass nicht mehr jeder legitime Zweck genügt, sondern im Schutz kollidierenden Verfassungsrechts bestehen muss.
Versuchen Sie, diese Gemeinsamkeiten zu erkennen und sich so das Lernen zu erleichtern! Abschließend sei noch einmal angemerkt: Der hier empfohlene Aufbau ist nicht der einzig vertretbare, wichtig ist v.a., dass Sie inhaltlich alle Punkte sinnvoll unterbringen.

Exkurs: Einschränkungen im besonderen Gewaltverhältnis

Besonderes Gewaltverhältnis

V.a. früher wurden in sog. besonderen Gewaltverhältnissen noch weitergehend Grundrechtseinschränkungen zugelassen bzw. die Grundrechte überhaupt als suspendiert betrachtet.

146

Ein solches Verhältnis (heute eher als Sonderstatus-Verhältnis bezeichnet) sollte vorliegen, wo der Bürger eine engere Beziehung zum Staat aufweist bzw. in die staatliche Sphäre inkorporiert ist, so v.a. bei Beamten, Soldaten, Schülern und Strafgefangenen.[428]

h.M.: kein grundrechtsfreier Raum, aber diff. Grund-/Betriebsverhältnis

Dem Grundrechtsverständnis des GG entspräche ein solcher „grundrechtsfreier Raum" jedoch nicht, weshalb mittlerweile anerkannt ist, dass die Grundrechte grds. auch i.R. solcher Sonderstatusverhältnisse gelten.[429] Vom modernen Grundrechtsverständnis her ebenfalls zweifelhaft, aber weit verbreitet, ist dabei jedoch die Trennung zwischen *Grund- und Betriebsverhältnis*: Dabei soll das Betriebsverhältnis die innere Regelung der betroffenen Einrichtung, etwa Organisationsmaßnahmen betreffen, während dem Grundverhältnis die Akte zuzurechnen sind, die unmittelbar die persönliche Rechtsstellung des im Sonderstatusverhältnis Stehenden betreffen.

Oft lassen sich Akte nicht ganz einfach zuordnen, deshalb sollte man sich zweierlei merken: für die Betroffenheit des Grundverhältnisses spricht immer, wenn gerade speziell der Einzelne durch eine Maßnahme betroffen ist, während Maßnahmen im Betriebsverhältnis alle im Sonderstatusverhältnis Stehenden gleich treffen und sich an niemanden speziell richten.

---

428   Vgl. Hesse, Rn. 322.

429   Leading case, insoweit BVerfGE 33, 1 ff., insb. 10 f. = Hemmer/Wüst/Triebel, Classics Ö-Recht, Fall 8 - Strafvollzugsentscheidung; näher zum Ganzen auch Richter/Schuppert, S. 66 f. m.w.N.

Außerdem ist ein (zumindest) Durchschlagen aufs Grundverhältnis schon aus klausurtaktischen Gründen großzügig zu bejahen, was sich mit effektivem Grundrechtsschutz begründen lässt. Zu erwägen ist dann aber auf der nächsten Stufe, inwiefern z.B. die Funktionsfähigkeit der jeweiligen Anstalt den Grundrechtseingriff rechtfertigen kann.

Prüfung im verwaltungsrechtlichen Schema

In der verwaltungsrechtlichen Klausur, die in einem Sonderstatusverhältnis spielt, kann dieses an mehreren Prüfungspunkten angesprochen werden. 147

Bei der Frage nach der Eröffnung des Verwaltungsrechtswegs käme die sog. Impermeabilitätstheorie zu dem Ergebnis, dass innerhalb eines Sonderstatusverhältnisses ein „rechtsfreier Raum" bestehe, somit eine gerichtliche Überprüfung ausscheide. Indes ist eine solche Ansicht mit Art. 20 III GG und § 40 VwGO sicher unvereinbar.

Als Klageart kommt eine Anfechtungsklage nur bei einem Verwaltungsakt in Betracht, welcher wiederum Außenwirkung voraussetzt. Diese liegt nach vielfach vertretener Ansicht (vgl. o.) nur vor, wenn das Grundverhältnis betroffen ist. Dies spielt freilich unter Geltung der VwGO eine geringere Rolle, da das Vorliegen eines Verwaltungsakts nicht mehr rechtswegeröffnend wirkt.

Eine Klagebefugnis besteht nicht, wenn man in der Unterwerfung unter ein Sonderrechtsverhältnis einen Grundrechtsverzicht sieht. Ein solcher Ansatz ist allenfalls im Beamtenverhältnis vertretbar, da nur hier der Eintritt in das besondere Gewaltverhältnis freiwillig erfolgt, aber letztlich auch dort als reine Fiktion abzulehnen.[430] Soweit man zwischen Grund- und Betriebsverhältnis differenziert, soll aber eine Klagebefugnis nur bei Eingriffen ins Grundverhältnis denkbar sein.

Bei der Frage nach einer Ermächtigungsgrundlage würde die (abzulehnende, vgl. o.) Impermeabilitätstheorie auf eine solche völlig verzichten, nach a.A. genügt für Eingriffe im Betriebsverhältnis die Förderung des Anstaltszwecks.

Nach dem BVerfG[431] ist aber zumindest für wesentliche Entscheidungen, die über die reine Organisation der Anstalt hinausgehen, eine Ermächtigungsgrundlage erforderlich.

Bearbeiten Sie die Wiederholungsfragen zu den allgemeinen Grundrechtslehren. 148

---

430 Das BVerfG geht in seiner Kopftuchentscheidung auf diese Problematik überhaupt nicht näher ein, vgl. BVerfG, NJW 2003, 3111, sehr krit. bspr. von Ipsen in NVwZ 2003, 1210.

431 A.a.O.

§ 9 SCHUTZ DER MENSCHENWÜRDE, ART. 1 I GG

Einstiegsfall:[432] *Groß (G) ist Betreiber einer Diskothek, die nur schleppend läuft. Um neue Kunden anzulocken, vereinbart er mit dem kleinwüchsigen Klein (K), dass sich dieser an den Wochenenden für Wettbewerbe im „Zwergenweitwurf" zur Verfügung stellt. Die zuständige Behörde versagt die erforderliche Genehmigung, da zu befürchten sei, dass die Darstellung den guten Sitten zuwiderlaufen werde, § 33a II Nr. 2 GewO.*

str., ob Art. 1 GG GR ist, aber nach h.M. (+)

Ob es sich bei Art. 1 I GG überhaupt um ein Grundrecht handelt, ist streitig, da er aufgrund seiner Stellung mehr programmatischen Charakter haben könnte und außerdem nach Art. 1 III GG die öffentliche Gewalt durch die *„nachfolgenden Grundrechte"* gebunden wird.[433] Die h.M. sieht dagegen Art. 1 I GG als Grundrecht an.[434] Dafür spricht die Überschrift „Die Grundrechte" *vor* Art. 1 GG sowie sein Inhalt (Achtung der Menschenwürde als typisches Abwehrrecht).

149

Letztlich dürfte der Streit in der Klausur meistens keine Rolle spielen, weil Art. 1 I GG i.d.R. mit einem anderen Grundrecht zusammen geprüft werden dürfte, was andererseits auch möglich ist, wenn es sich um kein selbständiges Grundrecht handelt, da Art. 1 I GG - wie auch die Verortung in Art. 79 III GG zeigt - ein „tragendes Konstitutionsprinzip"[435] des GG darstellt, welches die Auslegung der anderen Grundrechte in jedem Fall beeinflusst.

A) Schutzbereich

I. Sachlicher Schutzbereich

Schwierigkeit, „Würde" zu bestimmen

Der sachliche Schutzbereich ist aufgrund des relativ abstrakten und zugleich heutzutage wenig aktiv gebrauchten Begriffs der „Würde" nicht ganz einfach zu bestimmen. Ein praktisches Problem, das sich auch in der Klausur bemerkbar macht, ist die Gefahr, bei der Festlegung des Schutzbereichs immer nach einer Richtung übers Ziel hinaus zu schießen: Einerseits droht eine inflationshafte Berufung auf die vermeintlich verletzte Menschenwürde bei zu großzügiger Auslegung, andererseits käme es einer Kapitulation gleich, wegen der schweren Handhabung des Begriffs so gut wie gar keinen Anwendungsbereich zu sehen.[436]

150

„Eigenwert des Menschen" von Eingriff her interpretiert ⇨"Objektformel"

Ansatzpunkte für eine Definition sind der „Eigenwert des Menschen schlechthin" oder die „Würde aufgrund der Leistung der eigenen Identitätsbildung".[437] Griffiger für die Klausur ist eine Abgrenzung, die sich letztlich schon der möglichen Eingriffsarten bedient: danach umfasst der Schutzbereich der Menschenwürde den Schutz vor „Erniedrigung, Brandmarkung, Verfolgung, Ächtung"[438] sowie davor, zum bloßen Objekt degradiert zu werden.[439]

---

432   Nach VG Neustadt, NVwZ 1993, 98 und Christensen/Jeand'Heur, Jura 1994, 327 ff.

433   Den Grundrechtscharakter ablehnend Stein, S. 183; wohl auch M/D-Dürig, Art. 1 I GG, Rn. 13.

434   Dezidiert Pieroth/Schlink, Rn. 398; wohl auch BVerfGE 15, 149 (155), die Frage offenlassend dagegen BVerfGE 67, 126 (137).

435   Bereits BVerfGE 6, 32 (36) = Hemmer/Wüst/Triebel, Classics Ö-Recht, Fall 4 - Elfes; zuletzt wieder BVerfGE 87, 209 (228).

436   Zu diesen Problemen vgl. Richter/Schuppert, S. 85.

437   Zu diesen Ansätzen Pieroth/Schlink, Rn. 401 m.w.N.

438   BVerfGE 1, 97 (104).

439   BVerfGE 9, 89 (95); 57, 250 (275).

hemmer-Methode: Der Mensch als höchster Wert kann nicht definiert werden, so dass man bei Art. 1 GG nicht mit einer Umschreibung des Leitbegriffes beginnen kann. Stattdessen muss man „vom Eingriff her" denken. Eine mögliche Formulierung wäre folgende: „Der Mensch als höchster Wert ist in seiner Würde verletzt, wenn er zum bloßen Objekt staatlichen Handelns gemacht wird." Sollten Sie einmal in die Verlegenheit kommen, in einer unbekannten Konstellation die Menschenwürde prüfen zu müssen, sollten Sie aber durchaus klarmachen, dass die Eingrenzung des Schutzbereichs hier besondere Schwierigkeiten macht

Die Objektformel dürfte die griffigste Abgrenzung für die Klausur sein, wenngleich auch diese natürlich noch einer wertenden Ausfüllung bedarf und nicht alle Probleme i.R.d. Art. 1 I GG erfassen kann.[440]

Anwendungsbereiche von Art. 1 I GG nach der Rechtsprechung des BVerfG ist die staatliche Kriminalstrafe, für welche sich eine Pflicht zum menschenwürdigen[441] und „sinnvollen Behandlungsvollzug"[442] ergibt. Aber auch außerhalb der Kriminalstrafe im engeren Sinne bleibt die Menschenwürde maßstäblich. Ein Beispiel ist eine Entscheidung des BVerwG zur entwürdigen Behandlung eines Arrestanten durch einen Wachoffizier.[443] Ein Soldat der als Offizier vom Wachdienst unter Missbrauch seiner Befehlsbefugnis einen Arrestanten durch den Wachhabenden vor dem Wachlokal der Kaserne mit Handfesseln anschließen lässt, um ihm so den zustehenden „Aufenthalt im Freien" zu ermöglichen, stellt den Betroffenen gleichsam „an den Pranger" und verstößt dadurch gegen die Unantastbarkeit der Menschenwürde des Betroffenen.[444]

Auch darüber hinaus ist der Staat gefordert, zumindest menschenwürdige existentielle Lebensbedingungen zu schaffen.[445] Zu diesen gehört auch die Wahrung der seelischen und körperlichen Identität.[446] Zu beachten ist auch der weite Anwendungsbereich des durch Art. 1 I GG i.V.m. Art. 2 I GG garantierten allgemeinen Persönlichkeitsrechts, das im Zusammenhang mit Art. 2 I GG dargestellt wird.[447]

Beachtenswert erscheint noch, dass dieser Schutz überwiegend absolut gesehen wird, d.h. unabhängig davon, ob der Einzelne seine Behandlung als menschenunwürdig betrachtet.[448] Die Menschenwürde ist nicht disponibel!

Allerdings kann natürlich der Einzelne durch sein Verhalten in gewissem Umfang die Reichweite der Menschenwürde mitbestimmen.

Bsp.: Wird ein Flugzeug entführt und nach dem „Vorbild" des 11.09.2001 als Terrorwaffe missbraucht, ist ein Abschuss und damit eine Tötung der Entführungsopfer eine Verletzung deren Menschenwürde, da diese zum bloßen Objekt staatlichen Handelns werden. Anders ist dies bei einer Tötung nur der Terroristen. Diese haben es bis zum Schluss selbst in der Hand, den Sachverhalt mitzubestimmen. Hier soll nach dem BVerfG keine Verletzung des Art. 1 I GG gegeben sein.[449]

---

440 BayVGH, NJW 2003, 1618 = BayVBl. 2003, 339 (Körperweltenentscheidung).

441 BVerfGE 33, 1 ff. = Hemmer/Wüst/Triebel, Classics Ö-Recht, Fall 8 – Gefangenenbriefe; BVerfG, NJW 1982, 1583 - Arbeitsentgelt.

442 BVerfGE 45, 187 (237 f.) – Lebenslange Freiheitsstrafe.

443 BVerwG, NVwZ-RR 1998, 761 ff.

444 Der Einsatz von Wasserwerfern soll ohne besondere Umstände nicht gegen Art. 1 GG verstoßen. Vgl. BVerfG, NVwZ 1999, 290 ff.

445 BVerfGE 1, 159 ff., insb. 161 – Fürsorge; vgl. auch BVerfGE 54, 341 ff. zum Asylrecht.

446 BVerfGE 49, 286 ff. = Hemmer/Wüst/Triebel, Classics Ö-Recht, Fall 6 - Transsexuelle; 35, 202 (236) – Resozialisierung; 47, 46 (73) – Sexualkundeunterricht; 47, 239 (247) – Schutz der Haar- und Barttracht.

447 Dazu unten Rn. 162.

448 Krit. hierzu vMü-v. Münch, Art. 1 GG, Rn. 17, 39; vgl. dazu v.a. das „Peep-Show-Urteil" des BVerwGE 64, 274 (279); krit. zu diesem Discher, JuS 1991, 642.

449 BVerfG, NJW 2006, 751 =Life & Law 2006, 269.

hemmer-Methode: Hier entsteht ein Konflikt zwischen dem Schutz der Menschenwürde nach absoluten Maßstäben und dem Selbstbestimmungsrecht, welches im Kern auch zur Menschenwürde gehört. So kann auf die Menschenwürde nicht verzichtet werden, andererseits kann jeder in gewissem Umfang selbst entscheiden, was „unter seiner Würde ist" und was nicht! In der Klausur müssen Sie dieses Problem ggf. sehen und sich damit auseinandersetzen, auf Ihr Ergebnis wird es nur zweitrangig ankommen.

II. Personaler Schutzbereich

GR-Träger ist jeder, auch nasciturus

Träger des Grundrechts ist jeder Mensch „ohne Rücksicht auf seine Eigenschaften, seine Leistungen und seinen sozialen Status",[450] geschützt wird auch schon das werdende Leben im Mutterleib[451] und noch die Würde des bereits Verstorbenen, sog. postmortales Ehrenrecht.[452]

151

B) Eingriffe

I. Ein Eingriff liegt vor, wenn eine solche oben genannte Behandlung vorliegt, vor dem der Schutzbereich gerade schützen soll.

152

hemmer-Methode: Was hier nach einem Zirkelschluss klingt, hat seinen Grund darin, dass der Schutzbereich schon vom Eingriff her bestimmt wurde. Dies ist zwar dogmatisch nicht ganz sauber, aber aus Gründen der Anschaulichkeit wohl vorzuziehen.

Dabei ist zwar nicht entscheidend, ob eine Verletzung der Menschenwürde beabsichtigt ist, es kann sich aber der entwürdigende Charakter durch eine spezielle Absicht erst ergeben oder zumindest verstärken.

auch staatl. Schutz gefordert

II. Da Art. 1 I GG nicht nur Achtung, sondern auch *Schutz* der Menschenwürde fordert, könnte ein Eingriff grds. auch darin liegen, dass der vom Staat zu fordernde Schutz, z.B. durch Erlass entsprechender privat- und öffentlich-rechtlicher Vorschriften, nicht gewährt wird. Allerdings dürfte hier ein Eingriff nur in Extremfällen denkbar sein, da dem Staat insoweit ein erheblicher Spielraum zusteht.[453]

„Kind als Schaden"

In den Bereich des Art. 1 I GG gehört auch der Problemkreis, der unter dem Schlagwort „Kind als Schaden" diskutiert wird. Hierbei geht es um die Frage der Haftung eines Arztes nach einer fehlgeschlagenen Sterilisation oder fehlerhafter genetischer Beratung vor Zeugung eines Kindes.

Diese Frage ist selbst zwischen den Senaten des BVerfG umstritten. Der erste Senat sieht in einer Haftung des Arztes keinen Verstoß gegen Art. 1 I GG, da in der Verlagerung der Unterhaltspflicht auf Dritte kein Unwerturteil über den jeweiligen Unterhaltsberechtigten zu sehen sei.[454] Der zweite Senat aber hat in einer Stellungnahme seine gegenteilige Auffassung zum Ausdruck gebracht.[455] Hierbei handelt es sich um einen in der bisherigen Geschichte des BVerfG einmaligen Vorgang.[456]

153

---

450   BVerfGE 87, 209 (228); selbstverständlich auch Kinder, Geisteskranke, Straftäter etc.

451   BVerfGE 88, 203 (251); 39, 1 (41 f.).

452   BayVGH, NJW 2003, 1618 = BayVBl. 2003, 339 (Körperweltenentscheidung).

453   Vgl. Jarass/Pieroth, Art. 1 GG, Rn. 7; AK-Podlech, Art. 1 GG, Rn. 79.

454   BVerfG, NJW 1998, 519, 523 = JuS 1998, 942, 944.

455   BVerfG, NJW 1998, 519, 523 = JuS 1998, 942, 944.

456   Vgl. z. B. BGH, NJW 2000, 1782 = Life &Law 2000, 605, s. auch BGH, NJW 2002, 2636.

C) Schranken

schrankenlose Gewährleistung

Die Garantie der Menschenwürde unterliegt keinen Schranken („unantastbar"), so dass jeder Eingriff eine Verletzung darstellt. Auch eine Schranke kraft kollidierenden Verfassungsrechts ist schon praktisch kaum denkbar, v.a. aber wegen der überragenden Bedeutung der Menschenwürde, die sich aus Art. 79 III GG ergibt, nicht möglich.[457]

154

hemmer-Methode: Machen Sie sich noch einmal klar: dass der Eingriff hier gleichzeitig zur Verletzung führt, ist die Ausnahme, halten Sie die beiden Begriffe trotzdem gut auseinander! Andererseits spricht dieser Befund zusätzlich noch dafür, den Schutzbereich im Hinblick auf die möglichen Eingriffe zu bestimmen, da hier schon eine Vorentscheidung in der Schutzbereichsebene fällt und die zusätzlichen Korrektive in der Schranken- und Schranken-Schranken-Prüfung fehlt. Die Rechtsprechung nimmt in diesem Zusammenhang häufig bereits auf Ebene des Schutzbereichs eine Abwägung mit widerstreitenden Interessen vor und verneint dann u.U. den Eingriff in den Schutzbereich.[458]

D) Verhältnis zu anderen Grundrechten[459]

auch andere GRe haben Menschenwürdegehalt

Da Art. 1 I GG einerseits die Auslegung der nachfolgenden Grundrechte beeinflusst, andererseits von diesen konkretisiert wird (vgl. o.) sollte man sich noch folgendes vergegenwärtigen: Zum ersten ist Art. 1 I GG nicht subsidiär in dem Sinn, dass er von anderen Grundrechten in ihrem Anwendungsbereich verdrängt wird.

155

Vielmehr ist häufig eben die Menschenwürde bei der gebotenen einschränkenden Auslegung nicht betroffen. Zum Zweiten nehmen nicht alle Grundrechte, die Art. 1 I GG irgendwie konkretisieren an seiner Ewigkeitsgarantie, Art. 79 III GG, teil; sie werden aber erfasst, soweit sich ihre normative Wirkung auch aus Art. 1 III GG ergibt (sog. Menschenwürdegehalt[460]).

hemmer-Methode: Verfassungsänderungen sind nach Art. 79 III GG nicht an den einzelnen Grundrechten, sondern eben nur an der Menschenwürde (und an Art. 20 GG) zu messen. Die Menschenwürde kann so der Einstieg in den Kernbereich anderer Grundrechte sein, soweit diesen ein solcher Menschenwürdegehalt zukommt.[461] Hierin liegt gerade die besondere Bedeutung des Art. 1 I GG für die Klausur.

Lösungshinweise zum Einstiegsfall: Ein Verstoß gegen die guten Sitten könnte namentlich vorliegen, wenn die Veranstaltung eines Wettbewerbs im Zwergenweitwurf die Menschenwürde verletzen würde, deren Schutz der staatlichen Gewalt in Art. 1 I S. 2 GG explizit aufgetragen wird. Der geworfene „Zwerg" wird hier wie ein Sportgerät behandelt und zum bloßen Objekt der Volksbelustigung degradiert. Es steht nicht eine etwaige artistische Leistung des K im Mittelpunkt, sondern die Möglichkeit, die eigene körperliche Überlegenheit an einem kleinwüchsigen Menschen zu demonstrieren. Dass K die Mitwirkung freiwillig zugesagt und die Behandlung möglicherweise nicht als entwürdigend empfindet, ist irrelevant, soweit man mit der Rechtsprechung die Menschenwürde als unverfügbaren Wert betrachtet, auf den der Einzelne nicht wirksam verzichten kann. Dafür spricht trotz der beachtlichen Kritik in der Literatur, dass das Argument der Freiwilligkeit zu wenig wirtschaftliche Abhängigkeiten beachtet.

---

457 A.A. MaKl-Starck, Art. 1 GG, Rn. 21; das BVerfG formuliert vorsichtiger derart, dass jedenfalls Eingriffe in den Kernbereich immer unzulässig sind, vgl. BVerfG, DVBl. 2001, 985.

458 m.w.N. BVerfG, DVBl. 2001, 985; BayVGH, NJW 2003, 1618 = BayVBl. 2003, 339 (Körperweltenentscheidung).

459 Vgl. Pieroth/Schlink, Rn. 414 ff.

460 Vgl. Jarass/Pieroth, Art. 79 GG, Rn. 9.

461 BVerfG, NJW 2004, 999 (großer Lauschangriff).

§ 10 FREIE ENTFALTUNG DER PERSÖNLICHKEIT, ART. 2 I GG

Einstiegsfall:[462] Durch eine Änderung des Bundesjagdgesetzes wurde die erste Erteilung eines Falknerjagdscheins davon abhängig gemacht, dass der Bewerber auch die Jägerprüfung erfolgreich abgelegt hat, für die u.a. Kenntnisse auch im Bereich des Waffenrechts und der Waffentechnik erforderlich sind. Freizeitjäger Nimrod (N) fühlt sich in seinen Grundrechten verletzt

A) Schutzbereich

I. Allgemeine Handlungsfreiheit

Art. 2 I GG: nicht nur Kernbereich, sondern allgemeine Handlungsfreiheit geschützt

Im Gegensatz zu v.a. früher vertretenen engeren Ansätzen, die durch Art. 2 I GG nur den Kernbereich der Persönlichkeit[463] oder eine engere persönliche Lebenssphäre[464] geschützt sehen wollen, ist nach heute ganz h.M. durch Art. 2 I GG die allgemeine Handlungsfreiheit i.S. eines „Tun und Lassen, was man will" grds. geschützt.[465] Diese weite Fassung bringt mehrere klausurrelevante Probleme insbesondere in der Abgrenzung zu anderen Grundrechten mit sich.

156

1. Subsidiarität

Subsidiarität des Art. 2 I GG

Art. 2 I GG tritt als Auffanggrundrecht subsidiär hinter anderen Grundrechten zurück, soweit deren Schutzbereich betroffen ist. Daraus folgt zum einen, dass Art. 2 I GG erst nach den spezielleren Grundrechten anzusprechen ist, zum anderen, dass eine genauere Prüfung des Art. 2 I GG ausscheidet, wenn ein anderes Grundrecht thematisch einschlägig war, selbst wenn es nicht verletzt ist.

157

Bsp.: Wenn eine Maßnahme, die die Berufsfreiheit betrifft, aber nach der Drei-Stufen-Theorie[466] letztlich gerechtfertigt ist, darf nicht mehr ausführlich geprüft werden, ob womöglich Art. 2 I GG verletzt ist, vielmehr ist nur mit einem Satz die Subsidiarität festzustellen.

Nicht ganz geklärt ist, ob dies auch gilt, wenn ein Verhalten nur in den Regelungs-, nicht aber in den Schutzbereich eines Grundrechts fällt, z.B. der Fall einer unfriedlichen Versammlung:[467] mehr spricht wohl dafür, hier einen Rückgriff auf Art. 2 I GG zuzulassen, da bei einer sachlichen Begrenzung des Schutzbereichs nichts anderes gelten kann, als wenn das Verhalten gar nicht spezialgrundrechtlich geregelt wäre.

2. Auffangfunktion

Auffangfunktion für nicht speziell geschützte Tätigkeiten

Bedeutung erlangt Art. 2 I GG damit v.a. für solche Bereiche bzw. Tätigkeiten, die keinem grundrechtlichen Schutzbereich speziell zugeordnet sind.

158

Beispiele aus der Rechtsprechung des BVerfG sind die Veranstaltung von Sammlungen (E 20, 150, 154), das Führen eines Kfz ohne Schutzhelm (E 59, 275, 278) und das Reiten im Wald (E 80, 137, 154 = HEMMER/WÜST/TRIEBEL, Classics Ö-Recht, Fall 5).[468]

---

462 Nach BVerfGE 55, 159.

463 So Peters, Laun-FS, 1953, 699.

464 So noch Hesse, Rn. 428, ähnlich auch das dissenting vote in BVerfGE 80, 164 (169).

465 Grundlegend BVerfGE 6, 32 (36 f.) Hemmer/Wüst/Triebel, Classics Ö-Recht, Fall 4 - Elfes; vgl. sonst nur BVerfGE 55, 159 - Falkner-Urteil; E 80, 137 Hemmer/Wüst/Triebel, Classics Ö-Recht, Fall 5 - Reiten im Wald; Jarass/Pieroth, Art 2 GG, Rn. 3; Degenhardt, JuS 1990, 162 ff.

466 Zu dieser unten Rn. 270.

467 Verneinend Pieroth/Schlink, Rn. 387 f.; bejahend und damit einen Rückgriff auf Art. 2 I GG hier ebenfalls nicht zulassend M/D-Herzog, Art. 8 GG, Rn. 77; ebenso Erichsen, Jura 1987, 367 (370) m.w.N.

468 Eine ausführlichere Auflistung findet sich bei Pieroth/Schlink, Rn. 425, auch zu noch nicht entschiedenen, aber diskutierten Tätigkeiten.

Zu den Bereichen des Allgemeinen Persönlichkeitsrechts und der wirtschaftlichen Handlungsfreiheit ausführlicher sogleich Rn. 161 f.

hemmer-Methode: Denken Sie an diese Auffangfunktion v.a. auch bei neueren Sachverhalten in der aktuellen Diskussion, z.B. bei der Frage nach dem Rauchen in der Öffentlichkeit oder beim Cannabis-Konsum. Eine Rolle spielt Art. 2 I GG auch dort, wo der negative Schutzbereich eines Grundrechts nicht eröffnet sein soll, z.B. bei der Freiheit von öffentlich-rechtlichen Körperschaften mit Mitgliederzwang.[469]

3. Schutz für Ausländer bei Bürgerrechten

str., ob über Art. 2 I GG Schutz für Ausländer bei Bürgerrechten

Ein eigener Anwendungsbereich wird Art. 2 I GG auch dort zugesprochen, wo das spezielle Grundrecht nur Deutschen zugute kommt, z.B. bei Art. 8, 9 I, 11, 12 I GG.

Eine Ansicht hält hier zwar einen Rückgriff auf Art. 2 I GG für ausgeschlossen, da die Regelung durch die entsprechenden Grundrechte abschließend sei und gerade klargestellt werden sollte, dass für Ausländer hier kein Grundrechtsschutz bestehe.[470]

Die ganz h.M.[471] geht aber davon aus, dass der umfassende Schutz durch Art. 2 I GG auch hier eingreift, da wegen der Nichtgeltung für Ausländer gerade kein Spezialitätsverhältnis entstehen kann.

hemmer-Methode: Prüfen Sie also besonders genau, wenn in der Klausur ein Handelnder Ausländer ist, ob die geltend gemachten Grundrechte ihn überhaupt schützen. Wenn nicht, kommen Sie zu dem hier dargestellten Problem, welches letztlich argumentativ ähnlich läuft wie die oben angesprochene Konstellation, dass die Tätigkeit in den Regelungs-, nicht aber in den Schutzbereich fällt. Überzeugender und auch klausurtaktisch vorzugswürdig dürfte die Ansicht des BVerfG sein, wenngleich die Gegenansicht dogmatisch einiges für sich hat. Deren Argumentation können Sie sich in der Klausur wenigstens z.T. nutzbar machen, indem Sie bei der Verhältnismäßigkeitsprüfung klarstellen, dass, anders als z.B. bei Art. 8 GG selbst, bei der Prüfung des Art. 2 I GG nicht noch eine objektive Wertentscheidung (Versammlungsfreiheit als wichtiges politisches Grundrecht) zugunsten der Freiheit spricht, der Schutz durch Art. 2 I GG also i.d.R. geringer sein wird. Das BVerfG geht allerdings dazu über, Ausländern über Art. 2 I GG letztlich den gleichen Schutz einzuräumen, den das jeweilige Bürgerrecht Deutschen gewährt.[472]

4. Umfassender Schutz vor Verfassungsverletzungen?

mittelbar auch Schutz vor Verletzung objektiven Verfassungsrechts

Ein weniger für die Klausur, aber für die Praxis des BVerfG bedeutendes Problem ergibt sich daraus, dass durch den weiten Schutzbereich der allgemeinen Handlungsfreiheit und die dafür erforderlichen großzügigen Schranken[473] letztlich jedes belastende staatliche Handeln auf seine Verhältnismäßigkeit, v.a. aber auch auf seine Kompetenzgemäßheit hin mit der Verfassungsbeschwerde angegriffen werden kann.[474]

159

160

---

469   Dazu näher bei Art. 9 GG, unten Rn. 248.

470   Vgl. z.B. Schwabe, NJW 1974, 1044 f.; Hailbronner, NJW 1983, 2105 (2110 f.); Erichsen, Jura 1987, 367 (370) m.w.N.

471   BVerfGE 35, 382 (399); 78, 179 (196 f.) jeweils zur Freizügigkeit.

472   So bspw. im „Schächt-Urteil", BVerfG, NJW 2002, 663 = Life & Law 2002, 333 = BayBl. 2002, 300 = DVBl. 2002, 328 mit interessanter Anmerkung v. Volkmann.

473   Zu diesen unten Rn. 164.

474   Vgl. auch BVerfGE 6, 32, 41 = Hemmer/Wüst/Triebel, Classics Ö-Recht, Fall 4 - Elfes; dazu auch Richter/Schuppert, S. 88 f.

Letztlich könnten also auch objektiv-rechtliche Verfahrensfehler zu einer begründeten Verfassungsbeschwerde führen, die ja an sich nur den Individualrechtsschutz bezweckt. Außerdem wird die Gefahr heraufbeschworen, dass das BVerfG zur Superrevisionsinstanz wird, was freilich durch eine Einschränkung des Prüfungsumfangs[475] verhindert werden soll.

II. Wirtschaftliche Handlungsfreiheit

wirtschaftl. Handlungsfreiheit, soweit nicht Art. 12, 14 GG spezieller

161

Art. 2 I GG schützt als Teilbereich der allgemeinen auch die wirtschaftliche Handlungsfreiheit, deren Einschränkung den Bürger besonders häufig trifft. Hierzu ist zum einen die Subsidiarität im Verhältnis zu Art. 12 I GG und 14 I GG (u.U. auch zu Art. 9 GG) zu beachten (vgl. o.). Soweit die Berufsfreiheit oder der Schutz des Eigentums thematisch einschlägig sind, kann Art. 2 I GG also nicht mehr eingreifen.

Trotzdem bleibt Art. 2 I GG nach dem BVerfG[476] ein Anwendungsbereich beim wirtschaftlichen Handeln, soweit die spezielleren Grundrechte, insbesondere also Art. 12 GG nicht eingreifen:[477] so z.B. für den Abschluss von Verträgen per se, für gelegentliche Tätigkeiten, die keinen Beruf darstellen, oder für die unternehmerische Handlungsfreiheit.[478]

III. Allgemeines Persönlichkeitsrecht

allgemeines Persönlichkeitsrecht (Art. 1 I, 2 I GG)

162

Große Bedeutung (auch etwa für das Zivilrecht i.R.d. § 823 I BGB[479]) hat das aus Art. 2 I GG i.V.m. Art. 1 I GG entwickelte allgemeine Persönlichkeitsrecht. Dieses soll - über den Bereich der speziellen Einzelgrundrechte hinaus - die „engere persönliche Lebenssphäre (...) namentlich auch im Blick auf moderne Entwicklungen und die mit ihnen verbundenen neuen Gefährdungen für den Schutz der menschlichen Persönlichkeit" vor staatlichen Eingriffen bewahren.[480]

Beispiele aus der Rechtsprechung des BVerfG sind Schutz bei statistischen Erhebungen (gesteigert zu einem Recht auf informationelle Selbstbestimmung),[481] das Recht am eigenen Wort[482] und Bild[483] oder das Recht auf eine eigene „Einstellung zum Geschlechtlichen".[484]

hemmer-Methode: Diese kurze Aufzählung[485] zeigt schon, dass in vielen Bereichen, in denen gesellschaftlich eine gewisse Sensibilität zu spüren ist, das allgemeine Persönlichkeitsrecht fruchtbar gemacht wird. Denken Sie daran auch bei neueren Konstellationen in der öffentlichen Diskussion, z.B. der Genomanalyse bei der Einstellung oder dem heimlichen Gentest zur Vorbereitung einer Vaterschaftsanfechtung.[486]

---

475   Vgl. dazu auch schon oben Rn. 74, 75.

476   Z.B. E 8, 274 (328); E 50, 290 (366), wo freilich die Konkurrenzverhältnisse unklar dargestellt sind.

477   Zum Schutzbereich des Art. 12 GG, vgl. unten Rn. 259 ff.

478   Vgl. die Auflistung bei Jarass/Pieroth, Art. 2 GG, Rn. 4 m.w.N.

479   Das zivilrechtlich geschützte Persönlichkeitsrecht geht im Ergebnis weiter als das verfassungsrechtliche; BVerfG, ZEV 2007, 129 = LNRB 2006, 22400.

480   E 54, 148 (153).

481   Bereits E 27, 1 (6); grundlegend wieder E 65, 1 (43) = Hemmer/Wüst/Triebel, Classics Ö-Recht, Fall 7.

482   E 34, 238 (246); vgl. auch E 63, 131 (142 f.); interessant hierzu BVerfG, NJW 2002, 3619 = FamRZ 2003, 21 zur Verwertbarkeit heimlicher Tonbandaufnahmen.

483   E 34, 238 (245 f.); 54, 148 (154).

484   E 47, 46 (73).

485   Ausführliche Auflistung auch bei Pieroth/Schlink, Rn. 431 ff.

486   OLG Celle, NJW 2004, 449; BGH, FamRZ 2005, 340: Heimliche Vaterschaftstests wegen Verletzung des informationellen Selbstbestimmungs-rechts nicht verwertbar; vgl. hierzu auch BVerfG, Urteil vom 13.02.2007, 1 BvR 421/05 = LNRB 2007, 10599 = BVerfG, Urteil vom 13.02.2007, 1 BvR 421/05 = LNRB 2007, 10599 = Life & Law 2007, Heft 4. Das BVerfG bestätigt die Rechtsprechung des BGH, verpflichtet allerdings den Gesetzgeber, ein Verfahren zu schaffen, mittels dessen der Vater seinen Verdacht klären lassen kann, da auch das allgemeine Persönlichkeitsrecht

Die Rechtsprechung scheint in neuerer Zeit dazu zu neigen, das allgemeine Persönlichkeitsrecht von Art. 1 I GG abzukoppeln und nur noch in Art. 2 I GG zu verankern.[487] Bedeutung hat dies, soweit es um den Schutz juristischer Personen nach Art. 19 III GG geht, da diese sich auf die Menschenwürde naturgemäß nicht berufen können.

„Sphärentheorie"

Bei der näheren Bestimmung des Schutzbereichs, v.a. aber der Zulässigkeit von Eingriffen, wurde die sog. Sphärentheorie entwickelt.

Dieser ist zwar das BVerfG in der Volkszählungsentscheidung für die informationelle Selbstbestimmung nicht gefolgt, sie sollte aber trotzdem nicht völlig vernachlässigt werden, da sie in anderen Rechtsgebieten (z.B. im Strafprozessrecht[488] oder Zivilrecht[489]) noch z.T. verwendet wird und auch das BVerfG noch auf sie zurückgreift.[490]

Dabei wird unterschieden zwischen der innersten (= Intim-) Sphäre, der Privat- oder Geheimsphäre und der äußeren (= Sozial-) Sphäre, wobei erstere der Einwirkung durch die öffentliche Gewalt völlig entzogen sein soll, auf der zweiten Stufe Eingriffe nur unter strenger Beachtung des Verhältnismäßigkeitsgrundsatzes und bei letzterer unter weniger strengen Voraussetzungen zulässig sein sollen.[491]

hemmer-Methode: Die Abgrenzungen sind relativ vage und unbestimmt, weshalb auch allgemein Kritik an dieser Theorie geübt wird. Solange sie aber nicht überwiegend abgelehnt wird, sollten Sie sie in der Klausur (ruhig kritisch) ansprechen. Als Abgrenzungskriterium kann mit dem BVerfG der „Sozialbezug" gebraucht werden.

B) Eingriffe

Eingriff = jede belastende Maßnahme, aber gewisse Intensität nötig

Dem umfassenden Schutzbereich entsprechend liegt in jeder belastenden staatlichen Maßnahme ein Eingriff in die allgemeine Handlungsfreiheit vor. Um aber eine Abgrenzung zu bloßen „Belästigungen" zu schaffen, muss hierfür entweder auf den klassischen Eingriff abgestellt[492] oder zumindest bei sonstigen Eingriffen besonders sorgfältig die Beeinträchtigungsintensität geprüft werden.[493] Dagegen ist bei Eingriffen in das allgemeine Persönlichkeitsrecht der moderne Eingriffsbegriff anwendbar, d.h. auch z.B. faktische Maßnahmen der Datenerhebung können ohne Zweifel einen Eingriff darstellen.

163

Bsp.: Die Verwertung einer durch den Kläger angefertigten heimlichen Tonbandaufnahme des Beklagten durch ein Zivilgericht, stellt einen i.d.R. verfassungswidrigen Eingriff in das allgemeine Persönlichkeitsrecht dar.[494]

hemmer-Methode: In diesem Beispiel dürfen Sie nicht auf die Aufnahme des Gesprächs abstellen, da diese nicht durch das Gericht, sondern durch einen Privatmann gefertigt wurde! Erst die Verwertung ist der hoheitliche Eingriff in das Recht am eigenen Wort.

---

des Vaters betroffen ist.

487   BVerfG, NJW 2002, 3619 = FamRZ 2003, 21.

488   Für die Frage von Beweisverboten, vgl. Kleinknecht/Meyer, Kommentar zur StPO, Einleitung, Rn. 56a.

489   Vgl. Hemmer/Wüst, Deliktsrecht I, Rn. 49; dort in Rn. 49 ff. auch weitere Beispiele.

490   Aus neuerer Zeit z.B. BVerfG, NJW 1993, 2365; zur Kritik an der Sphärentheorie vgl. Sachs, JuS 1990, 576 Nr. 1.

491   Vgl. Pieroth/Schlink, Rn. 434 f. m.w.N.

492   Dazu sowie zum modernen Eingriffsverständnis vgl. oben Rn. 109 ff.; hierfür Pieroth/Schlink, Rn. 437.

493   Hierfür wohl Jarass/Pieroth, Art. GG2, Rn. 11; vgl. auch BVerwGE 65, 167 (174).

494   BVerfG, NJW 2002, 3619 = FamRZ 2003, 21.

C) Schranken

I. Verfassungsmäßige Ordnung

verfassungsmäßige Ordnung: weites Verständnis, Gesamtheit der verfassungsgemäßen Rechtsnormen

Wichtigste Schranke des Art. 2 I GG ist die der verfassungsmäßigen Ordnung, wobei diese - dem weiten Schutzbereich korrespondierend - nicht wie z.B. in Art. 9 II GG eng verstanden wird, sondern nach h.M. „die Gesamtheit der Normen, die formell und materiell verfassungsmäßig sind" umfasst.[495]

164

Die allgemeine Handlungsfreiheit kann also grds. durch alle gesetzlichen und untergesetzlichen Normen sowie darauf basierendem Verwaltungshandeln eingeschränkt werden.

hemmer-Methode: Beachten Sie beim Begriff „verfassungsmäßige Ordnung" die sog. funktionsdifferente Auslegung. Danach kann dasselbe Wort in unterschiedlichen Kontexten seine Bedeutung wechseln. So verweist „verfassungsmäßige Ordnung" in Art. 9 II GG auf die Grundprinzipien der Verfassung i.S.d. freiheitlich demokratischen Grundordnung. In Art. 20 III GG bedeutet „verfassungsmäßige Ordnung" dagegen, dass die Gesetzgebung an die Gesamtheit der Verfassung gebunden ist. Am weitesten ist der Begriff in Art. 2 I GG, vgl. oben.

II. Rechte anderer und Sittengesetz

Rechte anderer und Sittengesetz

Demgegenüber haben die Rechte anderer und das Sittengesetz keine eigenständige (zumindest aber keine große) Bedeutung: soweit Rechte anderer sich nämlich aus irgendwelchen Rechtsnormen ergeben, gehören diese schon zur verfassungsmäßigen Ordnung im hier verwendeten weiten Sinn. Das Sittengesetz ist wegen seiner Vagheit wohl ohnehin nur beschränkt aussagekräftig und dürfte - soweit es i.S. der Generalklauseln von Treu und Glauben o.ä. verstanden wird - ebenfalls schon von der verfassungsmäßigen Ordnung umfasst sein, da die Verfassung ja gerade die Auslegung der Generalklauseln mitbestimmt.[496]

165

III. Kollidierendes Verfassungsrecht

Kollidierendes Verfassungsrecht

Gerade im Bereich der allgemeinen Handlungsfreiheit, aber auch für das allgemeine Persönlichkeitsrecht ist eine Kollision mit anderen Rechten leicht möglich, z.B. mit der Pressefreiheit oder Persönlichkeitsrechten eines Anderen. Wegen der weit gefassten geschriebenen Schranken sind diese Kollisionen aber für die Schrankengewinnung i.d.R. ohne eigene Bedeutung, können aber eine wichtige Rolle bei der Abwägung in den Schranken-Schranken spielen.

166

D) Schranken-Schranken

hier besonders wichtig: Schranken-Schranken

An sich gilt hinsichtlich der Schranken-Schranken, insbesondere hinsichtlich der Verfassungsmäßigkeitsprüfung, nichts anderes als bei anderen Grundrechten auch.[497] Doch sollte man sich noch einmal vergegenwärtigen, dass aufgrund der Weite von Schutzbereich und Schranken sich bei Art. 2 I GG die Prüfung fast ausschließlich in dieser Verhältnismäßigkeitskontrolle erschöpft, so dass ganz besonderer Wert auf diese zu legen ist.

167

---

495 Grundlegend BVerfGE 6, 32 (37) = Hemmer/Wüst/Triebel, Classics Ö-Recht, Fall 4 - Elfes; auch E 63, 88 (108 f.); vgl. auch Pieroth/Schlink, Rn. 440.

496 Vgl. oben Rn. 91; zu diesem Ansatz Pieroth/Schlink, Rn. 445.

497 Zur allgemeinen Prüfung vgl. oben Rn. 130 ff.

Dabei ist bei der Abwägung genau darzulegen, welche Form der allgemeinen Betätigungsfreiheit eingeschränkt wird, da Art. 2 I GG Verhaltensweisen von unterschiedlichster verfassungsrechtlicher Wertigkeit umfasst.

Auch für das allgemeine Persönlichkeitsrecht gilt die Schrankentrias des Art. 2 I GG,[498] indes ist hier eine besonders strenge Verhältnismäßigkeitsprüfung erforderlich, soweit nicht ein Eingriff in die Intimsphäre i.S.d. Sphärentheorie ganz untersagt wird.[499]

> Lösungshinweise zum Einstiegsfall: Das Jagen mit Falken unterfällt als solches keinem spezielleren Grundrecht, ist aber i.R.d. weit ausgelegten allgemeinen Handlungsfreiheit durch Art. 2 I GG geschützt. Das Aufstellen besonderer Voraussetzungen für die Gestattung der Beizjagd greift somit in Art. 2 I GG ein. Angesichts des weit ausgelegten Begriffs der verfassungsmäßigen Ordnung ist hier - die formelle Rechtmäßigkeit des Gesetzes unterstellt - letztlich die Verhältnismäßigkeitsprüfung entscheidend. Der Zweck, einen Missbrauch bei der Haltung von Greifvögeln zu vermeiden, ist zwar legitim, allerdings ist die konkrete Maßnahme der Jägerprüfung insoweit bereits nicht geeignet, als Kenntnisse in der Waffenkunde vorausgesetzt werden und diese zu der Falkenjagd gerade in keinem Bezug stehen.

---

498   Vgl. Jarass/Pieroth, Art. 2 GG, Rn. 36 m.w.N.; früher war dagegen auf Art. 2 III S. 2 GG Bezug genommen worden, vgl. BVerfGE 32, 373 (379).

499   So BVerfGE 34, 238 (245); 80, 367 (373).

§ 11 RECHT AUF LEBEN UND KÖRPERLICHE UNVERSEHRTHEIT, ART. 2 II S. 1 GG

Einstiegsfall:[500] *Arm (A) wird wegen einer Bagatellstraftat strafrechtlich verfolgt. Als sich Zweifel an seiner Schuldfähigkeit ergeben, wird gestützt auf § 81a StPO eine Liquorentnahme angeordnet, bei der durch eine Hohlnadel Rückenmarksflüssigkeit aus der Wirbelsäule entnommen wird. Der Gerichtsarzt hatte erklärt, nur so über eine mögliche Nervenerkrankung und eine damit verbundene Schuldunfähigkeit Auskunft geben zu können. Ein solches Verfahren ist sehr schmerzhaft, nicht selten mit Nebenwirkungen verbunden und in seltenen Fällen können Komplikationen auftreten.*

A) Schutzbereich

I. Leben

Leben = körperliches Dasein

Das Recht auf Leben bedeutet das Recht *zu leben* i.S.d. körperlichen Daseins und beginnt schon vor der Geburt.[501] Es umfasst dagegen nicht als negative Gewährleistung das Recht auf (humanes) Sterben.[502]

168

II. Körperliche Unversehrtheit

körperl. Unversehrtheit: biologisch-physisch und psychisch-seelisch

Körperliche Unversehrtheit bedeutet zum einen Gesundheit im biologisch-physischen Sinn, über den Wortlaut hinaus aber auch psychisch-seelisches Wohlbefinden.[503]

169

hemmer-Methode: Eine solche Ausweitung ist angesichts des klaren Wortlauts „körperliche Unversehrtheit" nicht unproblematisch, aber andererseits konsequent, da es eine ähnliche Entwicklung auch im Zivilrecht (§ 823 I BGB) und Strafrecht (§ 223 StGB) gibt und die psychische Komponente auch den modernen medizinischen Gesundheitsbegriffen zugehört. Allerdings erscheint es dann geboten, erst erhebliche psychische Belastungen in den Schutzbereich aufzunehmen.

Ein solches „psychisches Unwohlbefinden" könnte relativ leicht kollidierendes Verfassungsrecht darstellen, welches zur Einschränkung eines schrankenlosen Grundrechts gefunden werden muss, z.B. die seelische Beeinträchtigung eines Anblicks, der umgekehrt unter die Kunstfreiheit fallen soll, sei es bei Bauwerken, die gegen bauordnungsrechtliche Verunstaltungsverbote verstoßen,[504] sei es bei Darbietungen, die den Tierschutz missachten, der nirgends explizit verfassungsrechtlich verankert ist.[505] Auch wenn man damit zu sinnvollen Ergebnissen kommt, ist ein solches Vorgehen sehr konstruiert und insbesondere mit den gebotenen strengen Anforderungen bei seelischen Belastungen schwer vereinbar.

---

500   Nach BVerfGE 16, 194.

501   Grundlegend BVerfGE 39, 1 ff.

502   Vgl. Pieroth/Schlink, Rn. 449: u.U. ist dies aber durch Art. 2 I bzw. 1 I GG gewährleistet.

503   Z.B. BVerfGE 56, 54 (73 ff.) - Belästigung durch Fluglärm.

504   Vgl. BVerwG, NVwZ 1991, 983 (984).

505   Eine solche Verankerung zu konstruieren wurden keine Mühen gescheut, z.B. sei Menschenwürde ohne Würde des Tieres nicht denkbar – ablehnend VG Frankfurt, NJW 2001, 1295 - oder eine grundgesetzliche Wertung sei in der Kompetenznorm des Art. 74 I Nr. 20 GG zu sehen.

III. Staatliche Schutzpflicht

staatl. Schutzpflicht für das Leben (z.B. bei Genehmigung von gefährlichen Anlagen zu berücksichtigen)

Gerade beim durch Art. 2 II S. 1 GG geschützten Leben, bei dem jeder Eingriff irreparabel wäre, hat das BVerfG aus der objektiv-rechtlichen Komponente auch eine *staatliche Schutzpflicht* abgeleitet,[506] die sogar so weit gehen kann, dass eine Pflicht besteht, das Leben unter strafrechtlichen Schutz zu stellen.[507] In der Regel aber hat der Gesetzgeber einen weiten Gestaltungsspielraum, wie er dieser Schutzpflicht nachkommt. Die Schutzpflicht geht auch dahin, *bloße Gefährdungen* für das Leben möglichst einzuschränken, wobei eine sowohl praktische als auch für die Klausur wichtige Konstellation die Genehmigung gefährlicher, etwa atomarer, Anlagen bildet.[508] Eine entsprechende Argumentation würde sich auch anbieten, wenn es in einer Klausur um neue Technologien geht, wobei einerseits der große gesetzgeberische Gestaltungsspielraum, andererseits das Ausmaß (bzw. auch die Nicht-Überschaubarkeit) der Gefahr zu beachten wäre. Eine Schutzpflicht vor rein hypothetischen Gefahren wird vom BVerfG allerdings verneint.[509]

170

B) Eingriffe

Eingriffe

Eingriffe liegen in jeder Antastung der körperlichen Unversehrtheit gegen den Willen des Betroffenen (z.B. Menschenversuche, Zwangskastrationen, Blutentnahmen, nicht aber ärztliche Eingriffe mit Einwilligung) bzw. im Entzug oder der Gefährdung des Lebens (Todesstrafen, polizeiliche Todesschüsse, nicht aber passive Sterbehilfe, wohl auch nicht aktive Sterbehilfe, da diese mit dem Willen des Betroffenen erfolgt, sehr str.).[510] Entsprechend der staatlichen Schutzpflicht, kann ein Eingriff auch im Nichtgewähren dieses Schutzes liegen.

171

C) Schranken

Schranken

Das Recht auf Leben und körperliche Unversehrtheit kann aufgrund eines Gesetzes (und damit auch durch ein Gesetz, vgl. o. Rn. 117) eingeschränkt werden. Von z.T. unterschiedlichen Ausgangspunkten herkommend sind sich im Ergebnis alle Ansichten einig, dass Gesetz hier ein solches im formellen Sinne ist, dass also zumindest wegen der Wesentlichkeitstheorie ein Parlamentsgesetz Rechtsgrundlage für den Eingriff oder zumindest hinreichend bestimmte Ermächtigungsgrundlage für eine untergesetzliche Norm bzw. einen Verwaltungsakt sein muss. Bei ganz unwesentlichen Beeinträchtigungen der körperlichen Unversehrtheit, z.B. Regelung der Haartracht bei der Bundeswehr, wird man großzügiger sein können.

172

D) Schranken-Schranken

Schranken-Schranken: Art. 102, 104 I S. 2 GG

Als Schranken-Schranken sind neben den allgemeinen Regeln, also insbesondere dem Verhältnismäßigkeitsprinzip, auch die speziellen Regeln der Art. 102 GG (Abschaffung der Todesstrafe) und 104 I S. 2 GG (Verbot der Züchtigung festgehaltener Personen) zu beachten. Da diese als solche nicht an der Ewigkeitsgarantie des Art. 79 III GG teilhaben, könnte aber die Verfassung diesbezüglich zusammen mit einem entsprechenden Gesetz geändert werden.

173

---

506   Grundlegend E 39, 1 (41); auch E 46, 160 (164); 85, 191 (192).

507   E 39, 1 (42 ff.) zum Schwangerschaftsabbruch; krit. das dissenting vote 39, 1 (73 f.).

508   BVerfGE 49, 89 - Kalkar; E 53, 30 = Hemmer/Wüst/Triebel, Classics Ö-Recht, Fall 31 - Mühlheim-Kärlich; BVerwG 60, 297 - Wyhl.

509   BVerfG, NJW 2002, 1638 = BayBl. 2002, 368.

510   Zum Ganzen vgl. Pieroth/Schlink, Rn. 451 f.; Jarass/Pieroth, Rn. 47 ff.

Weiterhin ist es z.B. bei der Zulassung des sog. finalen Rettungsschusses, bei dem das Leben komplett entzogen wird, problematisch, ob der Wesensgehalt des Art. 2 II S. 1 GG i.S.d. Art. 19 II GG betroffen bzw. ob nicht sogar der mit Art. 1 I GG kongruente Menschenwürdegehalt betroffen ist..[511]

Das BVerfG verneint in seiner Entscheidung zu § 14 III LuftSiG sowohl einen Eingriff in Art. 1 I GG als auch einen Verstoß gegen die Wesensgehaltsgarantie des Art. 19 II GG. Ein Verstoß gegen Art. 1 I GG sei nicht gegeben, weil der Täter nicht zum Objekt staatlichen Handelns gemacht werde, sondern bis zum Schluss Subjekt sei und den weiteren Geschehensablauf selbst mitbestimmen könne. Den Wesensgehalt sieht das BVerfG schon deshalb nicht als verletzt an, weil es diesen (in dieser Entscheidung) relativ bestimmt, so dass Art. 19 II GG neben der Verhältnismäßigkeit keine eigenständige Bedeutung hat.[512]

Anders sieht das BVerfG dies allerdings, wenn nicht der Täter, sondern ein Opfer durch den Staat getötet wird. Dies verletzt die Menschenwürde des Getöteten.[513]

> Lösungshinweise zum Einstiegsfall: Durch die Liquorentnahme wird unzweifelhaft in den Schutzbereich des Rechts auf körperliche Unversehrtheit eingegriffen (Stichwort „Substanzverletzung"). Allerdings könnte dies durch ein (formelles) Gesetz gerechtfertigt sein, § 81a StPO. Dabei ist die Vorschrift des § 81a StPO selbst als verfassungsgemäß zu betrachten, da das Rechtsgut der effektiven Strafverfolgung i.R. einer Verhältnismäßigkeitsprüfung durchaus auch dem Grundrecht auf körperliche Unversehrtheit vorangehen kann. Auch die Anordnung ist im konkreten Fall geeignet und erforderlich, allerdings fehlt es an der Verhältnismäßigkeit i.e.S., wenn zur Verfolgung eines Bagatelldelikts in so intensiver Weise in die körperliche Unversehrtheit eingegriffen wird.

---

511   Vgl. dazu z.B. AK - Podlech, Art. 2 II GG, Rn. 13; man könnte auch argumentieren, der Menschenwürdegehalt des Rechts auf Leben würde damit

entgegen Art. 79 III GG entzogen.

512   BVerfG, NJW 2006, 751 =Life & Law 2006, 269; gegen eine Verletzung des Art. 19 II GG spricht auch, dass das GG einen Eingriff in das Leben

vorsehe und ein solcher bei diesem regelmäßig in dessen Entziehung liegt. Somit wäre der Gesetzesvorbehalt so zu verstehen, dass auch eine Tö

tung - unter den weiteren Voraussetzungen der Verhältnismäßigkeit - zulässig sein könnte, so Pieroth/Schlink, Rn. 458 ff.

513   BVerfG, NJW 2006, 751 =Life & Law 2006, 269.

§ 12 FREIHEIT DER PERSON, ART. 2 II S. 2, 104 GG

A) Schutzbereich

Freiheit: körperliche Fortbewegungs-
freiheit

Der Schutzbereich von Art. 2 II S. 2 GG und Art. 104 GG sind identisch, so dass er für beide Bestimmungen gemeinsam angegeben
werden kann: Freiheit der Person i.S.d. Art. 2 II S. 2, 104 GG ist
trotz des weitgefassten Wortlauts nach ganz h.M. nur die *körperliche*
Fortbewegungsfreiheit. Dabei ist nach h.M. nur das Recht geschützt,
sich von einem Ort fortzubewegen, nicht dagegen sich an einem bestimmten Ort zu einer bestimmten Zeit nicht aufzuhalten,[514] so dass
z.B. Vorladungen nicht erfasst sind.[515] Auch Ausweisungen oder
Abschiebungen sollen den Schutzbereich nicht berühren, da der Betroffene sich im Ausland beliebig aufhalten kann.[516]

174

hemmer-Methode: Strittig ist, wieweit Art. 2 II S. 2 GG auch das Recht
schützt, jeden beliebigen Ort aufzusuchen. Hierbei geht es vor allem
um die Abgrenzung zu Art. 11 I und 2 I GG. Die Rechtsprechung ge-
währt über Art. 2 II S. 2 GG dabei auch das Recht, einen Ort aufzusu-
chen, schränkt dies aber derart ein, dieser Ort dem Grundrechtsbe-
rechtigten tatsächlich und rechtlich zugänglich sein muss. Durch ein
rechtmäßiges Verbot wird somit ein Ort dem Art. 2 II S. 2 entzogen. Das
Problem an diesem Ansatz ist, dass die Rechtmäßigkeit des Verbots
eigentlich gerade an dem betroffenen Grundrecht zu messen ist. Die
Rechtsprechung arbeitet hier letztlich mit einer Art Zirkelschluss.[517]

B) Eingriffe

Eingriffe: Freiheitsbeeinträchtigung
und -entziehung

Eingriffe (wieder sowohl in Art. 2 II S. 2 GG als auch in Art. 104 I
S. 1 GG) liegen vor bei jeder Freiheitsbeeinträchtigung, insbesondere in einer Freiheitsentziehung. Letztere wird in Art. 104 II - IV GG
besonders hervorgehoben und bedeutet das (nicht nur ganz vorü-
bergehende) Festhalten an einem eng umgrenzten Ort, v.a. also bei
Arresten, Unterbringungen oder Freiheitsstrafen.

175

Beispiele für andere Freiheitsbeeinträchtigungen sind Verhaftungen oder
Festnahmen, nach z.T. vertretener Ansicht auch Schul- und Wehrpflicht,
Beschränkungen der Bewegungsfreiheit durch unmittelbaren Zwang

C) Schranken

qualifizierter Vorbehalt in
Art. 104 I S. 1 GG: „Richtervorbehalt"

Für Eingriffe in die Freiheit der Person wird der Gesetzesvorbehalt
des Art. 2 II S. 3 GG durch den qualifizierten Vorbehalt des Art. 104 I
S. 1 GG erweitert, der ausdrücklich ein förmliches Gesetz und die
Beachtung der dort vorgeschriebenen Regeln verlangt. Für den
Spezialfall der Freiheitsentziehung (nicht der bloßen Freiheitsbe-
schränkung) greifen noch Art. 104 II - IV GG als leges speciales ein
(lesen!), die als wichtigste Regelung den Entscheidungsvorbehalt
des Richters statuiert.

176

hemmer-Methode: Beachten Sie auch die einfachgesetzlichen Auswir-
kungen dieser Regelung, z.B. in den § 14 I, II MEPolG entsprechenden
Regelungen der Polizeigesetze, nach der bei einer Freiheitsentziehung
durch die Polizei unverzüglich eine Entscheidung durch ein ordentli-
ches Gericht herbeizuführen ist. Bei diesem Punkt, der als mögliche
abdrängende Sonderzuweisung i.S.d. § 40 I VwGO zu prüfen wäre,
können Sie zur Auslegung des Begriffs der Freiheitsentziehung die un-
terschiedlichen Regelungen in Art. 104 I und II - IV GG heranziehen.

---

514   A.A. aber Pieroth/Schlink, auch mit Nachweisen zur h.M.

515   Vgl. BVerfGE 22, 21 (26).

516   Vgl. Jarass/Pieroth, Art. 2 GG, Rn. 59.

517   M.w.N. BayVGH, BayVBl. 2006, 671; LNRO 2006, 16288 = Life & Law 2007, Heft 2.

§ 13 ALLGEMEINER UND SPEZIELLER GLEICHHEITSSATZ, ART. 3 GG U.A.

1. Einstiegsfall: Die Gemeinde G als Trägerin der Sozialhilfe hat eine Richtlinie erlassen, wonach Empfänger laufender Leistungen nach dem Bundessozialhilfegesetz eine besondere Weihnachtsbeihilfe gewährt wird, sofern der Empfänger die Leistungen überwiegend in Form von Geld bezieht. Der Obdachlose O, der die Sozialhilfe überwiegend in Form von Sachleistungen bezieht, fühlt sich ungerecht behandelt.

2. Einstiegsfall:[518] *Im Bundesland B ist bestimmt, dass alle Männer ab dem vollendeten achtzehnten Lebensjahr eine Feuerschutzabgabe zu leisten haben, wenn sie nicht der freiwilligen Feuerwehr angehören. Der Verwaltungsangestellte Herr H ist darüber empört, dass somit er, nicht aber seine viel besser verdienende Vorgesetzte Frau F mit dieser Abgabe belastet werden sollen.*

Die Gleichheitsrechte und die Abwehrrechte stehen sich zwar nicht zusammenhangslos gegenüber, gleichwohl sind sie nach Regelungszweck und einschlägigen Sachverhalten so verschieden, dass sie nicht in der Weise dargestellt werden sollen wie die übrigen Grundrechte und auch ein eigenes Prüfungsschema vorgeschlagen wird. Dabei wird zunächst vom allgemeinen Gleichheitssatz (Art. 3 I GG) ausgegangen und im Anschluss die speziellen Gleichheitsverbürgungen des Art. 3 GG sowie weiterer Vorschriften dargestellt.

hemmer-Methode: In der Klausur müssen Sie selbstverständlich zunächst die speziellen Gleichheitssätze prüfen bevor Sie sich dem Art. 3 I GG zuwenden dürfen.

A) Geltungsbereich des Gleichheitssatzes

I. Grundrechtsverpflichtete

GR-Verpflichtete: auch Legislative

Nach dem Wortlaut des Art. 3 I GG („vor dem Gesetz") richtet sich der Gleichheitssatz nur an Verwaltung und Rechtsprechung (sog. *Rechtsanwendungsgleichheit*), es ist aber völlig unumstritten, dass dadurch auch die Legislative gebunden wird, vgl. Art. 1 III, 20 III GG.[519]

diff. Rechtsetzungs- und Rechtsanwendungsgleichheit

Dabei ist die Rechtsanwendungsgleichheit i.d.R. leichter zu überprüfen, da sich Exekutive und Legislative an die gesetzlich vorgegebenen Differenzierungskriterien zu halten haben. Gleichheitsprobleme tauchen dementsprechend v.a. dann auf, wenn die Verwaltung selbst einen gewissen Entscheidungsspielraum hat, also bei Ermessensentscheidungen. Dabei wiederum spielt der Gleichheitssatz eine besondere Rolle bei der Gewährung staatlicher Leistungen, z.B. bei der Vergabe von Subventionen. Dies umso mehr, wenn dafür auf eine nähere gesetzliche Grundlage verzichtet wird. Zu beachten ist in diesem Zusammenhang auch die sog. Selbstbindung der Verwaltung sowie der Grundsatz, dass es keine Gleichheit im Unrecht geben soll. Soweit es um Rechtsetzung der Exekutive geht, gilt grds. das unten zur Legislative Ausgeführte, wobei meist schon Art. 80 GG hier den Differenzierungsspielraum einschränken wird.

---

518 Vgl. aus jüngerer Zeit BVerwG, BayVBl 1994, 315; VG Regensburg, BayVBl 1994, 316.

519 St. Rspr. des BVerfG seit E 1, 14, 16, 52; Jarass/Pieroth, Art. 3 GG, Rn. 9; nach BVerfGE 55, 7 (21) soll dies auch für für allgemein verbindlich erklärte Tarifverträge gelten.

Auch die Rechtsprechung ist an den Gleichheitssatz gebunden (vgl. o.), wobei hier aber die richterliche Unabhängigkeit besonders zu beachten ist und insbesondere Änderungen in der Rechtsprechung durch Art. 3 I GG grds. nicht ausgeschlossen sind.[520] In der verfassungsrechtlichen Klausur freilich wird es meistens um Fragen der Rechtsetzungsgleichheit gehen.

hemmer-Methode: In einer Verwaltungsrechtsklausur kann Art. 3 I GG zur sog. Selbstbindung der Verwaltung führen: Hat die Behörde bisher ihr Ermessen in vergleichbaren Fällen immer auf eine bestimmte Weise betätigt, muss sie dies im konkreten Einzelfall grundsätzlich auch. Ihr Ermessen kann auf Null reduziert sein.

II. Grundrechtsträger

GR-Träger: natürliche und (über Art. 19 III GG) jur. Personen

Grundrechtsträger sind alle natürlichen Personen, entgegen dem Wortlaut („alle Menschen") aber unter den Voraussetzungen des Art. 19 III GG auch juristische Personen, da der Gleichheitssatz seinem Wesen nach auf diese anwendbar ist.[521]

immer nur Gleichbehandlung durch selben GR-Verpflichteten gefordert

Dabei muss man sich klarmachen, dass der Grundrechtsträger grds. eine Gleichbehandlung immer nur hinsichtlich der Behandlung anderer Grundrechtsträger durch denselben Grundrechtsverpflichteten verlangen kann: es kann also z.B. ein Einwohner Bayerns nicht erfolgreich rügen, dass er durch ein bayerisches Gesetz anders behandelt wird als ein Einwohner Hessens in vergleichbarer Lage durch den hessischen Gesetzgeber.[522]

B) Anforderungen des Gleichheitssatzes

I. (Un–) Gleichbehandlungen

Gleichheit im Hinblick auf geregelten Sachverhalt ausschlaggebend; Vergleichsgruppe und Obergruppe suchen

1. Der Gleichheitssatz gebietet im Ausgangspunkt, Gleiches gleich und Ungleiches seiner jeweiligen Eigenart nach ungleich zu behandeln.[523] Die Problematik dieser Formel liegt darin, dass es in der Realität keine völlig gleichen Sachverhalte gibt, sondern dass die betreffenden Phänomene immer eine bestimmte Zahl von Übereinstimmungen und von Unterschieden aufweisen werden. Trotzdem wird der Gleichheitssatz nicht gegenstandslos, da der Gesetzgeber den einzelnen nie in seiner Gesamtheit, sondern in einer speziellen Funktion anspricht, z.B. als Gewerbetreibenden, Eigentümer, Soldaten, Elternteil etc. Soweit zwei Personen nun in den Tatbestandsmerkmalen, an die der Gesetzgeber mit einer Regelung anknüpft, übereinstimmen, also einer gemeinsamen Obergruppe angehören, sind sie gleich i.S.d. Gleichheitssatzes.

Andererseits werden Inhalt und mögliche Gründe einer eventuellen Ungleichbehandlung nur deutlich, wenn die beiden zu vergleichenden Gruppen durch das gemeinsame Tatbestandsmerkmal abschließend erfasst werden, d.h. keine dritte Gruppe der Obergruppe angehört.

hemmer-Methode: Ihre erste Aufgabe in der Klausur ist es also, die einer Behandlung unterzogene Gruppe genau zu fixieren. Danach suchen Sie nach einer Vergleichsgruppe. Diese könnten Sie etwa aus einem entsprechenden Oberbegriff gewinnen. Normalerweise wird hier jedoch noch kein großes Problem auftauchen.

178

179

---

520   Vgl. BVerfGE 19, 38 (47).

521   Vgl. bereits BVerfGE 4, 7 (12); vgl. zu Art. 19 III GG unten Rn. 15 ff.

522   St. Rspr., vgl. z.B. BVerfGE 16, 6 (24); 52, 42 (57 f.); s. a. Jarass/Pieroth, Art. 3 GG, Rn. 7 zu anderen unterschiedlichen Trägern öffentlicher Gewalt.

523   So oder ähnlich die Formulierungen des BVerfG seit E 1, 14 (52); aus der Literatur z.B. Gusy, JuS 1982, 30 (33).

2. Entsprechend könnte man für die Problematik der Gleichbehandlung von Ungleichem vorgehen, d.h. es wären die einer Obergruppe zugehörigen Gleichbehandlungen herauszufinden, die ungleich behandelt werden müssten. Einfacher dürfte es aber sein, in dieser Situation durch Finden einer geeigneteren Vergleichsgruppe aus dem Gleichbehandlungs- und Ungleichbehandlungsproblem zu machen.[524]

180

II. Rechtfertigung der Ungleichbehandlung

1. Differenzierungsziel und –kriterium

Differenzierungsziel und -kriterium

Da aber die „gleichen" Sachverhalte nicht völlig identisch sind, könnte eine Ungleichbehandlung zulässig und sogar geboten sein, um diese Unterschiede zu berücksichtigen. Dabei verfolgt der Gesetzgeber mit der Differenzierung i.d.R. ein bestimmtes *Ziel* und bedient sich bestimmter *Kriterien*: um eine Ungleichbehandlung zu rechtfertigen, müssen nun sowohl Ziel als auch Kriterium zulässig sein.

181

Ermittlung des Ziels durch Auslegung

Das *Differenzierungsziel* ist durch Auslegung des Gesetzes zu ermitteln; ob es zulässig ist, ergibt sich aus anderen verfassungsrechtlichen Vorgaben.

Bspe.:

⇨ So läge einer unterschiedlichen steuerlichen Belastung von Anlagen nach ihren Emissionen das legitime Ziel des Umweltschutzes (vgl. Art. 20a GG) zugrunde.

⇨ Verheiratete Beamte länger nicht zu befördern, um somit die Ehelosigkeit der Beamten zu fördern, da sich die Ehe negativ auf die Arbeitsmoral auswirken soll, wäre dagegen sub specie Art. 6 I GG ein unzulässiges Ziel.

hemmer-Methode: An diesem letzten Beispiel erkennen Sie auch, dass bei einem unzulässigen Differenzierungsziel häufig auch ein Eingriff in ein spezielleres Grundrecht vorliegen wird. Allgemein lässt sich des Weiteren sagen, dass gerade bei den Differenzierungszielen dem Gesetzgeber ein beträchtlicher Beurteilungsspielraum zusteht, so dass Sie nicht in der Klausur das Ziel einfach für unzulässig erklären können, weil es Ihnen nicht opportun erscheint.

Kriterium muss geeignet, erforderlich und angemessen sein

Das *Differenzierungskriterium* ist nur dann zulässig, wenn es zur Erreichung des (zulässigen) Ziels geeignet, erforderlich und verhältnismäßig i.e.S.[525] ist.

2. Willkürverbot

Willkürverbot

Die beiden oben genannten Prüfungspunkte zumindest nicht explizit trennend, wird häufig formuliert, eine Ungleichbehandlung sei gerechtfertigt, wenn sie nicht „willkürlich" erfolge.[526] Diese „Willkürkontrolle" ist einerseits ziemlich eng, da schon begrifflich zum Ausdruck kommt, dass nur in Extremfällen die Wertungen des Gesetzgebers korrigiert werden können. Andererseits droht sie über das Ziel des Art. 3 I GG hinauszuschießen, wenn man das Willkürverbot zur Herstellung allgemeiner Gerechtigkeit durch den Gesetzgeber heranziehen will.[527]

182

---

524   So auch Pieroth/Schlink, Rn. 501 ff.

525   Vgl. dazu oben Rn. 131 ff.

526   Z.B. BVerfGE 50, 142 (162); 71,39 (53, 58); Pieroth/Schlink, Rn. 503, aber vgl. auch Rn. 506 zu einer ausführlichen Prüfung.

527   In diesem Sinne wohl BVerfGE 42, 72 mit sehr kritischem Sondervotum 79 ff.; davon abweichend später auch E 46, 325.

3. Sog. „Neue Formel"

„Neue Formel": Unterschiede von solchem Gewicht, dass sie Unterscheidung rechtfertigen

Aus diesen Gründen wendet das BVerfG (v.a. der Erste Senat) z.T. die heute noch immer so bezeichnete „Neue Formel"[528] an, wonach eine Ungleichbehandlung nur dann gerechtfertigt sei, wenn „zwischen beiden Gruppen (...) Unterschiede von solcher Art und solchem Gewicht bestehen, dass sie die ungleiche Behandlung rechtfertigen könnten".[529]

183

D.h. nach dieser Formel geht es nicht um eine Willkürkontrolle, sondern um die Rechtfertigung der Differenzierung. Dies führt für die Praxis zu einer erhöhten Kontrolldichte und einem eingeschränkten gesetzgeberischen Gestaltungsspielraum, für die Klausur zu einer (oben schon angesprochenen) Anwendung des Verhältnismäßigkeitsgrundsatzes statt einer vagen Willkürprüfung.

Für die Frage der Prüfungsdichte lässt sich als grobe Richtlinie noch festhalten: Wenn es um die Ungleichbehandlungen von Verhaltensweisen geht, sind tragfähige Gründe eher anzunehmen als bei der Ungleichbehandlung von Personengruppen, weil die Betroffenen im ersten Fall sich der nachteiligen Regel eher durch geändertes Verhalten entziehen können. Dies ist aber allenfalls eine Faustregel, zumal die Einordnung einer Ungleichbehandlung in diese beiden Gruppen nicht immer zweifelsfrei möglich ist.

hemmer-Methode: Natürlich sind nicht wirklich diese Begrifflichkeiten, sondern die Frage, wie viel Spielraum dem Gesetzgeber tatsächlich zugestanden wird, entscheidend. Und hier dürfen Sie in der Klausur ruhig „judicial restraint" üben. Jedenfalls aber rechtfertigt die sog. Neue Formel eine zumindest im Prüfungsaufbau strengere Kontrolle anhand des Verhältnismäßigkeitsgrundsatzes, mit der Sie sich auf gewohntem Terrain befinden.

III. Gleichheit im Unrecht

Gleichheit im Unrecht/Willkür

Der Gleichheitsgrundsatz greift nicht in Fällen, in denen eine Gruppe gegenüber einer anderen in rechtswidriger Weise begünstigt oder belastet wird. Wird einer Gruppe eine begründete und gerechtfertigte Belastung auferlegt und wird von dieser Belastung eine Gruppe willkürlich ausgenommen, dann steht der belastenden Gruppe kein Anspruch auf Gleichbehandlung zu. Sie kann nicht verlangen, dass auch sie willkürlich behandelt wird und auch nicht, dass die Willkür beseitigt und die andere Gruppe damit belastet wird.

183 a

Es besteht nämlich kein subjektives Recht auf Willkür und auch nicht darauf, dass eigene Positionen nicht verbessert, sondern nur die von anderen verschlechtert werden. Das gleiche gilt in Fällen, in denen einer Gruppe willkürlich eine Begünstigung zugeteilt wird; auch hier kann eine andere Gruppe nicht mit dem Gleichheitsgebot eine Teilnahme an dieser Willkür oder ihre Beseitigung verlangen.

C) Prüfung in der Klausur

ausführlicher Aufbau

Ganz ausführlich hätte nach dem oben Dargestellten also eine Prüfung des (allgemeinen) Gleichheitssatzes folgendermaßen auszusehen:

184

---

528 Grundlegend E 55, 72 (88); anklingend bereits im Sondervotum der E 36, 237 (248 ff.); aus der Folgezeit z.B. E 75, 345 (357).

529 E 55, 72 (88).

> I. Ausscheiden besonderer Gleichheitssätze, somit Einschlägigkeit von Art. 3 I GG
>
> II. Evt. kurzes Skizzieren der Anforderungen des Gleichheitssatzes (etwa mit der neuen Formel)
>
> III. Darstellung der ungleich behandelten Vergleichsgruppe unter begründeter Nennung der Obergruppe
>
> IV. Darstellung und Prüfung von Differenzierungsziel und -mittel anhand der unter 2. skizzierten Anforderungen, insbesondere Prüfung der Verhältnismäßigkeit i.e.S. des Mittels

hemmer-Methode: Es versteht sich von selbst, dass Sie - insbesondere wenn kein Schwerpunkt auf Art. 3 I GG liegt - nicht immer diese ausführliche Prüfung vornehmen müssen. Wichtig ist aber, dass Sie auch in die Bearbeitung des Gleichheitssatzes eine gewisse Struktur bekommen und juristisch sauber arbeiten. Damit werden Sie sich für den Korrektor wohltuend von den Arbeiten abheben, die die Norm unter der Überschrift des Art. 3 I GG nur einer allgemeinen und vagen Billigkeitskontrolle unterziehen.

D) Sonderprobleme

I. Gesetzgeberisches Unterlassen

Unterlassen des Gesetzgebers nur bei Regelungsauftrag rügefähig

185

Während positives gesetzgeberisches Tun unproblematisch der Kontrolle durch den Gleichheitssatz unterliegt (vgl. o. Rn. 177), ist das BVerfG bei gesetzgeberischem Unterlassen zurückhaltend,[530] da es hier in den Kernbereich des Gesetzgebers vorstößt. Deshalb stellt es insoweit Gleichheitsverletzungen nur fest, wenn der Gesetzgeber einen Regelungsauftrag des Grundgesetzes verletzt hat, wobei das BVerfG wegen des dem Gesetzgeber zustehenden Gestaltungsraumes i.d.R. nur eine Aufforderung zum Tätigwerden aussprechen und nicht selbst eine Regelung treffen wird.[531]

Das BVerfG hält sich deshalb nur ausnahmsweise dazu befugt zu entscheiden, dass eine begünstigende Regelung auf den ausgeschlossenen Personenkreis zu erstrecken ist: so wenn es geboten scheint, dass der Gleichheitsverstoß gerade auf diese Weise beseitigt wird,[532] oder wenn mit Sicherheit anzunehmen ist, dass der Gesetzgeber ihn auf diese Weise beseitigt hätte.[533]

II. Folgen eines sonstigen Gleichheitsverstoßes

Folge eines Gleichheitsverstoßes: keine Angleichung durch BVerfG selbst

186

Auch wenn ein Gleichheitsverstoß durch positive Regelung festgestellt wird, stellt sich das Problem, dass dieser grds. auf mehrerlei Weisen beseitigt werden könnte, nämlich durch Angleichung in die eine, in die andere Richtung oder einen Kompromiss. Da diese Entscheidung aber ebenfalls grds. der Legislative zusteht, kann das BVerfG sie nicht selbst treffen. Um bis zur Entscheidung des Gesetzgebers kein „Vakuum" entstehen zu lassen, stellt das BVerfG in solchen Fällen oft nur die Verfassungswidrigkeit fest, ohne das Gesetz i.S.d. § 95 III S. 1 BVerfGG[534] für nichtig zu erklären.[535]

530 Vgl. z.B. E 22, 349 (360); 97, 100 f.

531 Zu diesem Problem z.B. E 6, 257 (264 f.) - Deutsches Rotes Kreuz.

532 Vgl. BVerfGE 15, 46 (76).

533 Vgl. BVerfGE 18, 288 (301 f.); 55, 100 (113 f.).

534 § 95 III S. 1 BVerfGG gilt für die Verfassungsbeschwerde, für die abstrakte Normenkontrolle § 78 BVerfGG, für die konkrete §§ 82 I, 78 BVerfGG.

535 Vgl. auch Jarass/Pieroth, Art. 3 GG, Rn. 29.

Hier liegt nämlich oft einer der Fälle vor, wo die Rechtslage ganz ohne gesetzliche Regelung einen „noch verfassungswidrigeren" Zustand bedeuten würde. Bei Gleichheitsverstößen durch die *Verwaltung* werden häufig Begünstigungen unmittelbar zugunsten des Betroffenen erweitert.[536] Dies allerdings mit der Grenze, dass es keine „Gleichheit im Unrecht" geben soll.[537]

III. Sonderausprägungen und Beispiele

Beispiele

Einige (z.T. aktuelle) Sonderprobleme bzw. -ausprägungen des Gleichheitssatzes sind die Steuergerechtigkeit,[538] Wehrgerechtigkeit[539], Chancengleichheit der Parteien[540], die ungleiche Behandlung von Alkohol und Cannabisprodukten[541] und der prozessualen Waffengleichheit.[542]

187

hemmer-Methode: Gerade das Beispiel „Cannabiskonsum" zeigt, dass einer Gleichbehandlung rein faktisch nicht zuletzt Traditionen entgegenstehen. Dies lässt sich im letzten Fall zwar u.U. damit rechtfertigen, dass über die Wirkungen des Cannabiskonsums noch keine sicheren Erfahrungswerte bestehen; lässt man dies jedoch als rechtfertigenden Grund genügen, darf man nicht übersehen, dass Art. 3 I GG dann durchaus affirmative Wirkungen besitzt und bestehende Ungleichbehandlungen verfestigt.

E) Gleichheitssätze von Art. 3 II, III GG

I. Art. 3 II GG: Gleichberechtigung von Mann und Frau

Art. 3 II GG: Programmsatz und subjektives Recht

Art. 3 II GG enthält zum einen einen Programmsatz, zum anderen aber auch ein subjektives Recht für Männer und Frauen, in welches eingegriffen wird, wenn Anknüpfungspunkt einer gesetzlichen Regelung das Geschlecht ist[543]. Dies sogar dann, wenn dies nur indirekt geschieht, indem Personengruppen betroffen werden, bei denen sich typischerweise ein Geschlecht in der absoluten Überzahl befindet, z.B. bei Regelungen für die Hausarbeit oder über Teilzeitarbeitsverhältnisse.[544]

188

hemmer-Methode: Denken Sie daran v.a. auch in arbeitsrechtlichen Klausuren, wobei die Auslegung von Vorschriften wie § 611a BGB durch Art. 3 II GG beeinflusst wird.[545] Für die Konkretisierung des Art. 3 II GG sind damit auch die Arbeitsgerichte zuständig. Eine große Rolle spielt auch die Rechtsprechung zu Art. 141 EGV durch den EuGH, der in seinen Anforderungen über die nationalen Gerichte oft hinausgeht und eine gewisse Vorreiterrolle einnimmt.[546] So hat der EuGH auch festgestellt, dass es die Gleichbehandlungsrichtlinie 76/207/EWG verbietet, Frauen allgemein vom Dienst mit der Waffe auszuschließen, wie dies Art. 12a IV S. 2 GG a.F. vorsah.[547]

---

536 Vgl. Jarass/Pieroth, Art. 3 GG, Rn. 30.

537 H.M., vgl. Pieroth/Schlink, Rn. 573.

538 Vgl. aus jüngerer Zeit BVerfG, NJW 1991, 2129 zur Zinsbesteuerung, wo der dogmatisch interessante Rückschluss von einem ungleichen Gesetzesvollzug auf eine verfassungswidrige Regelung gezogen wird.

539 BVerfG, DVBl. 2002, 769, 771.

540 Zu diesem wichtigen Punkt ausführlich Hemmer/Wüst, Staatsrecht II - Staatsorganisationsrecht.

541 BVerfGE 89, 69 ff.; BVerfG, NJW 1994, 1582 ff.; hier freilich jeweils mehr unter dem Blickwinkel von Art. 2 I GG.

542 Dazu BVerfGE 22, 83 (86); 52 (131).

543 Str., vgl. unten Rn. 189: Nach der Gegenansicht ist das subjektive Recht allein in Art. 3 III GG zu sehen, Art. 3 II GG enthält nur ein objektives Gleichbehandlungsgebot an den Staat.

544 Vgl. zum ganzen Jarass/Pieroth, Art. 3 GG, Rn. 53 m.w.N.

545 Instruktiv Zeit BVerfG, NJW 1994, 647 mit lesenswerter Besprechung JA 1994, 366.

546 Vgl. dazu die vergleichende Darstellung von Kokott, NJW 1995, 1049 ff.

547 EuGH, NJW 2000, 497 ff.; Life & Law 2000, 344 ff. sowie eine gute Besprechung in JuS 2000, 542 ff.

Differenzierung aufgrund „objektiver biologischer und funktionaler Unterschiede" (im einzelnen str.)

Geschlechtsspezifische Regelungen können aber dort gerechtfertigt sein, wo sie bereits begrifflich notwendig sind, z.B. beim Schutz der werdenden Mutter (nicht aber zwingend, soweit es um die Versorgung des Neugeborenen geht).

Außerdem werden Differenzierungen zugelassen, wo sie auf „objektiven biologischen und funktionalen Unterschieden" beider Geschlechter basieren,[548] wobei bei den als solchen bezeichneten „funktionalen Unterschieden" genau zu prüfen ist, ob diese nicht nur auf sozial tradierten Vorstellungen beruhen, die ja gerade keine Ungleichbehandlung zulassen.

Schließlich war umstritten, inwiefern Maßnahmen gerechtfertigt sind, die zwar formal ein Geschlecht (i.d.R. die Männer) benachteiligen, aber insgesamt zu einer Angleichung der tatsächlichen Verhältnisse führen sollten (v.a. sog. Frauenquoten[549]). Während Art. 3 I GG eher als formaler Gleichheitssatz ohne soziale Angleichungsfunktion verstanden wird,[550] wurde das Voranschreiten der Gleichberechtigung von Mann und Frau als programmatischer Inhalt des Art. 3 II GG vielfach gebilligt,[551] was durch die Grundgesetzänderung von 1994 mit der Einführung des Art. 3 II S. 2 GG auch durch den Verfassungsgeber bestätigt wurde.

> **Bsp.:** *So ist es nach der Rspr. des BVerfG wegen Art. 3 II S. 3 GG gerechtfertigt, Frauen bei einer selbstständigen Betriebsgründung bessere Konditionen einzuräumen als Männern.[552]*

II. Weitere Diskriminierungsverbote des Art. 3 III GG

189

Art. 3 III GG: Verbot, genannte Merkmale als Differenzierungskriterien zu wählen

Art. 3 III S. 1 verbietet allgemein, eines der dort genannten Merkmale zum Kriterium[553] für eine Differenzierung zu machen. Dabei zeigt sich in der neueren Rechtsprechung die Tendenz, den Schutz hier insoweit zu verstärken, als das Differenzierungsverbot auch gilt, soweit damit primär andere Ziele als eine bezweckte Benachteiligung verfolgt werden.[554] Dagegen greift Art. 3 III S. 1 GG nicht ein, wenn z.B. religiöse oder kulturelle Gruppierungen *überhaupt*, d.h. ohne Rücksicht auf die *spezielle* Religion oder Herkunft gefördert werden.

Auf eine nähere Definition der aufgezählten Kriterien wird in diesem Rahmen verzichtet,[555] hingewiesen sei nur auf das nicht ganz unstreitige Verhältnis zwischen Art. 3 II und III S. 1 GG: z.T. wird Absatz zwei als Sondervorschrift hinsichtlich geschlechtsspezifischer Diskriminierungen betrachtet, z.T. wird Absatz drei als spezielleres Diskriminierungsverbot und Absatz zwei als objektives Gleichbehandlungsgebot betrachtet. Der 1994 neu aufgenommene Art. 3 III S. 2 GG verbietet die Diskriminierung Behinderter und soll ebenso wie Art. 3 II S. 2 GG auch eine gezielte Förderung gebieten.[556]

hemmer-Methode: Z.T. wird Art. 3 III GG nicht als eigenes Diskriminierungsverbot geprüft, sondern nur als Aufzählung von Gründen verstanden, die auf keinen Fall eine Ungleichbehandlung im Rahmen des Art. 3 I GG legitimieren können.

---

548 BVerfGE 10, 59 (74); 71, 224 (229); vom BVerwG, DVBl. 2002, 1216 abgelehnt, soweit es um Beihilfe für die Kosten für eine Perücke geht, da Kahlköpfigkeit auch bei einem Mann eine Krankheit darstellen kann.

549 EuGH, JuS 2000, 812; EuGH, NJW 2000, 2653, vgl. auch DVBl. 2000, 1760.

550 Vgl. oben Rn. 187; Gusy, JuS 1982, 30 (35).

551 Dazu z.B. BAG, NJW 1994, 429 einerseits, OVG Münster, NVwZ 1991, 501 andererseits; vgl. auch Sachs, NVwZ 1991, 437.

552 BverwG, NVwZ 2003, 92 = DVBl. 2003, 139 = Life & Law 2003, 280.

553 Zum Unterschied zwischen Differenzierungsziel und Kriterium vgl. oben Rn. 181.

554 Sowohl BVerfG, NJW 1992, 964; zur Kritik an der gegenläufigen früheren Rechtsprechung, z.B. BVerfGE 75, 40 (70), vgl. Pieroth/Schlink, Rn. 513.

555 Vgl. z.B. Jarass/Pieroth, Art. 3 GG, Rn. 69 ff.; Pieroth/Schlink, Rn. 512.

556 So Jarass/Pieroth Art. 3 Rn. 83 mit Hinweis auf BT-DrS. 12/8165, 29; vgl. zu Art. 3 III 2 auch schon oben Rn. 89.

Mit Erlass des AG wurden (u.a.) die Diskriminierungsverbote des Art. 3 III GG z.T. auch auf den Bereich des Zivilrechts ausgedehnt. Die entsprechenden Regelungen sind im Hinblick auf die Vertragfreiheit, die von Art. 2 I GG geschützt wird, nicht unproblematisch!

F) Weitere spezielle Diskriminierungsverbote im GG

weitere Diskriminierungsverbote im GG

Im GG finden sich noch weitere, für die Klausur i.d.R. aber weniger wichtige und deshalb hier nur kurz angesprochene Diskriminierungsverbote:

190

Art. 6 V GG verbietet eine Ungleichbehandlung ehelicher und nichtehelicher Kinder und enthält einen Auftrag an den Gesetzgeber, bestehende Ungleichheiten abzubauen. Nach Ansicht des BVerfG liegt eine mittelbare Diskriminierung nichtehelicher Kinder vor, wenn der Betreuungsunterhalt für diese weniger lange gewährt wird als für eheliche Kinder.[557]

Auch einen Diskriminierungsschutz enthält Art. 6 I GG. Die Ehe darf grds. kein Anknüpfungspunkt benachteiligender Regelungen sein.[558]

Zu Art. 38 I S. 1 GG (Wahlgleichheit) und der Chancengleichheit der Parteien vgl. näher das Skript Staatsrecht II Staatsorganisationsrecht.

Art. 33 I - III GG (lesen!) enthalten in ihrer Zusammenschau die Regelung, dass für den Zugang zu öffentlichen Ämtern einerseits Religion (Absatz drei) und Zugehörigkeit zu einem Bundesland (Absatz ein) keine Unterscheidungskriterien sein dürfen, sondern dass umgekehrt nur Eignung, Befähigung und Leistung (Absatz zwei) entscheiden dürfen.

> Lösungshinweise zum 1. Einstiegsfall: Ein spezieller Gleichheitssatz ist nicht einschlägig, so dass die Regelung bzw. die Vergabepraxis an Art. 3 I GG zu messen ist. In der unterschiedlichen Behandlung von Empfängern von Geld- und Sachleistungen liegt ein Verstoß gegen Art. 3 I GG, wenn diese beiden Gruppen vergleichbar sind und die Ungleichbehandlung willkürlich ist bzw. (nach der strengeren Prüfung) nicht von vernünftigen Erwägungen getragen wird. Beide Personenkreise empfangen Sozialhilfe und sind insoweit vergleichbar. Ein die Differenzierung rechtfertigender Grund könnte darin liegen, dass beim Obdachlosen O die mit dem Weihnachtsfest typischerweise verbundenen Mehraufwendungen (Weihnachtsbaum, Kerzen etc.) nicht anfallen. Allerdings ist die Ermöglichung solcher Mehraufwendungen wohl nur Ausdruck des eigentlichen Ziels der Regelung, den Sozialhilfeempfängern zu Weihnachten eine besondere Begünstigung zukommen zu lassen. Auch O kann sich an Weihnachten aber etwas Besonderes leisten, wenn ihm eine Sonderzuwendung zukommt, so dass kein überzeugendes Differenzierungsziel ersichtlich ist.

> Lösungshinweise zum 2. Einstiegsfall: Es könnte ein Verstoß gegen Art. 3 II S. 1 GG vorliegen: das Geschlecht wird hinsichtlich der Feuerschutzabgabe als Differenzierungskriterium herangezogen. Ausnahmsweise könnte dies zulässig sein, wenn „objektive biologische Unterschiede" die Differenzierung rechtfertigen. Dabei ist hier nicht primär auf die Abgabenleistung, sondern auf die dieser zugrunde liegenden Pflicht zur aktiven Betätigung im Feuerschutz abzustellen. Früher wurde in entsprechenden Fällen selbstverständlich davon ausgegangen, dass „die Eignung von Männern (...) zum Feuerwehrdienst (...) offensichtlich (...) unvergleichlich größer als die von Frauen" sei.[559] Gegen eine zulässige Differenzierung spricht aber neben den geänderten Auffassungen zur Leistungsfähigkeit von Mann und Frau auch die Tatsache, dass durch die zunehmende Technisierung bei der Feuerwehr körperliche Unterschiede ohnehin eine geringere Rolle spielen.[560]

---

557 BVerfG, Beschluss vom 28.02.2007 – 1 BvL 9/04, LNRB 2007, 31043 = Life & Law 2007, Heft 7.
558 BverfG, NJW 1999, 557; BverfG, FamRZ 2005, 2047 = Life & Law 2006, Heft 1.
559 BVerwG, KStZ 1959, 148, 149; bestätigt noch von BVerwG, NVwZ 1995, 390 ff.
560 BVerfGE 92, 91-122 ; NJW 1995, 1733; Besprechung in JuS 1995, 736.

§ 14 RELIGIONS-, WELTANSCHAUUNGS- UND GEWISSENS-FREIHEIT, ART. 4 GG (U.A.)

Einstiegsfall:[561] *Aufgrund einer Änderung des Tierschutzgesetzes soll das Schächten ohne vorherige Betäubung ausnahmslos verboten werden und auch keiner ausnahmsweisen Gestattung zugänglich sein. Der dem islamischen Glauben angehörige Mohammed (M) fühlt sich dadurch in seiner Religionsfreiheit verletzt.*

Im GG ist die Religions- und Gewissensfreiheit zum einen im Grundrechtskatalog in Art. 4 GG geregelt, zum anderen enthält Art. 140 GG i.V.m. den Vorschriften der WRV zusätzliche Regelungen.

A) Schutzbereich

I. Abgrenzungen und Definitionen

h.M.: einheitl. Schutzbereich des Art. 4 GG, nur klarstellender Charakter des Art. 4 II GG

Während nach unbefangener Lektüre Art. 4 GG in Absatz eins und zwei unterschiedliche Schutzbereiche mit unterschiedlich weit gewährtem Schutz zu enthalten scheint, handelt es sich nach dem BVerfG und ihm folgend der h.L. bei Art. 4 GG um ein umfassendes Grundrecht auf Religions-, Weltanschauungs- und Gewissensfreiheit, wobei Art. 4 I GG umfassenden Schutz des sog. „forum internum" aber auch des Bekenntnisses und des dem entsprechenden Handelns, insbesondere des kultischen Handelns und der Verbreitung, gewährt.[562] Art 4 II GG hat nur noch klarstellenden Charakter und ist auch insoweit zu eng, als hier der Wortlaut nur auf die *Religions*ausübung abstellt. 191

Glaube: Überzeugung von Stellung des Menschen in der Welt

Glaubensfreiheit bedeutet dabei die Freiheit, sich eine (nach vorzugswürdiger Ansicht religiöse oder auch areligiöse[563]) Überzeugung von der Stellung des Menschen in der Welt und seiner Beziehung zu höheren Mächten und tieferen Seinsschichten zu bilden.[564] Dabei gibt es insbesondere keine Beschränkung auf christliche Traditionen.[565] 192

hemmer-Methode: Die Rechtsprechung ist hier – gerade bei neuartigen Religionsgemeinschaften - relativ großzügig, nicht zuletzt auch um die staatliche Neutralität zu wahren.[566] Auch in der Klausur empfiehlt es sich, hier i.d.R. Art. 4 nicht schon bei der Frage nach Glauben oder Religion „abzuwürgen", wenn nicht der Sachverhalt nahe legt, dass die vermeintliche Religion eindeutig nur Deckmantel für finanzielle Interessen ist. Haben Sie bei der konkreten Betätigung Zweifel, prüfen Sie dies besser bei der Frage, ob die Religions*ausübung* so weit geht.

Gewissen: Phänomen, dessen Forderungen evidente Gebote unbedingten Sollens sind

Gewissen i.S.d. Art. 4 I GG wird vom BVerfG als „real erfahrbares seelisches Phänomen, dessen Forderungen (...) unmittelbar evidente Gebote unbedingten Sollens sind", definiert. Eine Gewissensentscheidung soll jede ernste sittliche, d.h. an den Kategorien von „Gut" und „Böse" orientierte Entscheidung sein.[567] 193

---

561   Vgl. Pache, Jura 1995, 150 ff.

562   Vgl. schon BVerfGE 12, 1 (3); leading cases v.a. E 32, 98 (106); 24, 236 (245); aus der Lit. Pieroth/Schlink, Art. 4 GG, Rn. 1; Pieroth/Schlink, Rn. 581 f.; Steiner, JuS 1982, 157 (158); differenzierend dagegen M/D-Herzog, Art. 4 GG, Rn. 63 ff.

563   BVerwGE 90, 1 (4); Jarass/Pieroth, Art. 4 GG, Rn. 6.

564   Vgl. Stein, S. 194.

565   Statt vieler AK-Preuß, Art. 4 I, II GG, Rn. 14; z.B. BVerwG, NJW 1989, 2272 und BVerfG, NJW 1989, 3269 zur „Transzendentalen Meditation".

566   Zusammenfassend Diringer, BayVBl. 2005, 97.

567   E 12, 45 (54 f.).

II. Sonderprobleme des forum externum

Problem: bei weiterer Auslegung gewisse Konturlosigkeit ⇨ über forum externum extrem viele Tätigkeiten geschützt

Mehr Probleme als solche Definitionen macht die Frage, ob – insbesondere bei Betätigungen über das forum internum der persönlichen Überzeugung hinaus – wirklich noch der Bereich der (einheitlich geschützten, vgl. o.) Religions- oder Glaubensausübung bzw. Gewissensbetätigung vorliegt. Bei der soeben dargestellten extensiven Interpretation besteht die Gefahr einer gewissen Konturlosigkeit des Schutzbereichs und einer umfassenden Legitimation jedes Handelns mit der Glaubens- bzw. Gewissensfreiheit.[568]

hemmer-Methode: Machen Sie sich klar: Sowohl in der Rechtspraxis als auch in der Klausur liegt im säkularen Staat das Hauptproblem der Religionsfreiheit nicht mehr bei einer Verfolgung vermeintlicher Häretiker durch die Inquisition! Zwar mögen sich mit neuen (oder auch nur anderen, z.B. bei Gastarbeitern) Religionen Konfliktfelder ergeben, aber de facto nur im Bereich des forum internum bzw. bei der Frage, inwiefern bestimmte als untragbar empfundene Verhaltensweisen oder Zustände sich durch die Religion rechtfertigen lassen. Eine eher staatstheoretische, aber als Argumentationsstrang verwendbare Überlegung ist auch die Frage, inwiefern jede Ausweitung der durch die Glaubens– und Gewissenfreiheit geschützten Tätigkeiten eine Einschränkung des Demokratieprinzips einhergeht, dass – bei allem gebotenen Minderheitenschutz – davon ausgeht, dass die vom demokratisch legitimierten Gesetzgeber vorgegebenen Wertungen ungeachtet persönlicher Vorlieben und Sensibilitäten vom Einzelnen zu achten sind.

deshalb Beschränkung auf für Glaubensausübung wesensnotwendige Tätigkeiten

Denkbare Einschränkungen schon im Schutzbereich liegen darin, vom Betroffenen zu verlangen, sein Handeln als glaubensgeleitet plausibel darzulegen, oder aber nur nach objektiven Kriterien für die Glaubensausübung wesensnotwendige Tätigkeiten erfasst zu sehen. Liegt hier in der Klausur ein Problem, ist ein Kompromiss zu finden zwischen dem subjektiven Ansatz des religiösen Selbstverständnisses und einer objektiven Unterscheidung zwischen geistlichem und weltlichem Handeln, d.h. einem Ausscheiden von religionsneutralen Vorgängen.

> *Bsp.: Die Abhaltung kultischer Veranstaltungen an sich fällt sicher in den Schutzbereich der Religionsausübung.[569] Der Verkauf von Speisen und Getränken im Zusammenhang mit einem religiös motivierten Zusammentreffen ist letztlich religionsneutral, und es ginge wohl zu weit, dies unter Berufung auf ein angebliches entsprechendes Selbstverständnis als Glaubensbetätigung zu akzeptieren. Etwas anderes gilt aber, wenn es um das eigene „Essverhalten" des Gläubigen geht.[570]*

hemmer-Methode: In diesem Kontext ist auch das Problem der Gewerbeausübung durch Sekten zu sehen. Das BVerfG[571] hat dazu ausgeführt, dass die Feststellung, ob ein nach § 14 I GewO anmeldungspflichtiges Gewerbe ausgeübt wird, nicht von der Frage abhängig ist, ob eine Sekte bzw. ein Verein als Religions- oder Weltanschauungsgemeinschaft anzuerkennen ist. Entscheidend ist vielmehr alleine die Gewinnerzielungsabsicht, auch wenn nur an Mitglieder verkauft wird und die im Voraus festgelegten Gegenleistungen als Spenden deklariert werden.

194

---

568   Vgl. Pieroth/Schlink, Rn. 587, 597.

569   BVerwG, NJW 2001, 1365 = DVBl. 2001, 816 (Kiffen als kultische Handlung für Rastafari-Anhänger).

570   BVerfG, NJW 2002, 663 = Life & Law 2002, 333 = BayBl. 2002, 300 = DVBl. 2002, 328 mit interessanter Anmerkung v. Volkmann.

571   DVBl 1994, 413.

III. Negative und kollektive Freiheit

auch negative und kollektive Freiheit geschützt

Obwohl Glauben und Gewissen an sich sehr persönliche Dinge sind, ist anerkannt, dass Art. 4 GG auch die kollektive Freiheit, insbesondere also auch eine Religionsgemeinschaft als solche schützen kann.[572]

195

In dieser Funktion verstärkt Art. 4 GG noch den Schutz, der durch die staatskirchenrechtlichen Bestimmungen des Art. 140 GG i.V.m. Art. 137 ff. WRV gewährt wird, welche in diesem Rahmen aber nicht näher dargestellt werden sollen.[573]

Eine besondere Bedeutung spielt bei Art. 4 GG auch die sog. negative Bekenntnis- oder Glaubensfreiheit.

Paradebeispiel ist zum einen das umstrittene Kruzifix-Urteil,[574] sowie die Fälle zum Schulgebet:[575] Hierin könnte zum einen ein Zwang liegen, sich einer bestimmten Religionsausübung anzuschließen oder zumindest auszusetzen; selbst wenn es den Kindern freisteht, während dieser Zeit das Zimmer zu verlassen, müssen sie auf diese Weise ihren Nichtglauben bekennen. Abzuwägen ist diese negative Freiheit dann mit der positiven Ausübungsfreiheit der anderen Kinder.

Ein neueres Beispiel ist das Kopftuch der Lehrerin. Im Unterschied zum „Kruzifix" geht es aber nicht nur um die negative Glaubensfreiheit der Schüler, sondern auch um die positive Glaubensfreiheit der Lehrerin, so dass eine Abwägung der widerstreitenden Grundrechtspositionen vorzunehmen ist[576]. Angesichts der Bekenntnisfreiheit der Schule, vgl. Art. 140 GG, Art. 137 I WRV, Art. 7 GG und des Erziehungsrechts der Eltern muss nach h.M. die Religionsfreiheit der Lehrerin, die (anders als die Schüler) freiwillig diesen Beruf gewählt hat, zurückstehen.[577]

B) Eingriffe

Eingriffe: z.B. Verbote und Verletzung der staatl. Neutralität

Eingriffe in das Grundrecht des Art. 4 GG liegen neben den (eher fernliegenden) Fällen einer Verfolgung oder eines Verbots einer Religionsgemeinschaft v.a. in Verletzungen der staatlichen Neutralitätspflicht und im Verbot oder der Beeinträchtigung eines bestimmten Denkens, Bekennens oder Handelns, das vom Schutzbereich umfasst wird. Viel diskutierte Beispiele eines mittelbaren Eingriffs[578] waren in jüngerer Zeit staatliche Warnungen vor Jugendsekten[579] oder die Unterstützung eines Vereins, der sich gegen diese engagiert. Hinsichtlich der negativen Freiheit kann ein Eingriff auch in der Verpflichtung zum Bekennen liegen.

196

---

572 Vgl. BVerfGE 19, 129 (132); 23, 236 (243); Steiner, JuS 1982, 157 (159).

573 Dazu knapp z.B. Pieroth/Schlink, Rn. 592 ff.; Maunz/Zippelius, § 27; Steiner, JuS 1982, 157 (165 f.); lesenswert auch Renck, JuS 1989, 451 ff.

574 BVerfG, NJW 1995, 2477 = Hemmer/Wüst/Triebel, Classics Ö-Recht, Fall 10; Folgeentscheidungen zum neuen „Kruzifixgesetz" in Art. 7 III BayEUG bei BayVerfGH, NJW 1997, 3157; BayVGH, BayVBl. 1998, 305 = NJW 1999, 1045; BayVGH, BayBl. 2002, 400 (Abhängen des Kreuzes auf Antrag eines Lehrers); BVerwG, BayVBl. 1999, 663 = NJW 1999, 3063; zu diesem Problemkreis auch VG Darmstadt, NJW 2003, 455 (Abhängen eines Kreuzes im Kreistag auf Antrag eines Mandatsträgers).

575 Z.B. BVerfGE 52, 223 f.; vgl. auch BayVGH, BayVBl 1991, 751 sowie VG Göttingen, NJW 2003, 1265.

576 VG Lüneburg, NJW 2001, 767; VGH Mannheim, NJW 2001, 2899 = DVBl. 2001, 1534 m. Anm. Rux = Life & Law 2001, 882 hierzu BVerwG, NJW 2002, 3344, bspr. v. Morlok/Krüper, NJW 2003, 1020.

577 Offen gelassen von BVerfG, NJW 2003, 3111, das v.a. eine spezialgesetzliche Grundlage für ein Kopftuchverbot fordert, sehr krit. Bspr. von Ipsen in NVwZ 2003, 1210 sowie von Sacksofsky, NJW 2003, 3297, Pofalla, NJW 2004, 1218; Hufen, NVwZ 2004, 575. Zum daraufhin ergangenen Baden-Württembergischen Kopftuchgesetz vgl. BVerwG, NJW 2004, 3581 = BayVBl. 2005, 24 = Life & Law 2005, Heft 1.

578 Dazu oben Rn. 110, 112.

579 BVerfG, NJW 2002, 2621 ff., hierzu kritisch Murswiek, NVwZ 2003, 1.

Hier ist aber eine gewisse Wechselwirkung zu beachten: beruft sich jemand für sein Handeln auf die Glaubensfreiheit, liegt kein unerlaubter Bekenntniszwang darin, wenn er dies im Hinblick auf seinen Glauben plausibel begründen soll.[580]

C) Schranken

keine geschriebenen Schranken

Ein – gerade wegen der weiten Auslegung des Art. 4 I, II GG besonders brennendes – Problem ist, wie das dem Wortlaut nach schrankenlos gewährte Grundrecht eingeschränkt werden kann.

197

M.M.: Art. 5 II, 2 I GG analog

Der - dogmatisch beachtliche - Ansatz, auf das forum internum keine Schranken, auf das Bekenntnis die des Art. 5 II GG und auf das Handeln die des Art. 2 I GG anzuwenden,[581] verträgt sich wohl nicht mit der Annahme eines einheitlichen Schutzbereichs. Zutreffend an diesem Ansatz ist aber, dass das Grundrecht umso leichter einschränkbar sein muss, je mehr Auswirkungen auf Dritte vorliegen.

h.M.: nur kollidierendes Verfassungs-recht

Wichtig für die Klausur ist deshalb auch hier die Einschränkungsmöglichkeit durch kollidierendes Verfassungsrecht,[582] wobei hier insbesondere negative und positive Bekenntnisfreiheit einander begrenzen können.[583] Bei der Abwägung kann es (den allgemeinen Regeln entsprechend) dann zum einen eine Rolle spielen, welcher Bereich betroffen ist (z.B. wird das forum internum kaum mit einem anderen Recht kollidieren können), zum anderen ob der Kernbereich der Religionsausübung oder nur ihre Peripherie betroffen ist. So hat das BVerwG entschieden, dass das Erfordernis einer Sondernutzungserlaubnis für das Ansprechen von Passanten in religiöser Ausübung mit Art. 4 GG vereinbar ist. [584]

hemmer-Methode: Hier ist wieder Raum zur Argumentation, wobei Sie sich durch sauberes Arbeiten mit der oben dargelegten Methode hervorheben können. Auch wenn es auf das Ergebnis häufig nicht ankommt, sollten Sie sich hier bemühen, eigene religiöse oder weltanschauliche Überzeugungen nicht überhand nehmen zu lassen. Wichtig ist stets das Gebot der gegenseitigen Toleranz.

Schranken aus Art. 136 I, III S. 2, 137 III S. 1 WRV?

Ein größeres (allerdings nicht zu gängiges) Problem ist demgegenüber, inwieweit die Regelungen der Art. 136 I, III S. 2, 137 III S. 1 WRV auch Art. 4 GG beschränken können. Neben vielen anderen, für die Klausur weder erlernbaren noch erforderlichen Ansichten lassen sich grds. drei Möglichkeiten für das Verhältnis der Schranken der WRV für Art. 4 GG denken. Man könnte Art. 4 GG als lex posterior als davon unberührt betrachten bzw. sogar in der Inkorporation der WRV partiell „verfassungswidriges Verfassungsrecht"[585] sehen.

198

Andererseits könnte man Art. 4 GG als *jedenfalls* durch die betreffenden Vorschriften begrenzt sehen[586].

580   Vgl. BVerfGE 52, 223 (246); ebenso Pieroth/Schlink, Rn. 605.

581   So M/D-Herzog, Art. 4 GG, Rn. 114.

582   Vgl. dazu allgemein oben Rn. 141 f.; vgl. BVerfGE 32, 98 (107 f.); 41, 29 (50); 52, 223 (246 f.).

583   BVerwG, NJW 2004, 3581 = BayVBl. 2005, 24 = Life & Law 2005, 54 ff. (Kopftuchgesetz des Landes Baden-Württemberg).

584   BVerwG, NJW 1997, 406; ebenso VG Augsburg, BayVBl. 1997, 667 bzgl. der Verteilung von Handzetteln zum Verkauf des Buchs „Dianetik" und des Verkaufs des Buches selbst. Hierzu auch BayVGH, BayVBl. 2003, 214.

585   Nachweise bei Steiner, JuS 1982, 157 (165); eine „Überlagerung" von Art. 136 I WRV durch Art. 4 GG nimmt BVerfGE 33, 21 (31) an.

586   So bspw. BVerwG, DVBl. 2001, 485 = NJW 2001, 1225, das die Schranken aus Art. 136 I WRV heranzieht, um ein religiös motiviertes Schächten einzuschränken. Das BVerfG geht darauf in seinem Schächt-Urteil überhaupt nicht ein und nimmt ein schrankenvorbehaltlos gewährtes Grundrecht an; BVerfG, NJW 2002, 663 = Life & Law 2002, 333 = BayBl. 2002, 300 = DVBl. 2002, 328 mit interessanter Anmerkung Volkmann.

Am überzeugendsten in der Klausur ist aber wohl ein vermittelndes Verständnis, wonach zumindest für Art. 137 WRV ein Anwendungsbereich besteht, soweit es um die Verwaltung der Religionsgemeinschaft geht, Art. 4 GG aber vorgeht, soweit es um religiöse Fragen i.e.S. (den Kultus) geht; dieser Abgrenzung entsprechend hat Art. 136 I WRV keine praktische Bedeutung, weil er einen Gesetzesvorbehalt auch im Bereich der religiösen Betätigung durch den einzelnen enthalten würde.

Wichtig ist auch, dass Art. 137 I WRV in Verbindung mit Art. 4 GG den Kirchen einen inneren Bereich garantiert, der von staatlicher Einmischung freigehalten werden muss. Das OVG Magdeburg[587] hat im Zusammenhang mit der gerichtlichen Überprüfung von Wahlen in einer jüdischen Gemeinschaften dazu folgendes ausgeführt: „Der prozessuale Anspruch eines ehemaligen Vorstands der jüdischen Gemeinde, Gemeindemitgliedern, die sich als Vorstand ausgeben, Tätigkeiten eines Vorstands zu untersagen, kann von einem staatlichen Gericht nicht entschieden werden. Er gehört zu dem sog. „inner-kirchlichen" Bereich nach Art. 137 III WRV. Eine staatliche Einmischung ist auch nicht deshalb möglich, weil es sich um Fragen der Außenvertretung einer Körperschaft des öffentlichen Rechts handelt.[588]

D) Art. 4 III, 12a II GG: Kriegsdienstverweigerung[589]

Kriegsdienstverweigerung

In Art. 4 III GG wird garantiert, dass aus Gewissensgründen der Kriegsdienst *mit der Waffe*[590] verweigert werden darf, weshalb die Möglichkeit der Pflicht zum Ersatzdienst in Art. 12a II GG eher deklaratorischen Charakter hat. Für die Klausur dürfte - zumal angesichts der derzeitigen liberalen Praxis der Anerkennung als Kriegsdienstverweigerer - dieses Problemfeld eher eine geringe Rolle spielen. Der verfassungsrechtlich problematischste Aspekt, nämlich die im Gegensatz zu Art. 12a II S. 2 GG stehende längere Dauer des Zivildienstes dürfte nach den (freilich wenig überzeugenden) Entscheidungen des BVerfG[591] als verfassungsgemäß anzusehen sein. Das BVerfG sieht es als unbedenklich an, die Dauer des Zivildienstes so weit zu verlängern, dass diese der Dauer des Wehrdienstes einschließlich der in § 6 WPflG vorgesehenen Wehrübungen voll entspricht.

199

Lösungshinweise zum Einstiegsfall: Das Schächten könnte vom (einheitlichen) Schutzbereich der Religionsfreiheit erfasst sein, soweit es nach den Regeln einer Religionsgemeinschaft geboten wird, bei bestimmten Anlässen nur Fleisch lebendig geschächteter Tiere zu verwenden. Insoweit ist nach dem Selbstverständnis einiger islamischer Gruppierungen ein entsprechendes Vorgehen vom religiösen Bereich umfasst und das rituelle Schlachten kann auch nicht objektiv als rein religionsneutraler Vorgang eingestuft werden. Im Verbot des Schächtens liegt deshalb ein Eingriff in die Religionsfreiheit[592]. Mangels Schranken in Art. 4 GG und mangels Eingreifen von Vorschriften der WRV[593] kommt als Rechtfertigung nur kollidierendes Verfassungsrecht in Betracht. Da kollidierende Grundrechte auf den ersten Blick nicht einschlägig sind, müsste der Tierschutz irgendwie verfassungsrechtlich verankert sein: z.T. wird bzw. wurde die Kompetenznorm in Art. 74 I Nr. 20 GG als Grundlage gesehen, was methodisch aber zumindest zweifelhaft ist.

---

587   NJW 1998, 370 ff.

588   Zum selben Fall auch OLG Naumburg, NJW 1998, 3060; so jetzt auch BVerfG, NJW 1999, 349 ff.; VGH München, NJW 1999,378; OVG Münster, NVwZ 2002, 1527; BVerwG, NJW 2003, 2112, bspr. v. Weber in NJW 2003, 2067; anders BGH, NJW 2003, 2097.

589   Dazu ausführlich und obwohl nicht mehr ganz aktuell in den Grundzügen lehrreich Schoch, Jura 1985, 127 ff.

590   Zur sog. Totalverweigerung (besonders ihren strafrechtlichen Problemen) Eisenberg/Wolke, JuS 1993, 285 ff.

591   E 48, 127 (141) (in einem obiter dictum); 69, 1 (28 ff.) (etwas zurückhaltender); 78, 364 (370); vgl. aber auch das dissenting vote in E 69, 57, 66 ff. und die vielfach kritische Literatur, z.B. Jarass/Pieroth, Art. 12a GG, Rn. 6; Schoch, Jura 1985, 127 (134).

592   A.A. teilweise das BVerwG, das den Gläubiger darauf verwies, sich vegetarisch zu ernähren.

593   So bspw. BVerwG, DVBl. 2001, 485 = NJW 2001, 1225.

Ebenfalls zweifelhaft ist, ob der Tierschutz als Teil der Menschenwürde zu sehen ist („Ein Mensch, der Tiere unnötig quält, erniedrigt sich selbst.")[594]. Als verfassungsrechtliche Verankerung kommt damit allein Art. 20a GG in Betracht. Dieser soll nach seiner Entstehungsgeschichte dem Tierschutz Verfassungsrang zukommen lassen. Der Wortlaut ist hier aber keineswegs so eindeutig, da es mehr um den Schutz einer bestimmten Tiergattung und Tierrasse und weniger um das einzelne Tier geht.[595] Kommt man deshalb zum Ergebnis, dass der Tierschutz in keiner Weise verfassungsrechtlich verankert ist, läge eine Verletzung von Art. 4 GG vor. Auch wenn man eine der genannten Verortungen genügen lässt, läge hier wohl eine Verletzung vor, wenn es keine Möglichkeit für eine Ausnahmegenehmigung (z.B. für einzelne Schächtungen bei hohen religiösen Festen) gibt. Schützt man auch das einzelne Tier über Art. 20a GG heißt dies nur, dass eine Abwägung zwischen Art. 4 GG und Art. 20a GG möglich ist, nicht jedoch, dass zwingend die Religionsfreiheit zurücktreten muss. Im Rahmen dieser Abwägung wird vielmehr darauf abzustellen sein, dass zumindest ein rituelles Schächten die Religionsfreiheit in ihrem Kernbereich berührt und deshalb der Tierschutz wohl wird zurücktreten müssen.[596]

---

594   Ablehnend VG Frankfurt, NJW 2001, 1295.

595   VGH Kassel, NVwZ 2003, 881, kritisch hierzu Kluge, ZRP 2004, 10 ff.

596   Vgl. auch BVerwG, NVwZ 2007, 461 ff = LNRB 2006, 31276 = Life & Law 2007, Heft 6: Nach Ansicht des BVerwG hat sich auch bei nicht rituellem Schächten durch die Nennung des Tierschutzes im Art. 20a GG nichts geändert, so dass die Ausnahmegenehmigung im Zweifelsfall erteilt werden muss. Das BVerwG lässt aber offen, ob es dies in der Abwägung oder schon am fehlenden kollidierenden Verfassungsrecht festmacht.

§ 15 MEINUNGS-, INFORMATIONS-, PRESSE- UND RUNDFUNK-FREIHEIT, ART. 5 I GG

Einstiegsfall: Der Treudeutsch (T) bietet in seinem Kiosk auch „Landesheftchen" feil. Nachdem er drei Ausgaben verkauft hatte, die von der zuständigen Bundesprüfstelle auf die Liste der verbotenen Schriften gesetzt wurden, wird er zu einer Geldstrafe verurteilt. T hält die einschlägigen Verbotsvorschriften des Gesetzes über die Verbreitung jugendgefährdender Schriften (GjSM) für verfassungswidrig, weil er in der Gestaltung seines Sortiments seine Überzeugung davon, was gelesen werden sollte, zum Ausdruck bringt: er ist nämlich der Meinung, eine Verherrlichung des Krieges sei geeignet, dem moralischen Verfall der Jugend entgegenzuwirken, der sich in einer steigenden Zahl von Kriegsdienstverweigerern zeige.

Die in diesem Abschnitt zu behandelnden Grundrechte sind nicht nur von großer praktischer und „für eine freiheitlich-demokratische Staatsordnung (...) schlechthin konstituierender"[597] Bedeutung, sondern spielen wegen der (sich daraus ergebenden) vielfältigen Streitpunkte, Gerichtsentscheidungen sowie einiger interessanter dogmatischer Fragen in der Klausur z.T. eine überragend wichtige Rolle. Der Übersichtlichkeit wegen und wegen der spezifischen Besonderheiten jedes der geschützten Rechtsgüter werden dabei im folgenden ausnahmsweise Schutzbereich und Eingriff jeweils zusammen dargestellt.

Übersicht zu Art. 5 I GG:

A) Schutzbereich und Eingriff

I. Meinungsfreiheit

diff.: Meinungs-/Tatsachenäußerung

1. Der Begriff der Meinungsäußerung ist im Ausgangspunkt zu unterscheiden von der Tatsachenbehauptung, wobei für erstere das Element der Stellungnahme, für zweitere charakteristisch ist, dass sie grds. objektiv nach den Kategorien richtig und falsch überprüft werden kann. Dabei ist jedoch die Meinungsäußerung extensiv auszulegen, so dass eine solche auch vorliegt, wenn mit der Stellungnahme zusammen die Tatsachen vorgetragen werden, die Gegenstand der Bewertung sind.[598] In gewissen Grenzen kann sogar in der Entscheidung, bestimmte Tatsachen zu nennen, andere dagegen nicht, eine Stellungnahme liegen.

200

---

597   BVerfGE 7, 198 (208) = Hemmer/Wüst/Triebel, Classics Ö-Recht, Fall 1 - Lüth.

598   BVerfG, NJW 1992, 1439.

Eine reine Tatsachenbehauptung, die nicht von Art. 5 I S. 1 GG umfasst wird, liegt deshalb äußerst selten vor und ist eigentlich nur bei Angaben für statistische Erhebungen oder dergleichen denkbar.[599]

jedenfalls keine Meinungsäußerung: bewusst unwahre Tatsachenäußerung

Ebenfalls keine Meinungsäußerung sollen *bewusst unwahre* Tatsachenäußerungen[600] oder Zitate[601] sein. Dies lässt sich zwar mit der weiten Auslegung schwer vereinbaren, ist aber im Ergebnis überzeugend, da bewusst unwahre tatsachenbestimmte Äußerungen des Schutzes durch Ausdehnung des Meinungsäußerungsbegriffs nicht bedürfen und zur Meinungsbildung auch nicht beitragen können. Auch hier wird aber die Meinungsäußerung insoweit geschützt, als an die Anforderungen für die Wahrheitspflicht bzw. die Pflicht, sich zu vergewissern, keine solchen Anforderungen gestellt werden dürfen, die die Funktion der Meinungsfreiheit beeinträchtigen.[602]

aktuelle Beispiele

Zur Bestimmung der Meinungsfreiheit gibt es eine breit gefächerte Judikatur.[603] U.a. wurde vom BVerfG festgestellt, dass auch Fragen unter die Meinungsfreiheit fallen[604], rein rhetorische Fragen, aber nach den Kriterien für Tatsachenbehauptungen (vgl. o.) zu beurteilen sind,[605] dass auch Leserbriefe unter die Meinungsfreiheit fallen können,[606] dass auch Äußerungen zu Wettbewerbszwecken den Schutz des Art. 5 I S. 1 GG genießen.[607] Keinen Schutz genießen dagegen als unwahre Tatsachenbehauptung die Leugnung der Morde an den Juden im Dritten Reich[608] und eine reine Schmähkritik.[609] Allerdings ist das BVerfG mit der Annahme einer Schmähkritik sehr vorsichtig: „Schmähkritik wird bei Äußerungen in einer die Öffentlichkeit berührenden Frage nur ausnahmsweise vorliegen und im Übrigen eher auf die sog. Privatfehde beschränkt bleiben."[610] Der Entscheidung lag die Überprüfung einer strafgerichtlichen Verurteilung wegen Verunglimpfung des Staates (§ 90a I Nr. 1 StGB) an der Meinungsfreiheit zugrunde. Es ging dabei um ein zweiseitiges Flugblatt mit u.a. folgendem Text: „Am 26.09. jährt sich zum elften Mal der Tag des neonazistischen Bombenanschlags auf das Oktoberfest. Dreizehn Menschen verloren dabei ihr Leben. Was tut die Bayerische Staatsregierung, was tut das Bundeskriminalamt? Man setzte eine Einzeltätertheorie in die Welt: Gundolf Köhler war ein Verrückter, er hat die Bombe allein fabriziert und geworfen. Die Untersuchungen werden abgebrochen, obwohl eine Fülle von Zeugenaussagen gegen die Einzeltäterschaft Köhlers sprechen, obwohl die Selbstbezichtigung eines Mitglieds der „Wehrsportgruppe Hoffmann" vorlag. Die Täter wurden nie gefasst. Sie laufen noch heute frei herum, weil Bundesanwaltschaft und Bundeskriminalamt unter eifriger Hilfestellung von Strauß und seiner CSU die Ermittlungen bereits nach zwei Jahren endgültig einstellen."

Das BVerfG stellt hierzu fest, dass Auslegung und Anwendung strafrechtlicher Vorschriften Sache der Strafgerichte sind.

---

599 BVerfGE 65, 1 (41); zu den weiter oben genannten Abgrenzungen z.B. Pieroth/Schlink, Rn. 625 ff.; Jarass/Pieroth, Art. 5 GG, Rn. 2 ff.

600 H.M., vgl. BVerfGE 61, 1 (8); 85, 1 (15); Jarass/Pieroth, Art. 5 GG, Rn. 3a.

601 Vgl. BVerfGE 54, 208, 129.

602 BVerfGE 54, 208 (219); aber auch BVerfG, NJW 1992, 1439, wonach es genügt, wenn sich der Äußernde für die Tatsache auf unwidersprochen gebliebene Pressemitteilungen berufen kann.

603 Neben den sogleich genannten Fundstellen instruktiv die Auflistung bei Hufen, JuS 1994, 165 ff.; auch BVerfGE 93, 266 = Hemmer/Wüst/Triebel, Classics Ö-Recht, Fall 12 - „Soldaten sind Mörder"; BVerfG, NJW 2000, 199.

604 BGH, NJW 2004, 1034.

605 NJW 1992, 1442.

606 NJW 91, 3023; soweit keine reine Tatsachenbehauptung vorliegt, was aber nach den oben genannten Kriterien schwer vorstellbar ist.

607 NJW 1992, 1153, allerdings sei dort besonders genau zu prüfen, ob noch der kommunikative Bereich berührt sei.

608 NJW 1993, 916.

609 NJW 1993, 1462.

610 BVerfG, NJW 1999, 204 ff.

Geht es um Äußerungen, die vom Schutz der Meinungsfreiheit umfasst werden, haben sie dabei aber dem eingeschränkten Grundrecht Rechnung zu tragen, damit dessen wertsetzende Bedeutung auch auf der Rechtsanwendungsebene gewahrt bleibt. Handelt es sich bei der gesetzlichen Beschränkung der Meinungsfreiheit um eine Staatsschutznorm, ist besonders sorgfältig zwischen einer – wie verfehlt auch immer erscheinenden – Polemik und einer Beschimpfung oder böswilligen Verächtlichmachung zu unterscheiden, weil Art. 5 I GG gerade aus dem besonderen Schutzbedürfnis der Machtkritik erwachsen ist und darin unverändert seine Bedeutung findet.

hemmer-Methode: Es ist jedenfalls wichtiger, die Grundzüge verstanden zu haben, als jede neue Entscheidung zu kennen. Da aber gerade hier in letzter Zeit viele Entscheidungen ergangen sind, ist es ratsam, sich anhand einiger Fundstellen einen Überblick zu verschaffen - gerade aber nicht in erster Linie, um sich die konkrete Entscheidung zu merken, sondern um die Argumentationsmuster in den jüngeren Entscheidungen einmal nachvollzogen zu haben, um sie auf den Klausurfall anzuwenden.

Weitere interessante Entscheidungen betreffen die Grenzen der Meinungsfreiheit für Strafgefangene[611] und Offiziere der Bundeswehr[612] sowie die Frage, inwieweit aus Art. 5 I GG ein Anspruch auf genehmigungsfreie straßenrechtliche Sondernutzung besteht.[613]

geschützt: jede Form der Kundgabe

Das „Äußern und Verbreiten in Wort, Schrift und Bild" hat hinsichtlich der geschützten Tätigkeiten nur aufzählenden Charakter, geschützt ist jede Form der Meinungskundgabe. Grenzen bestehen aber dort, wo die Meinung einem anderen „aufgezwungen" werden soll, also Druckmittel anstelle von Argumenten verwendet werden.[614] Geschützt ist natürlich auch die negative Komponente, seine Meinung gerade nicht zu äußern. | 202

Eingriff: Verbote und Anknüpfung negativer Konsequenzen

2. Eingegriffen in die Meinungsfreiheit wird durch Verbote, die Meinung überhaupt, eine bestimmte Meinung oder eine Meinung auf eine bestimmte Weise zu äußern ebenso wie durch tatsächliche Maßnahmen, die den Schutzbereich verkürzen. Da die Meinungsfreiheit v.a. Abwehrrecht ist, wird i.d.R. kein Anspruch auf Unterstützung bei der Meinungsäußerung bestehen, allerdings liegen bei Erschwernissen auch unterhalb der Verbots- oder Sanktionsgrenze Eingriffe vor. | 203

II. Informationsfreiheit

Informationsfreiheit schützt gerade Adressaten der Nachricht

1. Der Informationsfreiheit kommt neben der Meinungs- und Pressefreiheit durchaus ein eigener Schutzbereich zu, da sie den Adressaten einer Nachricht gerade in dessen aktiver Funktion schützt.[615] Mit „Quelle" ist der Träger, aber auch der Gegenstand der Information gemeint. Allgemein zugänglich ist eine solche Quelle, wenn sie zur Informationsweitergabe an einen nicht abgegrenzten Personenkreis technisch geeignet und bestimmt ist, wobei es im Zweifel mehr auf die tatsächliche Art der Abgabe der Information, nicht so sehr auf die rechtliche Zugangsmöglichkeit ankommt.[616] | 204

---

611   BVerfG, NJW 1994, 475.

612   BVerwG, NJW 91, 967; NVwZ 1992, 65.

613   BVerfG, NVwZ 1992, 52 (53); eine andere Konstruktion dehnt schon den Allgemeingebrauch verfassungskonform aus (sog. „kommunikativer Verkehr").

614   Vgl. grundlegend BVerfGE 25, 256 (265) - Blinkfüer.

615   Vgl. BVerfGE 21, 71 (81).

616   Vgl. BVerfGE 27, 71 (83 f.)

Ausstrahlung ins Privatrecht

Ein in der Vergangenheit häufiger diskutiertes Problem betraf die Ausstrahlungswirkung ins Privatrecht, wenn der Mieter an seiner Wohnung eine Parabolantenne anbringen wollte. Dabei wird das Informationsgrundrecht i.d.R. als gewahrt betrachtet (und somit ein Anspruch auf Gestattung der Parabolantenne verneint), wenn ein Kabelanschluss für das Haus besteht. Etwas anderes kann aber gelten, wenn es sich bei dem Mieter um einen Ausländer handelt, der sich mit den ins Kabel eingespeisten Programmen nicht ausreichend informieren kann.[617] Ebenfalls die verfassungskonforme Auslegung betrifft die Frage, inwiefern sich aus der Informationsfreiheit ein Anspruch auf baurechtliche Genehmigung der Errichtung eines Rundfunkmastes ergibt.[618]

nicht geschützt: rechtswidrige Informationsbeschaffung

Nicht geschützt sein soll die rechtswidrige Informationsbeschaffung,[619] wobei es sich hier i.d.R. schon nicht um allgemein zugängliche Quellen handeln wird. Dagegen kann diese Aussage wohl nicht so verstanden werden, dass der Staat einfach durch Rechtsnorm das Sich-Verschaffen einer bestimmten Information als rechtswidrig deklariert. Eine negative Komponente i.S. eines Schutzes vor unerwünschter Information wird man ebenfalls nicht anerkennen können.[620]

Ebenfalls nicht geschützt ist das Recht auf Eröffnung einer Informationsquelle. Es besteht nur ein Recht darauf, sich aus bestehenden Quellen zu informieren.

> *Bsp.:* Es besteht aus diesem Grund kein Recht darauf, Fernsehübertragungen aus Gerichtsverhandlungen zuzulassen.[621]

Eingriff: Ausschluss von Informationsmedium

2. Eingriffe in die Informationsfreiheit liegen im Ausschluss von einem Informationsmedium, u.U. auch schon bei einer längeren Verzögerung von dessen Zugang;[622] da die „ungehinderte" Unterrichtung garantiert wird, kann ein Eingriff auch schon in einer psychischen Erschwerung, etwa einer Registrierung der Informationsaufnahme liegen.[623] Dagegen besteht i.d.R. kein Anspruch auf Informationsquellenschaffung bzw. Herausgabe von Informationen, dessen Nichterfüllung ein Eingriff wäre, da Art. 5 I S. 1 GG im Wesentlichen ein reines Abwehrrecht ist.[624]

205

III. Pressefreiheit

Presse: alle zur Verbreitung geeigneten und bestimmten Druckerzeugnisse

1. Der Begriff der Presse umfasst nach h.M. alle, d.h. nicht etwa nur periodisch erscheinende, zur Verbreitung geeignete und bestimmte Druckerzeugnisse,[625] wobei eine ähnliche Definition einfachgesetzlich in den meisten Landespressegesetzen zu finden ist. Das BVerfG hat klargestellt, dass Art. 5 I S. 2 GG auch für Werkszeitungen gilt.[626] Entscheidend ist für die Einordnung das Kommunikationsmedium, nicht der Vertriebsweg oder der Empfängerkreis. Auch anonyme Veröffentlichungen von Drittzuschriften fallen in den Schutzbereich.

206

617   Dazu aus neuerer Zeit BVerfG, NJW 1992, 493 f.; 1993, 1252 f.; 1994, 1148 f.

618   BVerwG, NVwZ 1992, 475; BVerfG, NVwZ 1992, 463: zwar ist der Schutzbereich betroffen, i.d.R. besteht aber kein Anspruch.

619   Vgl. BVerfGE 66, 116 (137) - Wallraff/Bild.

620   Vgl. AK-Hoffmann-Riem, Art. 5 I, II GG, Rn. 95; ebenso Richter/Schuppert, S. 158.

621   BVerfG, DVBl. 2001 = NJW 2001, 1633, 456, bspr. von Huff, NJW 2001, 1622; Zuck, NJW 2001, 1623; Dieckmann, NJW 2001, 2451, Gündisch, NVwZ 2001, 990.

622   Vgl. BVerfGE 27, 88 (98 f.).

623   Zum Ganzen Jarass/Pieroth, Art. 5 GG, Rn. 16, Pieroth/Schlink, Rn. 642 ff.

624   Vgl. Jarass/Pieroth, Art. 5 GG, Rn. 17.

625   Statt vieler Pieroth/Schlink, Rn. 646 m.w.N.

626   BVerfG, NJW 1997, 386.

Insbesondere wird der Schutz nicht von einem bestimmten Darstellungsniveau abhängig gemacht,[627] wenngleich es unterschiedliche Stufen der Schutzwürdigkeit geben mag, soweit i.R.d. Güterabwägung auf die konstituierende Funktion der freien Presse für den demokratischen Staat abgestellt wird. Erfasst werden grds. auch Nachrichten und Anzeigenteile, nicht also etwa nur Kommentare o.ä.

umfassender Schutz

Dem Umfang nach schützt Art. 5 I S. 1 GG die Pressefreiheit „von der Beschaffung der Information bis zur Verbreitung der Nachrichten" und alle „im Pressewesen tätigen Personen",[628] kurz gesagt also in maximalem Umfang. Zudem wird Art. 5 I S. 2 GG auch als Garantie der freien Presse schlechthin verstanden, deren Bedeutung über den konkreten Einzelfall hinaus in eine Abwägung einzufließen hat.

hemmer-Methode: Diese Garantie der freien Presse wird v.a. relevant, wenn es um Pressesubventionen geht. Während sonst für eine Subvention die Bereitstellung der Mittel im Haushalt genügt, um dem Gesetzesvorbehalt genüge zu tun, greift hier dieser Grundsatz voll ein, so dass auch die Mittelvergabe durch den parlamentarischen Gesetzgeber geregelt werden muss.

Im Verhältnis zur Meinungsfreiheit müsste man die Pressefreiheit als spezieller einordnen, da eben Meinungen durch das Medium Presse verbreitet werden,[629] allerdings will das BVerfG in seiner neueren Rechtsprechung[630] durch die Pressefreiheit nur pressespezifische Tätigkeiten im Übrigen schützen, während im Kernbereich der Meinungsäußerung nur die Meinungsfreiheit einschlägig sei.

2. Eingriffe können grds. in der gleichen Art vorliegen wie bei der Meinungsfreiheit (vgl. o. Rn. 203), wobei die Pressefreiheit im Vorfeld der Informationsverbreitung natürlich wesentlich sensibler ist, soweit es z.B. um Erschwernisse bei der Informationsbeschaffung o.ä. geht.

207

IV. Rundfunkfreiheit

Rundfunk: jede an Vielzahl von Personen gerichtete Übermittlung durch physikalische Wellen

1. Der Begriff des Rundfunks umfasst - über den allgemeinen Sprachgebrauch hinaus - jede an eine Vielzahl von Personen gerichtete Übermittlung von Gedankeninhalten i.w.S. durch physikalische, insbesondere elektromagnetische Wellen, ohne Rücksicht darauf, ob dies drahtlos oder über Leitungen erfolgt.[631] Geschützt sind also Hörfunk, Fernsehen, aber grds. auch neue Medien wie Btx, Videotext etc.[632] Die Rundfunkfreiheit aus Art. 5 I S. 2 GG steht als Gewährleistung der Programmfreiheit allen Veranstaltern von Rundfunkprogrammen zu. Das Grundrecht der Rundfunkfreiheit ist deswegen interessant, weil das BVerfG ausgeführt hat, dass der Inhalt einer verfassungsrechtlichen Freiheit sich ändern kann, wenn sich die technischen Voraussetzungen im fraglichen Lebensbereich ändern. Mit der Einführung der Breitbandkabeltechnik erledigt sich im Bereich der Rundfunkfreiheit das Problem der knappen Frequenzen und man kann von der Gewährleistung des Binnenpluralismus übergehen zum Außenpluralismus.

208

---

627   Vgl. BVerfGE 34, 269 (283); anderer Ansicht wohl der Europäische Gerichtshof für Menschenrechte in seiner Caroline v. Monaco – Entscheidung, EGMR, NJW 2004, 2647; der BGH versucht nun wohl einen Mittelweg zu finden und stellt im Rahmen einer Abwägung darauf ab, ob im konkreten Fall ein öffentliches Informationsbedürfnis besteht, BGH, Urteil vom 06.03.2007, VI ZR 13/06 = LNRB 2007, 12449.

628   BVerfGE 20, 162 (175 f.); str. ist das Verhältnis von Pressefreiheit des Verlegers zu der seiner Redakteure und Journalisten, Problem der sog. „inneren Pressefreiheit", vgl. Liesegang, JuS 1975, 215.

629   So auch im Ausgangspunkt Pieroth/Schlink, Rn. 650; dezidiert Jarass/Pieroth, Art. 5 GG, Rn. 19.

630   Z.B. NJW 1992, 1439.

631   Vgl. Pieroth/Schlink, Rn. 654.

632   Vgl. zu den umfassten neuen Techniken nunmehr BVerfG, NJW 1991, 899; einen Überblick über die Diskussion in den Anfängen (und damit auch über die Argumente!) gibt Paptistella, DÖV 1978, 495 ff. sowie dies. DÖV 1978, 750 ff.

Während also vor der Breitbandkabeltechnik nur wenige Rundfunkanstalten die knappen Frequenzen nutzen konnten und deswegen intern durch Rundfunkräte pluralistisch strukturiert waren, kann jetzt nach Einführung der neuen Technik eine Vielzahl von neuen Anbietern eine Meinungsvielfalt garantieren.

hemmer-Methode: Sollte in einer Klausur die (eher selten geprüfte) Rundfunkfreiheit (und gerade in ihrer Funktion als Abwehrrecht des Einzelnen) eine Rolle spielen, ist es nicht unwahrscheinlich, dass sie in Form eines neuen Mediums bzw. etwas atypischen Falles geprüft wird, bei dem Sie dann erst das Vorliegen von „Rundfunk" zu untersuchen haben.[633]
Bei den neuen Medien können Sie zum einen den Argumentationsstrang der neuen technischen Entwicklungen verwenden, denen die Verfassungsauslegung angeglichen werden muss, um auch heute den beabsichtigten Schutz zu gewähren. Bei vielen neuen Medien ist auch zu beachten, dass sie auf Interaktion angelegt sind, so dass zu fragen ist, ob mehr die unbestimmte Anzahl möglicher Adressaten oder die individuelle Kommunikation prägend sind.

ähnliche Struktur: Filmberichterstattung

Ähnliche Strukturen wie bei der Rundfunkfreiheit gelten im Übrigen auch für die weniger bedeutende Freiheit der Filmberichterstattung, welche wegen der weiten Rundfunkdefinition v.a. für Kinos oder Videotheken von Bedeutung sein könnte.

Geschützt ist beim Rundfunk - ähnlich wie bei der Presse, vgl. o. - der gesamte Bereich von Informationsbeschaffung, Redaktion und Verbreitung.[634] Träger der Rundfunkfreiheit sind nicht die einzelnen Teilnehmer, sondern die Veranstalter, insbesondere auch die öffentlich-rechtlichen Anstalten, obwohl sie juristische Personen des öffentlichen Rechts sind.

Hauptproblem: Programmgestaltung; diff. v.a. Binnen- und Außenpluralität

Nach der Menge der ergangenen Entscheidungen wichtigste Frage des Rundfunkrechts ist die nach der Programmgestaltung[635], wobei hier nicht nur das Abwehrrecht, sondern auch ein objektiv-rechtlicher Gestaltungsauftrag an den Gesetzgeber betroffen ist. Eine genauere Darstellung würde den Rahmen dieses Skripts sprengen.[636] Als wichtigste Schlagworte seien genannt das Gebot der Staatsferne des Rundfunks sowie das Gebot der Neutralität und Programmausgewogenheit, das beim Rundfunk wegen der „Knappheit der Frequenzen" v.a. früher eine große Rolle spielte, aber wegen des nach wie vor immensen erforderlichen Aufwandes immer noch gilt. Dabei ist zu unterscheiden zwischen Binnen- und Außenpluralität, wobei letztere v.a. an die Privatsender geringere Anforderungen stellt. An diese sind auch sonst geringere Anforderungen zu stellen, solange die ausgewogene „Grundversorgung" durch die öffentlich-rechtlichen Anstalten gewährt ist (sog. „Duales System").

hemmer-Methode: Hier wird der Charakter grundrechtlicher Leitbegriffe als Verweisungsbegriffe auf die soziale Wirklichkeit deutlich. Inhalt und Bedeutung können sich bei (tatsächlichen) Veränderungen in diesem Bereich ändern. Bei zunehmenden Empfangsmöglichkeiten vieler Sender für alle Haushalte, kann auch die Innenpluralität der öffentlich-rechtlichen Rundfunkanstalten einem Modell der Außenpluralität weichen. Inhaltliche Vielfalt kann durch eine Vielfalt der Anbieter erreicht werden.

---

633   Vgl. z.B. die Konstellation in BVerfG, NJW 1993, 1190, in der ein Geistlicher einen privaten Sender zu gottesdienstlichen Zwecken betrieben hat. Diese Entscheidung ist auch wegen weiterer verfassungsrechtlicher Probleme lesenswert. Problematisch im Hinblick auf die unbestimmte Vielzahl von Personen wären auch die in manchen Kaufhäusern und Supermärkten ausgestrahlten „Haussender".

634   Vgl. BVerfG, NStZ 1995, 40 ff. (zur Berichterstattung im Honeckerprozess) m.Anm. Scholz.

635   Die Rundfunkfreiheit (zur Programmgestaltung) geht Interessen einer Partei vor, an einer „Kanzlerrunde" in der Endphase des Wahlkampfs beteiligt zu werden, BVerfG in NJW 2002, 2939 = BayBl. 2003, 16, vgl. auch OVG Münster, NJW 2002, 3417.

636   Einen Überblick über einige der sog. Rundfunkurteile geben Richter/Schuppert, S. 163 - 170; vgl auch Hemmer/Wüst/Triebel, Classics Ö-Recht, Fall 13 = 6. Rundfunk-Urteil; aus neuerer Zeit vgl. die Entscheidungen des BVerfG in NJW 1991, 1943; 1994, 1943 (Gebührenurteil) und NVwZ 1992, 766; NVwZ-RR 1993, 549; zur Organisation der „Neuen Medien" aus anfänglicher Sicht auch Schlink/Wieland, Jura 1985, 570 ff.

2. Eingriffe sind in gleicher Weise denkbar wie bei der Presseberichterstattung, aber auch in der Programmorganisation, wobei dieser Gesichtspunkt an Bedeutung zunehmen wird, seit mehr Rundfunk privat organisiert ist.

[209]

B) Schranken

Art. 5 II GG: qualifizierter Vorbehalt

Art. 5 II GG enthält für die Rechte aus Art. 5 I GG einen qualifizierten Gesetzesvorbehalt.

I. Schutz der Jugend und der persönlichen Ehre

Dabei sind die Gesetze zum Schutz der Jugend und der persönlichen Ehre meist nicht schwierig als solche zu bestimmen und bieten in der Klausur i.d.R. als solche keine Probleme.[637]

[210]

II. Allgemeine Gesetze[638]

"allgemeine Gesetze"

Ein häufiges Klausurproblem dagegen ist die Frage, wie Gesetze beschaffen sein müssen, um „allgemeine" i.S.d. Art. 5 II GG zu sein.

[211]

Nach h.M. ist ein Gesetz im materiellen Sinne ausreichend, wobei selbstverständlich ist, dass allgemein nicht nur „für jedermann geltend" bedeuten kann, da das Verbot des Einzelfallgesetzes schon durch Art. 19 I S. 1 GG festgesetzt ist. Wie darüber hinaus aber „allgemein" auszulegen ist, entwickelten sich schon für die ähnliche Gewährleistung in Art. 118 I WRV zwei Ansichten:

Sonderrechtslehre

1. Nach der sog. **Sonderrechtslehre** sollten solche Gesetze allgemeine sein, „die nicht Sonderrecht gegen die Meinungsfreiheit beinhalten",[639] die also nicht „eine Meinung *als solche* verbieten oder beschränken".[640] Es wurde also sehr formal unterschieden, ob die Gesetze meinungssteuernde Intentionen enthalten oder ohne Rücksicht auf eine bestimmte Meinung dem Schutz anderer Rechtsgüter dienen.

[212]

Abwägungslehre

2. Demgegenüber waren nach der sog. **Abwägungslehre**[641] solche Gesetze allgemeine, die ein Rechtsgut schützen, weil dieses bei einer Güterabwägung höher zu gewichten sei als die Meinungsfreiheit.

[213]

vermittelnder Ansatz des BVerfG

3. Gewissermaßen eine Synthese beider Ansätze stellt die **Formel des BVerfG** dar, allgemeine Gesetze seien solche, „die nicht eine Meinung als solche verbieten, die sich nicht gegen die Äußerung der Meinung als solche richten, die vielmehr dem Schutz eines schlechthin, ohne Rücksicht auf eine bestimmte Meinung, zu schützendes Rechtsgut dienen, dem Schutz eines Gemeinschaftswertes, der gegenüber der Betätigung der Meinungsfreiheit den Vorrang hat".[642]

[214]

Somit kommt man in der Klausur zu einer zweistufigen Prüfung, wonach zuerst i.S.d. Sonderrechtslehre zu fragen ist, ob sich das Gesetz gerade gegen die Meinungsfreiheit richtet, und anschließend i.S.d. Abwägungslehre zu prüfen ist, ob die Einschränkung dem Schutz eines vorrangigen Gemeinschaftsgutes dient.

---

637   Dazu, dass diese Schranken neben den allgemeinen Gesetzen aber durchaus eigene Bedeutung haben, Pieroth/Schlink, Rn. 683.

638   Lesenswert der Überblick von Hoppe, JuS 1991, 734 ff.

639   Grundlegend Häntzschel, AöR 10 (1926), 228 (232).

640   Rothenbücher, VVDStrL 4 (1928), 1 (20); Hervorhebung im Original.

641   Grundlegend Smend, VVDStrL 4 (1928), 44 (51 ff.).

642   Grundl. BVerfGE 7, 198 (209 f.) = Hemmer/Wüst/Triebel, Classics Ö-Recht, Fall 1 - Lüth; seitdem st. Rspr. und in den Grundzügen auch Ansatz der h.L.

Insbesondere auf der ersten Stufe ist dabei die Rechtsprechung sehr großzügig bzw. übergeht diese oft fast völlig, wenn die Meinungsfreiheit auf der Grundlage einer bloßen Güterabwägung zurücktreten soll; dogmatisch sauberer wäre es hier wohl, ggf. das Vorliegen eines allgemeinen Gesetzes zu verneinen und eine ungeschriebene Schranke kraft kollidierenden Verfassungsrechts anzunehmen,[643] wobei dann eine besonders strenge Abwägung erforderlich ist, um Absatz II nicht leer laufen zu lassen.

C) Schranken-Schranken

I. Wechselwirkungslehre

Wechselwirkungslehre (gleichsam Schranken-Schranke)

Gleichsam als eine besondere Ausprägung des Verhältnismäßigkeitsgrundsatzes[644] hat das BVerfG die sog. Wechselwirkungslehre entwickelt,[645] wonach das beschränkende Gesetz seinerseits wieder im Lichte des Grundrechts auszulegen und in seiner „diese Grundrechte beschränkenden Wirkung wieder selbst einzuschränken" ist.[646]

215

hemmer-Methode: Hier findet eine Güterabwägung statt, bei der Sie wie sonst in der Verhältnismäßigkeit gewohnt argumentieren können, doch sollten Sie den speziellen Begriff der Wechselwirkungslehre bringen. Nicht ganz einfach erscheint der Aufbau im Verhältnis zum Abwägungslehreelement in der Formel des BVerfG; mit folgendem Vorgehen können Sie i.d.R. die Klausur sauber aufbauen und thematisch ausschöpfen:
Nachdem Sie bei den Schranken festgestellt haben, dass ein allgemeines Gesetz i.S.d. des Sonderrechtslehreelements vorliegt, prüfen Sie als zusätzliches Kriterium, dass das geschützte Rechtsgut *abstrakt* zumindest vorrangig sein *kann*, und nennen bei den Schranken-Schranken nach Geeignetheit und Erforderlichkeit als spezielle Ausprägung der Verhältnismäßigkeit i.e.S. die Wechselwirkungslehre.

Insbesondere zu den Fragen der Pressefreiheit sind hier wichtige Entscheidungen ergangen. Das BVerfG hat u.a. klargestellt, dass es keine übermäßige Beschränkung der Pressefreiheit ist, wenn die Gerichte nach einer Verdachtsberichterstattung den erforderlichen Ausgleich zwischen Pressefreiheit und Persönlichkeitsrecht dadurch herbeiführen, dass sie dem Betroffenen grundsätzlich das Recht zubilligen, eine ergänzende Mitteilung über den für ihn günstigen Ausgang des Strafverfahrens zu verlangen[647]. In einer weiteren Entscheidung führt das BVerfG folgendes aus: „Das Grundrecht der Pressefreiheit verlangt nicht, dass die Titelseite von Presseerzeugnissen von Gegendarstellungen oder Richtigstellungen freigehalten wird. Es verstößt nicht gegen das Grundrecht der Pressefreiheit, dass der Anspruch auf Gegendarstellung weder das Vorliegen einer Ehrverletzung noch den Nachweis der Unwahrheit der Erstmitteilung oder der Wahrheit der Gegendarstellung voraussetzt.

Der Presse ist es nicht verwehrt, nach sorgfältiger Recherche auch über Vorgänge oder Umstände zu berichten, deren Wahrheit im Zeitpunkt der Veröffentlichung nicht mit Sicherheit feststeht.

---

643 Vgl. Jarass/Pieroth, Art. 5 GG, Rn. 53.

644 So wohl auch verstanden von Jarass/Pieroth, Art. 5 GG, Rn. 47; auf die Nähe zur verfassungskonformen Auslegung hinweisend Pieroth/Schlink, Rn. 677; zur Kritik an der Wechselwirkungslehre vgl. M/D-Herzog, Art. 5 I, II GG, Rn. 259 f.; in BVerfG, NStZ 1995, 40 ff. (zur Rundfunkfreiheit und § 176 GVG) wird dies deutlich, da dort an Stelle der Wechselwirkungslehre v.a. Verhältnismäßigkeitserwägungen auftauchen, diese Tendenz begrüßend Scholz, NStZ 1995, 42 f.

645 Grundlegend E 7, 198 (207 ff.) = Hemmer/Wüst/Triebel, Classics Ö-Recht, Fall 1 - Lüth; vgl. auch ausführlich E 35, 202 (219 ff.).

646 So die Formulierung aus in E 66, 116 (150); 71, 206 (214).

647 BVerfG, NJW 1997, 2589.

Die Pflicht, Tatsachenbehauptungen zu berichtigen, die sich als unwahr erwiesen haben und das Persönlichkeitsrecht des Betroffenen fortwirkend beeinträchtigen, schränkt die Pressefreiheit nicht unangemessen ein." [648]

II. Zensurverbot

Zensurverbot (h.M.: gemeint ist nur Vorzensur; keine Schutzbereichsgrenze)

Eine spezielle Schranken-Schranke[649] bildet noch das Zensurverbot des Art. 5 I S. 3 GG, d.h. ein beschränkendes Gesetz darf keine Zensurwirkung haben. Aus dem Charakter als Schranken-Schranke ergibt sich auch zwingend, dass eine Zensur auch nicht nach Maßgabe des Art. 5 II GG stattfinden darf. Zensur i.S.d. Art. 5 I S. 3 GG soll nach h.M. nur die sog. Vor- oder Präventivzensur sein.

216

Lösungshinweise zum Einstiegsfall: Das Betreiben des Zeitschriftenkiosks (bzw. nicht auf T abgestellt das Verfassen der Landesheftchen) ist unproblematisch von der Pressefreiheit umfasst, insbesondere fallen die Landesheftchen unter den Pressebegriff, zumal eine Niveaukontrolle als solche beim Pressebegriff nicht stattfindet. Einschlägig dürfte hier auch Art. 12 GG sein, was jedoch nicht näher geprüft werden soll. Im Verkaufsverbot liegt auch ein Eingriff. Das GjS wäre zwar schwer als „allgemeines Gesetz" zu qualifizieren, wenn man das Element der Sonderrechtstheorie ernst nimmt, jedoch dient es jedenfalls dem Schutz der Jugend. Inwiefern es hier im Lichte der Wechselwirkungslehre richtig angewandt wurde, wäre Tatfrage, zu der der Klausursachverhalt mehr Informationen geben müsste. Ob daneben auch die Meinungsfreiheit betroffen ist, ist problematisch, da im Anbieten einer bestimmten Presseauswahl regelmäßig auch eine Einstellung zum Ausdruck gebracht wird. Soweit man gleichwohl Art. 5 I S. 1 HS 1 GG nicht als lex generalis verdrängt sieht, verläuft die Prüfung im Prinzip wie oben. Denkbar, aber hier nicht näher geprüft, wäre auch eine Berufung auf die Kunstfreiheit.

---

648   BVerfG, NJW 1998, 1381 ff.; ausführliche Besprechung und klausurmäßige Darstellung der Problematik in Life & Law 1998, 463 ff.; vgl. zum Ganzen auch das BVerfG in Life & Law 1998, 399 ff.; vgl. zur Kollission von Pressefreiheit und allg. Persönlichkeitsrecht auch BVerfG, JuS 2001, 74.

649   H.M., vgl. Pieroth/Schlink, Rn. 688; zweifelhaft ist, ob diese ihrem Zweck nach auch für die Informationsfreiheit gilt, vgl. BVerfGE 227, 88 (102) einerseits, E 33, 52 (65 ff.) andererseits; vgl. auch M/S-Herzog, Art. 5 I, II GG, Rn. 297.

§ 16 KUNST- UND WISSENSCHAFTSFREIHEIT, ART. 5 III GG

Einstiegsfall:[650] *Die Rockgruppe „Deutsche Gründlichkeit" hat mit einem Song lokale Berühmtheit erlangt, in dem es u.a. heißt: „Lasst die Knüppel tanzen/den Fidschis auf den Ranzen/Blut fließ dunkelrot/schlagt die Schweine tot." Zwei Mitglieder der Band werden nach § 130 StGB wegen Volksverhetzung verurteilt, wodurch sie sich in ihrem „doch unbegrenzt gewährleisteten Recht auf Kunstfreiheit" verletzt fühlen.*

A) Schutzbereich

I. Kunst

schwierige Schutzbereichsbestimmung bei Kunst, verschiedene Kunstbegriffe; im Zweifel eher weit gefasst

Der Begriff der Kunst ist sehr schwer zu definieren, wegen des weitgehenden Schutzes ist aber gleichwohl der Versuch einer Abgrenzung erforderlich.[651] Es werden - auch vom BVerfG - mehrere Kunstbegriffe (z.T. nebeneinander) verwendet: nach einem mehr *formalen Kunstbegriff* ist charakteristisch, dass bestimmte Werktypen (etwa Gedicht, Bildhauerei, Malerei) vorliegen, während nach einem sog. *materiellen Kunstbegriff* als wesentlich an der Kunst „die freie schöpferische Gestaltung, in der Eindrücke, Erfahrungen und Erlebnisse des Künstlers durch das Medium einer bestimmten Formensprache zu unmittelbarer Anschauung gebracht werden".[652] Dagegen ist nach einem eher *offenen Kunstbegriff* kennzeichnend für die Kunst, dass es wegen der „Mannigfaltigkeit ihres Aussagegehalts möglich ist, der Darstellung im Wege einer fortgesetzten Interpretation immer weiterreichende Bedeutungen zu entnehmen".[653]

Ergänzend können als Indizien auch die Selbsteinschätzung durch den Künstler sowie u.U. die Dritteinschätzung durch einen Experten herangezogen werden.[654]

hemmer-Methode: Für die Klausur wird es angesichts der großzügigen Rechtsprechung und der interessanten Folgeprobleme i.d.R. zu empfehlen sein, das Vorliegen von Kunst zu bejahen. Tun Sie dies z.B. mit dem Argument des effektiven Grundrechtsschutzes und des Verbots staatlichen Kunstrichtertums. Sie können mehrere Kunstbegriffe nebeneinander verwenden, wobei Sie die Frage schnell abhandeln können, wenn der relativ einfach zu handhabende formelle Kunstbegriff einschlägig ist; erwähnen Sie den materiellen und offenen Begriff aber gleichwohl noch kurz.

Mit dem relativ weiten Verständnis von Kunst schwer zu vereinbaren ist es, wenn Kunst schon dort ausgeschieden werden soll, wo ein Eingriff in fremde Rechte vorliegt.[655] Dieser Schutz einer auch sonst erlaubten Tätigkeit, auch wenn sie künstlerisch geschieht, schränkt zwar den Schutzbereich angesichts der schrankenlosen Gewährleistung auf den ersten Blick sinnvoll ein. Doch dürfte es gerade erst die Frage einer Güterabwägung sein, inwiefern hier betroffene Rechte evtl. hinter der Kunstfreiheit zurücktreten müssen.

217

---

650   Vgl. Hildebrandt, JuS 1993, 580 ff.

651   Ergänzend zu den Kunstbegriffen und als Beispiel für ihre Darstellung in der Klausur Hildebrandt, JuS 1993, 580 (581). Lesenswert diese Klausur auch im Hinblick auf die aktuelle Thematik der Rechtfertigung extremistischer Parolen als Kunst.

652   BVerfGE 30, 173 (188 f.) = Hemmer/Wüst/Triebel, Classics Ö-Recht, Fall 14 - Mephisto-Beschluss.

653   BVerfGE 67, 213 (265) - Anachronistischer Zug; wegen dieser typischerweise weiten Deutbarkeit verlangt die Kunstfreiheit auch, im Zweifel eine Deutung vorzunehmen, mit der die künstlerische Betätigung z.B. nicht verboten werden kann oder strafbewährt ist, vgl. a.a.O., 230.

654   Zu all diesen Kriterien Jarass/Pieroth, Art. 5 GG, Rn. 67.

655   So wohl Pieroth/Schlink, Rn. 700 ff. in sehr weiter Auslegung von BVerfG, NJW 1984, 1293, wo klargestellt wird, dass es nicht zur Kunst gehöre, fremdes Eigentum zum Zwecke künstlerischer Gestaltung in Anspruch zu nehmen.

Problemfeld: Pornographie als Kunst?

Eine in jüngerer Zeit häufiger diskutierte Frage war das Verhältnis von Kunst und Pornographie, insbesondere im Hinblick auf eine Indizierung als jugendgefährdende Schrift. Dazu hat das BVerfG klargestellt, dass auch Pornographie Kunst sein kann, mithin die Kunstfreiheit bei Entscheidungen auch über ein pornographisches Werk zu berücksichtigen ist,[656] was andererseits nach einer Entscheidung des BVerwG eine Indizierung nicht ausschließt, wenn das Werk „schlicht jugendgefährdend" ist.[657]

218

geschützt: Werk- und Wirkbereich

Geschützt wird „Werk- und Wirkbereich"[658] der Kunst, also sowohl ihre Gestaltung als auch ihre Vermittlung an Dritte (Ausstellung, Werbung hierfür etc.), wohl aber durch Art. 5 III GG nicht ihre wirtschaftliche Vermarktung in vollem Umfang, soweit nicht durch wirtschaftliche Eingriffe eine freie künstlerische Betätigung faktisch unmöglich wird.

219

nicht aber Kunstkritik per se

Nicht mehr erfasst vom Wirkbereich wird die Kunstkritik,[659] wobei diese natürlich *ihrerseits* als künstlerische literarische Auseinandersetzung oder zumindest als Meinungsäußerung geschützt sein kann.

Aus Art. 5 III GG folgt kein Anspruch des Künstlers auf Publikation und Ausstellung seines Werks durch die Stadt. Eine Vorauswahl zugunsten einer städtischen Ausstellung ist bei sachgerechtem Vorgehen nicht zu beanstanden.[660]

II. Wissenschaftsfreiheit

Wissenschaft: ernsthafter und planmäßiger Versuch der Wahrheitsermittlung

Wissenschaft ist nach einer Definition des BVerfG „jede Tätigkeit, die nach Inhalt und Form als ernsthafter planmäßiger Versuch der Wahrheitsermittlung anzusehen ist".[661] Erforderlich ist nach h.M. sowohl das Aufbauen auf einen gewissen Kenntnisstand (wobei natürlich auch „Grundlagenforschung" umfasst ist) als auch das Bemühen um Kenntniserweiterung mit einer planvollen Methode. Hier werden in der Klausur aber i.d.R. keine Schwierigkeiten liegen.

220

Forschung und Lehre als Unterbegriffe

Dabei sind Forschung und Lehre als Aspekte der Wissenschaft mitumfasst, so dass die Wissenschaftsfreiheit insoweit als umfassender Überbegriff zu verstehen ist. Geschützt wird wie bei der Kunstfreiheit sowohl der Werk- als auch der Wirkbereich, d.h. die Verbreitung der gefundenen neuen Erkenntnisse.[662]

Angesichts des (mit finanziellen Gründen zu erklärenden) Staatsmonopols in vielen Bereichen der Wissenschaft ist Art. 5 III S. 1 Alt. 2 GG wohl auch als Teilhaberecht und Organisationsauftrag zu verstehen, bei dessen Erfüllung aber ein beträchtlicher Spielraum für den Staat besteht.[663]

Träger des Grundrechts können alle wissenschaftlich Tätigen sein, auch juristische Personen, insbesondere auch Universitäten oder ihre Fakultäten. Studenten sind erfasst, soweit sie wissenschaftlich arbeiten. Soweit sie „nur" lernen, ist Art. 12 GG einschlägig. Im Schulbereich dürfte Art. 7 GG als lex specialis vorgehen.

---

656   BVerfGE 83, 130 (139) = Hemmer/Wüst/Triebel, Classics Ö-Recht, Fall 33 - Josefine Mutzenbacher.

657   BVerwGE 91, 223.

658   BVerfGE 30, 173 (89) = Hemmer/Wüst/Triebel, Classics Ö-Recht, Fall 14 - Mephisto; 67, 312 (224).

659   Vgl. BVerfG, NJW 1993, 1462.

660   VGH München, NJW 1996, 1165.

661   E 35, 79 (113); 47, 327 (367).

662   BayVGH, NJW 2003, 1618 = BayVBl. 2003, 339: Die Ausstellung „Körperwelten" gehört zum Wirkbereich der Wissenschaftsfreiheit, da die Verbreitung der Erkenntnisse auch auf ungewöhnliche Weise erfolgen darf (Populärwissenschaften).

663   Dazu näher BVerfGE 35, 79 (114 ff.) - Hochschulurteil; dabei wird dieser Spielraum aber geringer, je weniger reine Organisations-, sondern Wissenschaftsfragen i.e.S. betroffen sind.

Nicht als Eingriffsvorbehalt, sondern wohl schon als Schutzbereichsbeschränkung ist Art. 5 III S. 2 GG zu verstehen, so dass die *Lehre* dann aus dem Schutz der Wissenschaftsfreiheit völlig herausfällt, wenn sie zum Kampf gegen die verfassungsrechtliche Ordnung missbraucht wird, wobei kritische Äußerungen aber natürlich nicht schlechterdings verboten sind.

B) Eingriffe

Eingriffe

Eingriffe in Kunst- oder Wissenschaftsfreiheit können wie bei Art. 5 I GG in allen schutzbereichsverkürzenden Verboten, Sanktionen oder tatsächlichen Maßnahmen liegen.

221

C) Schranken

Schranken: kollidierendes Verfassungsrecht

Art. 5 III GG ist seinem Wortlaut nach grenzenlos gewährt. Nach dem BVerfG[664] und ihm folgend der h.L. ist insbesondere ein Rückgriff auf die Schranken des Art. 5 II GG oder die Schrankentrias des Art. 2 I GG abzulehnen.[665] Ebenso ist eine Schrankenübertragung kraft Grundrechtskonkurrenz abzulehnen.[666]

222

Somit bleibt auch hier nur der Rückgriff auf die praktische Konkordanz bzw. auf kollidierendes Verfassungsrecht.[667]

> *Bsp.:* Ein typisches Problem wäre das Verbot von Tierversuchen an der Universität[668].

hemmer-Methode: Ein Problem für Klausur (und Praxis) ist es u.U., hier solches Verfassungsrecht zu finden, wo es auf den ersten Blick schwer zu sehen ist, andererseits das geschulte Indiz sagt, dass eine Berufung auf die Kunstfreiheit nicht interessengerecht sein kann. Insoweit ist fraglich, ob die extensive Bestimmung des Schutzbereichs den Intentionen des Verfassungsgebers bei der schrankenlosen Gewährleistung gerecht wird. Indes ist an dieser Entwicklung (zumindest i.R.d. Klausur) nicht zu rütteln, so dass eine gewisse Phantasie beim Finden des kollidierenden Verfassungsrechts gefragt und (trotz aller dogmatischen Bedenken) z.B. auch an die Gesetzgebungskataloge zu denken ist. Hier kann in der Klausur darauf hingewiesen werden, dass ein solches Vorgehen die grenzenlose Gewährleistung nicht unterläuft, wenn man sie in der Güterabwägung gebührend berücksichtigt.

664　E 30, 173 (191 f.) = Hemmer/Wüst/Triebel, Classics Ö-Recht, Fall 14 - Mephisto.

665　Vgl. dazu näher auch oben Rn. 141.

666　Vgl. näher oben Rn. 141; vgl. auch, Manssen, JuS 1992, L 60.

667　Beispiele aus Klausurfällen: die Menschenwürde bei extremistischen Parolen in Liedern, Hildebrandt, JuS 1993, 580; das Recht auf körperliche Unversehrtheit (dazu auch oben Rn. 169 m.w.N.) wegen psychischer Beeinträchtigungen durch Bauwerke bzw. Art. 28 II als grundrechtsgleiches Recht, wenn durch ein Bauwerk die gemeindliche Bauplanung beeinträchtigt wird, Manssen, JuS 1992, L 60.

668　Hier können Sie die Argumentation zur Zulässigkeit des Schächtens übernehmen, vgl. oben Rn. 199.

<u>Lösungshinweise zum Einstiegsfall:</u> Neben der in der Klausur hier ebenfalls zu prüfenden Meinungsäußerungsfreiheit ist v.a. die Kunstfreiheit entscheidend:

Der Schutzbereich des Art. 5 III S. 1 Alt. 1 GG dürfte hier schon nach dem formalen Kunstbegriff eröffnet sein, da es sich um eine Strophe aus einem Lied als klassischer Kunstform handelt. Ein Eingriff liegt in der Sanktionierung der Aufführung des Kunstwerks vor. Eine Verletzung der Kunstfreiheit läge jedenfalls dann vor, wenn das verurteilende Gericht unter (der Kunst eigentümlichen) mehreren Deutungsmöglichkeiten gerade nur die strafbare herausgegriffen hätte, indes ist hier gar keine anderer Deutung möglich, wenn der Sachverhalt nicht von einer eindeutig satirischen Darstellung ausgeht.

Im Übrigen müsste eine Rechtfertigung für den Eingriff bestehen: eine Übertragung der Schranken des Art. 2 I GG ist ebenso abzulehnen wie eine der Schranken des Art. 5 II GG (weder generell, noch hier konkret kraft Grundrechtskonkurrenz mit Art. 5 I GG). Es kommen aber die Menschenwürde der im Lied angegriffenen Ausländer, sowie das Schutzgut des öffentlichen Friedens als kollidierende Verfassungsrechtsgüter in Betracht, von denen hier im Ergebnis zumindest erstere auch der Kunstfreiheit vorgehen wird.

§ 17 SCHUTZ VON EHE, FAMILIE UND ERZIEHUNGSRECHT, ART. 6 GG

Einstiegsfall: Bundesland L vergibt für Nachwuchswissenschaftler, die ein weit überdurchschnittliches Examen abgelegt haben, Promotionsstipendien. Von der Vergabe eines solchen sind allerdings verheiratete Personen ausgeschlossen, da diese ohnehin durch ihren Partner unterhalten werden könnten und auch aufgrund der mit diesem verbrachten Zeit auch nicht ausreichend der Promotion widmen würden. Der verheiratete Diplomchemiker D, der ein überragendes Studienergebnis erzielt hat, fühlt sich in seinen Grundrechten verletzt.

Art. 6 GG ist i.d.R. für die Grundrechtsklausur von geringer Bedeutung, verdient aber doch eine gewisse Beachtung, da es zum einen für die Auslegung in anderen Rechtsgebieten von Bedeutung sein kann (Familienrecht, Verwaltungsrecht, Steuerrecht), zum anderen eine relativ vielschichtige Vorschrift ist: einerseits enthält sie echte Abwehrrechte (Absätze eins bis drei), deren Schutzbereich freilich z.T. stark normgeprägt ist, andererseits auch Leistungsrechte und Gestaltungsaufträge (Absätze eins und vier) sowie die Institutsgarantie der Ehe (Absatz eins).

A) Schutzbereich der Abwehrrechte

I. Ehe

„verweltlicht, bürgerlich-rechtl. Ehe"; auch hinkende Ehe und Scheinehe, nicht aber „wilde Ehe"

Die Ehe ist als soziales Gebilde die umfassende, grds. unauflösbare Gemeinschaft zwischen Mann und Frau, der als rechtliches Gebilde das Bild der verweltlichten bürgerlich-rechtlichen Ehe zugrunde liegt, die in der durch die entsprechenden Gesetze vorgesehenen Form geschlossen wird.[669] Diese Definition steht freilich der Möglichkeit einer Ehescheidung nicht entgegen. Da beide, die soziale und die rechtliche Komponente zusammenkommen müssen, ist problematisch, inwiefern eine sog. „hinkende" Ehe[670] oder eine bloße Scheinehe in den Schutzbereich des Art. 6 I GG fallen, was aber überwiegend bejaht wird, während eine „wilde Ehe" bzw. eine nichteheliche Lebens(abschnitts)gemeinschaft gerade nicht erfasst werden. Ebenso wenig erfasst wird nach dem Ehebegriff des Grundgesetzes die Lebensparntnerschaft gleichgeschlechtlicher Partner.

geschützt: Eheschließungsfreiheit und Zusammenleben

Geschützt ist sowohl die Eheschließungsfreiheit als auch das Zusammenleben mit dem Ehepartner, woraus sich freilich nicht unbedingt ein Anspruch auf Einreise und Aufenthalt des ausländischen Ehepartners ergeben muss;[671] allerdings ist die Ehe z.B. bei der Ermessensentscheidung über die Frage einer Ausweisung zu berücksichtigen.[672]

Zur Ehe gehört z.B. auch der Charakter als Versorgungsgemeinschaft.[673] Aus der Förderungspflicht kann sich u.U. auch ein spezieller Schutzanspruch bzw. ein Bevorzugungsgebot für Ehegatten ergeben.[674]

223

---

669 Vgl. BVerfGE 53, 224 (245).

670 Zum Begriff vgl. Pieroth/Schlink, Rn. 722.

671 Vgl. BVerfGE 76, 1 (47).

672 Vgl. BVerfGE 51, 386 (397 f.).

673 Vgl. BVerfGE 53, 257 (297); 57, 361 (378 ff.), wo jeweils auch auf die über die Ehe hinausgehenden Wirkungen (z.B. nach einer Scheidung) abgestellt wird.

674 Vgl. zum Steuersplitting BVerfGE 6, 55 ff.

II. Familie

Als Familie hatte das BVerfG zunächst v.a. die Kleinfamilie i.S.d. Lebensgemeinschaft von Eltern und Kindern verstanden,[675] allerdings von einer Begrenzung auf die traditionelle, vollständige Kleinfamilie mehr und mehr abgesehen.[676]

224

III. Elternrecht

Recht der Eltern zu Pflege und Erziehung

Das Recht der Eltern zur Pflege und Erziehung, Art. 6 II S. 1 GG, wurde gegenüber dem Schutz der Familie verselbständigt und in seiner Bedeutung damit noch verstärkt. Es umfasst die Sorge um das körperliche Wohl, die seelische und geistige Entwicklung sowie Bildung und Ausbildung.

225

B) Eingriffe

diff.: Eingriffe contra Ausgestaltung

Bei der Frage nach dem Eingriff in diese z.T. normgeprägten Rechte ist zu differenzieren: definierende Regelungen sind solange keine Eingriffe, wie sie dem verfassungsrechtlichen Ehebegriff noch entsprechen.[677] Sonstige Regelungen können Eingriffe darstellen, wenn sie entweder die Ehe bzw. Familie in ihrer Freiheit beschränken, aus der Verfassung geschuldeten Schutz (vgl. o.) nicht gewährleisten[678] oder rechtliche Nachteile speziell an die Ehe geknüpft werden.[679]

226

Besonderes Diskriminierungsverbot

Art. 6 I GG ist insoweit ein spezielles Diskriminierungsverbot.[680] Die Ehe bzw. die Eheleute dürfen gerade gegenüber Partnern einer nichtehelichen Lebensgemeinschaft nicht schlechter gestellt werden.[681]

hemmer-Methode: Nach Ansicht des BVerfG verpflichtet Art. 6 I GG den Gesetzgeber allerdings nicht zwingend dazu, die Ehe besser zu stellen als andere Lebensformen. Art. 6 I GG enthält kein „Abstandsgebot".[682] Die Gegenansicht argumentiert damit, dass die Ehe unter dem besonderen Schutz des Gesetzes stehe. Diese Besonderheit gehe aber in dem Moment verloren, in dem andere Lebensgemeinschaften ähnlich gut geschützt werden. Dies trifft nach Ansicht des BVerfG nicht zu. Zum einen ist ein „besonderer Schutz" schon begrifflich kein „einzigartiger Schutz". Zum anderen bleibt die Ehe immer noch besonders geschützt, da nur sie unter dem Schutz des GG steht.[683]

Eingriffe in Erziehungsrecht

Eingriffe in das elterliche Erziehungsrecht liegen bei Maßnahmen vor, die dieses im Verhältnis zum Kind beschränken, wobei aber auch hier an die Möglichkeit bloßer gesetzlicher Ausgestaltung zu denken ist.[684]

---

675   Vgl. BVerfGE 10, 59 (66).

676   Erfasst ist z.B. auch das Verhältnis zwischen Vater oder Mutter zum nichtehelichen Kind, zu volljährigen Kindern, Adoptiv- oder Stiefkindern, vgl. die Nachweise bei Richter/Schuppert, S. 193.

677   Vgl. dazu Jarass/Pieroth, Art. 6 GG, Rn. 20, wo der Ausgestaltungsspielraum des Gesetzgebers betont wird.

678   Näher Jarass/Pieroth, Art. 6 GG, Rn. 10 ff.

679   BVerfG, NJW 1999, 557.

680   Jarass/Pieroth, Art. 6 GG, Rn. 15 ff.

681   BVerfG, FamRZ 2005, 2047 = Life & Law 2006, Heft 1: Eine Zweitwohnungssteuer, der Eheleute, die beruflich getrennt leben, anders als die Partner einer nichtehelichen Lebensgemeinschaft nicht entgehen können, ist verfassungswidrig. Eine aktuelle Frage in diesem Zusammenhang ist die nach der Verfassungswidrigkeit von § 1362 BGB, § 739 ZPO. Da der BGH eine analoge Anwendung auf eine nichteheliche Lebensgemeinschaft ablehnt, BGH, FamRZ 2007, 457 = Life & Law 2007, 237, könnte in diesen Vorschriften eine verfassungswidrige Benachteiligung der Ehe liegen.

682   BVerfG, NJW 2002, 2543: Verfassungskonformität des LPartG.

683   BVerfG, NJW 2002, 2543; vgl. auch Diederichsen, Homosexuelle – von Gesetzes wegen?, NJW 2000, 1841.

684   Vgl. Jarass/Pieroth, Art. 6 GG, Rn. 29 ff.

> **hemmer-Methode:** Das elterliche Erziehungsrecht tritt gerade bei kleinen Kindern an die Stelle der entsprechenden Grundrechte der Kinder. So verletzt das Kopftuch einer Lehrerin bei Erstklässlern weniger deren Religionsfreiheit, da Kinder in diesem Alter noch keine eigene religiöse Überzeugung haben, sondern mehr das elterliche Erziehungsrecht.

C) Schranken

Schutz der Ehe vorbehaltlos

Da der Schutz von Ehe und Familie vorbehaltlos gewährleistet ist, kommt als Rechtfertigung für definierende Regelungen überschreitende Eingriffe nur kollidierendes Verfassungsrecht in Betracht.

227

Schranke für Erziehungsrecht: Art. 6 II S. 2, III GG

Für Eingriffe in das elterliche Erziehungsrecht enthalten Art. 6 II S. 2, III GG Eingriffsvorbehalte, wobei letzterer schon dem Wortlaut nach ein qualifizierter ist, aber auch für weniger einschneidende Maßnahmen als die Trennung im Fall des Art. 6 II S. 2 GG. Voraussetzung für einen Eingriff ist, dass dieser dem Kindeswohl dient.[685]

> Lösungshinweise zum Einstiegsfall: Hier kommt der Schutz der Ehe in seiner Ausprägung als Diskriminierungsverbot zum Ausdruck. Aus der Verheiratateneigenschaft wird eine benachteiligende Konsequenz gezogen, obwohl das Stipendium - anders als z.B. BAföG-Leistungen - nicht primär nur der Sicherung des Lebensunterhalts, sondern v.a. der Förderung herausragender wissenschaftlicher Leistungen dient. Somit steht D aber effektiv deshalb schlechter, weil er verheiratet ist. Da der Staat bei der Vergabe von Leistungen einen gewissen Spielraum hat, ist es zwar (wenngleich verfassungsrechtlich äußerst bedenklich, so doch) gängige Praxis, eine Anrechnung des Einkommens des Ehegatten auf Leistungen dieser Art vorzunehmen, indes dürfte die Grenze der verfassungsrechtlichen Zulässigkeit überschritten sein, wenn eine Förderung Verheirateter unabhängig vom Einkommen des Ehegatten völlig ausgeschlossen wird. Auch das Argument der mit dem Ehegatten verbrachten Zeit kann nicht durchgreifen, wenn der Kandidat gleichwohl die erforderlichen wissenschaftlichen Voraussetzungen mitbringt.

---

685 Vgl. näher Pieroth/Schlink, Rn. 742 ff., auch zum Problem der Entziehung durch Wehrdienst oder Freiheitsstrafe m.w.N.; Jarass/Pieroth, Art. 6 GG, Rn. 32 f.

687 Vgl. BVerfG, DVBl 1994, 746.

§ 18 SCHULORGANISATIONSGEWALT UND SCHULISCHE GRUNDRECHTE, ART. 7 GG

Einstiegsfall:[687] *Die anthroposophische W-Schule ist ein privates Gymnasium, das seine Schüler auf ein reguläres staatliches Abitur vorbereitet. Es wird entsprechend dem einschlägigen Landesgesetz finanziell unterstützt, indes noch nicht mit dem vollen Satz, da dieser erst nach einem Bestehen der Schule über zehn Jahre hin fällig wird, die W-Schule vor Ort aber erst vor drei Jahren gegründet wurde.*

Art. 7 GG umfasst zur Thematik der Schule einen relativ inhomogenen Regelungskomplex: während die Absätze zwei und drei „schulische Grundrechte" gewähren und die Absätze vier und fünf die Privatschulfreiheit garantieren, regelt Absatz eins die Schulorganisationsgewalt des Staates: diese bildet kein Grundrecht und soll deshalb hier nicht näher behandelt werden, erwähnt sei nur so viel: die Schulaufsicht ist die „Gesamtheit der staatlichen Befugnisse zur Organisation, Planung, Leitung und Beaufsichtigung des Schulwesens",[688] welche nach der Grundsatzregel des Art. 30 GG den Ländern zusteht. Art. 7 I GG verdrängt nicht das Erziehungsrecht der Eltern aus Art. 6 II GG,[689] sondern muss zu diesem i.S.d. praktischen Konkordanz in Ausgleich gebracht werden.[690]

A) Schutzbereich

I. Religionsunterricht, Art. 7 II, III GG

Regelung des Art. 7 II, III GG

228

Art. 7 II GG gewährleistet das Recht der Erziehungsberechtigten, über die Teilnahme am Religionsunterricht zu bestimmen und ist eine Konkretisierung des elterlichen Erziehungsrechts aus Art. 6 II GG.

Art. 7 III S. 3 GG enthält das Recht für Lehrer, die Unterrichtung in Religion abzulehnen, und konkretisiert somit ihre Religions- und Weltanschauungsfreiheit aus Art. 4 I GG.

Art. 7 III S. 2 GG enthält schließlich ein Grundrecht der Religionsgemeinschaften hinsichtlich der Gestaltung des durch Art. 7 III S. 1 GG an öffentlichen Schulen als ordentlichem Lehrfach garantierten Religionsunterrichts.

hemmer-Methode: Einzelheiten zu diesem Bereich würden den Rahmen dieses Skripts überschreiten. Machen Sie sich aber klar, dass durch Art. 7 II, III GG andere Grundrechte z.T. konkretisiert werden, wodurch z.B. zum Ausdruck kommt, dass das Grundrecht der Lehrer aus Art. 4 I GG gerade nicht aus Gründen der Unterrichtsplanung eingeschränkt werden darf bzw. dass durch den staatlich garantierten (und finanzierten!) Religionsunterricht die grundsätzliche Trennung von Staat und Kirche z.T. durchbrochen wird. Wenn überhaupt, kommt es also in der Klausur v.a. darauf an, dass Sie die Bestimmungen finden und in ihrem Verhältnis zu anderen Normen auslegen.

---

688   BVerwGE 6, 101 (104), st. Rspr. und h.L.; vgl. aus jüngerer Zeit die Bestätigung der Verfassungsgemäßheit einer allgemeinen Schulpflicht durch BVerwG, NVwZ 1992, 370.

689   Dazu oben Rn. 225.

690   Vgl. dazu beispielhaft BVerfGE 34, 165 (182 f.) - Förderstufe.

II. Privatschulfreiheit

Privatschulfreiheit; diff. Ersatz- und Ergänzungsschulen

Art. 7 IV GG gewährleistet Privatpersonen bzw. Gruppen das Recht, Privatschulen zu errichten und - um das Grundrecht nicht faktisch leer laufen zu lassen - auch zu betreiben.

229

Dabei ist zu differenzieren zwischen sog. *Ersatz- und Ergänzungsschulen*, wobei für den ersteren Typus, der nach dem mit seiner „Errichtung verfolgten Gesamtzweck als Ersatz für eine in dem Land vorhandene oder grundsätzlich vorgesehene öffentliche Schule dienen soll[691]", die Einschränkungen des Art. 7 IV S. 2 - 4 (Genehmigungserfordernis) und V (Sondervoraussetzungen für Volksschulen, was nach heutiger Lesart den Grundschulen entspricht[692]) GG gelten.

auch Einrichtungsgarantie ⇨ u.U. auch Förderungsanspruch

Neben dem Abwehrrecht gegen staatliche Beeinträchtigungen der Privatschulen enthält Art. 7 IV GG auch eine Einrichtungsgarantie des Privatschulwesens,[693] aus welchem eine Schutz- und v.a. eine Förderungspflicht erwächst, die auch finanzielle Unterstützung umfassen kann, deren Rahmen und weitere Voraussetzungen im Einzelnen streitig sind.[694]

B) Eingriffe

Eingriffe in die Freiheiten des Art. 7 II und III GG liegen in einer Beeinträchtigung der garantierten Freiheiten.

230

nach h.M. Genehmigungserfordernis des Art. 7 IV S. 2 GG kein Eingriff

Eingriffe in die Privatschulfreiheit liegen in allen Maßnahmen, die das Errichten oder Betreiben einer Privatschule beeinträchtigen. Von der h.L. wird allerdings das Genehmigungserfordernis des Art. 7 IV S. 2 GG nicht als Eingriff betrachtet,[695] sondern vielmehr Art. 7 IV GG wegen der Nennung des Genehmigungserfordernisses bereits im Verfassungstext als normgeprägtes Grundrecht betrachtet. An Art. 7 IV GG zu prüfen bleibt aber die jeweilige Ausgestaltung des Genehmigungserfordernisses, das in einen Eingriff umschlagen kann. Soweit man Leistungsrechte aus Art. 7 IV GG ableitet, kann ein Eingriff auch in Nichtgewährung einer geschuldeten Leistung liegen.

C) Schranken

grds. keine Schranken

Sämtliche Grundrechte des Art. 7 GG sind schrankenlos gewährt, insbesondere stellt auch Art. 7 IV GG keinen Gesetzesvorbehalt im eigentlichen Sinne dar, vgl. o. Gewisse Einschränkungen können sich durch die staatliche Schulaufsicht ergeben, die zu den garantierten Freiheiten in einen angemessenen Ausgleich zu bringen sind. Allerdings ist zu beachten, dass Art. 7 II, III S. 2 GG gerade zum Ausdruck bringen, dass die durch sie konkretisierten Grundrechte der Art. 6 II, 4 I GG nicht durch die Schulaufsicht bzw. die Unterstellung unter das Sonderstatusverhältnis Schule angetastet werden dürfen, soweit die speziellen Ausprägungen reichen (vgl. o.).

231

---

691 Vgl. BVerfGE 27, 195 (201 f.).

692 Zu den Voraussetzungen und auch zur Kontrolldichte hinsichtlich einer Nichtzulassungsentscheidung aus jüngerer Zeit BVerfGE 88, 40.

693 Vgl. bereits BVerfG 6, 309 (355); 27, 195 (200 f.).

694 Vgl. dazu Jarass/Pieroth, Art. 7 GG, Rn. 18 m.w.N.

695 Vgl. Pieroth/Schlink, Rn. 771, 768; Jarass/Pieroth, Art. 6 GG, Rn. 14 ff.

<u>Lösungshinweise zum Einstiegsfall:</u> Ein (höherer) Förderungsanspruch der W-Schule kann überhaupt nur bestehen, wenn Art. 7 IV GG über ein Abwehrrecht hinaus auch ein Leistungsrecht beinhaltet. Dies wird überwiegend bejaht, wobei zur Begründung auf die objektiv-rechtliche Garantie der Privatschulfreiheit zurückgegriffen wird.

Problematisch ist dann allerdings, ob jede einzelne Schule einen Förderungsanspruch hat oder ob nur die Existenz der Privatschulen überhaupt gesichert sein muss. Für eine weite Auslegung könnte zum einen sprechen, dass dem Staat durch den Betrieb von Privatschulen auch Kosten erspart werden, zum anderen, dass gerade bei den Ersatzschulen (hier einem Gymnasium) die strengen Anforderungen des Art. 7 IV S. 2 - 4 GG sonst kaum zu erfüllen sind. Andererseits bedeutet dies nicht, dass jede Schule sofort maximale Förderung erhalten muss, eine Differenzierung danach, ob die Schule sich über längere Zeit halten kann, erscheint angesichts der begrenzten insgesamt zur Verfügung stehenden Mittel vertretbar. Allerdings darf die Wartezeit bis zur vollen Förderung nicht so lange dauern, dass einer neuen Privatschule das Überleben unmöglich gemacht wird, insofern ist der lange Zeitraum von zehn Jahren bedenklich, freilich ist hier in der Klausur im Einzelfall bei entsprechender Begründung jedes Ergebnis vertretbar.

§ 19 VERSAMMLUNGSFREIHEIT, ART. 8 GG

> *Einstiegsfall:* Angesichts des drohenden Verkehrskollapses in den Innenstädten beschließt der Bundestag ein Gesetz, nachdem Versammlungen und Umzüge in den Zentren von Städten über 100.000 Einwohnern nur noch in Fußgängerzonen stattfinden dürfen. Der V-Verein, der in einer deutschen Großstadt jedes Jahr einen historischen Umzug veranstaltet, bei dem die Teilnehmer in Original-Rüstungen und mit alten Kriegsgeräten durch die Stadt ziehen, fühlt sich in seinen Grundrechten verletzt.

Art. 8 GG gilt als Grundrecht, das zusammen mit Art. 5 I GG besonders die freie politische Willensbildung schützt. Auf diese große Bedeutung wird auch vom BVerfG in seinen Entscheidungen hingewiesen[696] und auch in der Klausur darf dieser gängige Topos für die Argumentation verwendet werden. Die besondere Klausurrelevanz des Art. 8 GG ergibt sich zum einen daraus, dass an ihm bei einigen Streitfragen die saubere Auslegung und das Beherrschen der Grundrechtsdogmatik bewiesen werden können (vgl. dazu sogleich), zum anderen aus der Verknüpfung mit interessanten und praxisnahen sicherheitsrechtlichen Fragen in verwaltungsrechtlichen Klausuren.[697]

A) Schutzbereich

I. Persönlicher Schutzbereich

DeutschenGR

Art. 8 I GG schützt nur die Versammlungsfreiheit aller Deutschen. Wer i.S.d. Art. 8 I GG Deutscher ist, bestimmt sich nach Art. 116 GG.[698] Die Versammlungsfreiheit von Ausländern ist demnach - wenn überhaupt - nur durch Art. 2 I GG geschützt.[699]   **232**

II. Sachlicher Schutzbereich

Geschützt ist das Recht, sich friedlich und ohne Waffen zu versammeln, und zwar über den Wortlaut des Art. 8 I GG hinaus umfassend und nicht nur speziell gegen Anmeldungs- und Erlaubnispflichten:

Versammlungsdefinition

1. Eine Versammlung ist die Zusammenkunft mehrerer Personen zur Verfolgung eines gemeinsamen Zwecks.   **233**

Mindestzahl str.: zwei, drei oder sieben

a) Wie viele Personen erforderlich sind, ist umstritten, z.T. wird von sieben, z.T. von drei, z.T. sogar von nur zwei Teilnehmern ausgegangen.[700] Dabei kommt dem allgemeinen Sprachgebrauch wohl die Grenze von drei am nächsten, so dass zumindest höhere Anforderungen dem Erfordernis möglichst grundrechtsschutzeffektuierender Auslegung nicht nachkommen. Stellt man als Zweck des Art. 8 GG auch auf die Verhinderung von systematischer Isolierung ab, liegt es näher, zwei Teilnehmer genügen zu lassen.   **234**

Eine Sonderkonstellation ließe sich in die Klausur einbauen, wenn z.B. von drei Versammlungsteilnehmern zwei Ausländer wären:

---

696   Vgl. E 69, 315 (345) = Hemmer/Wüst/Triebel, Classics Ö-Recht, Fall 15 - Brokdorf.

697   Insbesondere das Versammlungsgesetz (VersammlG) und das Verhältnis zum allgemeinen Sicherheits- und Polizeirecht sind äußerst examensrelevant. Vgl. dazu vertiefend - soweit vorhanden - die länderspezifischen Sicherheitsrechtskripten.

698   Näher dazu Jarass/Pieroth, Art. 116 GG, Rn. 1 - 6.

699   Zum Streit, inwiefern Art. 2 I GG für Ausländer als Auffanggrundrecht fungieren kann, vgl. oben Rn. 149.

700   Vgl. Pieroth/Schlink, Rn. 782 m.w.N.

Wenn man einen Schutz der Ausländer jedenfalls über Art. 2 I GG bejaht, spricht wohl mehr dafür, eine Versammlung anzunehmen, so dass sich die beiden Deutschen auf Art. 8 GG berufen können, jedoch ist auch die Gegenansicht sicher gut vertretbar, zumal es zu diesem Problem kaum Stellungnahmen gibt.[701]

hemmer-Methode: Im Regelfall wird hier kein Problem liegen, so dass das Zitat der Zusammenkunft mehrerer" genügt. Sollte sich in der Klausur eine ganz kleine Gruppe auf Art. 8 GG berufen, können Sie, wie vorstehend, mit dem allgemeinen Sprachgebrauch oder Sinn und Zweck des Grundrechts argumentieren.

h.M.: Zweck: Willensbildung (a.A.: jeder Zweck ausreichend) dabei z.T.: nur Willensbildung in öffentlichen Angelegenheiten

b) Streitig ist auch, welchen Zweck die Personen verfolgen müssen. Nach wohl h.M. muss die Zusammenkunft darauf gerichtet sein, gemeinsam eine Meinung zu bilden oder zu äußern.[702] Dagegen will eine beachtliche Mindermeinung jeden Zweck genügen lassen, also auch die „bloße Freude am Zusammensein", was wieder mit dem vermeintlichen Schutzgut „Schutz vor Isolierung" begründet wird.[703] Eine strengere Ansicht dagegen will nur eine Meinungsbildung und -äußerung zu öffentlichen Angelegenheiten durch Art. 8 I GG geschützt sehen.[704] Dagegen spricht freilich, dass Art. 5 I GG als Art. 8 I GG korrespondierendem Kommunikationsgrundrecht auch nicht nur eine Meinungsäußerung zu Angelegenheiten im öffentlichen Interesse umfasst.

hemmer-Methode: Zwar wird häufig auch hier kein Problem liegen, wenn es sich z.B. um eine politisch motivierte Demonstration handelt. Allerdings ist die Frage nach dem Versammlungszweck durchaus ein beliebtes Klausurthema, so dass Sie die vertretenen Ansichten kennen und in der Lage sein sollten, begründet Stellung zu ihnen zu nehmen. Klausurtaktisch wird es i.d.R. am geschicktesten sein, der h.M. zu folgen, dabei aber die „Meinungsbildung und -äußerung" extensiv auszulegen, so dass z.B. auch kulturelle Veranstaltungen i.d.R. erfasst sein werden, um nicht frühzeitig aus der Prüfung zu fallen. Sie können daher schon an dieser Stelle erwähnen, dass die unterschiedliche Bedeutung für die Allgemeinheit bei einer späteren Güterabwägung eine Rolle spielen kann.

diff: Versammlung bzw. Ansammlung

Abzugrenzen ist eine Versammlung i.S.d. Art. 8 I GG von der bloßen Ansammlung als einem zufälligen Zusammenkommen mehrerer Personen ohne gemeinsamen Zweck.

geschützt: Versammeln und Anreise

c) Geschütztes Verhalten ist v.a. die Veranstaltung der Versammlung inklusive der Fragen über Ort und Zeit, aber auch schon die Vorbereitung und die Anreise zur Versammlung.[705] Aus der Freiheit, den Ort der Versammlung frei zu wählen, ergibt sich aber kein genereller Anspruch darauf, zu einer Versammlung auf eine öffentliche Fläche zugelassen zu werden; allerdings kann sich aus Art. 8 I GG ein Anspruch auf eine ermessensfehlerfreie Entscheidung hierüber ergeben.[706]

Ferner sind nach dem BVerfG schon vom Schutzbereich nicht alle Modalitäten erfasst, so z.B. das Tragen von Uniformen.[707]

235

236

---

701   Ein so gelagerter Fall findet sich bei Schaefer, JuS 1993, L 4; für Art. 9 GG wird vertreten, dass ein Deutscher, der in einem von Ausländern dominierten Verein Mitglied ist, sich nicht auf Art. 9 I GG berufen kann, M/D-Scholz, Art. 9 GG, Rn. 50.

702   Vgl. BVerfGE 69, 315 (342 f.): „Ausdruck gemeinschaftlicher auf Kommunikation angelegter Entfaltung"; Stein, § 14 II; AK-Hoffmann-Riem, Art. 8 GG, Rn. 12 f.; Jarass/Pieroth, Art. 8 GG, Rn. 2; Frowein, NJW 1985, 2376; vgl. hierzu auch OVG Berlin, NJW 2001, 1740, bestätigt von BVerfG, NJW 2001, 2459 = BayBl. 2001, 687: Versammlungseigenschaft der sog. Love- bzw. Fuck-Parade.

703   So Pieroth/Schlink, Rn. 780 (die freilich auch BVerfGE 69, 315 (342 f.) in einem ähnlichen Sinne verstehen wollen); von Mutius, Jura 1988, 30 (36) m.w.N.

704   Nachweise bei von Mutius, Jura 1988, 30 (36), Fn. 97, 98.

705   Vgl. Jarass/Pieroth, Art. 8 GG, Rn. 4.

706   Vgl. BVerwGE 91, 135 (139 f.) = NJW 1993, 609 ff.

707   So BVerfGE 57, 29 (35 f.). Die Folge ist, dass das Verbot nach § 3 VersammlG nicht in Art. 8 I GG eingreift.

Geschützt ist zwar durchaus auch die zum Versammlungszweck kritische Teilnahme, nicht jedoch die Teilnahme (bzw. das selbständige Versammeln nur) zur Störung der Versammlung,[708] da damit der Meinungsbildung gerade in keiner Weise gedient wird.

Neben der positiven ist auch die negative Versammlungsfreiheit geschützt, also das Fernbleiben von Versammlungen.[709]

Schutzbereichsbegrenzung: friedlich und ohne Waffen

2. Die Versammlung ist jedoch nur geschützt, wenn sie *friedlich und ohne Waffen* abläuft. Dabei handelt es sich bereits um eine Einschränkung des Schutzbereichs.   237

Auch hier stellt sich die Frage, ob eine unfriedliche oder eine Versammlung mit Waffen wenigstens dem Schutz des Art. 2 I GG unterfällt. Obwohl dies auf den ersten Blick ungewöhnlich erschiene, sprechen die besseren Gründe wohl auch hier dafür, wobei sich zumindest bei Unfriedlichkeit wohl fast jeder Eingriff unproblematisch rechtfertigen lässt.

Waffen: § 1 WaffenG und sonstige gefährliche Gegenstände

a) *Waffen* sind solche nach § 1 WaffenG, aber auch sonstige gefährliche Gegenstände, die mit aggressiver Intention mitgeführt werden. Keine Waffen sind dagegen Schutzgegenstände wie Helme, Gasmasken etc.[710]   238

Im Einzelfall wird man das Waffenverbot nach seinem Sinn und Zweck und der Nennung im Zusammenhang mit der Unfriedlichkeit restriktiv auslegen müssen, wenn zwar Waffen im technischen Sinne vorliegen, diese aber aktuell nicht gebrauchstauglich oder zumindest keinesfalls in Gebrauchsabsicht mitgeführt sind, etwa bei einem historischen Umzug, bei dem Teilnehmer in alten Originaltrachten mit den Originalwaffen mitziehen.

friedlich: nicht gewalttätig oder aufrührerisch

b) *Friedlich* ist eine Versammlung, die keinen gewalttätigen oder aufrührerischen Verlauf nimmt[711] und bei der keine „körperlichen Handlungen von einiger Gefährlichkeit" auftreten wie „Gewalttätigkeiten oder aggressive Ausschreitungen gegen Personen oder Sachen".[712] Dabei sind v.a. drei klausurrelevante Probleme zu beachten: 239

Unfriedlichkeit nicht wie Gewalt i.S.d. § 240 StGB

aa) Insbesondere bei der Beurteilung sog. Sitzblockaden ist zu berücksichtigen, dass Gewalt i.S.d. Unfriedlichkeit nicht so weit geht wie der vergeistigte Gewaltbegriff, der im Strafrecht i.R.d. § 240 StGB angewandt wird.[713]

abzustellen auf jeden einzelnen Teilnehmer

bb) Soweit nur einige Teilnehmer unfriedlich (oder bewaffnet) sind, kommt den friedlichen Versammlungsteilnehmern Art. 8 GG zugute,[714] es wird also dem Wortlaut entsprechend auf den einzelnen Teilnehmer abgestellt.

Erst wenn ein Vorgehen gegen die einzelnen unfriedlichen Teilnehmer nicht Erfolg versprechend ist, kann unter Beachtung des Verhältnismäßigkeitsgrundsatzes die ganze Versammlung auf Grund der Art. 8 II GG ausgestaltenden Vorschriften des VersammlG aufgelöst werden.

---

708   Vgl. BVerfGE 84, 203 (209).

709   Vgl. BVerfGE 69, 315 (343) = Hemmer/Wüst/Triebel, Classics Ö-Recht, Fall 15 - Brokdorf.

710   Vgl. Jarass/Pieroth, Art. 8 GG, Rn. 6.

711   Vgl. Jarass/Pieroth, Art. 8 GG, Rn. 5.

712   Vgl. BVerfGE 73, 206 (248); 87, 399 (406).

713   Vgl. BVerfGE 73, 206 (248).

714   Vgl. BVerfGE 69, 315 (361) = Hemmer/Wüst/Triebel, Classics Ö-Recht, Fall 15 - Brokdorf.

bei Unfriedlichkeit von Außen: ⇨ Schutzpflicht

cc) Insbesondere soweit von Außen (also z.B. von Gegendemonstranten) Unfriedlichkeiten oder andere Gefahren für die öffentliche Sicherheit und Ordnung drohen, gebietet es Art. 8 GG, nicht als vermeintlich einfachere Maßnahme schon die Versammlung zu untersagen, sondern vielmehr die Versammlung i.R.d. zur Verfügung stehenden Möglichkeiten zu schützen.[715]

hemmer-Methode: Hier liegen Klassiker v.a. des Sicherheitsrechts, die Sie kennen sollten. Gerade Art. 8 GG eignet sich zur Verknüpfung von Grundrechten mit Problemen einer verwaltungsrechtlichen Klausur. Dass in diesem Skript im Verhältnis zu anderen Grundrechten relativ viele Einzelprobleme des Art. 8 GG angesprochen werden, hat seinen Sinn darin, dass gerade im Versammlungsrecht häufig Standardprobleme abgefragt werden, die Sie in der Klausur kennen sollten und die sich nicht immer leicht aus dem Verfassungstext alleine erschließen lassen.

B) Eingriffe

Eingriffe: Verbote und Erschwernisse

240

Eingriffe in die Versammlungsfreiheit liegen in allen Verboten oder (auch faktischen) Erschwernissen der vom Schutzbereich erfassten Tätigkeiten (also Vorbereitung, Veranstaltung, Teilnahme), insbesondere also auch in abschreckenden Maßnahmen wie Registrierung der Teilnehmer oder Behinderung des Zugangs.[716] Soweit Schutzpflichten für die Versammlung bestehen (vgl. o.), kann ein Eingriff auch in der Verweigerung dieses Schutzes liegen.

C) Schranken

Art. 8 II GG: für Versammlungen unter freiem Himmel

241

I. Art. 8 II GG enthält einen Gesetzesvorbehalt für Versammlungen unter freiem Himmel, was als Abgrenzungskriterium zu Versammlungen in geschlossenen Räumen zu verstehen ist. Das Merkmal „unter freiem Himmel" ist dabei dann sicher nicht erfüllt, wenn die Versammlung nach allen Richtungen hin abgeschlossen ist. Des Weiteren wird überwiegend angenommen, dass der Schwerpunkt der Beurteilung auf den seitlichen Begrenzungen liegt, die ja für den Kontakt zur Außenwelt maßgeblich sind: danach fände die Versammlung „unter freiem Himmel" statt, wenn sie zwar überdacht ist, aber keine Seitenwände stehen, während dies nicht der Fall ist, wenn sie auf einem abgeschlossenen, nur durch normale Zugänge betretbaren Grundstück ohne Dach stattfindet.[717]

VersammlungsG

242

II. Neben anderen Gesetzen z.B. des Straßen- und Wegerechts, des Allgemeinen Polizeirechts oder des Strafrechts[718] ist das zentrale Gesetz zur Regelung von Versammlungen das VersammlG.[719]

Dieses enthält verschiedene Spezialvorschriften über Aufzüge und Versammlungen, wobei v.a. der ordnungsrechtlichen Generalklausel des § 15 VersammlG große Bedeutung zukommt, allerdings würde eine nähere Darstellung den Rahmen eines Grundrechtsskripts sprengen.[720] Hingewiesen sei allerdings auf folgendes, besonders umstrittenes Problem:

---

715   BVerfG, NJW 1998, 2965.

716   Vgl. BVerfGE 69, 315 (349) = Hemmer/Wüst/Triebel, Classics Ö-Recht, Fall 15 - Brokdorf.

717   Vgl. Jarass/Pieroth, Art. 8 GG, Rn. 13; ausführlich auch von Mutius, Jura 1988, 30 ff. (79 f.).

718   Z.B. § 125 StGB; zu denken ist ferner an die Bannmeilengesetze; näher dazu von Mutius, a.a.O. 81 ff., insb. 87 ff.

719   Die Bundeskompetenz hierfür ist mit Erlass der Föderalismusreform weggefallen. Das VersammlG gilt allerdings als Bundesgesetz solange fort, bis die Bundesländer ein eigenes Versammlungsgesetz erlassen, Art. 125a I GG.

720   Eine übersichtliche Darstellung auch speziell sub specie Art. 8 GG findet sich bei von Mutius a.a.O. 81 ff., insb. 83 ff.

Da Grundrechte vor allem auch Minderheitenrechte sind, ist das BVerfG zumindest sehr zurückhaltend wenn es darum geht, Verbote einer Versammlung allein aufgrund Gefahren für die öffentliche Ordnung zuzulassen, da es hier um die ungeschriebenen Moralvorstellungen der Mehrheit geht.[721] Ein weiteres typisches Problem sind die von einer Gegendemonstration ausgehenden Gefahren. Solange es sich bei der Gegendemonstration um eine „bloße Verhinderungsveranstaltung" handelt, darf gegen die eigentliche Versammlung nur in den Fällen des sog. polizeilichen Notstandes vorgegangen werden. Verfolgt die Gegendemonstration eigene Anliegen, kann eine Abwägung der widerstreitenden Interessen hingegen durchaus eine Rechtfertigung für eine Auflage zum Nachteil der früher angemeldeten Versammlung ergeben.[722]

Erwähnenswert ist auch die grundsätzliche Anmeldungspflicht des § 14 VersammlG, die zwar allgemein für verfassungsgemäß gehalten wird, angesichts des klaren Wortlauts des Art. 8 I GG aber zumindest überraschend ist.[723]

Besonderes klausurrelevant sind dabei zwei Spezialfälle:

Spontanversammlung

1. Durch Auslegung im Lichte des Art. 8 GG ergibt sich, dass ein bloßer Verstoß gegen die Anmeldepflicht alleine kein Verbot einer Versammlung rechtfertigt,[724] insbesondere kann bei sog. *Spontanversammlungen* ganz auf eine Anmeldung verzichtet werden.[725]

Eilversammlung

2. Dagegen bedürfen *Eilversammlungen*, bei denen die Frist des § 14 VersammlG nicht mehr eingehalten werden kann, zwar einer Anmeldung, doch ist das Nicht-Einhalten der Frist insoweit unschädlich.[726]

III. V.a. für Versammlungen in geschlossenen Räumen, die nicht dem Vorbehalt des Art. 8 II GG unterliegen, ist die Möglichkeit von Grundrechtseinschränkung kraft kollidierenden Verfassungsrechts von Bedeutung.

243

> **Bsp.:**[727] *Eine Nachwuchsrockband möchte in einer leer stehenden Fabrikhalle ein Konzert geben, zu dem die zuständige Behörde wegen der begrenzten Tragfähigkeit der Decke unter Berufung auf ein einschlägiges Gesetz nur 50 Zuschauer zulassen will.*
>
> Fraglich ist bereits, ob überhaupt eine Versammlung vorliegt. Der gemeinsame Zweck liegt hier v.a. im Anhören der Musik, so dass insoweit nur der weite Versammlungsbegriff (vgl. o. Rn. 235) passen würde. Nach h.M. wäre eine Versammlung allerdings dann auch zu bejahen, wenn man den Zuhörern gerade bei einer noch unbekannten Szenegruppe auch ein kommunikatives Anliegen i.w.S. zugesteht. Greift Art. 8 I GG ein, ist eine Einschränkung nach Art. 8 II GG nicht möglich, da die Veranstaltung nicht unter freiem Himmel stattfindet. Allerdings bestünde wegen einer eventuellen Einsturzgefahr eine akute Gefährdung des Grundrechts aus Art. 2 II S. 1 GG der Zuhörer, welche den Eingriff nach den Grundsätzen der praktischen Konkordanz rechtfertigen könnte.

---

721 BVerfG, NJW 2001, 2069, 2072, 2075, 2076, 2078; a.A. OVG Münster, NJW 2001, 2111, 2113, 2114, 2987; wobei das das BVerfG allerdings keine (grundlegenden) Einwände hat, wenn die Versammlung aus Gründen der öffentlichen Ordnung nicht verboten, sondern lediglich um einen Tag verlegt wird; BVerfG, NVwZ 2003, 602 (Vorentscheidung OVG Frankfurt Oder, NVwZ 2003, 623); BVerfG, NJW 2004, 2814, Bspr. von Battis/Grigoleit, NJW 2004, 3459: Ein Verbot kann auf Gründe der öffentlichen Ordnung gestützt werden, wenn es um die Art und Weise der Versammlung, nicht aber, wenn es um den Inhalt der kundgegebenen Meinung geht.

722 BVerfG, DVBl. 2005, 969 = BayVBl. 2005, 592 = NVwZ 2005, 1055.

723 BVerfG, NVwZ 2005, 80.

724 Vgl. BVerfGE 69, 315 (351) = Hemmer/Wüst/Triebel, Classics Ö-Recht, Fall 15 - Brokdorf.

725 Vgl. BVerfGE 69, 315 (350 f.) = Hemmer/Wüst/Triebel, Classics Ö-Recht, Fall 15 - Brokdorf; 85, 69 (75); BVerfG NVwZ 2005, 80.

726 Vgl. BVerfG, NJW 1992, 890.

727 Angelehnt an Geck/Mossele, JuS 1980, 744 ff. (lesenwert!).

Bei der Güterabwägung wären nähere Sachverhaltsangaben zu berücksichtigen, insbesondere die Frage, ob sich die Zuhörer freiwillig in diese Gefahr begeben haben bzw. ob sie diese umgekehrt überhaupt realisiert haben.

Art. 17a I GG

IV. Außerdem kann die Versammlungsfreiheit durch Gesetze für den Wehr- und Ersatzdienst für deren Angehörige eingeschränkt werden, Art. 17a I GG.

244

<u>Lösungshinweise zum Einstiegsfall:</u> Aus mehrerlei Gründen ist fraglich, ob der Schutzbereich des Art. 8 GG eröffnet ist. Zum Ersten ist fraglich, ob sich der Verein V überhaupt darauf berufen kann, Art. 19 III GG. Dies ist wohl zu bejahen, da Art. 8 GG gerade ein kollektives Erlebnis schützt, welches auch Hauptzweck eines Vereins sein kann.

Des Weiteren ist fraglich, ob es sich um eine Versammlung „ohne Waffen handelt". Doch ist auch dies zumindest dann zu bejahen, wenn die historischen Waffen nicht mehr gebrauchstauglich sind, nach einer restriktiven Auslegung im Zusammenhang mit dem Merkmal „unfriedlich" wohl sogar auch sonst, solange keinesfalls die Gefahr eines Gebrauchs einer solchen Waffe befürchtet werden muss. Zuletzt ist umstritten, welchen gemeinsamen Zweck die Teilnehmer verfolgen müssen. Jedoch reicht nach der h.M. irgendein kommunikatives Element und es ist keine Willensbildung in Angelegenheiten des öffentlichen Interesses erforderlich. Durch das Verbot wird auch in den Schutzbereich eingegriffen. Für Versammlungen unter freiem Himmel enthält Art. 8 II GG aber einen Gesetzesvorbehalt, wobei das Gesetz jedoch formell und materiell verfassungsmäßig sein muss. Das Vorliegen der formellen Voraussetzungen unterstellt (insbesondere der Art. 74 I Nr. 3, 72 II GG), stellt sich v.a. die Frage der Verhältnismäßigkeit i.w.S.: Leichtigkeit und v.a. Sicherheit des Verkehrs sind sicher legitime Ziele, zu deren Erreichung das Gesetz auch geeignet ist. Allerdings ist sehr fraglich, ob ein Verbot ohne Befreiungsvorbehalt erforderlich ist, ebenso ist die Angemessenheit zweifelhaft und in der Klausur letztlich eine Frage der Argumentation.

§ 20 VEREINIGUNGSFREIHEIT, ART. 9 I GG

> *Einstiegsfall:* Wie der Einstiegsfall zu Art. 8 GG: Kann sich V auch auf eine eventuelle Verletzung seiner Vereinigungsfreiheit berufen?

A) Schutzbereich

I. Personaler Schutzbereich

DeutschenGR

Geschützt sind durch Art. 9 I GG Deutsche i.S.d. Art. 116 GG.[728] Bei Ausländern stellt sich die allgemeine Frage, inwiefern Art. 2 I GG als Auffanggrundrecht für diese bei Deutschengrundrechten fungieren kann.[729]   **245**

auch korporative Seite

Nach ganz h.M. gewährt Art. 9 I GG nicht nur den Vereinsmitgliedern, sondern auch den Vereinen selbst Schutz, da Art. 9 I GG - ohne Rückgriff auf Art. 19 III GG - als „Doppelgrundrecht" zu verstehen sei.[730]

II. Sachlicher Schutzbereich

Verein/Gesellschaft nicht enumerativ; keine Beschränkung auf bestimmte Rechtsform

1. *Vereine und Gesellschaften* sind nicht als Gegensatzpaar oder als abschließende Aufzählung zu verstehen, vielmehr soll zum Ausdruck gebracht werden, dass die grundgesetzliche Freiheit gerade auf keine bestimmte Rechtsform beschränkt ist.[731] Orientieren kann man sich am weit gefassten § 2 I VereinsG, so dass „ohne Rücksicht auf die Rechtsform jede Vereinigung, zu der sich eine Mehrheit natürlicher oder juristischer Personen für längere Zeit zu einem gemeinsamen Zweck freiwillig zusammengeschlossen und einer organisierten Willensbildung unterworfen haben", umfasst ist.   **246**

hemmer-Methode: Zwar kann die Verfassung nicht durch einfachgesetzliche Rechtsbegriffe ausgelegt werden, gleichwohl sollten Sie sich § 2 I VereinsG merken oder kommentieren und anhand seiner Elemente eine Definition in der Klausur entwickeln. Einzelwissen zu diesen Elementen wird nicht vorausgesetzt, Sie werden aber am Sachverhalt merken, ob irgendwo schon bei dieser Definition ein Problem auftaucht, z.B. wenn von einem extrem kurzfristigen Zusammenschluss die Rede ist, und haben dann Raum für eine eigene Argumentation.

geschützt: Gründung, Eintritt und Bestand

2. Geschütztes Verhalten ist zunächst die Gründung von Vereinigungen. Um dieses Recht nicht leer laufen zu lassen, sind aber nach einhelliger Ansicht auch der Bestand, d.h. insbesondere die interne Betätigung und der Eintritt in eine schon bestehende Vereinigung geschützt.[732]   **247**

Ein Recht gegenüber einem Verein auf Aufnahme i.S. einer direkten Drittwirkung kann dagegen aus Art. 9 I GG grds. nicht abgeleitet werden.[733]

---

728   Näher dazu Jarass/Pieroth, Art. 116, Rn. 1 - 6.

729   Näher dazu vgl. oben Rn. 159; zur Frage, inwiefern sich ein Deutscher, der in einem von Ausländern dominierten Verein Mitglied ist, auf Art. 9 I GG berufen kann, vgl. M/D-Scholz, Art. 9 GG, Rn. 50.

730   Vgl. zu dieser Lehre, die freilich v.a. für Art. 9 III GG entwickelt wurde bereits BVerfGE 4, 96 (101 f.); E 13, 174 (175); E 30, 227 (241 ff.); a.A. z.B. von Mutius, Jura 1984, 193 (197 f.), der sogar die Anwendbarkeit von Art. 19 III GG ablehnt; vgl. dagegen z.B. M/D-Scholz, Art. 9 GG, Rn. 25 dafür dass die Vereinigung geschützt ist, aber eben nur i.V.m. Art. 19 III GG.

731   H.M., vgl. ausführlich von Mutius, a.a.O., 193 f. m.w.N.; Jarass/Pieroth, Art. 9 GG, Rn. 3.

732   Statt vieler Pieroth/Schlink, Rn. 815 f.; von Mutius, a.a.O., 195.

733   Vgl. Mursiwek, JuS 1992, 116 (121).

Die Rechtsprechung macht nur bei faktischen Monopolstellungen und großer Bedeutung Ausnahmen unter dem Gesichtspunkt der §§ 242, 826 BGB.[734]

fragl. dagegen Schutz der Betätigung; meist andere GRe als leges speciales

Problematisch ist dagegen, inwiefern auch die externe Betätigungsfreiheit, also das Auftreten der Vereinigung(smitglieder) nach Außen von Art. 9 I GG geschützt ist. Während dies früher z.T. angenommen wurde,[735] wird heute zumindest außerhalb des Bereichs des Art. 9 III GG[736] das Handeln nach Außen als überwiegend durch die speziellen Freiheitsgrundrechte geschützt gesehen.

248

Allerdings hat das BVerfG unter grundsätzlichem Festhalten am Schutz durch die speziellen Grundrechte eine Berufung auf Art. 9 I GG zugelassen, soweit es um ganz spezifische Tätigkeiten aus dem Kernbereich der Vereinsbetätigung geht,[737] welche nach einer neueren Entscheidung sogar bei nicht unter Art. 9 III GG fallenden Vereinigungen in der werbenden Selbstdarstellung liegen kann.[738]

hemmer-Methode: Ist ein spezielleres Grundrecht einschlägig, sollten Sie dieses jedenfalls zuerst prüfen. Danach kann aber die Frage, ob das Verhalten auch von Art. 9 I GG geschützt wird, regelmäßig dahinstehen, da dieser Schutz nicht weiter gehen kann, wenn man i.R.d. Abwägung berücksichtigt, dass das andere Grundrecht in seinem Kernbereich, Art. 9 I GG dagegen nur in einer Modalität betroffen ist. Ist das einschlägige Verhalten durch kein spezielleres Grundrecht einschlägig, empfiehlt es sich, darauf abzustellen, wie groß die Bedeutung dieser externen Handlung für den Verein ist.

Negative Vereinigungsfreiheit

Geschützt ist außerdem die negative Vereinigungsfreiheit i.S.d. Fernbleibens oder des Austritts aus einer Vereinigung. Nach wohl herrschender, wenngleich nicht unbestrittener Ansicht soll dies aber nicht für die Zwangsmitgliedschaft in öffentlich-rechtlichen Verbänden gelten, da Art. 9 I GG auch positiv nicht deren Gründung umfasse.[739] Schutz würde dann nur Art. 2 I GG gewähren.

In der Klausur können Sie beide Ansichten vertreten, wobei im Ergebnis kein Unterschied bestehen dürfte, da auch Art. 2 I GG unverhältnismäßige oder unnötige Zwangsmitgliedschaften schützt.[740]

B). Eingriffe

Eingriff: Verbot bzw. Beeinträchtigung geschützten Verhaltens (allerdings Normgeprägtheit zu beachten)

Eingriffe liegen auch bei Art. 9 I GG in jedem Verbot bzw. jeder (auch faktischen) Beeinträchtigung vom Schutzbereich umfasster Verhaltensweisen. Allerdings ist zu beachten, dass auch Art. 9 I GG z.T. normgeprägt ist und gesetzgeberischer Ausgestaltung bedarf, z.B. hinsichtlich der Voraussetzungen und der Organisation bestimmter Gesellschaftsformen (z.B. AG, KG, GmbH), die keinen Eingriff darstellen, soweit sie die Wertungen des Art. 9 I GG wie die grundsätzliche Vereinigungsautonomie berücksichtigen.[741]

249

---

734   Vgl. BGH 93, 151 (52 ff.)zur IG-Metall; freilich kann bei der Auslegung der Generalklauseln der §§ 242, 826 BGB die Verfassung wieder eine wichtige Rolle spielen ("mittelbare Drittwirkung") vgl. oben Rn. 91.

735   Freilich häufig für Art. 9 III GG, bereits BVerfGE 4, 96 (106); aber auch E 54, 237 (251).

736   Vgl. zu Art. 9 III GG unten Rn. 251.

737   Vgl. BVerfGE 70, 1 (25).

738   Vgl. BVerfG, NJW 1992, 549.

739   Vgl. BVerfGE 10, 89 (102); 38, 281 (297 f.); BVerwG, NJW 1998, 3510ff. - Pflichtzugehörigkeit zur IHK; dazu: Life & Law 1999, 313 ff.; BVerfG, DVBl. 2002, 407; BVerwG, NJW 1999, 2292; BVerwG DVBl. 2001, 13; krit. Pieroth/Schlink, Rn. 812 ff.

740   Instruktiv zu den anzulegenden Maßstäben Bethge/Detterbeck, a.a.O., 45.

741   Vgl. Murswiek, JuS 1992, 119; vgl. dazu auch BVerfGE 50, 290 (335); viele Vorschriften des Gesellschaftsrechts für das Innenverhältnis haben dispositiven Charakter, so dass dadurch in die Freiheit der Vereinigungsorganisation nicht eingegriffen wird.

C) Schranken

Eingriffsvorbehalt in Art. 9 II GG
(⇨ konstitut. Verbot)

Nach h.M. keine Beschränkung des Schutzbereichs, sondern einen Eingriffsvorbehalt sieht die h.M. in Art. 9 II GG,[742] so dass konsequenterweise das Verbot auch als konstitutives, nicht als deklaratorisches zu verstehen ist.[743]

250

Dabei ist zu beachten, dass im Fall des Verstoßes gegen Strafgesetze die strafgesetzwidrigen Zwecke bzw. Tätigkeiten die Aktivitäten der Vereinigung derart prägen müssen, dass sie im Verhältnis zur Gesamttätigkeit nicht von untergeordneter Bedeutung sind.[744]

„verfassungsmäßige Ordnung" enger
als bei Art. 2 GG (!)

Die verfassungsmäßige Ordnung in Art. 9 II GG ist nicht wie bei Art. 2 I GG zu verstehen, sondern eng im Sinne von elementaren Verfassungsgrundsätzen etwa wie der „freiheitlich-demokratischen Grundordnung" in Art. 18 S. 2, 21 II S. 1 GG. Gegen diese muss die Vereinigung eine „kämpferische aggressive Haltung"[745] an den Tag legen.

Außerdem können argumentum a maiore ad minus auch mildere Maßnahmen als Verbote auf Art. 9 II GG gestützt werden, zudem besteht außerhalb des Anwendungsbereichs des Absatzes zwei die Möglichkeit einer Rechtfertigung kraft kollidierenden Verfassungsrechts.

D) Exkurs: Koalitionsfreiheit des Art. 9 III GG

Größere Bedeutung in (kollektiv)arbeits- als in verfassungsrechtlichen Klausuren dürfte i.d.R. Art. 9 III GG haben, dessen Grundzüge hier gleichwohl im Überblick dargestellt werden sollen.[746] Dabei ist zu beachten, dass das zu Art. 9 I GG Gesagte im Prinzip auch für Art. 9 III GG gilt, da auch die Koalitionen spezielle Vereinigungen sind.

251

auch Arbeitgeber als GR-Träger

Grundrechtsträger des Art. 9 III GG ist jedermann, insb. auch die Arbeitgeber; außerdem enthält Art. 9 III GG ebenso wie Art. 9 I GG auch eine kollektive Garantie. Soweit es um Maßnahmen im Arbeitskampf geht, sollen auch sog. Außenseiter geschützt sein, damit diese mit den organisierten Arbeitnehmern/-gebern ein „Kampfbündnis" schließen.

Definition der Koalition

Voraussetzung für das Vorliegen einer Koalition i.S.d. Art. 9 III GG ist eine frei gebildete, gegnerfreie, unabhängige Vereinigung, die das Ziel der Wahrung der mitgliedschaftlichen Interessen hinsichtlich der Arbeitsbedingungen und tarifpolitischer Tätigkeit haben muss, wobei nicht zwingend Bereitschaft zum Arbeitskampf bestehen muss.[747]

Geschützt wird die Betätigung zur Erreichung des Koalitionszwecks, wobei dieser Schutz früher auf einen „Kernbereich" beschränkt wurde, während in einer neueren Entscheidung[748] auf das zum Koalitionszweck allgemein Erforderliche abgestellt wird bzw. auf alle koalitionsspezifischen Verhaltensweisen[749], ohne dass sich wohl in der Sache große Unterschiede ergeben.

---

742 Vgl. Pieroth/Schlink, Rn. 835 f.; Murswiek, a.a.O., 121; von Mutius, Jura 1984, 193 (199).

743 H.M.; a.A. AK-Ridder, Art. 9 II GG, Rn. 23 ff.

744 Vgl. von Mutius, a.a.O., 199.

745 Vgl. BGHSt 19, 51 (55); BVerwGE 37, 344 (358).

746 Instruktiv Schwarze, Jus 1994, 653 ff. zu BVerfGE 84, 212 ff.

747 Vgl. BVerfGE 18, 18 (31).

748 BVerfGE 84, 212.

749 BVerfGE 93, 352 = Hemmer/Wüst/Triebel, Classics Ö-Recht, Fall 16; vgl. auch JuS 2000, 291.

Die vorgenommenen Einschränkungen sind so zu verstehen, dass eine gewisse Ausgestaltungsbefugnis des Gesetzgebers (und wohl im Arbeitsrecht bis zu einer Kodifizierung auch der Gerichte) besteht, so dass ein Eingriff nur vorliegt, wenn die Koalitionsfreiheit in ihrem Kern betroffen oder in der Peripherie unter Missachtung der Wertungen des Art. 9 III GG geregelt wird.

Systematisch wird man Art. 9 II GG nicht als Schranke des Art. 9 III GG sehen können, so dass nur die Einschränkbarkeit kraft kollidierenden Verfassungsrechts bleibt.

Art. 9 III S. 2 GG: unmittelbare GR-Drittwirkung

Erwähnenswert ist auch, dass Art. 9 III S. 2 GG einen expliziten Fall unmittelbarer Grundrechtsdrittwirkung enthält.

Lösungshinweise zum Einstiegsfall: Nach h.M. hat Art. 9 I GG den Charakter eines „Doppelgrundrechts", d.h. auch der Verein, nicht nur seine Mitglieder, kann sich darauf berufen. Um Art. 9 I GG zur vollen Wirkung zu bringen, ist nicht nur die Gründung, sondern auch der Bestand des Vereins vom Schutzbereich erfasst. Darüber hinaus erscheint es denkbar, auch die Tätigkeiten in den Schutzbereich einzubeziehen, die den Verein prägen, weil sie seinem Hauptzweck entsprechen. Allerdings gehen andere Grundrechte wohl wenigstens dann als leges speciales vor, wenn sie gerade das jeweilige Verhalten schützen, hier also v.a. Art. 8 I GG (vgl. o.), so dass sich V schon gar nicht auf Art. 9 I GG berufen kann. Jedenfalls kann aber der Schutz hier nicht weitergehen als durch das spezielle Grundrecht, so dass man selbst dann, wenn man ein Spezialitätsverhältnis ablehnt, jedenfalls dann zu keiner Verletzung von Art. 9 I GG kommt, wenn das spezielle Grundrecht zulässig eingeschränkt wurde.

§ 21 BRIEF-, POST- UND FERNMELDEGEHEIMNIS, ART. 10 GG

Art. 10 GG ist einerseits ein klassisches Freiheitsgrundrecht, anderseits aber wohl von nicht zu großer Klausurrelevanz: insbesondere wird keine Kenntnis von Standardproblemen vorausgesetzt. Andererseits bieten die neuen Entwicklungen gerade auf dem Gebiet der Telekommunikation u.U. Anlass zur Frage, wie sie sub specie Art. 10 GG behandelt werden müssen und damit neue Probleme. In solchen Fällen werden dann vornehmlich die juristische Kreativität und die saubere Argumentation des Bearbeiters gefragt sein.

A) Schutzbereich

Abgrenzung der Schutzbereiche

252 Nach h.M. schützt das Briefgeheimnis den Briefverkehr außerhalb des Postbereichs, während das Postgeheimnis den postalischen Bereich zwischen Einlieferung bei der Post und Ablieferung an den Empfänger betrifft.[750] Geschützt werden neben Briefen auch Päckchen, Postwurfsendungen etc., wohl auch Postkarten.[751] Das Fernmeldegeheimnis schützt die Vertraulichkeit der individuellen Kommunikation mittels drahtloser oder drahtgebundener elektromagnetischer Wellen.

hemmer-Methode: Als neue Medien kommen z.B. Telefax oder Bildschirmtext, Emails und sms in Betracht, wobei jeweils genau zu fragen ist, ob es sich um individuelle Kommunikation oder gerade Verbreitung an eine unbestimmte Zahl von Empfängern handelt: im zweiten Fall ist Art. 5 I S. 2 GG (Rundfunkfreiheit) einschlägig, vgl. oben Rn. 208.

B) Eingriffe

Eingriff: Kenntnisverschaffung von geschützter Information

253 Ein Eingriff liegt vor, wenn sich staatliche Stellen vom Inhalt der geschützten Kommunikation Kenntnis verschaffen, wobei auch das Erspähen bestimmter einzelner Daten ausreicht. Allerdings stellt die Sammlung oder Verarbeitung von Daten insoweit keinen Eingriff dar, als sie zur Organisation des Post- bzw. Fernmeldebetriebs unumgänglich ist.[752]

Kein Eingriff in Art. 10 GG liegt dagegen bei sog. Lauschangriffen vor, soweit das normal gesprochene Wort abgehört wird. Sie beurteilen sich nach Art. 13 GG. Gleiches gilt in den sog. Mithörfällen, in denen mittels Zweithörer das Gespräch am Ende der einen Leitung abgehört wird. Hier liegt allein eine Verletzung des Rechts am eigenen gesprochenen Wort vor.[753]

hemmer-Methode: Machen Sie sich klar: Weder in Praxis noch in Klausur sind die neugierigen Postbeamten die Hauptgefahr für Brief-, Post und Fernmeldegeheimnis. Vielmehr soll der Gefahr entgegengesteuert werden, dass der Staat, besonders in den Bereichen, in denen er noch ein Monopol hat, dieses zur Informationsgewinnung missbraucht. Auch beim Fernmeldeverkehr wird eher das Abhören durch BND oder Staatsanwaltschaft eine Rolle spielen.

---

750 Vgl. Pieroth/Schlink, Rn. 854 ff.; z.T. wird auch ein einheitliches Grundrecht des Schutzes individueller Kommunikation angenommen, so dass eine genaue Abgrenzung nicht erforderlich ist, vgl. Jarass/Pieroth, Art. 10 GG, Rn. 1, 3 ff.

751 Vgl. Pieroth/Schlink, Rn. 855; a.A. für Postkarten: M/D-Dürig, Art. 10 GG, Rn. 13.

752 Vgl. zur Abgrenzung Pieroth/Schlink, Rn. 865 ff.

753 BVerfG, NJW 2002, 3619 = FamRZ 2003, 21.

C) Schranken

Schranke: Art. 10 II S. 1 GG

Art. 10 II S. 1 GG enthält einen Gesetzesvorbehalt, der zweite Satz des Absatzes zwei eröffnet die Möglichkeit, dass dem Betroffenen unter bestimmten Voraussetzungen Überwachungs- und Abhörmaßnahmen nicht mitgeteilt werden. Dessen Verfassungsmäßigkeit war bei seiner Einführung 1968 sehr umstritten, wurde aber vom BVerfG bestätigt.[754]

254

---

754   Vgl. E 30, 1 ff. = Hemmer/Wüst/Triebel, Classics Ö-Recht, Fall 17 - Abhörurteil.

§ 22 FREIZÜGIGKEIT, ART. 11 GG

Das Grundrecht auf Freizügigkeit hatte in der jüngeren Vergangenheit keine allzu große praktische Bedeutung, war aber in den frühen Jahren des GG mehrfach Gegenstand der verfassungsgerichtlichen Rechtsprechung und ist auch historisch von großer Bedeutung, insbesondere in den europäischen Splitterstaaten im Zusammenhang mit der Berufs- und Glaubensfreiheit. Heute wird Art. 11 GG in manchen Bereichen auch durch die Freizügigkeitsgarantien des Europarechts überlagert bzw. ergänzt.

A) Schutzbereich

I. Personaler Schutzbereich

DeutschenGR

Art. 11 GG schützt alle Deutschen,[755] Ausländer genießen nach überwiegender, aber nicht unbestrittener Ansicht den Schutz des Art. 2 I GG.[756]

255

II. Sachlicher Schutzbereich

Recht, an jedem Ort innerhalb des Bundesgebiets Aufenthalt und Wohnsitz zu nehmen; str. ist zeitliche Dauer

Freizügigkeit definiert das BVerfG als das Recht, an jedem Ort innerhalb des Bundesgebiets Aufenthalt und Wohnsitz zu nehmen,[757] wobei der Wohnsitz als ständige Niederlassung, vgl. § 7 BGB, gegenüber dem Aufenthalt der speziellere Begriff ist. Umstritten ist, ab wann von einem Aufenthaltnehmen gesprochen werden kann: teilweise wird gar keine zeitliche Grenze vorausgesetzt,[758] teilweise wird wenigstens eine Übernachtung gefordert,[759] während die wohl h.M. eine gewisse Dauer verlangt.[760] Dies ist zwar denkbar unpräzise, jedoch ist auch jede feste Zeiteingrenzung willkürlich und man kann ergänzend eine gewisse Bedeutung des Aufenthalts für den Betroffenen heranziehen.

256

hemmer-Methode: Sollte hier - überraschenderweise - ein Klausurschwerpunkt liegen, sollten Sie die Extrempositionen kennen und sich dann für eine Ansicht entscheiden. Ansonsten reicht es, mit der h.M. darauf abzustellen, dass ganz kurzzeitiges Verweilen nicht geschützt ist.

v.a. geschützt: Fortbewegung zum Ortswechsel

Entscheidendes Merkmal des Schutzbereichs sind aber nicht die Endpunkte Wohnsitz und Aufenthalt, sondern die dahin führende Fortbewegung zum Ortswechsel.[761] Da die Endpunkte dieses Ortswechsels im Bundesgebiet liegen sollen, ist nach h.M. die Einreisefreiheit geschützt,[762] nicht aber die Ausreisefreiheit[763].

Z.T. wird weiterhin ein Ortswechsel nur zwischen verschiedenen Ortschaften im Sinn von Gemeinden für gegeben erachtet.[764]

---

755 Näher dazu Jarass/Pieroth, Art. 116 GG, Rn. 1 - 6.

756 Näher zur Frage, inwiefern Art. 2 I GG als Auffanggrundrecht für Ausländer fungiert, vgl. oben Rn. 159.

757 bereits E 2, 266 (273); vgl. nun wieder E 80, 137 (150).

758 Vgl. Pieroth, JuS 1985, 81 (83); MD-Dürig, Art. 11 GG, Rn. 37.

759 Vgl. Jarass/Pieroth, Art. 11 GG, Rn. 2.

760 Vgl. die Nachweise bei Pieroth/Schlink, Rn. 879; Jarass/Pieroth, Art. 11 GG, Rn. 2.

761 Vgl. Pieroth/Schlink, Rn. 880; Pieroth, JuS 1985, 81 (83).

762 Vgl. BVerfGE 2, 266 (273) sowie die h.L.

763 Vgl. BVerfGE 6, 32 (36).

764 Vgl. M/D-Dürig, Art. 11 GG, Rn. 23.

Dagegen spricht aber nicht nur die Willkür, dass insofern zwischen großen und kleinen Gemeinden erhebliche Unterschiede bestünden, sondern methodisch auch das Vorgehen, aus einer Definition durch einen nicht in der Verfassung genannten Begriff („Ortswechsel") begrifflich Einschränkungen des Schutzbereichs abzuleiten.

Geschützt werden soll außerdem die Mitnahme der persönlichen Habe[765] und - als negative Grundrechtsausübung - die Möglichkeit, einen Ortswechsel nicht vorzunehmen.[766]

Dagegen beinhaltet Art. 11 GG grds. kein Leistungsrecht in der Art, dass der Ortswechsel z.B. durch Zur-Verfügung-Stellen bestimmter Verkehrsmittel - unterstützt wird.

B) Eingriffe

Eingriffsmöglichkeiten

Ein Eingriff liegt vor, wenn ein Schutzbereichselement des Art. 11 I GG verboten oder zum Anknüpfungspunkt einer beeinträchtigenden staatlichen Maßnahme gemacht wird, wobei i.d.R. eine imperative Einwirkung verlangt wird,[767] so dass mittelbare und faktische Belastungen nicht erfasst sind. In Betracht kommen also v.a. Verbote des Ortswechsels oder das Abhängigmachen von Bedingungen, Genehmigungen oder Nachweisen. Kein Eingriff soll dagegen vorliegen, wenn an einem bestimmten Ort jedermann die Wohnsitznahme untersagt ist.[768]

257

hemmer-Methode: Denken Sie auch an Art. 11 GG, wenn z.B. die Gewährung von Sozialhilfe oder die Ausübung eines Berufes (rechtlich, nicht nur faktisch) von einem bestimmten Wohnsitz abhängig ist. Zum Schluss wäre auch ein Eingriff in Art. 12 GG zu prüfen.

C) Schranken

qualifizierter Schrankenvorbehalt in Art. 11 II GG

Art. 11 II GG enthält einen qualifizierten Gesetzesvorbehalt, nach dem die Freizügigkeit in den in Absatz zwei genannten Fällen und für die dort genannten Zwecke eingeschränkt werden darf.

258

Eine genauere Darstellung der Fallgruppen würde angesichts ihrer geringen Klausurrelevanz den Rahmen dieses Skripts sprengen,[769] erforderlichenfalls ist der Katalog durchzumustern und ein evtl. einschlägiger Fall zu subsumieren, wobei sich dafür i.d.R. Argumentationshilfen im Sachverhalt finden werden.

Art. 17a II GG

Außerdem ist eine Einschränkung zu Verteidigungszwecken bzw. zum Zivilschutz nach Art. 17a II GG möglich.

765   Vgl. Jarass/Pieroth, Art. 11 GG, Rn. 5; Pieroth, JuS 1985, 81 (84) m.w.N.

766   Vgl. Pieroth, a.a.O., 84 f. m.w.N.

767   VGl. BVerwGE 64, 153 (159); Jarass/Pieroth, Art. 11 GG, Rn. 7; großzügiger wohl Pieroth, a.a.o., 85.

768   Vgl. Jarass/Pieroth, Art. 11 GG, Rn. 7, str.

769   Ausführlich bei Pieroth/Schlink, Rn. 893 ff.; Pieroth, a.a.O., 85 ff.

§ 23 BERUFSFREIHEIT, ART. 12 GG

Einstiegsfall:[770] *Ingenieur (I), der für Polizei, Staatsanwaltschaft und Gerichte eigenverantwortlich Gutachten anlässlich von Verkehrsunfällen anfertigt, beantragt bei der zuständigen IHK seine Bestellung und Vereidigung als Sachverständiger für das Gebiet „Straßenverkehrsunfälle". Die IHK lehnt eine solche Bestellung nach § 36 I S. 1 GewO ab, da kein Bedürfnis dafür bestehe: es gäbe nämlich schon ausreichend viele Sachverständige für Verkehrsunfälle in ihrem Einzugsgebiet.*

A) Schutzbereich

I. Personaler Schutzbereich

DeutschenGR, über Art. 19 III GG auch Vereinigungen

Art. 12 GG schützt die Berufsfreiheit aller Deutschen,[771] Ausländer sind mithin „nur" nach Art. 2 I GG geschützt.[772] Über Art. 19 III GG werden auch (inländische, privatrechtliche) juristische Personen durch Art. 12 GG geschützt.[773]

hemmer-Methode: Obwohl Art. 12 GG für natürliche Personen auch eine Konkretisierung der durch Art. 2 I GG geschützten Persönlichkeitsentfaltung darstellt, ist es eines der Grundrechte, das typischerweise auch auf juristische Personen anwendbar ist. Dies gilt auch für Art. 14 GG, wobei sich hier die Frage nach der Abgrenzung der geschützten Tätigkeiten im wirtschaftlich-gewerblichen Bereich stellt. Ohne vorzugreifen,[774] kann als Anhaltspunkt formuliert werden: Art. 14 GG schützt das Erworbene, während Art. 12 GG die Erwerbsmöglichkeit schützt.

II. Sachlicher Schutzbereich

1. Begriff des Berufs

Berufsdefinition

„Beruf" ist der zentrale Begriff in Art. 12 GG. Nach dem BVerfG ist darunter jede Tätigkeit zu verstehen, die auf Dauer angelegt ist und der Schaffung und Erhaltung einer Lebensgrundlage dient.[775] Außerökonomische, als Hobby betriebene Tätigkeiten sind damit ebenso wenig Beruf wie einmalige wirtschaftliche Betätigungen. Ob tatsächlich Gewinne erzielt werden, spielt grds. keine Rolle.

offenes und zukunftsgerichtetes Berufsbild

Im Interesse eines optimierten Grundrechtsschutzes muss unter den gegenwärtigen dynamischen, wirtschaftlichen und sozialen Gegebenheiten der Berufsbegriff offen verstanden werden[776] und „in hohem Maße zukunftsgerichtet"[777] sein. Daraus ergeben sich zwei Probleme:

259

260

---

770   Nach BVerfG, NJW 1992, 2621.

771   Näher dazu Jarass/Pieroth, Art. 116 GG, Rn. 1 - 6.

772   Zu dieser Frage näher oben Rn. 245; hierzu auch das Schächt-Urteil des BVerfGin NJW 2002, 663 = Life & Law 2002, 333 = BayBl. 2002, 300 =
      DVBl. 2002, 328, in dem das BVerfG die Drei-Stufen-Theorie im Rahmen der Verhältnismäßigkeitsprüfung nach Art. 2 I GG diskutiert, Ausländern
      also über Art. 2 I GG letztlich den gleichen Schutz gewährt wie Deutschen!

773   Vgl. BVerfGE 50, 290 (363).

774   Zu Art. 14 GG näher unten § 24.

775   Vgl. BVerfGE 7, 377 (397); insoweit ganz h.M., vgl. auch M/D-Scholz, Art. 12 GG, Rn. 18; Jarass/Pieroth, Art. 12 GG, Rn. 4; ausführlich Fröh-
      ler/Mörtel, GewArch. 1979, 105 ff., 145 ff.

776   Vgl. Friauf, JA 1984, 537 (538).

777   BVerfGE 30, 292 (334).

bei weiteren Einschränkungen wie „erlaubt", „nicht sozialschädlich" etc. Gefahr eines Zirkelschlusses

Zum Ersten ist bei einschränkenden zusätzlichen Definitionsmerkmalen, nach denen die Tätigkeit „sinnvoll" oder „erlaubt"[778] bzw. nicht „sozialschädlich" oder „sozialunwert" sein darf, Zurückhaltung geboten, da diese die Gefahr eines die Berufsfreiheit einschränkenden Zirkelschlusses implizieren. Der Gesetzgeber könnte dann nämlich durch ein Verbot eine Tätigkeit aus dem Schutzbereich des Art. 12 herausnehmen, das eigentlich an erst dieser Vorschrift zu prüfen ist. Zurecht stellt daher das BVerwG fest, dass eine Erwerbstätigkeit „die Eigenschaft eines Berufes im Sinne des Art. 12 I GG nicht dadurch verliert, dass sie durch einfaches Gesetz verboten und/oder für strafbar erklärt wird".[779] Da es umgekehrt auf der Hand liegt, dass ein berufsmäßiger Killer sich schon gar nicht auf den Schutzbereich des Art. 12 GG berufen kann, ist von der Tätigkeit (nur) zu verlangen, dass sie *an sich*, d.h. auch nicht berufsmäßig betrieben, erlaubt ist.[780]

261

Problem des typischen bzw. fixierten Berufsbildes

Zum Zweiten stellt sich die Frage, inwiefern die Anerkennung einer Tätigkeit als Beruf an ein bestimmtes Berufsbild fixiert ist. Das BVerfG hatte dabei zunächst im Apothekenurteil eine Beschränkung auf solche Berufe, die sich in bestimmten, traditionellen oder sogar rechtlich fixierten Berufsbildern darstellen,[781] abgelehnt und in der Folge z.B. das gewerbsmäßige Aufstellen von Glücksspielautomaten[782] oder das Verkaufen von loser Milch[783] als eigenständigen Beruf anerkannt. Andererseits hat es z.T. dem Gesetzgeber auch bestimmte Typisierungs- und Fixierungskompetenzen zugestanden, so z.B. das Erfordernis einer Meisterprüfung vor einer selbständigen Niederlassung als Handwerker.[784]

262

hemmer-Methode: Es ist aber zu beachten, dass dieser Handwerksbeschluss durch die spezifischen, stark traditionsbeladenen Gegebenheiten des Handwerksrechts geprägt ist. Grds. ist wohl eine eher großzügige Anerkennung spezifischer Tätigkeiten als eigener Beruf geboten, wobei die tatsächlichen Gegebenheiten besonders zu berücksichtigen sind. Diese Abgrenzung spielt v.a. für die Frage nach Berufswahl und Berufsausübung eine Rolle (dazu sogleich unten). Im Übrigen zeigt sich auch beim Berufsbegriff, dass seine genaue Erarbeitung ein Verständnis für den entsprechenden Wirklichkeitsausschnitt verlangt, d.h. dass die tatsächlichen sozialen und wirtschaftlichen Gegebenheiten auch für die Bestimmung des verfassungsrechtlichen Leitbegriffs bestimmend sind.

2. Berufswahl und Berufsausübung

diff.: Berufswahl ("ob?") und Berufsausübung ("wie?")

Nach Art. 12 I S. 1 GG ist die freie Wahl des Berufs (sowie der Arbeits- und Ausbildungsstätte) gewährleistet, während nach Art. 12 I S. 2 GG die Berufsausübung geregelt werden kann. Das BVerfG[785] und ihm folgend die ganz h.M. betrachtet Art. 12 I GG gleichwohl als einheitliches Grundrecht der Berufsfreiheit, das umfassend die Wahl (d.h. die Frage des „ob") und die Ausübung des Berufs (d.h. die Frage des „wie") schützt, wobei die Unterscheidung zwischen Wahl und Ausübung für die Rechtfertigung von Eingriffen eine Rolle spielt (dazu unten Rn. 272 ff.).

263

---

778   Vgl. BVerfGE 7, 377 (397); das BVerfG ist insoweit allerdings in seiner Terminologie nicht ganz einheitlich.

779   BVerwGE 22, 286 (288); allerdings aus S. 289 mit der noch viel unbefriedigenderen Einschränkung der Sozialschädlichkeit.

780   Ebenso M/D-Scholz, Art. 12 GG, Rn. 28; Pieroth/Schlink, Rn. 905; krit. Jarass/Pieroth, Art. 12 GG, Rn. 6.

781   E 7, 377 (399) = Hemmer/Wüst/Triebel, Classics Ö-Recht, Fall 18 - Apothekenurteil.

782   E 31, 8 (28).

783   E 9, 39.

784   BVerfGE 13, 97 – Handwerks-Beschluss.

785   Grundlegend E 7, 377 = Hemmer/Wüst/Triebel, Classics Ö-Recht, Fall 18 – Apothekenurteil; seitdem st. Rspr.

Hier kann die oben angesprochene Fixierung des Berufsbildes eine Rolle spielen, da eine Regelung die Berufswahl betrifft, wenn eine bestimmte Tätigkeit als eigenständiger Beruf begriffen wird, dagegen die Berufsausübung, wenn sie nur als Modalität eines umfassenderen Berufsbildes verstanden wird.[786]

> **Bsp.:** *Wegen zunehmender Unfälle durch sog. Kampfhunde wird deren Zucht durch ein Verbot völlig verboten. Hundezüchter H fühlt sich in seiner Berufsfreiheit verletzt.*

Wenn man die Betätigung als Kampfhundezüchter als eigenen Beruf anerkennt, ist die Berufswahl des H betroffen ("ob" er weiter diesen Beruf ausüben darf); geht man dagegen vom umfassenderen Beruf als Hundezüchter aus, ist die Berufsausübung des H tangiert ("wie" er in Zukunft diesen Beruf ausüben muss).

3. Berufsausbildung

auch geschützt: Wahl der Ausbildungsstätte

Ferner ist (neben der freien Wahl des Arbeitsplatzes) auch die freie Wahl des Ausbildungsplatzes garantiert. Hier tauchte v.a. im Zusammenhang mit den NC-Regelungen die Frage auf, inwiefern Art. 12 GG auch originäres oder zumindest derivatives Teilhaberecht sei.[787]

264

Keine Frage der Wahl der Ausbildungsstätte, sondern der Berufswahl ist die Tatsache, dass die Ausgestaltung von (besonders abschließenden) Ausbildungsprüfungen an Art. 12 GG zu messen ist, so dass die Prüfungsschranke nicht ungeeignet, unnötig oder unzumutbar sein darf.[788]

Exkurs: Prüfungsüberprüfung

Eine interessante Entwicklung hat die Rechtsprechung zur gerichtlichen Überprüfung von Prüfungsentscheidungen genommen:

265

Zwar war man sich schon immer einig, dass nach Art. 19 IV GG i.V.m. Art. 12 GG die Überprüfung auch von Prüfungen geboten war, indes wurde das Prüfungsrecht als klassischer Anwendungsfall eines sog. Beurteilungsspielraums betrachtet. Dies wurde damit begründet, dass es sich zum einen um eine fachwissenschaftliche, u.U. auch pädagogisch motivierte Bewertung handle, dass die Prüfungssituation vor Gericht nicht rekonstruierbar sei und dass auch die Chancengleichheit der Prüflinge verletzt sei, wenn einzelne Ergebnisse einer nachträglichen Kontrolle unterzogen würden.

starke Einengung des Beurteilungsspielraums bei Prüfungsüberprüfung

Dieser Beurteilungsspielraum wurde vom BVerfG in zwei grundlegenden Entscheidungen[789] zwar nicht gänzlich abgeschafft, allerdings auf die Problempunkte der nicht nachholbaren Situation bei (besonders mündlichen) Prüfungen und der Chancengleichheit reduziert, während nicht überprüfbare fachspezifische Bewertungen nicht mehr anerkannt werden. Vielmehr ist eine Überprüfung auch mit Hilfe von Sachverständigen möglich und über eine bloße Willkürkontrolle hinaus dürfen zutreffende und brauchbare Antworten bzw. mit gewichtigen Argumenten vorgebrachte Ansichten nicht mehr als falsch gewertet werden.[790]

---

786 Vgl. auch BVerfG, NJW 1998, 1776 - Kassenarztentscheidung.

787 Vgl. das erste Numerus clausus Urteil, BVerfGE 33, 303 ff. = Hemmer/Wüst/Triebel, Classics Ö-Recht, Fall 19.

788 Vgl. BVerfGE 80, 1 (24).

789 E 84, 34 ff.; 84, 59 ff. = NJW 1991, 2005 ff., 2008 ff.; vgl. auch BVerfG, DVBl. 2002, 1203 = NVwZ 2002, 1367 = BayBl. 2002, 697, wonach diese Rechtsprechung auf beamtenrechtliche Beurteilungen nicht übertragbar ist. Dort bleibt es bei dem Beurteilungsspielraum.

790 Zu diesen Entscheidungen lesenswert die Besprechungen von Hufen, JuS 1992, 252 und Muschel, JuS 1992, 201.

Außerdem wurden durch das BVerfG und ihm folgende Verwaltungsgerichte gewisse verfahrensrechtliche Sicherungen betont, so dass dem Prüfling (v.a. durch ein entsprechendes Vorverfahren) die Möglichkeit eingeräumt werden muss, seine Position zu verteidigen, dass der Prüfling Einzelbewertungen anfechten kann, ohne seine bestandene Prüfung als Ganzes zu riskieren (gewissermaßen ein Verschlechterungsverbot) und dass nachträglich durch die Prüfer gerügte Mängel die Kausalitätsvermutung zwischen (falscher) Kritik und Bewertung i.d.R. nicht mehr zerschlagen kann.[791]

4. Staatliche und staatlich gebundene Berufe

staatl. und staatl. gebundene Berufe: Art. 12 und 33 GG

Grds. erfasst der Berufsbegriff in Art. 12 GG auch staatliche (d.h. im öffentlichen Dienst) und staatlich gebundene Berufe (z.B. Notare).[792] Dabei wird Art. 12 GG allerdings im Bereich des öffentlichen Dienstes durch Art. 33 GG (insb. Absatz V) überlagert und modifiziert, und auch bei den staatlich gebundenen Berufen sind wegen der Nähe zum öffentlichen Dienst in stärkerem Maße Einschränkungen zulässig.

266

B) Eingriffe

mögliche Eingriffe:

Als Eingriffe in das einheitliche Recht der Berufsfreiheit kommen beeinträchtigende Maßnahmen gegenüber allen vom Schutzbereich umfassten Verhaltensweisen in Betracht. Besondere Bedeutung hat hier die Unterscheidung zwischen Ausübungsregeln und subjektiven und objektiven Zulassungsbeschränkungen:[793]

Ausübungsvorschriften

I. Ausübungsvorschriften regeln i.S.d. oben vorgenommenen Differenzierung, *wie* ein Beruf ausgeübt werden muss.

267

subj. Zulassungsbeschränkungen

II. Subjektive Zulassungsbeschränkungen machen die Berufsausübung von subjektiven Anforderungen an den Bewerber abhängig, insbesondere an den Nachweis bestimmter fachlicher Befähigungen, Eigenschaften, Leistungsnachweise etc.

268

Diese subjektiven Anforderungen spielen im Gewerberecht eine große Rolle in den vielfältigen Vorschriften, in denen die „Zuverlässigkeit" des Gewerbetreibenden eine Rolle spielt. Ebenfalls eine subjektive Zulassungsbeschränkung soll in einer Höchstaltersgrenze liegen;[794] dies ist freilich zweifelhaft, da dieses Kriterium vom Einzelnen nicht einmal abstrakt beeinflusst werden kann.

obj. Zulassungsbeschränkungen

III. Objektive Zulassungsbeschränkungen binden die Wahl eines Berufes (bzw. den Verbleib darin) an Voraussetzungen, die mit der Person des Bewerbers nichts zu tun haben: als solche kommen insbesondere in Betracht sog. Bedürfnisklauseln, Errichtungsverbote, Höchstzahlen oder Inkompatibilitäten.[795]

269

allg.: Eingriff bei berufsregelnder Tendenz

Allgemein ist nach der Rechtsprechung für das Vorliegen eines Eingriffs zu fordern, dass der staatlichen Maßnahme subjektiv und objektiv eine berufsregelnde Tendenz innewohnt,[796] d.h. sie muss entweder gerade auf die Berufsregelung abzielen oder - bei berufsneutraler Zwecksetzung - unmittelbare oder gewichtige mittelbare Auswirkungen auf den Beruf haben.[797]

---

791 Vgl. außer den angegebenen Entscheidungen des BVerfG v.a. BVerwG NVwZ 1999, 7 = BayVBl. 1999, 505; OVG Münster, NVwZ 1993, 94 und 95; dazu (Anfechtung juristischer Staatsprüfungen!) Life & Law 2006, Heft 1.

792 Vgl. bereits BVerfGE 7, 377 (397 f.); 11, 30 (39).

793 Vgl. statt vieler Pieroth/Schlink, Rn. 920 ff.; Jarass/Pieroth, Art. 12 GG, Rn. 20a.

794 Vgl. aus der jüngeren Rechtsprechung BVerfG, NJW 1993, 1575, Höchstaltersgrenze für Notare.

795 BverfG, NJW 2006, 1261 ff = Life & Law 2006, Heft 6: Staatliches Lotto-Monopol.

796 Vgl. BVerfGE 13, 181 (185 f.); 38, 61 (79); 52, 42 (54).

797 BVerfG, DVBl. 2004, 705 = NVwZ 2004, 846 = Life & Law 2004, 696: Berufsregelnde Tendenz bei der sog. Öko-Steuer verneint.

hemmer-Methode: Die Terminologie der berufsregelnden Tendenz, insbesondere der mittelbaren Auswirkung von einigem Gewicht ist relativ vage, verlassen Sie sich dabei auf Ihr geschultes Judiz. Z.B. kann es keine Frage von Art. 12 GG sein, ob durch ein Tempolimit auf Autobahnen ein Kosmetikvertreter sein Einzugsgebiet verkleinern muss. Meist wird eine berufsregelnde Tendenz dann zu bejahen sein, wenn Sie beim Lesen ohne zu zögern an Art. 12 GG denken. Sie können als Anknüpfungspunkt in solchen Fällen auch fragen, ob bei entferntem thematischen Einschlag überhaupt der funktionale Schutzbereich eröffnet ist, vgl. o. Rn. 103. In neueren Urteilen verzichtet das BVerfG teilweise auf die Begrifflichkeit „berufsregelnde Tendenz" und zieht die allgemeinen Kriterien für einen Eingriff heran.[798]

C) Schranken (und Schranken-Schranken)

Dreistufentheorie des BVerfG

Während nach dem Wortlaut des Art. 12 I S. 2 GG eine Regelungsbefugnis nur für die Berufsausübung besteht, wendet das BVerfG seit dem insoweit grundlegenden Apotheken-Urteil[799] der Deutung als einheitlichem Grundrecht entsprechend den Gesetzesvorbehalt für das Grundrecht der Berufsfreiheit im Ganzen, also auch für die Berufswahl an. Um dem Verfassungstext, v.a. aber der unterschiedlichen Bedeutung für den Betroffenen gerechter zu werden, hat es aber die Voraussetzungen für einen solchen Eingriff je nach Art der Regelung unterschiedlich gestaltet. Dies kommt in der sog. **Drei-Stufen-Theorie** zum Ausdruck, die eine besondere Ausprägung des Verhältnismäßigkeitsgrundsatzes darstellt und deshalb in der Klausur systematisch unter den Schranken-Schranken zu prüfen ist:

270

Dreistufentheorie zu Art. 12 GG

Danach ist in der oben schon dargestellten Weise zu unterscheiden zwischen Ausübungsregeln, subjektiven und objektiven Zulassungsbeschränkungen. Die Dreistufentheorie besagt dann v.a. zweierlei:

Subsidiarität

I. Zum Ersten besteht ein Subsidiaritätsverhältnis, so dass eine Zulassungsbeschränkung erst dann angewandt wird, wenn eine Ausübungsregel das gesetzgeberische Ziel nicht mehr erreichen kann, dabei wieder eine objektive erst, wenn eine subjektive nicht ausreicht.

271

abgestufte Anforderungen

II. Zum Zweiten sind für die Rechtfertigung der Eingriffe abgestufte Voraussetzungen erforderlich und zwar:[800]

1. Für Ausübungsregeln müssen nur vernünftige Erwägungen des Allgemeinwohls diese zweckmäßig erscheinen lassen, wobei der Gesetzgeber einen relativ weiten Gestaltungsspielraum hat.

272

2. Subjektive Zulassungsregeln müssen dem Schutz wichtiger Gemeinschaftsgüter dienen.

273

3. Objektive Zulassungsschranken sind nur durch den Schutz überragend wichtiger Gemeinschaftsgüter gegen nachweisbare oder höchstwahrscheinlich schwere Gefahren gerechtfertigt.

274

---

798   Vgl. bspw. BverfG, NJW 2006, 1261 ff = Life & Law 2006, Heft 6.

799   BVerfGE 7, 377 ff., insb. 401 ff. = Hemmer/Wüst/Triebel, Classics Ö-Recht, Fall 18 - Apothekenurteil.

800   Vgl. dazu Pieroth/Schlink, Rn. 948.

hemmer-Methode: Dabei besteht bei der Bestimmung der Wertigkeit freilich eine gewisse Beliebigkeit, so hat das BVerfG z.B. als überragend wichtig betrachtet die sehr heterogenen Gemeinschaftsgüter der Volksgesundheit, der Steuerrechtspflege, der Leistungsfähigkeit des öffentlichen Verkehrs und die Wirtschaftlichkeit der Deutschen Bundesbahn. In der Klausursituation ist die Bewertung relativ schwierig: man sollte wohl nicht zu „dick auftragen", andererseits sind zumindest subjektive Zulassungsschranken wohl i.d.R. gerechtfertigt, wenn sich das geschützte Gemeinschaftsgut grundrechtlich verorten lässt.

Aufbauhinweis

Aufbaumäßig bedeutet dies für die Verhältnismäßigkeitsprüfung, dass ein legitimer Zweck und die Geeignetheit wie gewohnt zu prüfen sind und die Erforderlichkeit und Angemessenheit durch die oben genannte Subsidiarität und die speziellen Anforderungen für die Stufen zu ersetzen sind.

275

flexible Gestaltung der Dreistufen-theorie

Da allerdings die Dreistufentheorie insoweit nur eine spezielle Ausformung des Verhältnismäßigkeitsgrundsatzes ist, ist sie nicht starrformal anzuwenden, sondern an diesem orientiert flexibel zu gestalten. Dies hat zur Folge, dass zum einen auch innerhalb einer Stufe Verhältnismäßigkeitserwägungen eine Rolle spielen können, insbesondere i.R.d. Ausübungsregeln die Erforderlichkeit dieser speziellen Regelung noch einmal zu prüfen sein kann.[801] Zum anderen sind die drei Stufen nur ein (wenngleich starkes) Indiz für die Eingriffsintensität. Gerade wegen der z.T. schwierigen Abgrenzung zwischen Ausübungs- und Berufswahlregelungen können aber auch Maßnahmen, die als erstere qualifiziert werden, für den Betroffenen ähnlich belastend sein, wie zweitere:

276

> **Bsp.:** *An die Zulassung als Kassenarzt werden bestimmte Voraussetzungen geknüpft. Soweit man den „Kassenarzt" nicht als eigenen Beruf, sondern als Modalität des umfassenderen Berufs „Arzt" betrachtet, liegt hierin eine bloße Ausübungsregel. Allerdings wird ein selbständiger Arzt ohne Kassenzulassung gerade als Berufsanfänger i.d.R. nicht wirtschaftlich überleben können, so dass ihn diese Maßnahme faktisch genauso hart trifft, wie eine Zulassungsregel.[802]*

In solchen Fällen ist für die rechtfertigenden Gründe eher auf die tatsächliche Intensität der Maßnahme abzustellen, so dass ähnliche Anforderungen zu stellen sind wie bei einer (im Beispiel subjektiven) Berufswahlbeschränkung.

hemmer-Methode: Behalten Sie immer die Wertungen und das Verhältnismäßigkeitsprinzip im Auge, gehen Sie aber zuerst systematisch nach der Drei-Stufen-Theorie vor und „glänzen" Sie dann mit der begründeten Entwicklung einer Ausnahme. Das BVerfG selbst nimmt seine Drei-Stufen-Theorie nicht als feststehendes Dogma, sondern variiert diese je nach Bedarf bzw. erwähnt diese in neueren Entscheidungen zum Teil nicht einmal, sondern prüft ohne Weiteres den Grundsatz der Verhältnismäßigkeit.[803]

Art. 12a GG

Darüber hinaus enthält Art. 12a GG Einschränkungsmöglichkeiten (und deren Grenzen), die thematisch dem Bereich der Berufsfreiheit zuzuordnen sind.

277

---

801 Vgl. Friauf, JA 1984, 537 (543) m.w.N. auch aus der Rechtsprechung; vgl. auch BVerfGE 33, 125 (161) = Hemmer/Wüst/Triebel, Classics Ö-Recht, Fall 3 - Facharztentscheidung; BVerfG, NJW 1998, 1776.

802 Vgl. dazu die Kassenarztentscheidung, BVerfGE 30, 42 f.; ähnlich z.B. E 22, 114 (123) (Entziehung der Verteidigungsbefugnis eines Rechtsanwalts).

803 BVerfG, NJW 2006, 1261 ff = Life & Law 2006, Heft 6.

D) Art. 12 II, III GG: Schutz vor Arbeitszwang und Zwangsarbeit

einheitl. GR

Die Absätze zwei und drei enthalten eigentlich ein einheitliches Grundrecht,[804] das letztlich als spezielle Ausprägung der Art. 1 I und 2 I GG zu verstehen ist und dessen explizite Nennung im Verfassungstext wohl als Reaktion auf die Vorkommnisse während des Nationalsozialismus zu verstehen ist. Beachtenswert ist, dass Art. 12 II, III GG im Gegensatz zu Absatz eins ein Recht für jedermann enthält. Arbeitszwang und Zwangsarbeit ist gemein, dass

⇨ Menschen ohne ihre Zustimmung hoheitlich herangezogen werden

⇨ zu einer bestimmten Arbeit,

⇨ wobei in der Arbeit die Hauptpflicht liegt.

Ein Unterschied besteht darin, dass bei der Arbeitspflicht der Zweck in der Erfüllung rechtlicher Pflichten des Staates liegt, dieser also entlastet wird, während die Zwangsarbeit vornehmlich punitiven Charakter hat.

Allgemein ist festzustellen, dass Art. 12 II und III GG von der Rechtsprechung sehr restriktiv interpretiert werden, so dass beide noch keine große Bedeutung erlangt haben.[805]

> **Lösungshinweise zum Einstiegsfall:** Die Bestellung zum Sachverständigen nach § 36 I S. 1 GewO steht im Ermessen der Behörde. Bei der Ermessensausübung nahmen die zuständigen Stellen meist eine doppelte Bedürfnisprüfung vor, d.h. sie prüften, ob für das betreffende Sachgebiet überhaupt ein Bedarf für öffentlich bestellte und vereidigte Sachverständige bestand (abstrakte Bedürfnisprüfung) und ob angesichts der Zahl der bereits zugelassenen Sachverständigen noch ein Bedürfnis für weitere gegeben war (konkrete Bedürfnisprüfung). Fraglich ist, ob eine solche Bedürfnisprüfung die Berufswahl- oder -ausübungsfreiheit betrifft, was davon abhängt, ob man den bestellten Sachverständigen als eigenständiges Berufsbild oder nur als Modalität des Sachverständigen allgemein betrachtet. Mehr spricht hier zwar formal für die Einordnung als Ausübungsregel, allerdings ist zu beachten, dass im Einzelfall auch eine solche von ähnlicher Intensität sein kann wie eine Zulassungsregel (vgl. o.). Wegen der großen Bedeutung einer Bestellung als Sachverständiger für den Betroffenen, sind somit nicht alle vernünftigen Gründe des Allgemeinwohls ausreichend, sondern nur solche von erheblichem Gewicht. Als solches kommt zwar das Vertrauen in kompetente und zuverlässige Sachverständige in Frage, indes ist zur Erreichung dieses Ziels eine konkrete Bedürfnisprüfung nicht erforderlich. Außerdem dürfte die Regelung in § 36 I S. 1 GewO, die eine Bedürfnisprüfung nicht nennt, zumindest für die einschneidende konkrete Prüfung zu unbestimmt sein, da keinerlei Kriterien für dieselbe genannt sind. Eine entsprechende Auslegung ist also mit Art. 12 GG nicht vereinbar.

278

---

804   Vgl. Jarass/Pieroth, Art. 12 GG, Rn. 55.

805   Vgl. näher Pieroth/Schlink, Rn. 957 ff.

§ 24 UNVERLETZLICHKEIT DER WOHNUNG, ART. 13 GG

Einstiegsfall:[806] *Der Großkotz (G) hatte einen Titel gegen den Säumig (S) wegen einer Kaufpreisforderung erwirkt. Um den Vollstreckungsauftrag durchführen zu können, lässt der Gerichtsvollzieher (GV) ohne richterliche Anordnung die Haustür des S gegen dessen Willen öffnen. S, der in relativ gesicherten Verhältnissen mit seiner Familie in einem ihm gehörigen Einfamilienhaus lebt, fühlt sich in seinem Grundrecht auf Unverletzlichkeit der Wohnung verletzt, der GV verweist auf § 758 I, II ZPO.*

A) Schutzbereich

weite Auslegung der „Wohnung"

279

Art. 13 I GG garantiert die Unverletzlichkeit der Wohnung. Da diese Vorschrift in einem engen Zusammenhang mit dem allgemeinen Persönlichkeitsrecht in seiner Funktion eines Rechts, „in Ruhe gelassen zu werden",[807] steht, ist der Begriff der Wohnung weit auszulegen und umfasst alle Räume, die der allgemeinen Zugänglichkeit durch eine räumliche Abschottung entzogen und zur Stätte privaten Lebens und Wirkens gemacht worden sind.[808] Somit umfasst der Wohnungsbegriff auch Nebenräume wie Keller und Böden, wohl auch Hotelzimmer[809] und v.a. (praxis- und klausurrelevant) auch Arbeits-, Betriebs- und Geschäftsräume.[810] Dagegen wird man - soweit kein enger räumlicher Bezug zur Wohnung i.e.S. besteht - sonstige befriedete Besitztümer mangels Schutzfunktion für die Privatsphäre nicht mehr als von Art. 13 GG geschützt zu sehen haben.[811]

"Schutz der räumlichen Privatsphäre"

Allerdings ist nach dem Schutzzweck „Schutz der räumlichen Privatsphäre"[812] eine Abstufung der Schutzintensität je nach dem Grad privater Abgeschirmtheit vorzunehmen, so dass z.B. zum Publikumsverkehr bestimmte Geschäftsräume während ihrer Öffnungszeiten wohl ganz aus Art. 13 GG herausfallen.

auch jur. Personen geschützt

Obwohl Art. 13 GG v.a. auch dem Persönlichkeitsschutz dient, sind Grundrechtsträger dieses Jedermann-Grundrechts bei den Geschäftsräumen auch juristische Personen oder Handelsgesellschaften.[813]

B) Eingriffe

Eingriff: Eindringen durch die öffentliche Gewalt

280

Eingriffe in die Unverletzlichkeit der Wohnung liegen in jedem Eindringen in den geschützten Bereich durch die öffentliche Gewalt. Dies kann sowohl körperlich geschehen (v.a. in Form der Durchsuchung, vgl. Art. 13 II GG, dazu sogleich unten), aber auch durch das Einbringen von Mikrophonen und u.U. sogar von außen durch Infrarotkameras oder Richtmikrophone.

Dabei ist eine Abgrenzung zu Art. 10 GG[814] vorzunehmen. Art. 10 GG ist einschlägig, wenn mittels technischer Mittel auf die Leitungen zugegriffen wird, während Art. 13 GG greift, wenn das Telefongespräch im Rahmen einer Wohnraumüberwachung bspw. über die Lautsprechanlage des Telefons mitgehört wird.

---

806   Vgl. BVerfGE 51, 97 ff.

807   BVerfGE 27,1 (6).

808   Vgl. Jarass/Pieroth, Art. 13 GG, Rn. 2.

809   Vgl. BGHZ 31, 285 (289).

810   Vgl. BVerfGE 32, 54 (68 ff.); 44, 353 (371); 83, 88.

811   Vgl. Pieroth/Schlink, Rn. 967, str. Für die Gegenmeinung könnte u.U. die Wertung des § 123 StGB herangezogen werden, wobei eine Verfassungsinterpretation durch einfaches Gesetzesrecht methodisch immer fragwürdig ist.

812   Vgl. BVerfGE 32, 54 (71 f.); 65, 1 (40).

813   Vgl. BVerfGE 42, 212 (219).

814   Pieroth/Schlink, Rn. 844.

Auch Abgrenzungsschwierigkeiten zu Art. 14 GG können sich ergeben: Dabei gilt Art. 14 GG vorrangig für echte Eingriffe in die Substanz sowie Beeinträchtigungen durch Immissionen, während z.B. Zwangsbelegungen auch die „räumliche Privatsphäre" betreffen dürften.

C) Schranken

Schranken:

Art. 13 II und VII GG enthalten zwei unterschiedliche Einschränkungsmöglichkeiten, wobei Absatz zwei sich auf den speziellen Eingriff der Durchsuchung bezieht.

Die Absätze drei bis fünf regeln den sog. „großen Lauschangriff". Abs. sechs regelt die Kontrolle der getroffenen Maßnahmen durch das Parlament.[815]

I. Art. 13 II GG

- Art. 13 II GG für „Durchsuchungen"
(= „zielgerichtetes Suchen")

281

Art. 13 II GG verlangt für Durchsuchungen eine gesetzliche Grundlage, für die von der h.L. auch die Einhaltung des Zitiergebots und des Bestimmtheitserfordernisses verlangt wird, so dass danach polizeirechtliche Generalklauseln nicht ausreichen würden.[816] V.a. aber muss die Durchsuchung grds. durch den Richter, nur bei Gefahr im Verzug durch ein anderes im Gesetz genanntes Organ angeordnet werden. An die Anordnung sind nach Sinn und Zweck des Anordnungsgebotes i.V.m. dem Rechtsstaatsprinzip gewisse inhaltliche Anforderungen zu stellen, die die Durchsuchung u.U. begrenzen können, so z.B. hinsichtlich des Tatverdachts und Beweismitteln, denen die Durchsuchung gilt. Keinesfalls genügt in der Anordnung die bloße Wiedergabe des einschlägigen Gesetzeswortlauts.[817]

hemmer-Methode: Lesen Sie die einschlägigen Vorschriften in der StPO, um die Umsetzung dieses Regelungsmechanismus durch den Gesetzgeber einmal gesehen zu haben. Umgekehrt gilt: sollte es in sicherheitsrechtlichen oder strafprozessualen Klausuren um die Durchsuchung der Wohnung gehen, macht es einen guten Eindruck, wenn Sie zur Auslegung der einschlägigen Vorschriften Art. 13 GG und dessen Schutzzweck heranziehen.

Dabei ist als Durchsuchung das „ziel- und zweckgerichtete Suchen staatlicher Organe nach Personen oder Sachen oder zur Ermittlung eines Sachverhalts, um etwas aufzuspüren, was der Inhaber der Wohnung von sich aus nicht offen legen oder herausgeben will".[818]

Gefahr im Verzug ist nur gegeben, „wenn die vorherige Einholung der richterlichen Anordnung den Erfolg der Durchsuchung gefährden würde".[819]

hemmer-Methode: Dabei gilt - gerade bei einem weniger oft geprüften Grundrecht wie Art. 13 GG - wieder: es kommt nicht so sehr darauf an, in der Klausur solche Definitionen auswendig zu wissen, vielmehr müssen Sie in der Lage sein, eine eigene Umschreibung mit den wichtigsten Strukturelementen zu geben.

815 Vgl. zur Neufassung Ruthig, JuS 1998, 506 ff.; MVVerfG, JuS 2000, 1113 ff.

816 Vgl. Pieroth/Schlink, Rn. 978; Jarass/Pieroth, Art. 13 GG, Rn. 7; Dagtoglou, JuS 1975, 752 (758); a.A. aber das BVerwGE 47, 31, 38 f.

817 Vgl. auch BGH, NJW 2007, 930, bspr. von Kutscha, NJW 2007, 1169: Heimliche Onlinedurchsuchung.

818 BVerfGE 51, 97 (107).

819 BVerfGE 51, 97 (111); der Begriff „Gefahr im Verzug" muss dabei restriktiv ausgelegt werden, vgl. BVerfG, NJW 2001, 1121.

Der Richter darf eine Durchsuchung nur anordnen, wenn er sich aufgrund eigenverantwortlicher Prüfung der Ermittlungen überzeugt hat, dass die Maßnahme verhältnismäßig ist. Seine Anordnung hat die Grundlage der konkreten Maßnahme zu schaffen und muss Rahmen, Grenzen und Ziele der Durchsuchung definieren. Vor allem in Klausuren ist dies dann von Bedeutung, wenn Ihnen der Wortlaut des richterlichen Durchsuchungsbefehls im Sachverhalt mitgeteilt wird.

Der Richter muss, wenn der Stand des Verfahrens dies zulässt, sowohl das konkrete Delikt angeben, als auch die Beweismittel, die mit der Durchsuchung aufgefunden werden sollen. Das Merkmal „durch den Richter" ist damit nicht bloß eine Zuständigkeitsregel sondern eine inhaltliche Anforderung, die garantieren soll, dass zwischen dem Eingriffszweck der Strafverfolgung und der Freiheitsgarantie der Unverletzlichkeit der Wohnung eine Abwägung im Einzelfall wirklich stattfindet. Das BVerfG hat daraus auch Folgerungen für den Geltungszeitraum des richterlichen Durchsuchungsbefehls gezogen. Der Zweck des Richtervorbehalts hat Auswirkungen auch auf den Zeitraum, innerhalb dessen die richterliche Durchsuchungsanordnung noch vollzogen werden darf. „Spätestens nach Ablauf eines halben Jahres verliert ein Durchsuchungsbeschluss seine rechtfertigende Kraft."[820]

II. Art. 13 III – VI GG

Art. 13 III – VI GG: Großer Lauschangriff

Art. 13 III GG stellt die Grundlage für den sog. großen Lauschangriff da. Die Regelung, die 1998 nach heftigen Diskussionen zur Bekämpfung vor allem der organisierten Kriminalität eingeführt wurde, wurde vom BVerfG (gerade noch) für verfassungskonform befunden.

Prüfungsmaßstab war allein Art. 79 III, 1 I GG, nicht aber Art. 13 I GG selbst. Deshalb musste das BVerfG sorgfältig den Menschenwürdegehalt des Art. 13 I GG herausarbeiten. Zumindest soweit Art. 13 I GG die Intimsphäre schützt – also bspw. vertrauliche Gespräche mit engen Verwandten – bejaht das BVerfG diesen Menschenwürdegehalt. Da ein Eingriff in Art. 1 I GG nicht gerechtfertigt werden kann[821], muss Art. 13 III GG verfassungskonform derart ausgelegt werden, dass ein Abhören der Intimsphäre von ihm nicht gedeckt ist.[822]

Nicht mehr verfassungsgemäß waren nach Ansicht des BVerfG allerdings §§ 100c ff. StPO, die auf Grundlage des Art. 13 III GG erlassen wurden. Zum einen bemängelt das BVerfG, dass gerade ein Abhören der Intimsphäre erlaubt wird, was einen Verstoß gegen Art. 13 I, 1 I GG darstellt. Daneben erkennt das BVerfG u.a. einen Verstoß gegen die Verhältnismäßigkeit.[823]

hemmer-Methode: Die Neufassung der §§ 100c ff. StPO wird gerade diskutiert, wobei die Vorgaben des BVerfG für erhebliche Schwierigkeiten sorgen. In einer Klausur müssen Sie darauf achten, dass Sie Art. 13 III GG nur am Maßstab des Art. 79 III GG messen dürfen, während §§ 100c ff. StPO anhand der ganzen Verfassung überprüft werden dürfen.

---

820 BVerfG, NJW 1997, 2165.

821 Vgl. oben Rn. 154.

822 BVerfG, NJW 2004, 999.

823 BVerfG, NJW 2004, 999.

III. Art. 13 VII GG

Art. 13 VII GG für andere Fälle

Art. 13 VII GG enthält Schranken für andere Fälle als die Durchsuchungen. Es soll hier nicht auf die einzelnen Begriffe eingegangen werden, für die Klausur genügt es, ggf. die Vorschrift durchzumustern und mit Hilfe z.B. des aus dem Sicherheitsrecht bekannten Gefahrbegriffs zu subsumieren. Wichtig erscheint allein, dass der Aufbau des Art. 13 VII GG verstanden ist: in der ersten Alternative erlaubt er bei Vorliegen der entsprechenden Gefahren einen Eingriff ohne spezielle gesetzliche Grundlage, in der zweiten einen aufgrund eines Gesetzes zum Schutz der öffentlichen Sicherheit und Ordnung, wobei die nähere Auflistung nur Beispielscharakter hat. Beachten Sie insbesondere: Es gibt keine Möglichkeit, das Recht zum Betreten einer Wohnung durch eine gemeindliche Satzung zu begründen.[824]

282

IV. Ungeschriebene Grenzen

ungeschriebene Grenzen

Durch die Ausdehnung des Art. 13 GG über seinen Wortlaut hinaus auf Betriebsräume deckt die Schrankensystematik einige gesetzliche Vorschriften nicht, deren Zulässigkeit im Grundsatz unbestritten sind, insbesondere Betretungs- und Überprüfungsrechte im Bereich der Arbeits-, Gesundheits- und Wirtschaftsverwaltungsaufsicht. Die Rechtsprechung lässt solche Eingriffe in den Schutzbereich als Einschränkungen kraft Natur der Sache zu, solange eine gesetzliche Befugnisnorm im Interesse der Allgemeinheit besteht, die dem Bestimmtheits- und dem Verhältnismäßigkeitsprinzip entspricht.[825]

283

Art. 17a II GG

Darüber hinaus kann auch das Grundrecht aus Art. 13 GG zu Zwecken der Verteidigung bzw. des Zivilschutzes eingeschränkt werden, Art. 17a II GG.

284

> Lösungshinweise zum Einstiegsfall: Obwohl die Vollstreckung im Interesse des G erfolgte, liegt im Tätigwerden des GV die Ausübung hoheitlicher Gewalt. Im Eindringen und dem Durchsuchen der Wohnung könnte eine Verletzung von Art. 13 I GG liegen. Zwar stützt sich der GV auf eine gesetzliche Grundlage, und Art. 13 II GG enthält auch einen Gesetzesvorbehalt für Durchsuchungen. Allerdings schreibt Art. 13 II GG für den Regelfall eine richterliche Anordnung vor, so dass dies in verfassungskonformer Ausformung auch für § 758 ZPO gilt. Ohne richterliche Anordnung kann der GV somit nur vorgehen, wenn Gefahr im Verzug besteht, wofür nach dem hier mitgeteilten Sachverhalt nichts spricht.

---

824   BVerfG, NVwZ, 1998, 540; ausführliche Darstellung dieser Entscheidung auch in Life & Law 1998, 409 ff.
825   Vgl. BVerfGE 32, 54 (75 ff.); krit. z.T. die Lit., vgl. Pieroth/Schlink, Rn. 983; Sachs, NVwZ 1987, 560 f.

§ 25 SCHUTZ DES EIGENTUMS, ART. 14 GG

Einstiegsfall: Angesichts der zunehmenden Furcht in der Bevölkerung vor Verletzungen durch sog. Kampfhunde erlässt der Bundestag ein Kampfhundegesetz (KaHuG), in dem bestimmt ist, dass alle Hunde der (im Gesetz näher bezeichneten) als Kampfhunde einzustufenden Arten zur Einschläferung abgeliefert und ihre weitere Zucht untersagt wird. Hundezüchter H fühlt sich in seinen Grundrechten, insbesondere auch in seinem Eigentumsrecht verletzt.

Art. 14 GG gilt zu Unrecht als besonders schwieriges Grundrecht. Seit der „Nassauskiesungsentscheidung"[826] hat das BVerfG bei Art. 14 GG eine Struktur herausgearbeitet, die mit der anderer Grundrechte weitgehend übereinstimmt.

A) Schutzbereich

I. Personaler Schutzbereich

nach BVerfG kein Schutz für Gebietskörperschaften des öffentl. Rechts

Art. 14 GG enthält keine Einschränkungen hinsichtlich des geschützten Personenkreises, ist also ein Jedermanns-Grundrecht. Deutsche juristische Personen des Privatrechts genießen über Art. 19 III GG ebenfalls Schutz. Dagegen sollen nach der Rechtsprechung des BVerfG Gebietskörperschaften des öffentlichen Rechts (z.B. Gemeinden) nicht erfasst sein, da Art. 14 GG „nicht das Privateigentum, sondern das Eigentum Privater" schütze.[827]

285

II. Sachlicher Schutzbereich

einerseits stark normgeprägter Schutzbereich, andererseits keine unbegrenzte Definitionsmacht

Bei der Bestimmung des Schutzbereiches des Eigentums ist zu beachten, dass Art. 14 GG in ganz besonderem Maße „normgeprägt" ist; d.h. erst der Gesetzgeber legt verbindlich fest, was Eigentumsschutz genießt, wie es auch in Art. 14 I S. 2 GG zum Ausdruck kommt. Andererseits besteht angesichts des Vorrangs des GG vor den einfachgesetzlichen Regeln diese legislatorische Definitionsbefugnis nicht unbegrenzt. Es wäre nämlich das Eigentumsrecht „nicht wirksam gewährleistet, wenn der Gesetzgeber an die Stelle des Privateigentums etwas setzen könnte, was den Namen „Eigentum" nicht mehr verdient."[828]

286

hemmer-Methode: Letztlich stellt sich hier also das Problem, das Sie schon von anderen normgeprägten Grundrechten (z.B. Art. 6 I GG) kennen, dass nämlich zum einen eine Ausgestaltung durch den Gesetzgeber notwendig und auch zulässig ist, dass aber zum anderen aus der verfassungsrechtlichen Garantie Grenzen der Ausgestaltungsbefugnis erwachsen. Dass besonders bei Art. 14 GG so viel über diese Fragen diskutiert wird, hat neben den historischen (vgl. unten zur früheren Rechtslage) wohl v.a. auch wirtschaftliche Gründe. Die ausdrückliche Erwähnung der Definitionsbefugnis in Art. 14 I S. 2 GG dürfte im Übrigen auf einen recht weiten Spielraum des Gesetzgebers schließen lassen.

positive Abgrenzung

1. Inhaltlich erfasst Art. 14 GG einen weiteren Bereich als das Eigentum i.S.d. § 903 BGB.

287

---

826 BVerfGE 58, 300 = Hemmer/Wüst/Triebel, Classics Ö-Recht, Fall 80 - Nassauskiesung.

827 BVerfGE 61, 82 (108 f.); anders für den Eigentumsschutz durch die BV der BayVerfGH, so aus jüngerer Zeit wieder in BayVerfGH, BayVBl. 2001, 339.

828 BVerfGE 24, 367 (389).

Geschützt sind v.a.

⇨ das Sacheigentum (an Fahrnis und Grundstücken)

⇨ private vermögenswerte Forderungen

⇨ öffentlich-rechtliche Positionen, soweit sie Äquivalent eigener Leistung sind, also z.B. Renten oder Anwartschaften der Sozialversicherungen.[829] Allerdings hat das BVerfG[830] festgestellt, dass Ansprüche von Versicherten in der gesetzlichen Rentenversicherung auf Versorgung ihrer Hinterbliebenen nicht dem Eigentumsschutz des Art. 14 I GG unterliegen. Eine Anrechnung von Erwerbs- und Erwerbsersatzeinkommen auf die Hinterbliebenenrente sei verfassungsrechtlich nicht zu beanstanden.[831] Der Hauptzweck dieses Merkmals liegt darin, Subventionen nicht in den Schutzbereich des Eigentums mit einzubeziehen, damit die staatliche Wirtschaftspolitik nicht ihre Beweglichkeit verliert.

Auch weitere private Rechtspositionen, wie z.B. das Recht am Warenzeichen,[832] Fischereirechte und nach der Rechtsprechung des BVerfG[833] auch das Besitzrecht des Mieters fallen in den Schutzbereich des Art. 14 GG.[834] Dies soll nach dem BVerfG schon daraus folgen, dass das Besitzrecht des Mieters gegenüber dem Vermieter ebenso wie gegenüber Dritten umfassend durch das Privatrecht geschützt wird. Das Besitzrecht des Mieters, und damit auch der Schutz aus Art. 14 GG, endet allerdings mit der wirksamen Kündigung durch den Vermieter, kann darüber hinaus aber bei der Beurteilung des Interesses des Mieters am Fortbestand des Mietvertrags Bedeutung erlangen.

hemmer-Methode: Sollte es in der Klausur um einen Ihnen unbekannten Grenzfall gehen, überlegen Sie anhand der genannten Beispiele, ob eine vergleichbare Rechtsposition in Rede steht. Dabei kann als Abgrenzungskriterium zum einen auf die Privatnützigkeit der Rechtsposition, zum anderen auf die Verfügungsbefugnis über diese Position sowie auf eine vergleichbare Schutzwürdig- und -bedürftigkeit abgestellt werden. Die Entscheidung zum Besitzrecht des Mieters sollten Sie kennen und evtl. auch als Beispiel für die Argumentationsstruktur einmal gelesen haben. Übertragen Sie diese Entscheidung aber nicht ins Baurecht. Hier bleibt es dabei, dass nur der Eigentümer der Nachbargrundstücke im Rahmen der Anfechtungsklage klagebefugt ist.[835]

Recht am Gewerbebetrieb

Häufig problematisch ist die Frage nach dem Schutz des Rechts am eingerichteten und ausgeübten Gewerbebetrieb (ReAG): es ist vom BGH als von § 823 I BGB geschützt anerkannt und wird auch vom BVerwG und der wohl h.L. dem Schutzbereich des Art. 14 GG zugeordnet.[836] Das BVerfGE dagegen hat die Einbeziehung in den Schutzbereich des Art. 14 GG offen gelassen[837] und betont jedenfalls, dass der Schutz des ReAG nicht weitergehen kann als der Schutz, den auch seine rechtliche Grundlage genießt,[838] somit fallen rein tatsächliche Gegebenheiten (bestehende Geschäftsverbindungen, Lagevorteile durch besonders günstige Straßenverbindungen) nicht in den Schutzbereich.

829 Vgl. BVerfGE 70, 278 (285).

830 BVerfG, NJW 1998, 3109 ff.

831 Vgl. zur Problematik auch Schuler-Harms, NJW 1998, 3095 ff. Zur Anrechnung von Renten auf den Sozialhilfeanspruch vgl. BVerfG, NJW 1998, 2431.

832 Gleiches gilt für Internet-Domaines, vgl. NJW 2005, 589 f.; Life & Law 2005, 249 ff.

833 Vgl. NJW 93, 2035 = BVerfGE 89, 1 (5 f.) = Hemmer/Wüst/Triebel, Classics Ö-Recht, Fall 20.

834 Vgl. die kurze Zusammenstellung bei Jarass/Pieroth, Art. 14 GG, Rn. 7a m.w.Bsp.u.N.

835 BVerwG, NVwZ 1998, 956 = NJW 1998, 3582.

836 Vgl. die Nachweise bei Pieroth/Schlink, Rn. 1001 und Jarass/Pieroth, Art. 14 GG, Rn. 8.

837 Vgl. BVerfGE 66, 116 (145); 68, 193 (222 f.); 74, 129 (148) (eher skeptisch); zuletzt NJW 2005, 589 f.; Life & Law 2005, 249 ff.

838 Vgl. BVerfGE 58, 300 (353) = Hemmer/Wüst/Triebel, Classics Ö-Recht, Fall 80 - Nassauskiesung.

Somit wird man (wie das BVerfGE!) die Frage im Ergebnis oft deshalb offen lassen können, weil der Schutz gegenüber dem des Eigentums an z.B. Produktionsmitteln und -stätte nicht hinausgeht.

negative Abgrenzung

2. Nicht geschützt (und damit taugliche Elemente einer Negativabgrenzung) sind

288

⇨ das Vermögen als solches:[839] daher wird Art. 14 GG grds. durch die Auferlegung öffentlich-rechtlicher Geldleistungspflichten nicht beeinträchtigt, soweit diese keinen erdrosselnden oder konfiskatorischen Charakter haben,[840]

⇨ makelbehaftete, d.h. v.a. rechtswidrig erlangte Vermögenspositionen,

⇨ bloße Aussichten, Erwartungen, Gewinnchancen[841].

hemmer-Methode: Bei der Frage nach bloßen Gewinnaussichten liegt z.B. im Wirtschaftsverwaltungsrecht die Abgrenzung zu Art. 12 GG; dabei gilt als Faustformel: Art. 14 GG schützt den Bestand, Art. 12 GG den Erwerb. Diese Unterscheidung ist auch im Auge zu behalten, soweit es um das ReaG geht: keinesfalls umfasst dieses zukünftige Gewinnchancen.

Wandelbarkeit des Eigentumsbegriffs durch gesetzgeberisches Wirken

3. Entsprechend der oben genannten Definitionsmacht werden als Eigentum all die Befugnisse geschützt, die einem Eigentümer zum Zeitpunkt der gesetzgeberischen Maßnahme konkret zustehen.[842] Soweit also eigentumsrechtliche Befugnisse beschnitten werden, die vorher gesetzlich gewährleistet wurden, ist zu diesem Zeitpunkt der Schutzbereich des Art. 14 GG betroffen und wird zugleich für die Zukunft auf das neue Maß reduziert.

289

B) Eingriffe

I. Problematik bei Art. 14 GG

diff.: Inhaltsbestimmung u. Enteignung

Bei der Frage, ob bzw. welcher Eingriff in den Schutzbereich vorliegt, ergeben sich bei Art. 14 GG einige Probleme, da es sich zum einen um ein Grundrecht mit einem stark normgeprägten Schutzbereich handelt (vgl. o.) und zum anderen der Verfassungstext selbst zwei grds. mögliche „Eingriffsformen" nennt, nämlich „Inhalts- und Schrankenbestimmungen" (Art. 14 I S. 2 GG)[843] und „Enteignungen" (Art. 14 III GG). Noch schwerer überschaubar wurde dieses System durch die früher h.M. dadurch, dass Eigentumsschutz letztlich nur durch den Enteignungsbegriff gewährleistet wurde, wobei der Unterschied zwischen Inhalts- und Schrankenregelung und Enteignung ein rein quantitativer sein sollte.

290

BGH früher: quantitative Grenze

Somit sollte eine Enteignung dann vorliegen, wenn eine Inhaltsbestimmung ein bestimmtes Maß an Intensität überschritt. Dabei wurde z.T. auf das Kriterium der Schwere, z.T. auf das des Sonderopfers[844] abgestellt.

---

839 H.M., vgl. bereits BVerfGE 4, 7 (17); 81, 108 (122); M/D-Papier, Art. 14 GG, Rn. 42; Jarass/Pieroth, Art. 14 GG, Rn. 12; a.A. wohl BoK-Kimminich, Art. 14 GG, Rn. 62.

840 Krit. zur Begründung dieser h.M., aber im Ergebnis weitgehend übereinstimmend Jarass/Pieroth, Art. 14 GG, Rn. 12.

841 Vgl. BVerfGE 28, 119 (142); 68, 193 (222); 74, 129 (148).

842 BVerfGE 70, 191 (201).

843 Eine weitere terminologische Unterscheidung zwischen Inhaltsbestimmungen und Schrankenbestimmungen ist wenig ergiebig und für die Klausur in aller Regel ohne Bedeutung. Deshalb ist hier oft verkürzt auch nur von „Inhaltsbestimmung" die Rede.

844 Vgl. BGHZ 6, 270 (280).

Nach der Rechtsprechung des BGH wurde ferner gestützt auf Art. 14 III GG eine Entschädigung aus enteignendem bzw. enteignungsgleichem Eingriff auch dann zugesprochen, wenn zwar die Voraussetzungen des Art. 14 III GG nicht erfüllt waren, aber nach der einschlägigen Abgrenzungstheorie eine zur Enteignung umgeschlagene Inhaltsbestimmung vorlag.

BVerfG: qualitativer Unterschied

Demgegenüber gewährt das BVerfG Eigentumsschutz v.a. über Art. 14 I GG, indem es diese Vorschrift sowohl als Institutsgarantie als auch als Bestandschutz versteht. Danach sind eigentumsrelevante Maßnahmen stets an Art. 14 I GG zu messen, solange keine Enteignung vorliegt. Diese ist aber - im Unterschied zur früheren Rechtsprechung des BGH - als (qualitatives) aliud zur Inhaltsbestimmung zu betrachten. Entspricht also eine Regelung nicht Art. 14 I GG, so wird sie nicht dadurch zur Enteignung, sondern zur verfassungswidrigen Inhalts- und Schrankenbestimmung. Konsequenz für den Rechtsschutz des Bürgers ist, dass er sich gegen diese wehren kann und muss (wobei das entscheidende Gericht u.U. nach Art. 100 GG vorgehen muss) und nicht stattdessen die verfassungswidrige Inhaltsbestimmung hinnehmen und eine nicht vorgesehene Entschädigung verlangen („dulden und liquidieren") kann.

hemmer-Methode: Obwohl der bahnbrechende Nassauskiesungsbeschluss gar nicht mehr so kurz zurückliegt, wird in vielen Lehrbüchern noch die Entwicklung von der früheren Rspr. des BGH her dargestellt. Dies geschieht - wie auch hier - nicht ohne Grund, da die dogmatischen Entwicklungen gleichwohl noch im Fluss sind und auf dem Hintergrund der früher h.M. auch die Konzeption des BVerfG besser verständlich wird. In der Klausur sollte man von der Entwicklung nur soviel andeuten, wie nötig ist, um zu zeigen, dass man sie kennt. Zumindest in der öffentlich-rechtlichen Arbeit ist es im Übrigen sicher zulässig, im Aufbau von der Rspr. des BVerfG auszugehen, zumal dies die Sache für Sie auch leichter macht, da man sich grob an das allgemeine Grundrechtsschema halten kann. Die früheren Abgrenzungen können aber immer noch eine Rolle spielen, wenn es um die Verfassungsmäßigkeit einer Inhalts- und Schrankenbestimmung geht.

Geht man aber von einem rein qualitativen Unterschied zwischen Inhaltsbestimmung und Enteignung aus, stellt sich die Frage, wann die eine, wann die andere eigentumsrelevante Maßnahme anzunehmen ist:

II. Inhalts- und Schrankenbestimmung, Art. 14 I S. 2 GG

Inhaltsbestimmung: generell-abstrakt; dolus eventualis

Nach dem BVerfG[845] liegt eine Inhalts- und Schrankenbestimmung - und keine Enteignung - vor, wenn der Gesetzgeber einen Sachverhalt „generell-abstrakt" regelt, während ein enteignendes Gesetz einem „bestimmten oder bestimmbaren Personenkreis konkrete Eigentumsrechte" entzieht. Allerdings ist diese Unterscheidung nur begrenzt brauchbar, da letztlich auch eine Enteignung - wenn sie durch Gesetz erfolgt[846] - abstrakt-generell sein muss. Aussagekräftiger dürfte eine Unterscheidung nach dem Finalitätskriterium sein: danach regeln Inhalts- und Schrankenbestimmung die allgemeine Eigentumsordnung, wobei gleichsam als Nebenfolge bestehende Eigentumspositionen beeinträchtigt werden, während die Enteignung gezielt Zugriff auf konkrete Rechtspositionen (i.d.R. zur Erfüllung von Gemeinwohlzwecken) nimmt.[847]

---

845 Vgl. E 58, 300 (330 f.) = Hemmer/Wüst/Triebel, Classics Ö-Recht, Fall 80 - Nassauskiesung.

846 Zur Unterscheidung von Legal- und Administrativenteignung vgl. unten Rn. 294.

847 Vgl. als Beispiel eine Inhalts- und Schrankenbestimmung anhand eines Bepflanzungsverbots bei Grundstückflächen am Deich: BVerfG, NVwZ 1998, 725 f.

hemmer-Methode: Betrachtet man die gesetzliche Lage *nach* der verengenden Inhalts- und Schrankenbestimmung, stellt sich die gesetzliche Maßnahme gar nicht als wirklicher Eingriff in den Schutzbereich dar, weshalb bei Art. 14 GG z.T. der neutralere Begriff der „eigentumsrelevanten Maßnahme" und konsequent auch nur von einer „probeweisen Eröffnung des Schutzbereichs" gesprochen wird. Es ist aber ebenso vertretbar, die allgemeinen Begrifflichkeiten zu verwenden.

III. Enteignung, Art. 14 III GG

1. Enteignungsbegriff

Enteignung: konkret-individuell; dolus direcuts

293

Nach dem Gesagten ist der Enteignungsbegriff nicht zwingend auf den klassischen Begriff der Enteignung als Güterbeschaffung beschränkt, da Voraussetzung nicht ist, dass der Staat sich die entzogene Position „einverleibt". Eine Enteignung in einem solchen klassischen Sinne wird aber i.d.R. am leichtesten als solche zu bestimmen sein.[848] In den übrigen Fällen können sich Abgrenzungsprobleme ergeben, die mit den oben genannten Begriffspaaren (konkret-individuell/abstrakt-generell; final/nicht-final) sowie mit der Unterscheidung zwischen Entziehung und Beschränkung gelöst werden müssen: wird das Eigentum so drastisch eingeschränkt, dass es zum nudum ius wird, kommt dies faktisch seiner Entziehung gleich. Werden dagegen nur einzelne Befugnisse entzogen, die für sich genommen keine eigene rechtliche Position darstellen, liegt eine bloße Beschränkung vor.

Entscheidendes Merkmal zur Abgrenzung zwischen Enteignung und Inhalts- und Schrankenbestimmung ist die Finalität des Eingriffs.[849] So sind z.B. nutzungsbeschränkende Maßnahmen nach DSchG Inhaltsbestimmungen,[850] da das gesetzgeberische Ziel nicht primär auf Entzug konkreter Eigentumspositionen gerichtet ist, sondern im Vordergrund das Interesse der Allgemeinheit am Erhalt kulturellen Gutes steht.

Weitere Beispiele von Inhalts- und Schrankenbestimmungen:

⇨ *Nutzungsbeschränkungen in Wasserschutzgebieten gemäß § 19 II WHG sind keine Enteignung, sondern Inhaltsbestimmungen des Eigentums i.S.d. Art. 14 I S. 2 GG.[851]*

⇨ *Natur- und landschaftsschutzrechtliche Normen, die den Umfang des geschützten Eigentumsrechts i.S.v. Art. 14 I S. 2 GG festlegen, erhalten auch dann keinen enteignenden Charakter, wenn sie im Einzelfall die Eigentumsbefugnisse über das verfassungsrechtlich zulässige Maß hinaus einschränken. Eine verfassungswidrige Inhaltsbestimmung stellt nicht zugleich einen „enteignenden Eingriff" im verfassungsrechtlichen Sinne dar und kann wegen des unterschiedlichen Charakters von Inhaltsbestimmung und Enteignung auch nicht in einen solchen umgedeutet werden.[852]*

⇨ *Dies gilt auch dann, wenn der Normgeber durch eine inhaltsbestimmende Regelung bestehende Rechte oder Befugnisse abschafft oder beschränkt und eine Inhaltsbestimmung wegen der Intensität der Belastung mit dem Grundgesetz nur dann in Einklang steht, wenn sie durch die Einführung eines Ausgleichsanspruchs abgemildert wird.[853]*

---

848   Vgl. Pieroth/Schlink, Rn. 1015 f.

849   Vgl. Ossenbühl, NJW 83, 2.

850   BGH, NJW 93, 1255; vgl. auch BayObLG, NVwZ 1999, 1023; BVerfG, NJW 1999, 2877.

851   BVerwG, NVwZ 1997, 887.

852   BVerfG, NJW 1998, 367.

853   Vgl. BVerfG NVwZ 1999, 979 = BayVBl. 1999, 589 für die vergleichbare Problematik bei Bebauungsplänen.

hemmer-Methode: Zweifelsohne ist mit den hier vorgestellten Begriffspaaren noch keine völlige Klarheit geschaffen, eine griffigere Abgrenzung ist jedoch in der Literatur bisher noch nicht gelungen. In der Klausur ist somit auch Ihr Judiz gefragt, um intuitiv zu erkennen, ob eine Enteignung oder eine Inhalts- und Schrankenbestimmung vorliegt, um dieses Ergebnis unter Bezugnahme auf die gebräuchlichen Begrifflichkeiten zu begründen. Ist der Fall dagegen wirklich zweifelhaft und kommen Sie dem Ergebnis auch mit einem klausurtaktischen Schielen auf Folgeprobleme nicht näher, wird letztlich Ihre *Entscheidung* für die Bewertung auch nicht ausschlaggebend sein, wenn Sie die Unterscheidungskriterien genannt und Ihr Ergebnis argumentativ untermauert haben.

Faustregel: im Zweifel ist die Rechtsprechung eher zurückhaltend mit der Annahme einer Enteignung,[854] insbesondere wenn es nicht um Güterbeschaffung und nur um eine Teilentziehung von Rechtspositionen geht.[855] Die Rechtsprechung des BVerfG ist auf dem zurück zur Güterbeschaffungsenteignung!

2. Legal- und Administrativenteignung

diff.: Legal-/Administrativenteignung

Innerhalb der Enteignungen sind die Fälle der Legal- und der Administrativenteignung zu unterscheiden:[856] bei ersterer werden die Eigentumspositionen unmittelbar durch Gesetz, bei zweiterer aufgrund eines Gesetzes durch administrative Maßnahmen entzogen. Da bei der Legalenteignung der Rechtsschutz des Betroffenen erheblich verkürzt wird, soll sie nach dem BVerfG nur ausnahmsweise zulässig sein.[857]

294

hemmer-Methode: Die größeren Probleme bereiten in ihrer Abgrenzung voneinander die Inhaltsbestimmung durch ein Gesetz und die Legalenteignung, vgl. o. Allerdings kann auch in einem Einzelakt der Exekutive die Realisierung einer Inhalts- und Schrankenbestimmung liegen, z.B. im Ausspruch eines baurechtlichen Abbruchgebotes, in dem sicher keine Enteignung zu sehen ist.

IV. Faktische Maßnahmen

faktische Maßnahmen

Faktische Maßnahmen stellen keine Inhaltsbestimmung oder Enteignung dar. Bei ihnen ist daher ein späterer Ausgleich möglich, was über die Grundsätze von enteignendem und enteignungsgleichem Eingriff erfolgt.[858] Dabei liegt ein Eingriff in den Schutzbereich stets vor, wenn in die Substanz eingegriffen wird, nur ausnahmsweise bei (erheblicher) faktischer Behinderung der Nutzungs-, Verfügungs- oder Verwertungsbefugnis.

295

C) Schranken

unterschiedliche Schranken

Während für die Feststellung, ob ein Eingriff bzw. eine beeinträchtigende eigentumsrelevante Maßnahme die Frage nach Enteignung oder Inhalts- und Schrankenbestimmung i.d.R. nicht zu Unterscheiden führt, ist sie für die Rechtfertigung der Maßnahme von entscheidender Bedeutung, da jeweils unterschiedliche Schranken (-Schranken) zu beachten sind.

296

---

854   Vgl. die Nachweise bei Jarass/Pieroth, Art. 14 GG, Rn. 56.

855   BVerfG BayBl. 2002, 112.

856   Vgl. Jarass/Pieroth, Art. 14 GG, Rn. 57 f.; Pieroth/Schlink, Rn. 1015.

857   Vgl. BVerfGE 24, 367 (402 f.); 45, 297 (324 ff.).

858   Vgl. dazu unten Rn. 304.

hemmer-Methode: Insofern könnten Sie in der Klausur im Prüfungspunkt „Eingriff" die Frage auch noch offen lassen. Da es sich aber letztlich um zwei verschiedene *Eingriffs*arten handelt, kann man sich auch schon hier entscheiden und bei den Schranken (-Schranken) dann nur noch die Konsequenz aus dieser Einordnung ziehen.

I. Voraussetzungen einer Inhalts- und Schrankenbestimmung

- Inhaltsbestimmung: Ausgleich zwischen Eigentumsgarantie und Sozialbindung

Die Zulässigkeit einer Regelung von Inhalt und Schranken des Eigentums ergibt sich unmittelbar aus Art. 14 I S. 2 GG.

-

297

Dabei sind die „Gesetze" nach h.M. im materiellen Sinne zu verstehen,[859] Inhalts- und Schrankenbestimmungen können also auch durch Satzungen oder Verordnungen vorgenommen werden. Allerdings ist die Definitionsmacht des Gesetzgebers nicht unbegrenzt, vielmehr ist als Wertentscheidung die Institutsgarantie des Eigentums, also die Gewährleistung von Existenz und Funktionsfähigkeit des Privateigentums, zu beachten. Es besteht eine Wechselwirkung zwischen der Eigentumsgarantie und der Schranke, die Eigentumsgarantie wirkt also als Schranken-Schranke bei jeder Eigentumsregelung.[860]

Bei der Ausgestaltung sind somit als zwei gegenläufige Prinzipien die grundsätzliche Eigentumsgarantie und die Sozialbindung des Art. 14 II GG in Ausgleich zu bringen. Dabei ist die Sozialbindung ihrerseits auch wieder eine Einschränkung für den Gesetzgeber, da er sich an ihr orientieren muss, Beeinträchtigungen des Eigentums also nur zum Wohl der Allgemeinheit zulässig sind.

abwägungsrelevante Punkte

I.R.d. Schranken-Schranken bzw. Verhältnismäßigkeitsdiskussion sind folgende Punkte besonders in die Abwägung einzustellen:[861]

298

⇨ das Vorhandensein von Härteklauseln und Übergangsregeln

⇨ die Eigenart des vermögenswerten Guts: so ist z.B. die Sozialbindung von Grundeigentum u.U. besonders stark, weil es als unvermehrbares Gut von besonderer Bedeutung für die Allgemeinheit ist. Bei Grundstücken kann auch der Gesichtspunkt der sog. Situationsgebundenheit eine Rolle spielen

⇨ die Bedeutung des vermögenswerten Guts für den Eigentümer, also die personale und soziale Funktion der jeweiligen Eigentumsposition für den Betroffenen.

⇨ die Möglichkeit einer finanziellen Entschädigung: während früher das Vorliegen einer sog. Aufopferungsenteignung angenommen wurde, wenn aufgrund der Intensität des Eingriffs zwar eine Enteignung bejaht wurde, der klassische Enteignungsbegriff aber nicht passte, wird jetzt die Frage einer finanziellen Entschädigung bei der Verhältnismäßigkeit einer Inhalts- und Schrankenbestimmung gestellt, wenn zwar qualitativ keine Enteignung vorliegt, aber gleichwohl eine hohe Eingriffsintensität besteht. Dieses Erfordernis ist letztlich die Konsequenz einer restriktiven Auslegung des Enteignungsbegriffs. Bei der Prüfung, ob eine Ausgleichspflicht besteht, kann u.a. auf die früher von der Rechtsprechung zur Abgrenzung zur Enteignung verwendeten Kriterien, also Schwere oder Vorliegen eines Sonderopfers zurückgegriffen werden.[862]

---

859   Vgl. Jarass/Pieroth, Art. 14 GG, Rn. 29 m.w.N.

860   Zur Institutsgarantie schon oben Rn. 96.

861   Vgl. auch Pieroth/Schlink, Rn. 1025 ff.

862   Eine lesenswerte Zusammenfassung der vorgeschlagenen Kriterien findet sich bei Osterloh, JuS 1991, 1058.

hemmer-Methode: Der wesentliche Unterschied zur früher vom BGH und BVerwG vertretenen Auffassung ist, dass eine Entschädigung nur durch den Gesetzgeber gewährt werden kann und nicht vom Gericht direkt aus Art. 14 III GG abgeleitet werden kann. Die Entschädigungsregelung ist eines von mehreren Instrumenten, mit denen der Gesetzgeber die Verhältnismäßigkeit herstellen kann. Allerdings muss dieses Instrument restriktiv angewendet werden. Da es anders als Ausnahme- oder Übergangsregelungen keinen Bestands-, sondern nur Vermögensschutz gewährt, darf es nur subsidiär herangezogen werden.[863] Der Anspruch aus solchen entschädigungspflichtigen Inhaltsbestimmungen ist nach § 40 II S. 2 VwGO vor den Verwaltungsgerichten geltend zu machen.

⇨ Auch allgemeine Rechtsprinzipien können hier eine Rolle spielen. Das BVerfG [864] führt zum Umfang des Eigentumsschutzes bei Planänderungen folgendes aus: Der Eigentümer der eine Veränderung der tatsächlichen, planerischen Situation seines Grundstückes selbst veranlasst, kann sich nicht gleichzeitig darauf berufen, dass diese Änderung ihm auch Nachteile bringt, die von Staats wegen auszugleichen wären (venire contra factum proprium). Art. 14 I GG fordert nicht, etwaige nachteilige Folgen der vom Eigentümer selbst angestrebten Situationsveränderung durch Umplanung oder Entschädigung auf das geringste Maß zu beschränken.[865]

hemmer-Methode: Insofern zwar z.T. „alter Wein in neuen Schläuchen", aber keinesfalls nur ein Streit um Begrifflichkeiten! Machen Sie sich noch einmal klar: während man früher mit Hilfe der Abgrenzung zu einer *zu zahlenden* Entschädigung kam, ist die Konsequenz nach der neueren Rechtsprechung, dass eine entschädigungslose Inhaltsbestimmung, bei der es einer Entschädigung bedurft hätte, verfassungswidrig ist.
Im Übrigen gilt: hier sind Sie in der Klausur an einem Punkt angelangt, an dem Sie nur noch gewinnen können. Zu welchem *Ergebnis* Sie bei der Beurteilung der Inhaltsbestimmung kommen, ist i.d.R. zweitrangig; dagegen können Sie mit einer ausgewogenen *Argumentation*, in der Sie die Sachverhaltsinformationen voll ausschöpfen, Punkte sammeln.

II. Voraussetzungen einer Enteignung

Enteignung:

Die Voraussetzungen einer Enteignung sind in Art. 14 III GG geregelt: sind sie nicht erfüllt, muss der Betroffene sie nicht hinnehmen. Sind sie erfüllt, tritt über Art. 14 III GG eine Wertgarantie an die Stelle des Bestandsschutzes aus Art. 14 I GG.

Allgemeinwohl

1. Die Enteignung ist nur zulässig zum Wohl der Allgemeinheit, was in Einzelfällen (mittelbar) auch bei Enteignungen zugunsten Privater möglich sein kann.[866] Das gilt bei der Administrativenteignung sowohl für das die Enteignung gestattende Gesetz als auch für den Vollzugsakt.

299

Junktimklausel

2. Nach der Junktimklausel des Art. 14 III S. 2 GG muss das Gesetz, durch das oder aufgrund dessen enteignet wird, Art und Ausmaß der Entschädigung regeln.

300

Die Höhe der Entschädigung ist nach Art. 14 III S. 3 GG unter gerechter Abwägung der Interessen der Allgemeinheit und des Betroffenen erfolgen.

---

863   BVerfG, NJW 1999, 2877.

864   BVerfG, NVwZ, 1999, 61.

865   Vgl. allerdings auch BVerfG NVwZ 2003, 727, wonach Bebauungspläne zwar nur Inhaltsbestimmungen sind, aber in ihrer Wirkung einer Enteignung gleich kommen können, was in der Abwägung nach § 1 VII BauGB zu berücksichtigen ist.

866   Vgl. BVerfGE 74, 264 (285) - Boxberg; vgl. zum Allgemeinwohl aus neuerer Zeit: BVerfG, BayVBl. 1999, 756 - Errichtung einer Waldorfschule durch einen privaten Verein; BVerwG, NVwZ 1999, 407 - Errichtung von Arbeitsstätten; vgl. umfassend hierzu auch Lenz, NJW 2005, 257.

Dies muss nicht unbedingt der Verkehrswert sein, doch wird häufig dieser gemeint sein, wenn eine genauere Regelung fehlt.[867] Für Rechtsstreitigkeiten über die Entschädigung sind die ordentlichen Gerichte zuständig, Art. 14 III S. 4 GG.

hemmer-Methode: Art. 14 III S. 4 GG ist eine abdrängende Sonderzuweisung i.S.d. § 40 I VwGO. Eine entsprechende Regelung findet sich auch in § 40 II VwGO für aufopferungsrechtliche Ansprüche. Für Ausgleichspflichten bei Inhalts- und Schrankenbestimmungen ist nach § 40 II S. 1 HS 2 VwGO allerdings die Klage bei den VGen zu erheben.

z.T.: ultima ratio

3. Z.T. wird noch verlangt, dass im Gesetz und ggf. im vollziehenden Akt sichergestellt wird bzw. zum Ausdruck kommt, dass es sich bei der Enteignung um die ultima ratio handelt. Jedenfalls bei der Legalenteignung ist es (auch im Verhältnis zur Administrativenteignung) ratsam, diesen Punkt kurz anzusprechen.

301

hemmer-Methode: Im Übrigen sind selbstverständlich je nach Konstellation weitere Rechtmäßigkeitsvoraussetzungen zu prüfen, wie z.B. das Gesetzgebungsverfahren, bei der Administrativenteignung die Zuständigkeit der Behörde etc. Darauf kommen Sie aber in der Klausur von selbst, wenn der Sachverhalt entsprechende Probleme enthält. Wichtig sollen *hier* die *spezifischen* Probleme der Enteignung sein. Wer sich ein (solche Selbstverständlichkeiten umfassendes) an die fünfzehn (!) Gliederungspunkte umfassendes Schema alleine für die Rechtmäßigkeit einer Administrativenteignung merken will, wie es in einschlägiger Ausbildungs-Literatur vorgelegt wird, muss ein Gehirn wie eine Festplatte haben oder wird dafür alle wirklich wichtigen Problemkonstellationen des Verfassungsrechts vergessen.

D) Garantie des Erbrechts

Garantie des Erbrechts

Die Garantie des Erbrechts bedeutet letztlich eine Erweiterung der Eigentümerbefugnisse über den Tod hinaus. Geschützt sind v.a. die Testierfreiheit des Erblassers und die Rechtsposition des Erben. Auch insoweit handelt es sich sowohl um ein Grundrecht als auch um eine Institutsgarantie.[868] Die Gewährleistung des Erbrechts spielt i.d.R. keine große Rolle in der Klausur, gegebenenfalls sind bei der Frage nach den Grenzen der Ausgestaltungsbefugnisse ähnliche Überlegungen ausschlaggebend wie beim Eigentum.

302

hemmer-Methode: Die Garantie des Art. 14 GG sollten Sie aber „ins Spiel bringen", wenn es um die mögliche Sittenwidrigkeit bspw. eines sog. Geliebtentestaments nach § 138 I BGB geht. Hier ist eine Abwägung zwischen der von Art. 14 I GG geschützten Testierfreiheit einerseits und dem Schutz der Ehe und Familie nach Art. 6 I GG andererseits vorzunehmen – ein klassischer Fall der mittelbaren Drittwirkung der Grundrechte. Eine weitere interessante Frage ist, inwieweit das Pflichtteilsrecht eine noch verfassungsgemäße Einschränkung der Testierfreiheit darstellt.[869]

<u>Abschließend Lösungshinweise zum Ausgangsfall (vor Rn. 285):</u> Bei einer kompletten Klausurprüfung müssten jedenfalls auch Probleme des Art. 12 GG, v.a. die vom Berufsbild abhängige Frage nach Ausübungs- oder Zulassungsregel, des Art. 3 GG (Ungleichbehandlung mit anderen, ebenfalls gefährlichen Hunden) sowie der Gesetzgebungskompetenz behandelt werden,[870] hier soll indes nur auf materielle Aspekte des Art. 14 GG näher eingegangen werden:

---

867   Vgl. Jarass/Pieroth, Art. 14 GG, Rn. 65; freilich ist bei diesem Verfahren zweifelhaft, wann das Ausmaß der Entschädigung noch als bestimmt genug zu betrachten ist.

868   H.M., vgl. die Nachweise bei Jarass/Pieroth, Art. 14 GG, Rn. 67.

869   BVerfG, ZEV 2000, 399 = FamRZ 2000, 1563 = NJW 2001, 141.

870   Vgl. zu dieser Thematik die (z.T. freilich sehr knappe) Klausurlösung von Schäfer, JuS 1993, 136 ff.

Hinsichtlich des Zuchtverbots könnte sowohl eine Eigentumsbeeinträchtigung dadurch, dass z.B. bestehende Zuchtanlagen nicht mehr entsprechend weiter genutzt werden dürfen, als auch ein Eingriff ins ReaG vorliegen. Hier ist problematisch, ob man die weitere Nutzbarkeit der Anlagen überhaupt von Art. 14 GG (oder nur von Art. 12 GG) erfasst sieht, da es letztlich um zukünftige Nutzungsmöglichkeiten geht. Bejaht man einen Schutz durch Art. 14 GG, weil nicht vage zukünftige Nutzungschancen, sondern der Fortbestand der gegenwärtigen Eigentumsnutzungsbefugnis in Rede stehen, dürfte das ReaG keinen weitergehenden Schutz bieten. Jedenfalls handelt es sich um eine Inhaltsbestimmung und um keine Enteignung, da bei der abstrakten Festlegung der Eigentumsnutzungsgrenzen eher nolens volens bestehende Rechte beeinträchtigt werden, es liegt kein planmäßiger Zugriff aufs Eigentum vor.

Diese dürfte auch verfassungsmäßig sein, wenn man die immensen Gefahren für die Bevölkerung und den relativ peripheren Eigentumseingriff (andere Hundesorten können weiter gezüchtet werden) bedenkt. Insoweit besteht wohl auch keine Ausgleichspflicht (a.A. vertretbar).

Dagegen handelt es sich bei der Ablieferungspflicht zur Einschläferung um einen Totalentzug, so dass man an eine Enteignung denken könnte. Wenn man enger am klassischen Enteignungsbegriff der Güterbeschaffung orientiert argumentiert, kann man aber auch hier zu einer Inhalts- und Schrankenbestimmung kommen, wie sie von der h.M. auch z.B. in der Tötung seuchenkranker Tiere, der Regelung über verbotene Gegenstände in §§ 57, 58 WaffenG oder der strafrechtlichen Einziehung gesehen wird. Letztlich geht es auch hier mehr um eine Regelung, wie (und was als) Eigentum zu handhaben ist als um einen finalen Zugriff (a.A. vertretbar). Wegen der Totalentziehung und der Nähe zur Enteignung erscheint hier freilich die Forderung nach einer Entschädigungsregel gut vertretbar.

E) Exkurs: Überblick über Entschädigungsansprüche[871]

Im Folgenden soll ein kurzer Überblick über das Staatshaftungsrecht gegeben werden, da einzelne Institute desselben früher im Zusammenhang mit Art. 14 GG gesehen wurden, v.a. aber weil es häufig um staatliche Eingriffe in vermögenswerte Güter geht. Im Rahmen dieses Grundrechtsskripts kann ein solcher Überblick nur die einschlägigen Institute nennen, im Einzelnen sei hier auf das Hauptkursprogramm zum Staatshaftungsrecht sowie auf das Skript Staatshaftungsrecht verwiesen.

303

Im Staatshaftungsrecht ist zwischen Ansprüchen auf Entschädigung und auf Schadensersatz zu unterscheiden. Im Rahmen der Zulässigkeit ist folgendes wichtig: Für den Amtshaftungsprozess ist gem. Art. 34 S. 3 GG, § 40 II S. 1 VwGO der Rechtsweg vor den ordentlichen Gerichten eröffnet. Zuständig ist gem. § 71 II Nr. 2 GVG das jeweilige Landgericht und zwar unabhängig vom Wert des Streitgegenstandes. Es besteht Anwaltszwang, § 78 ZPO. Zu beachten ist auch § 17 II GVG.

304

I. Enteignungsentschädigungen

Ansprüche auf Entschädigung wegen Enteignung sind nicht nur Rechtsfolge einer Enteignung, sondern gem. Art. 14 III S. 3 GG auch Voraussetzung für deren Rechtmäßigkeit. Fehlt eine entsprechende Anspruchsgrundlage, so ist die Enteignung rechtswidrig und der Betroffene kann gegen den VA vorgehen.[872] Eigenständige Regelungen zur Entschädigungspflicht enthalten die §§ 93 ff. BauGB. Daneben gibt es in Bundesgesetzen die Verweisung auf die jeweiligen Enteignungs- und Entschädigungsgesetze der Länder.

---

871   Vgl. ausführlich Hemmer/Wüst, Staatshaftungsrecht.

872   BVerfGE 58, 300 = Hemmer/Wüst/Triebel, Classics Ö-Recht, Fall 80 - Nassauskiesung.

Voraussetzungen einer rechtmäßigen Enteignung sind:

⇨ Eigentumseingriff

⇨ förmliches Gesetz

⇨ Gemeinwohlprinzip

⇨ Verhältnismäßigkeit

Abzugrenzen ist die Enteignung von der Inhalts- und Schrankenbestimmung. Nach BVerfGE 58, 300 handelt es sich bei der Enteignung im Verhältnis zur Inhalts- und Schrankenbestimmung um ein qualitatives aliud[873].

305

II. Entschädigung für sonstige Eingriffe in vermögenswerte Rechte

1. Anspruchsgrundlagen für eine Entschädigung

a) Spezialgesetzlich geregelte Anspruchsgrundlagen für Entschädigungsansprüche aufgrund eines sonstigen Eingriffs in vermögenswerte Rechte sind z.B. § 5 PflExG, § 26 StrWG, §§ 39 ff. BauGB, §§ 33 ff. DSchG, § 49 VI VwVfG, § 21 IV BImSchG, § 8a IV, V FStrG, § 66 TierSG, § 39 BSeuchG.

Sofern das Gesetz nur eine Entschädigung für rechtmäßige Eingriffe vorsieht, wird die Norm entsprechend auch auf rechtswidrige Maßnahmen ausgeweitet.[874]

b) Des Weiteren finden sich in den Landespolizei- und Sicherheitsgesetzen unterschiedlich ausgestaltete Entschädigungsregelungen.

Zu dieser, in der Klausur und Praxis recht häufigen, Anspruchsgrundlage, sollten Sie folgende Problemkreise kennen:

⇨ Ein Unterlassen stellt keine Maßnahme i.S.d. § 39 OBG, Art. 11 BayLStVG, Art. 70 I BayPAG[875] dar und ist einer solchen auch nicht gleichzustellen.[876]

⇨ § 39 Ia OBG, Art. 70 I BayPAG gilt analog, wenn man mit der Rechtsprechung den Anscheinsstörer, der den Anschein nicht vorwerfbar gesetzt hat, als Störer ansieht.[877]

⇨ Im Rahmen des § 39 Ib OBG, Art. 70 II BayPAG muss die Maßnahme gegenüber dem Kläger getroffen worden sein. Es ist die gleiche Unterscheidung maßgeblich, wie bei der Prüfung, ob jemand geschützter Dritter im Sinne des § 839 BGB ist (dazu unten).[878]

⇨ § 39 IIb OBG, Art. 70 I BayPAG letzter HS gilt nur, wenn tatsächlich der Erfolg eingetreten ist.[879]

---

873   Vgl. oben Rn. 293.

874   BGH DVBl 87, 569; a.A. Schmalz, DVBl 87, 571.

875   Und anderer Landesgesetze.

876   BGH, NJW 85, 1289 kein Unterlassen; a.A. Rumpf, NVwZ 92, 251 Fn. 24.

877   BGH, DöV 93, 1065.

878   BGH, NJW 94, 2088.

879   OLG Köln, NJW-RR 96, 860.

⇨ Für die Beurteilung der Störerstellung ist eine ex-ante-Sicht maßgeblich. Für § 39 II OBG kommt es dagegen auf den Erfolg, nicht auf den Zweck an.[880]

c) Eine weitere Entschädigungsgrundlage findet sich in § 48 III VwVfG, wobei hier die Vorschrift des § 50 VwVfG zu beachten ist. Nach h.M. genügt bereits ein „nur" zulässiger Drittrechtsbehelf, um den Vertrauensschutz auszuschließen.[881]

d) Bei Gesetzen, die keine Entschädigung vorsehen, scheidet ein Anspruch aus Art. 14 III S. 3 GG aus. Es können sich jedoch Ansprüche aus dem Rechtsinstitut des enteignungsgleichen bzw. enteignenden Eingriffs ergeben.[882]

Ein *enteignender Eingriff* liegt vor, wenn eine an sich rechtmäßige hoheitliche Maßnahme unmittelbar auf Rechtspositionen des Eigentümers einwirkt und dabei im konkreten Fall zu Nebenfolgen und Nachteilen führt, die die Schwelle des enteignungsrechtlich Zumutbaren überschreiten.

Ein *enteignungsgleicher Eingriff* liegt dagegen vor, wenn von hoher Hand in eine als Eigentum geschützte Rechtsposition unmittelbar eingegriffen wird und dadurch dem Betroffenen ein besonderes, anderen nicht zugemutetes Opfer für die Allgemeinheit auferlegt wird.

hemmer-Methode: Bei der Prüfung des enteignenden bzw. enteignungsgleichen Eingriffs ist als mögliche Anspruchsgrundlage Art. 14 III GG kurz zu erwähnen und unter inhaltlicher Bezugnahme auf das Nassauskiesungsurteil abzulehnen. Die richtige Anspruchsgrundlage ergibt sich aus Gewohnheitsrecht, das aus dem Rechtsgedanken der §§ 74, 75 Einl.Preuß.ALR hergeleitet wird.

2. Anwendbarkeit der §§ 74, 75 EinlPreuß.ALR

Bei einer finalen Maßnahme mit enteignender Wirkung ohne Entschädigungsregel, sind die §§ 74, 75 EPrALR jedoch nicht anwendbar. Der Bürger muss den Eingriff abwehren. Für einen Anspruch aus §§ 74, 75 EPrALR fehlt es an einer Regelungslücke.[883]

Streitig ist die Anwendung der §§ 74, 75 EPrALR bei einem enteignungsgleichen Eingriff, wenn eine Abwehr des Eingriffs möglich gewesen wäre. Nach BGH ist dies aber wegen der größeren Flexibilität der Opfergrenze erst beim Mitverschulden zu berücksichtigen.[884]

3. Voraussetzungen eines Anspruchs aus Gewohnheitsrecht

a) Hoheitlicher Eingriff in Eigentum

Ein hoheitlicher Eingriff setzt zur Begründung eines Anspruchs aus Gewohnheitsrecht eine Handlung voraus. Unterlassen reicht nicht aus.[885]

---

880   OLG Köln, NJW-RR 96, 860.

881   Ausführlich hierzu Hemmer/Wüst/Christensen, Verwaltungsrecht II, Rn. 50.

882   OLG Hamm, NWVBl 93, 78.

883   A.A. Maurer 26/59h; auf den enteignungsgleichen Eingriff kann allerdings zurückgegriffen werden, wenn der Primärrechtsschutz erfolglos geblieben ist.

884   DVBl 87, 568; a.A. Krohn, WM 84, 827.

885   BGH, DVBl 69, 209; a.A. Ossenbühl 19/2b. Bei rechtswidrigen Eingriffen in Art. 12 GG scheiden Ansprüche nach BGH, NJW 94, 1468 aus, nach OVG NWVBl 94, 111 sind sie immerhin denkbar.

b) Unmittelbarkeit

Die Handlung muss unmittelbar zu einer Einwirkung auf die Rechtsposition führen. Der Eingriff ist allerdings nicht als finales Handeln zu verstehen. Ausreichend ist eine unmittelbare *Auswirkung* des Handelns im Schutzbereich. Zwischenursachen schließen die Unmittelbarkeit grundsätzlich nicht aus.[886] Erforderlich ist eine wertende Betrachtung mittels der Abgrenzung von Verantwortungsbereichen. Unmittelbarkeit liegt z.B. vor, wenn eine Baugenehmigung pflichtwidrig erteilt wird und durch das Bauwerk ein Dritter Schaden nimmt.[887]

c) Gemeinwohlnützigkeit

Eine solche wird heute kaum noch gefordert. Zu diskutieren ist sie nur bei rechtswidrigen Maßnahmen in der Zwangsvollstreckung.[888]

d) Sonderopfer

Hier kommt es nach der Rechtsprechung des BGH zuerst darauf an, ob die Maßnahme ihrerseits rechtswidrig ist oder nicht.

⇨ Ist die Maßnahme *rechtswidrig*, liegt gerade darin das Sonderopfer.

⇨ Ist die Maßnahme *rechtmäßig*, muss dem Betroffenen ein Sonderopfer auferlegt worden sein, welches anderen in gleicher Situation nicht abverlangt wird. Zusätzlich muss es sich auch um einen besonders schweren Eingriff handeln.

Ein Anspruch scheidet allerdings aus, wenn die Gefahr sehenden Auges in Kauf genommen wurde.[889]

e) Mitverschulden

Siehe unter 2).

III. Entschädigung für Eingriffe in nicht-vermögenswerte Rechte

306

1. Entschädigung aus Spezialgesetzen

Bei Eingriffen in sonstige Rechte, ist die Entschädigungspflicht häufig in Spezialgesetzen geregelt.

Bspe.:

⇨ *Art. 5 V MRK u. StrEG bezüglich unberechtigter Festnahme und Haft (nicht nur Entschädigung, auch Schadensersatz).*

⇨ *§ 5 SGB I in Verbindung mit OEG*

⇨ *§§ 51 ff. BSeuchG*

⇨ *§ 52 BGSG*

⇨ *§ 39 OBG, Art. 70 BayPAG, Art. 11 BayLStVG (vgl. oben)*

---

886   BGH, NJW 87, 1945.

887   OLG D'dorf, NVwZ 92, 1122 für Anspruch aus § 39 I b OBG.

888   Vgl. Ossenbühl JUS 88, 194 Fn. 14.

889   Bau in Flughafengebiet, BGH, NJW 95, 1823. Einschränkung wiederum, wenn Beeinträchtigung ortsüblich im Sinne des § 906 II S. 1 BGB.

2. Ansprüche aus Aufopferung, §§ 74, 75 EPrALR

Fehlt es an einer spezialgesetzlichen Regelung der Entschädigung, finden die §§ 74, 75 EPrALR auch hier Anwendung. Die Voraussetzungen entsprechen denen des enteignenden Eingriffs bzw. des enteignungsgleichen Eingriffs. Es findet eine analoge Anwendung statt. Keine Sonderopfer sind Beeinträchtigungen, die sich als Ausdruck des allgemeinen Lebensrisikos charakterisieren lassen.

Zu der Frage nach einer unmittelbaren Staatsunrechtshaftung hat das BVerfG entschieden, dass diese von Verfassung wegen nicht gefordert sei.[890]

Es sei verfassungsrechtlich nicht zu beanstanden, wenn ein Anspruch auf Entschädigung nach dem Aufopferungsgrundsatz in seiner richterrechtlichen Ausprägung nur gewährt werde, wenn die hoheitliche Einwirkung zu vermögenswirksamen Einbußen im konkret vorhandenen Rechtsbestand geführt habe, nicht dagegen bei der Beeinträchtigung noch nicht gesicherter Chancen und Verdienstmöglichkeiten.

Verfassungsrechtlich sei es nicht geboten, den richterrechtlich entwickelten Aufopferungsanspruch auch auf den Ersatz entgangener Erwerbschancen bei rechtswidrigen Eingriffen in die Berufsfreiheit zu erstrecken.[891]

IV. Übungsfall[892]

K betreibt eine Kiesbaggerei. Das Grundstück, auf dem die Aufbereitungsanlage steht, ist sein Eigentum. Seit 1936 baut der Betrieb auf zwei angrenzenden Parzellen, die K zu diesem Zweck von einem Landwirt gepachtet hat, bis in den Grundwasserbereich hinein Sand und Kies ab. Die Abbauflächen liegen in der Schutzzone III A eines von der Stadt R errichteten Wasserwerks. Das Wasserschutzgebiet wurde durch eine Verordnung vom 24.10.1973 festgesetzt, nachdem der Bereich am 6.02.1968 zunächst vorläufig unter Schutz gestellt worden war.

Im Februar 1965 beantragte K, ihm zur Fortsetzung des Kiesabbaus eine Erlaubnis nach dem Wasserhaushaltsgesetz zu erteilen. Im Oktober 1973 lehnte die Behörde den Antrag mit der Begründung ab, die Entfernung der Abbaustellen zur Brunnenanlage des Wasserwerks betrage teilweise nur 120 m; Verunreinigungen des Baggersees könnten daher den Brunnen erreichen und die öffentliche Wasserversorgung gefährden.

Der Widerspruch des K blieb ohne Erfolg.

Eine Klage auf Erteilung der beantragten Erlaubnis erhob er nicht. Der Antrag des K auf Gewährung einer Entschädigung wurde gleichfalls abgelehnt. Daraufhin erhob er Klage auf Zahlung einer angemessenen, der Höhe nach in das Ermessen des Gerichts gestellten Entschädigung. Er machte geltend, die Versagung der Erlaubnis zur Nassauskiesung stelle einen enteignenden Eingriff in seinen eingerichteten und ausgeübten Gewerbebetrieb sowie in das Grundeigentum dar. Etwaige Entschädigungsansprüche des Grundstückseigentümers, seines Verpächters, hatte er sich zuvor abtreten lassen.

Das LG erklärte die Klage dem Grunde nach für gerechtfertigt. Die dagegen gerichtete Berufung blieb erfolglos. Auf die Revision des beklagten Landes setzte der BGH das Verfahren aus und legte dem BVerfG die Frage zur Entscheidung vor, ob §§ 1a III, 2 I, 6 WHG mit Art. 14 I S. 2 GG insoweit vereinbar sind, als sie den Inhalt des Grundeigentums im Verhältnis zum Grundwasser regeln.

---

890 BVerfG, NVwZ 1998, 271 f.

891 Zum Mitverschulden bei Schäden, die durch polizeiliches Einschreiten auf Grund einer Anscheinsgefahr eingetreten sind vgl. LG Köln, NJW 1998, 317.

892 Nachgebildet BVerfGE 58, 300 = Hemmer/Wüst/Triebel, Classics Ö-Recht, Fall 80.

Zur Begründung der Vorlage führte der BGH aus:

Art. 14 GG schütze den Eigentümer gegen Beeinträchtigungen, die ihn in einer ihm zustehenden subjektiven Rechtsposition träfen. Eine rechtlich gesicherte Möglichkeit des Zugriffs auf das Grundwasser stehe dem Grundeigentümer nach dem Wasserhaushaltsgesetz aber nicht zu. Zwar gehöre nach § 905 I BGB zum Grundstückseigentum auch die Befugnis, über auf dem Grundstück vorgefundenes Grundwasser zu verfügen. Diese Befugnis sei jedoch durch die öffentlich-rechtliche Benutzungsordnung des WHG erheblich eingeschränkt worden.

Die Regelung, dass dem Grundstückseigentümer jede rechtliche gesicherte Möglichkeit des Zugriffs auf das Grundwasser versagt werde, genüge nicht den Anforderungen, die Art. 14 GG an ein den Inhalt und die Schranken des Grundeigentums bestimmendes Gesetz stelle.

Der Gesetzgeber habe durch die beanstandeten Vorschriften „der Ausübung von Rechten aus dem Grundeigentum (§ 905 BGB) eine repressive Schranke gesetzt" und die staatliche Genehmigung zur materiellen Voraussetzung für das Recht der Grundwasserbenutzung gemacht.

Der zugegebenermaßen starke soziale Bezug des Grundwassers und seine soziale Funktion rechtfertigen es nicht, jeden Anspruch des Grundeigentümers auf Zugang zum Grundwasser auszuschließen und dessen Nutzung in das Ermessen der Verwaltung zu stellen.

Die Zulässigkeit und Begründetheit der Vorlage zum BVerfG ist zu untersuchen.

A) Zulässigkeit einer Vorlage nach Art. 100 I GG (konkrete Normenkontrolle)

I. Gericht

Der BGH ist ein Gericht i.S.d. Art. 100 GG.

II. Gesetz

Bei dem WHG handelt es sich um ein förmliches nachkonstitutionelles Gesetz.

III. Gericht hält Gesetz für verfassungswidrig

Das Gericht muss das Gesetz weiterhin für verfassungswidrig halten.

1. Verfassungskonforme Auslegung:

Das Gericht dürfte das WHG nicht für verfassungswidrig halten, wenn sich die §§ 1a III i.V.m. 6 I WHG als repressives Verbot verfassungskonform auslegen ließen und zwar als präventives Verbot mit gebundenem Erlaubnisanspruch. Ein präventives Verbot würde voraussetzen, dass das fragliche Verhalten vom Schutzbereich eines speziellen Grundrechts erfasst würde. Das ist aber abzulehnen. Der Gesetzgeber hat nach dem eindeutigen Wortlaut von § 1a III WHG eine Zuordnung der Grundwassernutzung zum Eigentum gerade ausgeschlossen. An diesem eindeutigen Wortlaut scheitert eine verfassungskonforme Auslegung.

IV. Entscheidungserheblichkeit

1. Entscheidungserheblichkeit nur im Rahmen der Zuständigkeit des Gerichts:

Rechtliche Bedenken gegen die Entscheidungserheblichkeit bestehen insoweit, als das vorlegende Gericht in seiner Begründung die Auffassung vertritt, die Vorschriften des WHG enthielten von ihrer Zielrichtung her Inhalts- und Schrankenbestimmungen, die allerdings den Anforderungen, die Art. 14 GG an diese stellt, nicht gerecht würden.

Dazu müsste der behauptete Verfassungsverstoß überhaupt Gegenstand dieser konkreten Normenkontrolle sein können.

Dies ist fraglich, da das Normenkontrollverfahren nach Art. 100 I GG einen, wenn auch dem BVerfG zur Entscheidung zugewiesenen, Teil des einheitlichen Ausgangsrechtsstreits vor dem Zivilgericht darstellt und daher wegen der grundgesetzlichen Rechtswegregelung nur solche Vorschriften zur verfassungsgerichtlichen Prüfung und Entscheidung gestellt werden können, denen in einem solchen Prozess rechtlich Bedeutung zukommt.

Anderenfalls würde das Verfahren nach Art. 100 I GG zu einer abstrakten Normenkontrolle nach Art. 93 I Nr. 2 GG führen, zu deren Einleitung Gerichte nicht zuständig sind.

Der BGH ist nach Art. 14 III S. 4 GG zuständig für den Streit über die Höhe der Entschädigung.

Die vom BGH vorgelegte Fragestellung wäre nur dann verfassungsrechtlich bedeutsam, wenn man in der Verfassungswidrigkeit einer Inhalts- und Schrankenbestimmung eine Enteignung sehen könnte.

Diese vom BGH über Jahrzehnte vertretene Auffassung ist nach Meinung des BVerfG aber nicht aufrechtzuerhalten und steht nicht mit dem GG in Einklang, da eine inhaltsbestimmende Vorschrift i.S.v. Art. 14 I S. 2 GG auch bei Verfassungswidrigkeit (z.B. wegen Verstoßes gegen den Grundsatz der Verhältnismäßigkeit) ihren Rechtscharakter nicht verändert und sich naturgemäß nicht zu einer auf einen gezielten und gewollten Eingriff ausgerichteten Norm (Enteignungsnorm i.S.d. Art. 14 III GG) verwandelt.

Das Bundesverfassungsgericht sieht sich allerdings an die Rechtsansicht des vorlegenden Gerichts nicht gebunden. Es legt deswegen die Vorlagefrage anders aus. Zur Klärung der Zuständigkeit des BGH ist die vorgelegte Frage ausnahmsweise entscheidungserheblich.

Damit ist die vorgelegte Frage bei richtiger Interpretation entscheidungserheblich.

2. Entscheidungserheblichkeit und Versagungsgegenklage

Bedenken gegen die Entscheidungserheblichkeit könnten sich noch daraus ergeben, dass K die Versagung der wasserrechtlichen Erlaubnis nicht mit der ihm zur Verfügung stehenden (Versagungsgegen-)Klage angegriffen hat.

a) Dies wäre dann der Fall, wenn der Bürger entgegen der ständigen Rspr. des BGH[893] kein Wahlrecht hätte, ob er sich gegen eine wegen Fehlens der gesetzlichen Entschädigungsregelung rechtswidrigen Maßnahme mit enteignender Wirkung zur Wehr setzen oder ob er unmittelbar eine Entschädigung verlangen will.

Gegen ein solches Wahlrecht und dafür, dass der Bürger zuerst den Verwaltungsrechtsweg beschreiten muss, hat sich das BVerfG grds. in seinem „Nassauskiesungsbeschluss" entschieden.[894]

b) Dem von einem enteignenden Eingriff betroffenen Bürger steht - von Ausnahmefällen abgesehen - nach Art. 19 IV S. 1 GG i.V.m. § 40 VwGO der Rechtsweg zu den Verwaltungsgerichten offen.

Diese haben den VA in tatsächlicher und rechtlicher Hinsicht in vollem Umfang auf seine Rechtmäßigkeit zu prüfen. Dabei geht deren Prüfungskompetenz über die der ordentlichen Gerichte hinaus:

893　Vgl. zuletzt BGHZ 60, 120.

894　NJW 1982, 746.

Abgesehen davon, dass sie zu prüfen haben, ob der Eingriff den verfassungsmäßigen Voraussetzungen des Art. 14 III S. 1 GG und dem Grundsatz der Verhältnismäßigkeit genügt, haben sie insbesondere zu untersuchen, ob die Maßnahme auf einer verfassungsgemäßen Grundlage vorgenommen worden ist.

Hierzu gehört auch die Feststellung, ob das Gesetz, auf dem der Eingriff beruht, eine Regelung über Art und Ausmaß der zu leistenden Entschädigung enthält.

Da ein Gesetz, das dieser Anforderung nicht genügt, verfassungswidrig ist, dürfen die Verwaltungsgerichte ein solches Gesetz nicht anwenden. Sie haben vielmehr nach Art. 100 I GG die Entscheidung des BVerfG über die Gültigkeit der Norm einzuholen.

Wird die Norm für verfassungswidrig erklärt, so muss der darauf gestützte VA aufgehoben werden, weil er das Grundrecht des Betroffenen aus Art. 14 I S. 1 GG verletzt.

c) Mit der Eröffnung des Rechtsweges zu den Verwaltungsgerichten hat das GG dem von einer solchen Maßnahme Betroffenen die Möglichkeit gegeben, den VA selbst zu Fall zu bringen, wenn das zugrunde liegende Gesetz wegen Fehlens einer Entschädigungsregelung oder auch aus anderem Grunde nichtig ist.

Dabei steht ihm als letztes Mittel die Verfassungsbeschwerde zur Verfügung, wenn die Verwaltungsgerichte sich seinem Vortrag, es handele sich um eine verfassungswidrige Enteignungsnorm, nicht anschließen.

d) Für die Entscheidungskompetenz der ordentlichen Gerichte in Verfahren nach Art. 14 III S. 4 GG ergeben sich daher folgende Konsequenzen:

Sieht der Bürger in der gegen ihn gerichteten Maßnahme eine Enteignung, so kann er eine Entschädigung nur einklagen, wenn hierfür eine gesetzliche Anspruchsgrundlage vorhanden ist.

Fehlt sie, so muss er sich bei den Verwaltungsgerichten um die Aufhebung des Eingriffsaktes bemühen.

Er kann aber nicht unter Verzicht auf die Anfechtung, eine ihm vom Gesetz nicht zugebilligte Entschädigung beanspruchen; mangels gesetzlicher Grundlage können die Gerichte keine Entschädigung zusprechen.

Der Betroffene hat hiernach kein Wahlrecht, ob er sich gegen eine wegen Fehlens der gesetzlichen Entschädigungsregelung rechtswidrige „Enteignung" zur Wehr setzen oder unmittelbar eine Entschädigung verlangen will.

Lässt er den Eingriffsakt unanfechtbar werden, so verfällt seine Entschädigungsklage der Abweisung.

Wer von den ihm eingeräumten Möglichkeiten, sein Recht auf Herstellung des verfassungsmäßigen Zustandes zu wahren, keinen Gebrauch macht, kann wegen eines etwaigen, von ihm selbst herbeigeführten Rechtsverlustes nicht anschließend von der öffentlichen Hand Geldersatz verlangen. Dies bedeutet eine Abkehr von dem bis dahin vom BGH und BVerwG vertretenen Grundsatz des „Dulde und Liquidiere".

e) Ausnahmsweise hat das BVerfG eine Vorlage nach Art. 100 I GG dennoch zugelassen, wenn - wie im vorliegenden Fall - der Entschädigungskläger vom Vorhandensein einer Entschädigungsregelung ausgehen durfte, wie es bis zum Vorlagebeschluss ständ. Rspr. des BGH gewesen ist.

V. Ergebnis

Im Ergebnis ist also die Vorlage mit der Frage zulässig, ob die angeführten Vorschriften des WHG insoweit mit Art. 14 III S. 2 GG vereinbar sind, als sie die Versagung einer wasserrechtlichen Erlaubnis oder Bewilligung für das Zutageleiten von Grundwasser ohne Entschädigung zulassen.

B) Begründetheit der Vorlage gem. Art. 100 I GG

Die konkrete Normenkontrolle ist begründet, wenn §§ 1a III, 6 WHG gegen die Verfassung verstößt.

Exkurs:

Der Gesetzgeber musste bei der Schaffung des WHG sowohl bestands-geschütztes wie auf nicht-bestandsgeschütztes Eigentum berücksichti-gen. Im preußischen Rechtskreis war der Zugriff auf das Grundwasser dem Grundeigentum zugeordnet. Hier war die normale Prüfungsfolge bei Art. 14 einzuhalten. Im süddeutschen Rechtskreis war dagegen der Zugriff auf das Grundwasser niemals eine dem Eigentum zugeordnete Position. Deswegen war die Regelung hier nur am Wesensgehalt zu messen.

Maßgebliche Frage ist daher ob es für die Existenz der Institution Grund-eigentum unverzichtbar ist, dass der Zugriff auf das Grundwasser dazu-gehört? Im Folgenden werden beide Gesichtspunkte im Rahmen der normalen Prüfung des Art. 14 GG miteinander verbunden.

I. Schutzgehalt des Art. 14 I S. 1 GG

Die Prüfung, ob ein Rechtsvorgang als Enteignung zu qualifizieren ist, er-fordert zunächst die Feststellung, ob dem Betroffenen im Zeitpunkt des Zugriffs eine enteignungsfähige Rechtsposition zusteht.

1. Der BGH ging in seiner bisherigen Rechtsprechung von der Auffas-sung aus, dass das Grundeigentum auch das Grundwasser mit umfasse.

Dieses werde zum Erdkörper gerechnet, auf den sich nach § 905 BGB das Recht des Grundstückseigentümers erstrecke.

Ob es sich beim Grundwasser um eine Sache handele, könne dahinste-hen, jedenfalls gehöre zum Grundeigentum die Befugnis, über das auf dem Grundstück vorgefundene Grundwasser zu verfügen.

Daher kam der BGH zu der Auffassung, die öffentlich-rechtliche Benut-zungsordnung des WHG schränke die „dem Grundeigentum innewoh-nende Befugnis zum freien Zugriff auf das Grundwasser" ein.

Dieser Auffassung steht aber entgegen, dass die rechtliche Ordnung des den Erdkörper durchfließenden Grundwassers vor der Schaffung einer Rahmenkompetenz den Ländern vorbehalten war.[895] Allein die Rechtsbe-ziehungen des Grundstückseigentümers zum Erdkörper wurden durch § 905 BGB geregelt.

Die Vorschriften des BGB und das landesgesetzliche Wasserrecht bilde-ten somit von Anfang an zwei selbständige Rechtsgebiete. Die Geltung des § 905 BGB war damit für das Grundwasser ausgeschlossen.

§ 905 BGB kommt auch deswegen nicht zur Anwendung, weil das den Boden als ständiger Strom durchfließende Grundwasser nicht die Merk-male der festen Konsistenz und des Eingeschlossenseins durch die Grundstücksgrenzen aufweist, das den Begriff des Erdkörpers kenn-zeichnet.

2. Des Weiteren könnte das Grundeigentum als ein prinzipiell jede mögli-che und wirtschaftlich vernünftige Nutzung umfassendes Recht anzuse-hen sein, das in seinem Inhalt insbesondere durch § 903 BGB geprägt werde.

Von diesem Ausgangspunkt aus erscheinen die öffentlich-rechtlichen Re-gelungen des WHG naturgemäß als Beschränkungen eines an sich um-fassenden und verfassungsrechtlich gewährleisteten Eigentumsrechts.

---

895   Vgl. auch Art. 65 EGBGB.

Dieser Position des BGH ist das BVerfG nicht gefolgt. Die Rechtsansicht des BGH knüpfe an die zur Weimarer Reichsverfassung vertretene Auffassung an, eine Enteignung sei schon dann anzuerkennen, wenn das Recht des Eigentümers, mit seiner Sache gem. § 903 BGB nach Belieben zu verfahren, zugunsten eines Dritten beeinträchtigt werde.

Dieser Auffassung steht aber entgegen, dass ein Vorrang der bürgerlich-rechtlichen Eigentumsordnung gegenüber öffentlich-rechtlichen Vorschriften dem GG nicht entspricht.

Der Begriff des von der Verfassung gewährleisteten Eigentums muss vielmehr aus der Verfassung selbst gewonnen werden. Aus Normen des einfachen Rechts kann weder der Begriff des Eigentums im verfassungsrechtlichen Sinn abgeleitet, noch kann aus der privatrechtlichen Rechtsstellung der Umfang der Gewährleistung des konkreten Eigentums bestimmt werden.

hemmer-Methode: Machen Sie sich klar, dass Sie im GG verwendete Begriffe niemals unkritisch mit denen des Privatrechts gleichsetzen dürfen. Eine ähnliche Divergenz ist Ihnen schon bei Rn. 16 begegnet: Dort wurde klargestellt, dass der Begriff der „juristischen Person" in Art. 19 III GG keine Rechtsfähigkeit i.S.d. Zivilrechts voraussetzt.

Das GG hat dem Gesetzgeber den Auftrag zugewiesen, eine Eigentumsordnung zu schaffen, die sowohl den privaten Interessen des Einzelnen als auch denen der Allgemeinheit gerecht wird.

Ihm obliegt hierbei eine doppelte Aufgabe:

⇨ Einerseits muss er im Privatrecht die für die Rechtsbeziehungen der Bürger untereinander maßgeblichen Vorschriften schaffen (z.B. Übertragung und Belastung von Eigentum).

⇨ Zum anderen hat er den Belangen der Allgemeinheit, in die vor allem jeder Grundstückseigentümer eingebunden ist, in den (meist) öffentlich-rechtlichen Regelungen Rechnung zu tragen.

Welche Befugnisse einem Eigentümer in einem bestimmten Zeitpunkt konkret zustehen, ergibt sich aus der Zusammenschau aller in diesem Zeitpunkt geltenden, die Eigentümerstellung regelnden gesetzlichen Vorschriften.

Aus der Gesamtheit der verfassungsmäßigen Gesetze, die den Inhalt des Eigentums bestimmen, ergeben sich somit Gegenstand und Umfang des durch Art. 14 I S. 1 GG gewährleisteten Bestandsschutzes und damit auch, wann ein zur Entschädigung verpflichtender Rechtsentzug vorliegt.[896]

3. Die beanstandeten Vorschriften sollen nach Auffassung des vorlegenden Gerichts die Exekutive ermächtigen, verfassungsrechtlich geschützte Rechte des Grundstückseigentümers zu entziehen.

Dagegen spricht, dass sie allgemein das Verhältnis von Grundstückseigentum und Grundwasser regeln und die Rechtsstellung des einzelnen Grundstückseigentümers in diesem Rechtsbereich bestimmen.

Danach steht dem Grundstückseigentümer grds. nicht schon nach dem BGB ein Recht zu, im Rahmen der Grundstücksnutzung auf das Grundwasser einzuwirken.

Für die weitere Prüfung ist der Zugriff auf das Grundwasser probeweise dem Grundeigentum zuzuordnen. Nur dann kann geprüft werden, ob seine Zuordnung zur Allgemeinheit gegen die Sozialbindung verstößt.

---

896 Zum Jagdausübungsrecht als vermögenswertes Privatrecht im Sinne des Art. 14 I GG vgl. OLG Bamberg in NVwZ 1998, S. 211 f.; sowie die kritische Besprechung von Aust, in NVwZ 1998, S. 143.

II. Eigentumsrelevante Maßnahmen

Exkurs: Es ist davon auszugehen, dass der Gesetzgeber im Rahmen des Art. 14 GG in dreifacher Weise eigentumsrechtlich relevante Vorschriften erlassen kann:

a) Eigentum als Zuordnung eines Rechtsgutes an einen Rechtsträger bedarf, um im Rechtsleben praktikabel zu sein, notwendigerweise der rechtlichen Ausformung.

Demgemäß hat das GG in Art. 14 I S. 2 GG dem Gesetzgeber die Aufgabe übertragen, den Inhalt und die Schranken des Eigentums zu bestimmen.

Solche Normen legen generell und abstrakt die Rechte und Pflichten des Eigentums fest, bestimmen also den Inhalt des Eigentums.

Der Gesetzgeber schafft damit auf der Ebene des objektiven Rechts diejenigen Rechtssätze, welche die Rechtsstellung des Eigentümers begründen und ausformen. Sie können - wie oben dargelegt - privatrechtlicher und öffentlich-rechtlicher Natur sein.

b) Weiter hat der Gesetzgeber nach Art. 14 III S. 2 GG die Möglichkeit, durch Gesetz einem bestimmten oder bestimmbaren Personenkreis konkrete Eigentumspositionen zu entziehen, die aufgrund der allgemein geltenden Gesetze i.S.d. Art. 14 I S. 2 GG rechtmäßig erworben worden sind (Legalenteignung).

c) Schließlich kann der Gesetzgeber ebenfalls nach Art. 14 III S. 2 GG der Exekutive die Ermächtigung erteilen, konkretes Eigentum einzelner zu entziehen.

Die Enteignung aufgrund Gesetzes (Administrativenteignung) erfordert einen behördlichen Vollzugsakt, der (anders als die Legalenteignung) mit Rechtsmitteln angefochten werden kann.[897]

Das BVerwG hat aus der Nassauskiesungsentscheidung Folgerungen gezogen, die in der Wissenschaft sehr umstritten sind.[898] Die Literatur spricht von einer kalten Liquidation eines Grundrechts. Der allgemeine Satz des BVerfG, wonach in Zweifelsfällen diejenige Auslegung zu wählen sei, welche die Wirkungskraft des Grundrechts am stärksten entfaltet,[899] gelte nicht mehr. De Facto sei durch das BVerwG der Schutz vor staatlicher Enteignung abgeschafft worden. „Auch wenn Lärmimmissionen (eines Flughafens) ein Grundstück so schwer und unerträglich beschallen, dass eine sinnvolle Nutzung des Grundstücks ausgeschlossen ist, liegt keine Enteignung im Sinne des Art. 14 III S. 1 GG vor.[900] Das durch einer Wasserschutzgebietsverordnung nach § 19 WHG begründete ausnahmslose Verbot, ein im Innenbereich gelegenes und nach § 34 BauGB bebaubares Grundstück in der Zukunft zu bebauen, ist keine Enteignung gemäß Art. 14 II S. 1 GG, sondern lediglich eine Inhaltsbestimmung des Eigentums nach Art. 14 I S. 2 GG. Ein generelles Bauverbot löste das bislang bestehende individuelle Zuordnungsverhältnis zwischen dem Grundstückseigentümer und dem Grundstück nicht auf.[901]

1. Das Regelungssystem des WHG:

Die beanstandeten Normen unterstellen das Grundwasser einer vom Grundeigentum losgelösten öffentlich-rechtlichen Benutzungsordnung.

Dies gibt dem Grundstückseigentümer prinzipiell kein Recht, auf das unterirdische Wasser zuzugreifen, sondern ordnet es der Allgemeinheit zu (repressives Verbot).

---

897   Zur Bedeutung der Nassauskiesungsentscheidung für die Dogmatik des Eigentumsschutzes vgl. Eschenbach, Der verfassungsrechtliche Schutz des Eigentums, 1996, S. 470 — 546. Vgl. dazu auch Schmitt — Kammler in NVwZ 1998, 43.

898   Vgl. dazu Schönfeld, Die Eigentumsgarantie und Nutzungsbeschränkungen des Grundeigentums, 1996; sowie Numberger, NVwZ 1998, S. 159.

899   Vgl. dazu BverfGE 51, 97 ff., 100; sowie F. Müller, Juristische Methodik, 7. Aufl., 1997, Rn. 394.

900   BVerwG, NVwZ-RR 1991, 129.

901   BVerwG, bei BayVBl 1997, S. 249; ebenso schon vorher VGH München, BayVBl 1997, S. 111,Numberger, NVwZ 1998, S. 159.

Die Maßstäbe, die die Behörden bei der Entscheidung über die Benutzungsvorhaben (§§ 2, 3 WHG) anzulegen haben und aus denen sich die materielle Bedeutung des generellen Genehmigungsvorbehalts ergibt, enthält im Wesentlichen § 6 WHG.

Danach sind Erlaubnis und Bewilligung zu versagen, wenn von dem Vorhaben eine anders nicht abzuwendende Beeinträchtigung des Wohles der Allgemeinheit zu erwarten ist.

Dies gilt insbesondere bei der Gefährdung der öffentlichen Wasserversorgung. Gem. § 6 WHG haben Nutzungsinteressenten keinen Rechtsanspruch auf Genehmigung ihres Vorhabens.

Selbst wenn kein zwingender Versagungsgrund eingreift, steht die Entscheidung über einen Erlaubnis-/Bewilligungsantrag im Ermessen der zuständigen Behörde.[902]

2. Fraglich ist, ob der Gesetzgeber mit der Schaffung dieses repressiven Verbotes eine Legalenteignung vornehmen wollte. Entscheidungskriterium ist dafür die Finalität. Diese ist hier abzulehnen, denn der Gesetzgeber wollte lediglich abstrakt die Rechtslage umgestalten. Auf eine konkrete Entziehung von Eigentum kam es ihm nicht an.

III. Rechtmäßigkeit der Inhalts- und Schrankenbestimmung

1. Formelle Verfassungsmäßigkeit

Das Wasserhaushaltsgesetz (WHG) wurde vom zuständigen Bundesgesetzgeber im ordnungsgemäßen Gesetzgebungsverfahren verabschiedet.

2. Materielle Verfassungsmäßigkeit

Das Gesetz ist vom Ausgestaltungsvorbehalt des Art. 14 GG gedeckt. Fraglich ist, ob es gegen sonstige materielle Verfassungsgrundsätze verstößt. In Betracht käme das Willkürverbot des Art. 3 I GG. Die wasserrechtliche Erlaubnis wird im Verhältnis zu der Bauerlaubnis und zur immissionsrechtlichen Erlaubnis insoweit anders behandelt, als dem Antragsteller kein Anspruch eingeräumt wird. Für diese Ungleichbehandlung besteht jedoch im Hinblick auf die besondere Bedeutung des Wasserhaushalts als natürliche Ressource ein sachlicher Grund.

3. Verhältnismäßigkeit

a) Verfassungsrechtlich legitimer Zweck ist hier der Schutz des Wasserhaushalts

b) Ein repressives Verbot ist zur Erreichung dieses Zwecks auch geeignet.

c) Fraglich ist jedoch, ob ein präventives Verbot nicht ein milderes Mittel darstellen würde. Dies wäre nur zu bejahen wenn es gleich geeignet wäre. Bei einem präventiven Verbot mit gebundenem Erlaubnisanspruch könnte die Benutzung nur versagt werden, wenn eine konkrete Gefahr vorläge. Das würde den Gewässern aber nur einen Minimalschutz gewähren, selbst wenn die Grenze ihrer Belastbarkeit bereits erreicht ist. Eine auf die Zukunft ausgerichtete ordnungsgemäße Steuerung der Gewässerbenutzung wäre damit ausgeschlossen.

Bei einem knappen Gut von so elementarer Bedeutung für die Allgemeinheit wäre eine solche Regelung unvertretbar. Die Erforderlichkeit eines repressiven Verbots ist damit zu bejahen.

d) Angemessenheit: Der Gesetzgeber hat hier die Garantie des Privateigentums einerseits und die Sozialbindung andererseits zu einem verhältnismäßigen Ausgleich gebracht.

902　Vgl. zum Problem inwieweit das WHG von der Gesetzgebungskompetenz des Bundes gedeckt ist Reichert, Verfassungsmäßigkeit der Novelle zum Wasserhaushaltsgesetz? — Grenzen der Rahmengesetzgebung, in NVwZ 1998, S. 17 ff.

Da das Grundwasser wie ein Strom die Erde durchfließt, lassen sich weder die Entnahme von Wasser noch die Einleitung von Stoffen in ihren Wirkungen auf ein bestimmtes Grundstück beschränken.

Eingriffe in das Grundwasser wirken sich mithin intensiv auf die Umgebung aus. Da dem Grundwasser zudem für die Allgemeinheit, insbesondere für die öffentliche Wasserversorgung, eine kaum zu überschätzende Bedeutung zukommt und im Übrigen die Vorschriften des WHG nicht zu einer Substanzentleerung des Grundeigentums führen, kann es verfassungsrechtlich nicht beanstandet werden, dass der Gesetzgeber das unterirdische Wasser zur Sicherung einer funktionsfähigen Wasserbewirtschaftung einer vom Oberflächeneigentum getrennten öffentlich-rechtlichen Ordnung unterstellt hat.

4. Wesensgehalt

Es könnte ein Verstoß gegen den Grundsatz vorliegen, dass das Privateigentum als Rechtseinrichtung gewährleistet ist.

Diese Institutsgarantie verbietet zwar, dass solche Sachbereiche der Privatrechtsordnung entzogen werden, die zum elementaren Bestand grundrechtlich geschützter Betätigung im vermögensrechtlichen Bereich gehören. Auch darf der durch Art. 14 GG gesicherte Freiheitsbereich nicht aufgehoben oder wesentlich geschmälert werden.

Daraus folgt jedoch nicht, dass jedes Rechtsgut von Verfassung wegen einer privatrechtlichen Herrschaft unterworfen sein müsse.

Da das Wasser eine der wichtigsten Grundlagen allen menschlichen, tierischen und pflanzlichen Lebens ist, konnte dessen Nutzung wegen des besonderen öffentlichen Interesses einer öffentlich-rechtlichen Ordnung unterstellt werden.

Da ohne eine derartige Regelung für die Allgemeinheit lebensnotwendige Güter in Gefahr wären, wird die Gewährleistung des Rechtsinstituts Eigentum nicht angetastet.

Im Ergebnis kann, da ein Verstoß gegen den Verhältnismäßigkeitsgrundsatz ebenfalls nicht vorliegt, festgestellt werden, dass die beanstandeten Vorschriften in zulässiger Weise Inhalt und Schranken des Grundstückseigentums bestimmen.

Daraus ergibt sich zugleich, dass diese Regelung Art. 19 II GG nicht verletzt; die dem Gesetzgeber bei der Inhalts- und Schrankenbestimmung gezogenen Grenzen ergeben sich unmittelbar aus der Instituts- und Bestandsgarantie des Art. 14 I GG und dem Verhältnismäßigkeitsgrundsatz.

Werden diese Grenzen eingehalten, kann kein Verstoß gegen Art. 19 II GG vorliegen.

5. Ergebnis:

Die konkrete Normenkontrolle ist zulässig, aber unbegründet.

§ 26 SCHUTZ VOR AUSBÜRGERUNG, AUSLIEFERUNG UND ASYLRECHT, ART. 16, 16A GG

A) Schutz vor Ausbürgerung, Art. 16 I GG[903]

Art. 16 I GG: Schutz der dt. Staatsangehörigkeit	Durch Art. 16 I GG wird die deutsche Staatsangehörigkeit geschützt, deren Erwerb sich im Wesentlichen nach Unterverfassungsrecht richtet. Schutz besteht vor jedem Verlust, wobei die Entziehung in Satz 1 den Verlust gegen den Willen des Betroffenen bedeutet.

311
904

Eine Entziehung liegt auch im Widerruf einer wirksamen Einbürgerung nach § 49 VwVfG, umstritten ist die Rechtslage bei der Rücknahme einer rechtswidrigen Einbürgerung nach § 48 VwVfG.[905]

Umfang des Schutzes

Der Schutz vor Entziehungen ist schrankenlos gewährleistet, ein Verlust steht unter einem Gesetzesvorbehalt, der dadurch qualifiziert ist, dass der Betroffene nicht staatenlos werden darf.

B) Schutz vor Auslieferung, Art. 16 II GG[906]

Art. 16 II GG: Schutz vor Auslieferung

Art. 16 II GG schützt vor der - notfalls zwangsweisen - Entfernung eines Deutschen[907] aus dem Hoheitsgebiet der Bundesrepublik, verbunden mit der Überführung in den Bereich einer ausländischen Macht auf deren Ersuchen. Davon erfasst ist auch die sog. Durchlieferung eines Deutschen von einem Staat an einen anderen unter Durchquerung der Bundesrepublik,[908] nach Ansicht des BVerfG dagegen nicht die sog. Rücklieferung, bei der ein Deutscher ins Ausland ausgeliefert wird, nachdem er zuvor nur vorläufig aufgrund einer Rücklieferungszusage in die Bundesrepublik verbracht worden war.[909]

312

Eine Ausnahme von dem Verbot der Auslieferung macht Art. 16 II S. 2 GG für Mitgliedstaaten der Europäischen Union.[910]

Dagegen sind *Ausweisung und Abschiebung*, bei der das Gebot, die BRD zu verlassen, ohne Ersuchen eines ausländischen Staats ergeht, keine Auslieferung. Schutz dagegen gewährt jedoch Art. 11 GG.

313

C) Recht auf politisches Asyl, Art. 16a GG

Art. 16 II S. 2 GG a.F.[911] („Politisch Verfolgte genießen Asylrecht."), der historisch v.a. als Reaktion des Verfassungsgebers auf den unzulänglichen Schutz von durch das NS-Regime Verfolgten im Ausland zu verstehen war, wurde nach langen politischen Diskussionen 1993 gestrichen und durch Art. 16a GG ersetzt,[912] der das Asylrecht nicht unerheblich einschränkt.

314

---

903   Vgl. dazu Jarass/Pieroth, Art. 16 GG, Rn. 1 - 5.

904   Rn. 307 bis 310 wurden ersatzlos gestrichen.

905   Vgl. BVerfG, Urteil vom 24.05.2006 – 2 BvR 669/04, LNBR 2006, 14707 = Life & Law 2006, Heft 8; das BVerfG bejaht in einer umstrittenen Entscheidung, dass § 48 VwVfG als Rechtsgrundlage für die Rücknahme einer Einbürgerung genügt und diese Rücknahme nicht gegen Art. 16 GG verstößt.

906   Vgl. dazu Jarass/Pieroth, Art. 16 GG, Rn. 6 - 8.

907   Nach Maßgabe des Art. 116 GG; dazu näher Jarass/Pieroth, Art. 116 GG, Rn. 1 ff.

908   Vgl. BVerfGE 10, 136 (139).

909   Vgl. BVerfGE 29, 183 (193 f.); a.A. Pieroth/Schlink, Rn. 1062; Jarass/Pieroth, Art. 16 GG, Rn. 6.

910   Zur Verfassungsgemäßheit des entsprechenden Gesetzes vgl. BVerfG, NJW 2005, 2289 = Life & Law 2005, Heft 9, bspr. Von Masing, NJW 2006, 264.

911   Dazu z.B. Sachs, JuS 1989, 537 ff.

912   Zum Überblick über die neue Regelung und ihre Funktion und Hintergründe lesenswert Schoch, DVBl 1993, 1161 ff.

I. Schutzbereich

Definition der polit. Verfolgung

Als politisch verfolgt i.S.d. Art. 16a I GG gilt in Anlehnung an die Genfer Flüchtlingskonvention jeder, der wegen seiner Rasse, Religion, Nationalität, Zugehörigkeit zu einer sozialen Gruppe oder wegen seiner politischen Überzeugung Verfolgungsmaßnahmen mit Gefahr für Leib und Leben oder Beschränkungen seiner persönlichen Freiheit ausgesetzt ist oder solche begründet befürchtet.[913]

315

Dabei ist diese Definition aber nicht abschließend, wenn die Verfassung eine weitere Auslegung gebietet.[914]

hemmer-Methode: Wieder gilt: Sollte Art. 16a GG wirklich einmal Klausurgegenstand sein, müssen Sie diese Definition nicht wissen, sondern nur eine eigene entwickeln können, v.a. wenn es um die Ausscheidung sog. „asylfremder Motive" geht. Da Art. 16a I GG dem Wortlaut des alten Art. 16 II S. 2 GG entspricht, dürfte im Ausgangspunkt die dazu ergangene Rechtsprechung weiter heranzuziehen sein.[915]

restriktive Auslegung (-), wenn Behandlung im Herkunftsland allgemein hinzunehmen

Bei der Frage nach der Beeinträchtigung der genannten Rechtsgüter geht das BVerfG insoweit restriktiv vor, als die Behandlung über das hinausgehen muss, was die Bewohner des Heimatstaates aufgrund des dort herrschenden Systems allgemein hinzunehmen haben.[916] Nur in engen Gründen lässt das Gericht auch sog. „Nachfluchtgründe" zu, d.h. solche, die sich erst durch die Flucht ergeben haben, dieser aber noch nicht kausal zugrunde liegen konnten.[917] Politische Verfolgung ist grds. eine solche durch den Heimatstaat, wobei Abgrenzungsprobleme entstehen können, wenn die Verfolgung durch Dritte dem Staat zuzurechnen ist.[918]

Schutzbereichsbegrenzung: Art. 16a II S. 1 GG

Nach h.M. enthält Art. 16a II S. 1 GG bereits eine Schutzbereichsbegrenzung für Einreisende aus Ländern der Europäischen Gemeinschaft, so dass sich diese keinesfalls auch auf Art. 16a GG berufen können.

316

II. Eingriffe

Eingriffe

Ein Eingriff ins Asylrecht liegt in jeder aufenthaltsverweigernden oder -beendenden Maßnahme, nicht dagegen in zumutbaren und erfüllbaren Anforderungen an die Einreise, wie z.B. die Visumspflicht, soweit ihre Erfüllung zuzumuten ist.[919]

317

III. Schranken

Schranken

Art. 16a II S. 2 GG enthält im Gegensatz zu S.1 einen Gesetzesvorbehalt, mithin eine Schranke, nach dem der Gesetzgeber auch außerhalb der Europäischen Gemeinschaft „sicherer Drittstaaten" festlegen kann.

318

---

913   Vgl. BVerwGE 49, 202 (204 f.), 68, 172 (173).

914   Vgl. Jarass/Pieroth, Art. 16a GG, Rn. 2.

915   Zu dieser lehrreich Roeser, EuGRZ 1994, 85 ff.

916   Vgl. E 54, 341 (357).

917   Vgl. aus neuerer Zeit E 74, 51 (64 ff.); krit. z.T. die Literatur, vgl. Hofmann, NVwZ 1987, 299 ff.; Brunn, NVwZ 1987, 301 ff.; aus jüngerer Zeit auch BVerWG, NVwZ 1993, 195.

918   Vgl. dazu und zu verwandten Problemen Jarass/Pieroth, Art. 16a GG, Rn. 5.

919   Vgl. zum Ganzen Jarass/Pieroth, Art. 16a GG, Rn. 18 f.

Nach Art. 16a III GG können darüber hinaus noch „verfolgungsfreie" Herkunftsländer festgelegt werden. Der Asylantrag eines aus diesen Ländern Flüchtenden wird i.d.R. als offensichtlich unbegründet abgelehnt, wenn ihm nicht der Nachweis gelingt, dass er doch verfolgt wird, d.h. wenn er die „Nichtverfolgungsvermutung" nicht widerlegen kann.

Art. 16a IV GG schließlich enthält eine Bestimmung, die ein beschleunigtes Verfahren ermöglichen soll, Art. 16a V GG einen Vorbehalt für völkerrechtliche Verträge.

§ 27 PETITIONSRECHT, ART. 17 GG

Das Petitionsrecht hat wohl nur geringe Klausurrelevanz. Dagegen darf man die praktische Bedeutung (v.a. für den Einzelnen und sein Gefühl, vom Staat ernst genommen zu werden) nicht unterschätzen, was besonders für die im Zusammenhang mit Art. 17 GG zu sehenden formlosen Rechtsbehelfe i.Ü. gilt: bei diesen sind zu unterscheiden die Gegenvorstellung bei der Stelle, die die angegriffene Entscheidung erlassen hat, die Aufsichtsbeschwerde, die sich an die übergeordnete Stelle mit der Bitte um Überprüfung in der Sache richtet, und die Dienstaufsichtsbeschwerde, die sich wegen des persönlichen Verhaltens der tätigen Bediensteten an die übergeordnete Stelle wendet.

A) Schutzbereich

Bitten + Beschwerden = Petitionen

Die „Bitten und Beschwerden" des Art. 17 GG können als Petitionen zusammengefasst werden, wobei sich Bitten auf zukünftige Beschwerden gegen vergangenes Verhalten richten. Geschützt werden durch Art. 17 GG nur schriftliche Petitionen. **319**

„zuständige Stelle" großzügig auszulegen

Die „zuständigen Stellen" sind nicht im streng formalen, organisationsrechtlichen Sinne zu verstehen (etwa unter Einhaltung eines Instanzenzuges[920]), allerdings soll es bei fehlender sachlicher Zuständigkeit keine Pflicht zur Weiterleitung geben.[921] Außerdem können die Petitionen an die Volksvertretung, also v.a. Bundestag und Länderparlamente, gerichtet werden.

Anspruch auf Prüfung und Bescheidung

Um Art. 17 GG einen echten Sinn zu geben, muss man über den Wortlaut hinaus nicht nur ein Recht zur Petition, sondern auch einen Anspruch auf Prüfung und Bescheidung derselben annehmen.[922] Allerdings muss nach dem BVerfG darin nur die Kenntnisnahme vom Inhalt der Petition und die Art ihrer Erledigung[923] ersichtlich, nicht dagegen eine besondere Begründung gegeben werden.[924] **320**

Wird dieser Bescheidungspflicht nicht nachgekommen, ist der Verwaltungsrechtsweg nach § 40 VwGO eröffnet,[925] was im Übrigen auch gilt, wenn sonstige formlose Rechtsbehelfe (vgl. o.) nicht verbeschieden werden.

B) Eingriff

Eingriffe

Das Grundrecht aus Art. 17 GG wird beeinträchtigt, wenn die Petition nicht angenommen oder - nach Maßgabe der oben genannten Anforderungen - fehlerhaft oder gar nicht erledigt wird. **321**

C) Schranken

keine Schranken (aber Ausgestaltung möglich)

Art. 17 GG unterliegt keinem Gesetzesvorbehalt, ist aber - soweit ein Leistungsrecht in Form der Bescheidung besteht - einer näheren Ausgestaltung zugänglich. Auch aufgrund kollidierenden Verfassungsrechts können sich Schranken ergeben, was praktisch freilich selten vorstellbar ist, insbesondere, wenn man die sehr eingeschränkten Begründungspflichten nach dem BVerfG zugrunde legt. Das Recht zu Sammelpetitionen kann nach Art. 17a I GG für den Bereich des Wehr- und Ersatzdienstes eingeschränkt werden. ' **322**

---

920 Vgl. BVerfGE 2, 225 (229).
921 Vgl. BVerfG a.a.O.; a.A. aber wohl BVerwG, DÖV 1976, 215; M/D-Dürig, Art. 17 GG, Rn. 64.
922 Einhellige Ansicht, statt vieler Jarass/Pieroth, Art. 17 GG, Rn. 5.
923 E 2, 225 (230); 13, 54 (90).
924 A.a.O. aus neuerer Zeit bestätigend BVerfG, NJW 1992, 3033; eine Begründung wird dagegen von einem weiten Teil der Literatur gefordert, vgl. AK-Stein, Art. 17 GG, Rn. 29; BK-Dagtoglou, Art. 17 GG, Rn. 99ff.; Jarass/Pieroth, Art. 17 GG, Rn. 5.
925 Vgl. ausführlich Slupik/Spohler, JuS 1992, 410 ff.; richtige Klageart wäre eine schlichte Untätigkeitsklage als Sonderform der allgemeinen Leistungsklage. Lesenswert auch als Beispiel einer (freilich nicht Grundrechts-) Klausur mit einem Schwerpunkt bei Art. 17 GG.

§ 28 GEBOT EFFEKTIVEN RECHTSSCHUTZES, ART. 19 IV GG

Art. 19 IV GG enthält eine Grundsatznorm für die gesamte Rechtsordnung,[926] die meist außerhalb der Grundrechtsklausur, z.B. bei der Auslegung streitiger Fragen des Prozessrechts, auftaucht. Gleichwohl enthält die Vorschrift auch und gerade ein subjektives Recht und kann Gegenstand einer Verfassungsbeschwerde sein. Historisch liegt die Bedeutung des Art. 19 IV GG darin, dass erst durch die Absicherung der Rechtsweggarantie die Schaffung subjektiver Rechte wirklich zu durchsetzbaren Positionen führt.

A) Schutzbereich

nach h.M. Rechtsschutz nur gegen Exekutive und Normative im weiteren Sinn

Art. 19 IV GG garantiert den Rechtsweg gegen Rechtsverletzungen durch die öffentliche Gewalt: im Gegensatz zu Art. 1 III GG ist damit nach h.M. nur die Exekutive und die Normative im weiteren Sinn, d.h. der Satzungs- und Verordnungsgeber gemeint. Der Rechtsschutz gegen die Legislative ist dagegen in Art. 93 GG speziell geregelt, ein Rechtsschutz gegen die Judikative würde letztlich zu einem unendlichen Regress führen.[927]   323

kein Instanzenzug garantiert

Entsprechend wird durch Art. 19 IV GG nach h.M. kein Instanzenzug vorgeschrieben,[928] es gilt das Schlagwort vom „Schutz durch den Richter, nicht gegen ihn".[929] Entsprechend gilt diese Beschränkung nicht bei Justizverwaltungsakten (vgl. §§ 23 ff. EGGVG), die administrativ getroffen werden. Auch im Übrigen ist das Argument des Schutzes durch, nicht gegen den Richter stets dort sehr formal, wo der Richter nicht in seiner Funktion des Schlichters/Entscheiders zwischen zwei Parteien auftritt, sondern dem Betroffenen „alleine" als öffentliche Gewalt gegenübertritt, so z.B. bei Ordnungsmaßnahmen nach dem GVG.

Da eine Rechtsverletzung geltend gemacht werden muss, setzt Art. 19 IV GG implizit das Bestehen materiellen Rechts voraus, auf das sich der Bürger beruft.

Gebot effektiven Rechtsschutzes

Damit Art. 19 IV GG nicht leer läuft, muss der gewährte Rechtsschutz auch *effektiv* sein, d.h. es muss nicht nur überhaupt ein Rechtsweg offen stehen und zumutbar sein, sondern in diesem muss auch eine Verwirklichung des materiellen Rechts grds. möglich sein, was natürlich nicht zur Forderung führen kann, dass stets eine richtige Entscheidung getroffen werden muss.[930]   324

Somit verlangt Art. 19 IV GG grds. die Schaffung eines Rechtswegs (ergänzend steht der ordentliche Rechtsweg offen) vom Gesetzgeber und eine den Rechtsschutz effektuierende Verfahrensgestaltung durch den Richter. Auch muss die Nachprüfung durch den Richter so weit gehen, wie es der Grundsatz der Gewaltenteilung erlaubt, so dass auch das Ermessen auf bestimmte Fehler und unbestimmte Rechtsbegriffe grds. voll nachprüfbar sind.[931]

grds. nur repressiver, bloß ausnahmsweise vorbeugender Schutz

Schon seinem Wortlaut nach gilt Art. 19 IV GG grds. nur für repressiven Rechtsschutz, um aber irreparable Zustände zu vermeiden, ist in gewissen Grenzen auch ein vorläufiger und ein vorbeugender Rechtsschutz erforderlich.   325

---

926   BVerfGE 58, 1 (40).

927   BVerfG NJW 2003, 1924 = FamRZ 2003, 995, Anm. Vosskuhle NJW 2003, 2193, bspr. von Pache/Knauff, BayVBl. 2004, 385.

928   Vgl. bereits BVerfGE 4, 74 (94 f.).

929   M.w.N. (auch zu den Gegenansichten) BVerfG NJW 2003, 1924 = FamRZ 2003, 995.

930   Vgl. Lorenz, Jura 1983, 393 (394 f.).

931   Vgl. Lorenz, a.a.O., 398.

hemmer-Methode: Art. 19 IV GG spielt auch bei der Auslegung einfachen Prozessrechts eine wichtige Rolle. So darf etwa der vorläufige Rechtsschutz das Ergebnis der Hauptsacheentscheidung nicht vorwegnehmen. Von dieser Regel gibt es allerdings dann eine Ausnahme, wenn ohne vorläufige Anordnung die Rechte des Klägers vereitelt würden. Diese Ausnahme kann nur gerechtfertigt werden im Hinblick auf den Grundsatz des effektiven Rechtsschutzes in Art. 19 IV GG. Diese Ausnahme gilt aber folgerichtig nur im Anwendungsbereich des Art. 19 IV GG, d.h. wenn es um subjektive Rechte des Bürgers geht. Sie gilt nicht bei einem Streit um organschaftliche Rechte.

Ergänzt wird Art. 19 IV GG durch den verfahrensrechtlichen Charakter der Grundrechte,[932] welche eigene Bedeutung v.a. für die nähere Ausgestaltung des Rechtsschutzes sowie in Privatrechtsverhältnissen, in denen Art. 19 IV GG nicht gilt, erlangen kann. Das BVerfG[933] führt dazu folgendes aus: „Es ist mit der verfassungsrechtlichen Garantie eines effektiven Rechtsschutzes, die für zivilgerichtliche Verfahren aus Art. 2 I GG i.V.m. dem Rechtsstaatsprinzip folgt, nicht vereinbar, wenn einem Rechtsinhaber die Durchsetzung seines Rechts (hier: Rechtsschutz gegen Zwangsvollstreckung aus Prozessvergleich) in allen in Betracht kommenden Verfahrensarten jeweils ohne sachliche Prüfung mit der Begründung verwehrt wird, die Voraussetzungen für die Geltendmachung des Begehrens in dieser Verfahrensart lägen nicht vor."[934]

B) Eingriffe

Eingriffe

Ein Eingriff liegt in der Nichtgewährung des den obigen Anforderungen entsprechenden Rechtsschutzes, wobei dem Gesetzgeber bei der Ausgestaltung und Schaffung des Rechtswegs ein gewisser Gestaltungsspielraum zusteht, der aber durch die genannten Kriterien begrenzt ist.

326

C) Schranken

keine Schranken

Art. 19 IV GG wird schrankenlos gewährt, d.h. es kommen allenfalls Einschränkungen kraft kollidierenden Verfassungsrechts in Betracht. Wegen des genannten Ausgestaltungsspielraums ist aber nicht in jeder Gestaltung ein Eingriff zu sehen, so dass insoweit keine Schranken erforderlich sind. Außerdem kann der Gesetzgeber den Rechtsweg dadurch praktisch steuern, dass er einen gewissen Spielraum hat, wann er materiellrechtlich subjektive Rechte anerkennt.

327

---

932   Vgl. dazu oben Rn. 98; zum Verhältnis zu Art. 19 IVGG, näher auch Lorenz, a.a.O., 395 f.

933   BVerfG, NJW 1997, 2167.

934   vgl. hierzu auch BVerfG, NJW 2003, 1924 = FamRZ 2003, 995, Anm. Vosskuhle, NJW 2003, 2193 sowie Redeker, NJW 2003, 2956.

§ 29 WEITERE GRUNDRECHTE BZW. GRUNDRECHTSGLEICHE RECHTE

Auch außerhalb des Grundrechtskatalogs verbürgt das Grundgesetz Grundrechte bzw. grundrechtsgleiche Rechte, soweit Unterschiede in der Nomenklatur unerheblich sind, soweit nach Art. 93 I Nr. 4a GG mit der Behauptung deren Verletzung Verfassungsbeschwerde erhoben werden kann.

Noch einmal erwähnenswert ist, dass die u.a. im Folgenden dargestellten „Prozessgrundrechte" der Art. 101 ff. GG über Art. 19 III GG hinaus auch für ausländische juristische Personen oder solche des öffentlichen Rechts gelten.

Diese Rechte sollen im folgenden überblicksartig genannt werden:

A) Art. 20 IV GG

Widerstandsrecht

Art. 20 IV GG enthält ein als grundrechtsgleiches Recht ausgestaltetes[935] Widerstandsrecht, das allen Deutschen als ultima ratio zusteht, wenn ein staatliches Organ oder ein Privater es unternimmt, die in Art. 20 I - III GG festgesetzten Grundsätze zu beseitigen, wohl aber nur soweit diese nach Art. 79 III GG unabänderlich sind. Große praktische oder Klausurrelevanz hatte Art. 20 IV GG freilich bisher noch nicht.

328

B) Art. 28 II GG

Selbstverwaltungsrecht

Gerade kein Grundrecht, und auch nicht nach Art. 93 I Nr. 4a GG, sondern nach Nr. 4b überprüfbar ist das Recht auf Selbstverwaltung nach Art. 28 II GG, wobei der Umfang der Gewährleistung in Satz 1 und Satz 2 erheblich ist.[936] Gleichwohl sei die Vorschrift hier erwähnt, weil sie für die Gebietskörperschaften eine ähnliche Funktion übernimmt.

329

hemmer-Methode: Art. 28 II GG kann aber in der Grundrechtsklausur relevant werden als kollidierendes Verfassungsrecht i.S.d. praktischen Konkordanz. Von Bedeutung kann Art. 28 II GG auch in verwaltungs-, v.a. baurechtlichen Klausuren sein, wo Art. 28 II GG den Gemeinden eine Klagebefugnis geben kann, z.B. bei Missachtung des § 36 BauGB.

C) Art. 33 V GG

Grundsätze des Berufsbeamtentums

Die Differenzierungsgebote des Art. 33 I - III GG wurden bereits oben erwähnt.[937] Während diese als spezielle Gleichheitsrechte ausgestaltet sind, ist Art. 33 V GG eher als abwehr- und leistungsgrundrechtsgleiches Recht konzipiert, soweit man es mit dem BVerfG überhaupt als solches betrachten will[938] und nicht nur als bloßes Organisationsprinzip bzw. als Regelungsauftrag versteht.[939] Als solches schützt es nicht jeden einzelnen Rechtssatz überkommenen Beamtenrechts, sondern nur die elementaren Strukturprinzipien.[940] Als Rechte der Beamten können dies insbesondere sein: amtsangemessene Alimentation und Amtsbezeichnung, Anspruch auf Fürsorge u.a.[941]

330

---

935 Vgl. Jarass/Pieroth, Art. 20 GG, Rn. 86.

936 Vgl. Jarass/Pieroth, Art. 28 GG, Rn. 15 zu den „Gemeindeverbänden".

937 Vgl. Rn. 190.

938 Vgl. BVerfGE 8, 1 (14 ff.); 43, 154 (167).

939 Vgl. zu den dafür sprechenden Argumenten Pieroth/Schlink, Rn. 1129 ff.; freilich sieht das BVerfG Art. 33 V auch als ein sSlches an.

940 Vgl. BVerfGE 8, 332 (343).

941 Vgl. weitere Beispiele bei Pieroth/Schlink, Rn. 1132 f., jeweils mit Nachweisen zur Rechtsprechung.

Eingriffe kann man entweder erst dann annehmen, wenn diese Grundsätze (gar) nicht mehr berücksichtigt werden, dann ist freilich auch keine verfassungsmäßige Rechtfertigung möglich. Hält man dagegen jede Ausgestaltung für einen möglichen Eingriff, muss man Art. 33 V GG als grundrechtsgleiches Recht einer Einschränkungsmöglichkeit kraft kollidierenden Verfassungsrechts unterstellen und eine entsprechende Güterabwägung vornehmen.

D) Art. 101 (I S. 2) GG, Recht auf den gesetzlichen Richter[942]

Recht auf gesetzlichen Richter und Verbot von Ausnahmegerichten

331

Art. 101 I S. 2 GG garantiert, dass niemand seinem gesetzlichen Richter entzogen werden darf, was sich sonst schon aus dem Rechtsstaatsprinzip ergeben würde. Das Verbot von Ausnahmegerichten nach Art. 101 I S. 1 GG sowie das Gesetzeserfordernis für besondere Sachgerichte nach Art. 101 II GG stellen ihrerseits wieder Sonderfälle des Art. 101 I S. 2 GG dar.

Art. 101 I S. 2 GG verbürgt ein echtes subjektives Recht, welches freilich stark normgeprägt ist, d.h. wer der gesetzliche Richter ist, muss erst durch den Gesetzgeber festgesetzt werden.[943]

Bspe. des gesetzlichen Richters

Art. 101 I S. 2 GG garantiert, dass die Zuständigkeit des Gerichts im Voraus rechtssatzmäßig festgelegt ist, wobei diese Festsetzung praktisch durch ein Zusammenspiel von GVG, den Prozessordnungen und den Geschäftsverteilungsplänen zu erfolgen hat. Gesetzlicher Richter kann auch der EuGH sein,[944] so dass auch eine Verletzung der Vorlagepflicht an denselben einen Verstoß gegen Art. 101 I S. 2 GG darstellt. Gesetzlicher Richter kann im Übrigen nur ein solcher sein, der den Anforderungen der Art. 92, 97 GG entspricht, so dass Verletzungen dieser Vorschriften über Art. 101 I S. 2 GG verfassungsbeschwerdefähig werden.

Eingriffe theoretisch durch alle drei Gewalten denkbar

Eingriffe in das Recht aus Art. 101 I S. 2 GG sind durch die Legislative möglich, wenn sie bei einer Ausgestaltung nicht den Erfordernissen der Vorschrift genügt, vgl. auch Art. 102 GG. Eingriffe durch die Exekutive („Kabinettsjustiz") spielen heute keine praktische Rolle. Eingriffe durch die Judikative sind möglich, wenn entsprechende verfahrensrechtliche Bestimmungen (etwa über die Richterzusammensetzung oder -ablehnung) nicht beachtet werden. Um auch insofern nicht zur Superrevisionsinstanz zu werden, wertet das BVerfG hier jedoch nur willkürliche Rechtsverstöße als Eingriff.[945]

hemmer-Methode: Ein solcher Verfahrensverstoß wird auch die Konstellation sein, in der Art. 101 I S. 2 GG - wenn überhaupt - in der Klausur auftaucht, z.B. bei einer Urteilsverfassungsbeschwerde. Denkbar wäre hier auch eine Verknüpfung mit Europarecht, da auch der EuGH gesetzlicher Richter i.S.d. Art. 101 I S. 2 GG ist, wenn nach Art. 234 III GG eine Vorlagepflicht besteht.[946]

Soweit man eine Maßnahme als Eingriff betrachtet, liegt auch regelmäßig eine Verletzung vor, da Art. 101 I S. 2 GG unter keinem Gesetzesvorbehalt steht und sich die Frage nach kollidierendem Verfassungsrecht wegen der Ausgestaltungsbefugnis des Gesetzgebers praktisch nicht stellt.[947]

---

942   Vgl. auch Aufsatz von Pechstein, Jura 1998, 197 ff.

943   Vgl. Pieroth/Schlink, Rn. 1162.

944   BverfG, NJW 2001, 1267 = DVBl. 2001, 720 = BayVBl. 2001, 339 = Life & Law 2001, 578.

945   Vgl. BVerfGE 67, 90 (95); 75, 223 (234).

946   BverfG, NVwZ 2003, 1111.

947   Vgl. Jarass/Pieroth, Art. 101 GG, Rn. 12.

E) Art. 103 I GG, Anspruch auf rechtliches Gehör

große praktische Bedeutung

Art. 103 I GG ist sowohl objektiv-rechtliches Prinzip als auch subjektives grundrechtsgleiches Recht, vgl. Art. 93 I Nr. 4a GG. Der Anspruch auf rechtliches Gehör ist - ebenso wie der verwandte Art. 19 IV GG - stark normgeprägt und hat in der Praxis der Verfassungsbeschwerden eine große Bedeutung.

332

Geschützt ist das Recht, sich grds. vor Erlass einer Entscheidung in tatsächlicher und rechtlicher Hinsicht zur Sache äußern zu können.[948]

Dieses Recht findet nur verfassungsimmanente Schranken an der Funktionsfähigkeit von Verfahrensarten, die das GG anerkennt. Sie sind einschlägig, soweit bei vorherigem Gehör der Zweck des jeweiligen Verfahrens vereitelt würde.

> **Bsp.:** Eine Hausdurchsuchung nach vorheriger Ankündigung und Anhörung wäre wenig effektiv.

Sobald dies ohne Gefährdung des Verfahrenszwecks möglich ist, muss das rechtliche Gehör aber unverzüglich nachgeholt werden.[949] Art. 103 I GG selbst gilt nur vor Gericht, allerdings wird vor Verwaltungsbehörden ein ähnlicher Anspruch aus dem Rechtsstaatsprinzip abgeleitet und z.B. durch § 28 VwVfG i.d.R. auch einfach gesetzlich gewährt.

nähere Anforderungen

Um das rechtliche Gehör nicht inhaltsleer werden zu lassen, erwächst aus Art. 103 I GG neben dem formalen Äußerungsrecht auch ein Anspruch auf

⇨ Information über Äußerungen der Gegenseite,

⇨ Berücksichtigung des Vorbringens durch das Gericht.

Umgekehrt ist natürlich nicht erforderlich, dass das Gericht zu dem Ergebnis kommt, welches mit der Äußerung beabsichtigt war. Verletzt ist das Recht auf Gehör auch nicht, wenn der Betroffene sich tatsächlich nicht geäußert hat, er musste nur die Möglichkeit haben.

Ein Eingriff in das Recht aus Art. 103 I GG liegt vor, wenn das rechtliche Gehör nicht in der dargestellten Weise gewährt wurde, wobei kollidierendes Verfassungsrecht wegen der Ausgestaltungsbefugnisse schon auf dieser Ebene berücksichtigt werden kann. Wird gleichwohl ein Eingriff bejaht, führt dieser dann konsequenterweise auch zu einer Verletzung.

F) Art. 103 II, III GG, „nulla poena sine lege", „ne bis in idem"

Auch die Absätze zwei und drei des Art. 103 GG enthalten grundrechtsgleiche Rechte, die jedoch in der Klausur regelmäßig keine große Bedeutung haben. Wichtig ist deshalb v.a., ihre Einschlägigkeit gegebenenfalls bei der Sachverhaltsanalyse zu erkennen und eine begründete Entscheidung zu treffen.

333

nulla poena sine lege

I. Strafbarkeit i.S.d. Art. 103 II GG bezieht sich auf jede „missbilligende hoheitliche Reaktion auf schuldhaftes Verhalten",[950] also neben der Kriminalstrafe auch das Ordnungswidrigkeiten- oder Disziplinarrecht.[951]

---

948   Ständige Rspr., z.B. BVerfGE 69, 145 (148).

949   Vgl. BVerfGE 18, 399 (404).

950   Vgl. BVerfGE 26, 186, 204.

951   Vgl. Pieroth/Schlink, Rn. 1192 f. m.w.N.; str. ist die Anwendbarkeit auf Maßnahmen der Besserung und Sicherung.

Inhaltlich ist Art. 103 II GG gewissermaßen eine Spezialausprägung des Vorbehalts des Gesetzes, des Bestimmtheitsgrundsatzes und des Rückwirkungsverbots, wobei dieses für Strafgesetze absolut gilt. Dabei bedeutet absolute Geltung allerdings nicht, dass das Rückwirkungsverbot in seiner Reichweite nicht durch andere Verfassungspositionen eingeschränkt werden kann. Absolute Geltung bedeutet nur, dass die Rückwirkung im Strafrecht anders als im Verwaltungsrecht nicht von einer Abwägung abhängt, sondern schlechthin verboten ist. Absolute Geltung besagt aber nicht, dass dieser Grundsatz wie Naturrecht jede andere Verfassungsposition im Konfliktsfall verdrängt. So hat das BVerfG in der Mauerschützenentscheidung die Reichweite des Rückwirkungsverbotes teleologisch reduziert mit dem Argument, Art. 103 II GG wolle den Bürger, der auf einen demokratischen Gesetzgeber vertraue, vor Willkür schützen, er wolle aber nicht die Willkür innerhalb totalitärer Rechtsordnungen vor Strafe schützen.

Das BVerfG[954] führt folgendes aus: „Das Rückwirkungsverbot des Art. 103 II GG ist absolut und erfüllt seine rechtsstaatlich und grundrechtliche Gewährleistungsfunktion durch eine strikte Formalisierung. Es gebietet auch, einen bei Begehung der Tat gesetzlich geregelten Rechtfertigungsgrund weiter anzuwenden, wenn dieser im Zeitpunkt des Strafverfahrens entfallen ist. Ob und wie weit Art. 103 II GG auch das Vertrauen in den Fortbestand ungeschriebener Rechtfertigungsgründe in gleicher Weise schützt, wird nicht abschließend entschieden. Das strikte Rückwirkungsverbot des Art. 103 II GG findet seine rechtsstaatliche Rechtfertigung in der besonderen Vertrauensgrundlage, welche Strafgesetze tragen, wenn sie von einem an die Grundrechte gebundenen, demokratischen Gesetzgeber erlassen wurden. An einer solchen besonderen Vertrauensgrundlage fehlt es, wenn Träger der Staatsmacht für den Bereich schwersten kriminellen Unrechts die Strafbarkeit durch Rechtfertigungsgründe ausschließt, indem er über die geschriebenen Normen hinaus zu einem solchen Unrecht auffordert, es begünstigt und so die in der Völkerrechtsgemeinschaft allgemein anerkannten Menschenrechte in schwerwiegender Weise missachtet. Der strikte Schutz von Vertrauen durch Art. 103 II GG muss dann zurücktreten."

Diese Entscheidung ist von allergrößter Wichtigkeit, nicht nur für die Dogmatik im öffentlichen Recht sondern auch für die Dogmatik des Strafrechts und außerdem von größter Relevanz für Grundfragen, die sich jeder Rechtsordnung stellen.[955]

ne bis in idem

II. Das Verbot der Doppelbestrafung nach Art. 103 III GG ist dagegen auf das Kriminalstrafrecht beschränkt, so dass disziplinarische Maßnahmen unabhängig von einer solchen parallel denkbar sind. Es verbietet sowohl eine zweite Bestrafung für dieselbe Tat als auch die erstmalige Bestrafung nach erfolgtem Freispruch. Dagegen berührt die Wiederaufnahme zugunsten des Verurteilten den Schutzbereich des Art. 103 III GG nicht.

Auch der Schutzbereich des Art. 103 III GG soll nach der h.M. durch verfassungsimmanente Schranken begrenzt sein, womit zu erklären ist, dass in engen Grenzen (vgl. § 362 StPO) auch Wiederaufnahmen zu Lasten des Angeklagten möglich sind.

Bearbeiten Sie die Wiederholungsfragen zu den Einzelgrundrechten.

---

954   NJW 1997, 929 ff.

955   G. Jakob, Vergangenheitsbewältigung durch Strafrecht, in Josef-Isensee „Vergangenheitsbewältigung durch Recht", 1992, S. 37 ff.; Alexy, Der Beschluss des BVerfG zu den Tötungen an der innerdeutschen Grenze vom 24. Oktober 1996; Hamburg 1997; Horst Dreier, Gustav Radbruch und die Mauerschützen, JZ 1997, 421 ff.

Abschließende Themenklausur aus dem Grundrechtsbereich

In der Weimarer Reichsverfassung gab es eine systematische Verknüpfung von Grundrechten und Grundpflichten des Bürgers. Auch in der Verfassung der DDR gab es neben den Grundrechten Grundpflichten. So entsprach dem Recht auf Landesverteidigung die Wehrpflicht und dem Recht, sich frei seine Meinung zu bilden, die Pflicht, sich eine richtige Meinung zu bilden. Die Väter des Grundgesetzes wollten diese Verknüpfung nicht übernehmen aus den Erfahrungen mit dem Nationalsozialismus heraus. Dort hatte der einzelne Volksgenosse primär Pflichten dem Volksganzen gegenüber. Rechte hatte er nur als abgeleitete Kategorie soweit er sie brauchte, um seine Pflichten durchzusetzen. Die Pflicht wurde damit zur Führungskategorie und das Recht des Einzelnen zur nachrangigen Größe. Daher haben die Väter des Grundgesetzes die Grundpflichten der WRV nur an wenigen Stellen des Grundgesetzes übernommen wie etwa in Art. 14 II GG. Trotzdem ist auch heute noch umstritten, ob es neben den Grundrechten noch Grundpflichten als selbständige verfassungsrechtliche Dimension oder nur im Sinne einer ethischen Kategorie gibt: „Man kann einmal von Grundpflichten in dem Sinne sprechen, dass sie grundlegende, für den Bestand des Gemeinwesens fundamentale Pflichten seien. Dann bewegt man sich auf der Ebene von Verfassungs- oder Staatsvoraussetzungen und argumentiert im Bereich der allgemeinen Staatslehre. Man kann von Grundpflichten ferner in dem Sinne sprechen - und das ist das Verständnis, was sich wohl unmittelbar nahelegt-, dass Grundpflichten ein Parallelinstitut zu den Grundrechten sind, dass sie nach Rechtsform und Rechtsgehalt eine solche Parallelität aufweisen". (Böckenförde, VVDStRL, Heft 41, S. 114 f.)

Nehmen Sie Stellung zu dem Problem, ob Grundpflichten geltendem Verfassungsrecht als Parallelinstitut zu Grundrechten angesehen werden können, indem Sie folgende Fragen beantworten:

1. Gibt es den Begriff der Grundpflicht im Grundgesetz?

2. Gibt es Möglichkeiten der positivrechtlichen Anbindung der Grundpflichtentheorie im Grundgesetz?

3. Lässt sich die Grundpflichtentheorie als Auslegungsrichtlinie ähnlich dem Grundsatz der „wehrhaften Demokratie" einführen?

Frage 1: Begriff der Grundpflicht

334

Die Diskussion um die Kategorie der Grundpflicht hat sich gerade in jüngster Zeit belebt.[956] Zunächst verbunden mit dem Versuch gegenüber starken gesellschaftlichen Mächten oder Gruppen eine soziale bzw. ökologische Bindung ihres Handelns einzufordern, wird die Theorie der Grundpflichten neuerdings vor allem gegen die sogenannten „Auswüchse des Anspruchsdenkens" ins Feld geführt. Die Kategorie der Grundpflichten steht damit im Zusammenhang gegensätzlicher rechtspolitischer Konzepte und kann damit leicht in den Verdacht geraten, ordnungspolitische Vorstellungen verfassungsrechtlich überhöhen zu wollen.[957]

---

956 Vgl. etwa H.J. Klein, Der Staat, Bd. 14 1975, S.153 ff.; Merten; Bay VBl. 1978, S.554 ff.; Benda, Grundrechte - Grundpflichten, Esslingen 1981. Das Thema wurde auch aufgenommen durch die Vereinigung der Deutschen Staatsrechts- Lehrer, die anläßlich der Jahrestagung 1982 in Konstanz über „Grundpflichten als verfassungsrechtliche Dimension" diskutierte. Die Vorträge und Stellungnahmen wurden veröffentlicht in VVDStRL 41, 1983, S. 8 ff. (im Folgenden zitiert als VVDStRL mit Seitenangabe). Anläßlich dieser Tagung erschienen eine Reihe von Begleitaufsätzen, die sich mit dem Thema auseinandersetzten: Badura, DVBl 1982, S. 868 ff.; Bethge, NJW 1982, S. 2145 ff.; Gusy, JZ 1982, S. 657 ff.; Isensee, DÖV 1982, S. 611 f.; Pestalozza, NJW 1981, S. 2169 f.; Stober, NVwZ 1982, S. 473 ff.

957 Vgl. dazu auch Götz, VVDStRL, S. 8 f.

Es bedarf deswegen einer am positiven Verfassungsrecht orientierten Prüfung, um festzustellen, ob die Theorie der Grundpflichten lediglich rechtspolitischen Forderungen dient, oder eine bisher vernachlässigte verfassungsrechtliche Dimension darstellt.

Um den Begriff der Grundpflichten näher zu bestimmen, ist also am positiven Verfassungsrecht anzusetzen. Während sich allerdings im Grundgesetz wohl ein Abschnitt mit der Überschrift „Die Grundrechte" findet, gibt es einen entsprechenden Abschnitt für die Grundpflichten gerade nicht. Das Grundgesetz verwendet im Gegensatz zur Weimarer Reichsverfassung und einigen Landesverfassungen das Wort „Grundpflicht" im Verfassungstext überhaupt nicht. Nur das einfache Gesetzesrecht kennt diesen Begriff, wenn es etwa im Soldatengesetz dem Soldaten die Grundpflicht auferlegt, der Bundesrepublik treu zu dienen sowie Recht und Freiheit tapfer zu verteidigen. Allerdings ist an mehreren Stellen im Text des Grundgesetzes von Pflichten die Rede. Dieser Sprachgebrauch ist jedoch nicht ohne Weiteres zur Kategorie einer Grundpflicht verallgemeinerbar, denn es kommen dabei Pflichten sehr heterogener Natur zusammen, wie etwa die Pflicht des Staates die Menschenwürde zu achten, die den Ländern obliegenden Bundespflichten, die beamtenrechtliche Treuepflicht oder die zuvörderst den Eltern obliegende Pflicht zur Pflege und Erziehung der Kinder.[958]

Dem positiven Verfassungsrecht kann also der Begriff der Grundpflichten nicht unmittelbar entnommen werden. Andererseits schließt aber die bloße Textgestalt der Verfassung eine entsprechende dogmatische Konstruktion deswegen nicht von vornherein aus, weil sie immerhin die Kategorie der Pflichten enthält, und somit der Arbeit dogmatischer Systematisierung Anhalt bietet.

In der Literatur, soweit sie sich mit diesem Problem überhaupt auseinandersetzt, besteht keine Einigkeit über den dogmatischen Begriff der Grundpflichten: Einmal sollen die Grundpflichten „verfassungsrechtlich geforderte Pflichtbeiträge von eigenständiger verfassungsrechtlicher Bedeutung (Götz, VVDStRL, a.a.O.) sein, dann „klassische Bürgerpflichten im Sinne des Status civilis" (Hofmann, VVDStrL, a.a.O.), „Verfassungsvoraussetzungen und -erwartungen" (Isensee, a.a.O.), „austauschbare Werkzeuge des Verfassungsgebers" (Badura, a.a.O.).

Die überwiegende Ansicht versteht unter Grundpflichten verfassungsrechtliche Pflichten des Einzelnen gegenüber dem Staat[959]. Damit sind einfachgesetzlich begründete Pflichten - wie etwa die des Soldatengesetzes - per definitionem ausgeschlossen. Ebenso ausgeschlossen sind daneben Pflichten der Staatsorgane und Staaten untereinander[960], gegenüber Personen[961]. Diese Definition entspricht einem traditionellen innerhalb der deutschen Verfassungsgeschichte entwickelten Verständnis, welches die Grundpflichten als Gegensatz zu den Grundrechten begreift.

---

958   Vgl. als Negativbeispiele etwa Hesse, Grundzüge des Verfassungsrechts, 13. Aufl. 1982; Zippelius, Allgemeine Staatslehre, 7. Aufl. 1980; v. Münch, Grundgesetz-Kommentar, Bd. 1, 2. Aufl. 1981.

959   So Jellinek, System der subjektiven öffentlichen Rechte, 2. Aufl. 1964, S.81 ff.; C. Schmitt, Verfassungslehre, 1954, S. 174; Maunz, Deutsches Staatsrecht, 23. Aufl. 1980, § 13 II S.1; Merten, VVDStRL 35, S.135; ders., BayVBl 1978, S. 554 ff.; Hamann / Lenz, Das Grundgesetz, 3. Aufl., 1970, S. 54.

960   Vgl. dazu etwa Verdross/Simma, Universelles Völkerrecht, 2. Aufl. 1981, S. 229 ff.

961   Denninger, JZ 1975, S. 545 ff.; Bleckmann, Allgemeine Grundrechtslehren 1979, S. 229; E. Klein, DÖV 1977, S. 704 ff.; Häberle, Rechtstheorie, Bd. 11, 1980, S. 38, 414; BverfGE 40, 141, 177.

Frage 2: Positivrechtliche Anbindung der Grundpflichtentheorie   *335*

336

I. Ansatz bei einzelnen Pflichten

1. Wehrpflicht

Das Grundgesetz fasst die Wehrpflicht nicht als staatsbürgerliche *337* Grundpflicht, sondern in der Form eines grundrechtlichen Gesetzesvorbehalts.[962] Trotzdem wird teilweise in der Literatur die allgemeine Wehrpflicht als Beispiel einer verfassungsrechtlichen Grundpflicht aufgefasst[963]. Begründet wird dies mit der verfassungsrechtlichen Grundentscheidung für die militärische Verteidigung (Art. 12a I, 73 Nr. 1, 87a I S. 1 GG). Diese Grundentscheidung schließe die Einführung der Wehrpflicht als verfassungsrechtliche Grundpflicht ein.

Eine solche Argumentation erscheint aber nicht als schlüssig. Wenn Grundpflichten verfassungsrechtlich geforderte Beiträge des Bürgers in Form einer Individualpflicht sind, dann beinhaltet diese Kategorisierung, dass sie der Disposition durch den einfachen Gesetzgeber entzogen sind. Die Wehrpflicht ist nun zwar unstreitig in der Verfassung erwähnt, aber wie das Bundesverfassungsgericht[964] zu Recht festgestellt hat, verbietet dies nicht die etwaige Einführung einer Freiwilligenarmee. Wenn aber die Staatsaufgabe Verteidigung auch durch ein Freiwilligenheer erfüllt werden kann, bleibt von der zur Grundpflicht erhöhten verfassungsrechtlichen Individualpflicht nichts mehr übrig.

Angesichts dieses Zusammenhangs wird deutlich, dass das Grundgesetz die Wehrpflicht nicht zufällig in die Form eines grundrechtlichen Gesetzesvorbehalts gekleidet hat und ihre Bezeichnung als Grundpflicht erscheint höchstens im ethischen Sinn als möglich.

2. Übernahme von Ehrenämtern

Eine Pflicht zur Übernahme von Ehrenämtern gibt es nach dem *338* Bonner Grundgesetz nicht. Lediglich nach Art. 132 WRV und nach einem Teil der Landesverfassungen (Bayern Art. 121, Bremen Art. 9, Hessen Art. 25, Rheinland-Pfalz Art. 21, Saarland Art. 19) war eine solche Pflicht anzuerkennen. Auf der Ebene des Bundesverfassungsrechts ist lediglich von Bedeutung, dass das im Grundgesetz an die Stelle der früheren Grundpflicht zu Dienstleistungen für den Staat (Art. 144 WRV) getretene Grundrecht auf Freiheit von Arbeitszwang wegen der systematischen Unterscheidung von Ehrenamts- und Dienstpflicht[965] ehrenamtliche Tätigkeit für Staats- und Selbstverwaltungskörperschaften nicht verbietet.

---

962   Vgl. Merten, BayVBl 1978, S. 554 f.; Badura, DVBl 1982, S. 868; Bethge, NJW 1982, S. 2145 f.

963   Vgl. dazu Benda, a.a.O. Fn. 1. Den verfassungsrechtlichen Charakter der Wehrpflicht erkennen ebenfalls an: Martens, Grundgesetz und Wehrverfassung, 1981, S. 123 f.; K. Ipsen / J. Ipsen, in Bonner Kommentar, Art. 12a GG (1976), Rn. 28. Vgl. auch BVerfGE 28, 243. 261 (Wehrpflicht als verfassungsrechtliche Pflicht), BVerfGE 48, 127, 163 Wehrpflicht als verfassungsrechtlich verankerte Pflicht, sich an der bewaffneten Landesverteidigung zu beteiligen. Dagegen Merten a.a.O. Fn. 1, S.558; Gusy, a.a.O. Fn. 1, S. 660.

964   BVerfGE 48, 127 ff., 160.

965   Vgl. Nawiasky, in : Ders./Deusser/Schweiger/ Zacher, Die Verfassung des Freistaates Bayern, kommentierte Loseblattsammlung (1964 ff.), Art. 121 BV, Rn. 3; Schulz, in: Maunz/Dürig/ Herzog/Scholz, Art. 12 GG, Rn. 481; Meyer-Borgs, Kommentar Verwaltungsverfahrensgesetz, 2. Aufl. 1982, § 82, Anm. 3. Als Abgrenzungskriterium wird angesehen, dass organschaftliches Handeln für den Staat zum Ehrenamt gehört im Unterschied zu der zugunsten des Gemeinwesens erbrachten Dienstleistung. Da das Grundgesetz aber, anders als die Weimarer Verfassung einen Zwang zu öffentlichen Dienstleistungen im Allgemeinen untersagt, kann eine rein formale Ausgestaltung des Pflichtdienstes als "Amt" nicht ausreichen, um ein verfassungsrechtlich zulässiges Ehrenamt anzunehmen. Vielmehr wird es für die verfassungsrechtliche Zulässigkeit eines Ehrenamtes zusätzlich darauf ankommen, ob legitime Gründe, wie Laienbeteiligung, Selbstverwaltung usw. vorliegen.

Auch insoweit gibt es also im verfassungsrechtlichen Sinne keine Grundpflicht zur Übernahme von Ehrenämtern, sondern nur eine aufgrund von Gesetz zulässige Einschränkung der entsprechenden Grundrechte.

3. Grundpflicht zur Verfassungstreue?

Die Verpflichtung des Bürgers zur Treue gegenüber der Verfassung ist in einzelnen Landesverfassungen unter Abweichung von der Weimarer Reichsverfassung in den Katalog von Grundrechten und Grundpflichten aufgenommen worden (vgl. die Verfassung von Bayern[966], Bremen Art. 9, Hessen und Rheinland-Pfalz; wobei Hessen sogar die Pflicht des Bürgers zum vorbeugenden und repressiven Widerstand gegen Verfassungsbrüche steigert[967]. Das Grundgesetz hat demgegenüber unter Abweichung auch vom Herrenchiemsee-Entwurf (Art. 19) eine solche allgemeine Verfassungstreueklausel für den Bürger nicht aufgenommen, sondern ein davon abweichendes Modell des Schutzes nicht entwickelt.

339

Danach wird eine Verfassungstreue der Bürger nicht als Grundpflicht staatlich verordnet[968]. Der rechtsstaatlich gefasste Verfassungsschutz ist vielmehr als Verfassungsgefahrenabwehrrecht konzipiert.

Nicht obrigkeitliche Verpflichtung zur Verfassungstreue, sondern Freiheit als Prinzip der Gewährleistung der Verfassung und verhältnismäßig zugeordnete Verfahren zum Schutz der Verfassung, die auf der Ebene des Verfassungsrechts selbst (Art. 9 II, 18, 21 II GG), des Strafrechts oder Verwaltungsrechts angesiedelt worden sind, übernehmen die Funktion einer solchen Grundpflicht. Verfassungsschutz ist danach rechtsstaatliche Freiheitseinschränkung oder Begrenzung, nicht Verpflichtung des Bürgers. In diesem Sinne ist es folgerichtig, das Ziel des Verfassungsschutzes nicht durch eine allgemeine Treueklausel, sondern durch differenzierte Verfassungsgefährdungs-Tatbestände und Verfahren zu verwirklichen[969].

Das Fehlen einer solchen allgemeinen Verfassungstreuepflichtklausel wird auch daran noch einmal deutlich, dass den Beamten nach Art. 33 IV, V GG eine solche Verfassungstreuepflicht gesondert auferlegt wird.

Eine allgemeine Grundpflicht zur Verfassungstreue ist damit abzulehnen.

4. Öffentliche Dienstpflichten

Aus seiner historischen Zielrichtung als Anti-Arbeitsdienstgesetz heraus hat das Grundgesetz weitgehend darauf verzichtet, die Arbeitskraft seiner Bürger mit Pflichtbeiträgen zugunsten des Staates zu belasten. Art. 12 II GG begrenzt deswegen die Ausnahmen vom Grundrecht auf Arbeitszwangsfreiheit auf herkömmliche Dienstleistungspflichten[970].

340

---

966   Art. 117 der Verfassung des Freistaates Bayern; vgl. dazu Nawiasky/Leusser/Schweiger/Zacher, a.a.O., Art. 117 BV; Zacher, JöR, Bd. 15 (1966), S. 390.

967   Vgl. Zinn/Stein, Verfassung des Landes Hessen, Kommentar, Bd. 2, Art. 146, 47.

968   Ebenso: Denninger, VVDStRL 37 (1979), S. 8 ff., 50 Leits. 7; H.H. Klein, ebd. S. 80 f.; Röllecke, DÖV 1978, S. 457 ff., 459, 461; Bender, a.a.O. Fn. 1.

969   Die Treueklauseln der Landesverfassungen weisen zwar in die Richtung einer darüber hinausgehenden Verfassungstreuepflicht, sind aber zu ihrer Effektuierung auf das Staatsschutzstrafrecht angelegt und angewiesen (vgl. Nawiasky/ Leusser/Schweiger/Zacher, a.a.O. Art. 117 BV, Rn. 6; Strafgesetzgebung als Erfüllung des Pflichtenprogramms des Art. 117 Bayerische Verfassung). Für Art. 146 Hessische Verfassung vgl. Zinn/Stein, a.a.O.

970   Vgl. v. Mangold/Klein, Grundgesetz-Kommentar, Art. 12 GG, Anm. VII; Maunz/Dürig/Herzog/Scholz, Grundgesetz-Kommentar, Art. 12 GG, Rn. 476 ff.

Weiterhin kennt lediglich die Notstandsverfassung Ermächtigungen an den Gesetzgeber zur Einführung von Dienstleistungspflichten, erfasst damit aber wesentlich nur Wehrpflichtige (Art. 12a III GG) und sieht nur im Verteidigungsfall etwaige Erweiterungen vor (Art. 12a IV GG).

Auch hier handelt es sich aber nicht um den Grundrechten selbständig gegenüberstehende Grundpflichten, sondern um an bestimmte Voraussetzungen gebundene Grundrechtseinschränkungen.

Bei den mit der Unternehmenstätigkeit verbundenen öffentlichen Indienstnahmen, welche oft als „unbezahlte Hilfsarbeiten der Wirtschaft für den Staat"[971] bezeichnet werden, kann man auch nicht von verfassungsrechtlichen Grundpflichten sprechen. Bei diesen Meldepflichten zu statistischen Zwecken und ähnlichem handelt es sich noch nicht einmal um öffentliche Dienstleistungspflichten, sondern lediglich um eine aus der sozialstaatlichen Verantwortung des Unternehmens resultierende Berufsausübungsregel (Art. 12 I S. 2 GG).

Auch öffentliche Dienstpflichten sind somit nicht als verfassungsrechtliche Grundpflichten anzusehen.

5. Eigentümerpflicht des Art. 14 II GG

In Art. 14 II GG hat das Grundgesetz ein Stück des Weimarer Grundpflichtenkanons (Art. 153 III WRV[972]) in seinen Text aufgenommen[973]. Hier könnte also die behauptete Kontinuität der Grundpflichtenidee auch im Grundgesetz anknüpfen.

Der Satz „Eigentum verpflichtet" ist Ausdruck der besonderen Bindungen, die dem, Eigentum vom Grundgesetz auferlegt werden, aber praktisch doch nicht allgemein jedem Eigentum, sondern beschränkt auf das Eigentum in der Boden- und Wirtschaftsverfassung. „Eigentum verpflichtet" wird deswegen oft als verfassungsrechtliche Grundpflicht bezeichnet[974].

Der juristische Ertrag einer solchen Kategorisierung als Grundpflicht ist allerdings nicht groß. Schon in den Weimarer Verfassungsberatungen wurde erkannt, dass für Boden- und Wirtschaftsverfassung nicht Grundpflichten, sondern die gesetzgebende Gewalt der maßgebliche Faktor ist[975]. Demgemäß wurde in der Nationalversammlung die Streichung der Klausel Eigentumsverpflichtung beantragt[976].

Der Grundsatzcharakter der Norm „Eigentum verpflichtet" verhindert, dass aus ihr ohne die Vermittlung durch die einfachgesetzliche Eigentumsordnung justitiable Eigentümerpflichten abgeleitet werden[977].

341

---

971 IHK Koblenz, Unbezahlte Hilfsarbeiten der Wirtschaft für den Staat - Steuerbonus als Ausweg?, 1976 (Maschinenskript; Klein/ Blenkers, Die Belastung von Industrieunternehmen durch administrative Leistungen für den Staat, 1980.

972 Zur Ideengeschichte des Art. 153 III Kübler, AcP (1960), S.236 ff., 241 ff. (Lutherische Eigentumsethik).

973 Zur Entstehungsgeschichte: JvÖffR n.F. Bd. 1, S. 145 ff.; Kimminich, Bonner Kommentar, Art. 14 GG, Anm. I, S. 3 ff. (Zeitbearbeitung 1965).

974 Für Grundpflicht: Kimminich, Bonner Kommentar, Art. 14 GG, Rn. 8 (Drittbearbeitung 1976); Bender, a.a.O. Fn. 1, kritisch Merten, a.a.O., S. 558.

975 Vgl. E.R. Huber, VerfGsch. Bd. V, 1978, S. 1199 ff.

976 Verhandlungen der verfassungsgebenden deutschen Nationalversammlung Aktenstück Nr. 391, in: verfassungsgebende deutsche Nationalversammlung, Bd. 336, 1920, S. 509.

977 Vgl. Isensee, a.a.O., S. 613.

Zwar hat man im Zivilrecht eine zeitlang erwogen, Art. 14 II GG als Generalklausel zu verwerten[978], ist aber inzwischen zu Recht zu den Generalklauseln der unterverfassungsmäßigen Rechtsordnung übergegangen.

Die praktischen Konsequenzen der Auffassung von Art. 14 II GG als Grundpflicht sind dementsprechend gering: zum einen wird in Art. 14 II GG ein Gesetzgeber bezogenes Sozialgebot zur Gestaltung der Eigentumsordnung gesehen[979]. Zum anderen wird in der Literatur versucht, Art. 14 II GG in Verbindung mit der Steuerkompetenz des Staates eine Grundpflicht zu entnehmen.

Damit stellt sich aber auch hier die Frage, ob die Kategorisierung als Grundpflicht nicht über den dogmatischen Gehalt des Art. 14 II GG weit hinausschießt. Denn die Folgerungen aus einer solchen Kategorisierung als Grundpflicht für die Dispositionsfreiheit des demokratisch legitimierten Gesetzgebers wären zu weitgehend. Wenn man schon so weit gehen will, die Steuerpflicht als eine Grundpflicht der Verfassung anzusehen, dann darf man dabei jedenfalls nicht an Art. 14 GG anknüpfen und sie als spezifische Eigentümerpflicht verstehen. Wenn man die Steuerpflicht schon als Grundpflicht kategorisieren will, was im Weiteren noch zu diskutieren ist, dann müsste unter Berücksichtigung der heutigen Verhältnisse, diese Pflicht als allgemeine staatsbürgerliche Pflicht ausgestaltet werden, da die Steuer im Wesentlichen von den Einkommensbeziehern erbracht wird. Weiterhin ist auch zu fragen, ob der Gesetzgeber wirklich von Verfassungs wegen daran gehindert sein sollte, die spezifische Besteuerung des Eigentums als Grundeigentum etwa ganz oder teilweise abzuschaffen.

Auch Art. 14 II GG bietet somit der Grundpflichtentheorie keine ausreichende Grundlage.

6. Steuerpflicht des Bürgers als verfassungsrechtliche Grundpflicht?

Auch die Steuerpflicht des Bürgers ist nach dem Text des Bonner Grundgesetzes nicht als „Grundpflicht" gefasst.

342

Ihre dogmatische Überhöhung zur Grundpflicht würde weiterhin der Systematik der verfassungsrechtlichen Grenzen der Besteuerung widersprechen. Die Steuerpflicht ist keine den Grundrechtspositionen des Bürgers indifferent gegenüberstehende selbständige Grundpflicht.

Als gesetzliche Einschränkung dieser Grundrechtspositionen ist sie vielmehr bestimmten Schranken unterworfen, die sich in ihrem Verhältnis zum Eigentumsgrundrecht bestimmen. Dazu gehören neben anderen die Unanwendbarkeit des Instituts der Enteignung[980], die Substanzgarantie, Besteuerung nach der Leistungsfähigkeit, steuerspezifische Anwendung des Gleichheitsgrundsatzes.

Auch die Steuerpflicht des Bürgers ist insoweit keine den Grundrechten selbständig gegenüberstehende verfassungsrechtliche Dimension, welche eine theoretische Kategorisierung als Grundpflicht rechtfertigen würde.

---

978   Vgl. Kübler, AcP (1960), S. 236; Erwin Stein, Festschrift für Gebhard Müller, 1970, S. 503 ff., 523 f.

979   BVerfGE 37, 123, 140; 38, 348, 370; 50, 290, 340; 52, 1, 29,; 58, 137, 147; 58, 300, 338).

980   Vgl. Friauf, DöV 1980, S. 480 ff., 487. Zum Begriff der Enteignung jetzt: BVerfGE 52, 1, 27.

7. Erziehungspflicht

Die Erziehungspflicht scheint als verfassungsunmittelbare Pflicht des Bürgers am ehesten dazu geeignet, als verfassungsrechtliche Grundpflicht aufgefasst zu werden.

343

Der Umstand, dass die Verfassung den Eltern die Erziehung ihrer Kinder zur Pflicht macht, auch wenn sie dies in Wahrung der prinzipiellen Asymmetrie nur durch Ausschluss der negativen Grundrechtsfreiheit der Nichterziehung tut[981], hat einen spezifisch verfassungsrechtlichen Grund. Dieser ist darin zu erkennen, dass der Staat, der die Grundrechte auch der Kinder garantiert, es nicht offen lassen kann, ob das nach dem Prinzip der Freiheit primär den Eltern zugestandene Erziehungsrecht ausgeübt wird oder nicht. Wegen seiner Grundrechtsgarantenstellung muss der Staat hier die Eltern in die Pflicht nehmen.

Dieser Zusammenhang einer Akzessorietät zur Grundrechtsgewährleistung macht es nicht sehr plausibel, die Erziehungspflicht im Sinne einer Grundpflicht als selbständige verfassungsrechtliche Dimension den Grundrechten gegenüberzustellen.

8. Schulpflicht

Bei der Schulpflicht gelten dieselben Erwägungen wie bei der Erziehungspflicht. Als Besonderheit ist aber noch zu berücksichtigen, dass die Verfassung nicht das Materielle der Schulpflicht, nämlich die Erziehungsziele, regelt. Lediglich die Lehrer sind nämlich aufgrund der Landesverfassungen gehalten, die Schüler so zu erziehen, dass sie arbeitsam, duldsam und lebenstüchtig sind, wie es in den Verfassungstexten heißt. Selbst auf dem Gebiet des Staatsbürgerwerdens kann also eine unmittelbare Pflicht des Bürgers nur den formalen Rahmen erfassen, niemals aber den Grundrechten selbstständig gegenüberstehende sittliche Pflichten als solche verrechtlichen.

9. Allgemeine Gesetzesgehorsamspflicht

Eine allgemeine Gesetzesgehorsamspflicht wird vom Text des Bonner Grundgesetzes nicht als selbständiges Rechtsinstitut erwähnt. Zum Teil wird in der Literatur der Gesetzesgehorsam als verfassungsrechtliche Grundpflicht des Bürgers angesehen. Diese Grundpflicht werde nicht durch einfaches Gesetz eingeführt, sondern liege dem Gesetz voraus, und zwar als die apriorische Bedingung seiner Wirksamkeit. Damit werde gleichsam das Naturrecht erfasst, auf dem selbst noch der Gesetzespositivismus aufbaue.

Auch die Friedenspflicht des Bürgers gelte unabhängig davon, ob sie gesetzlich geregelt sei oder nicht. Das Verbot der privaten Gewalt sei somit die Grundlage staatsbürgerlichen Zusammenlebens, das a priori des modernen Staates schlechthin (Isensee, VVDStRL, S. 131).

Allerdings lässt sich gegenüber dieser Auffassung auf ein paralleles Problem im Völkerrecht hinweisen. Der Satz „pacta sunt servanda" ist kein Völkerrechtssatz, sondern eine Voraussetzung des Völkerrechts. Entsprechend ist die Gehorsamspflicht als Voraussetzung des Staates zu beurteilen. Sie ist nicht etwa eine Grundpflicht im Sinne einer eigenständigen verfassungsrechtlichen Dimension.

---

981   Vgl. A. Lüderitz, AcP 1978, S. 263 ff.; 267 ff.; Böckenförde, in: Essener Gespräche zum Thema Staat und Kirche 14. 1980, S. 54 ff., 65 ff., 74, 76; über die negative Seite der Grundrechte, A. Bleckmann, Allgemeine Grundrechtslehren, 1979, S. 218 f.

Auch der Gesetzesgehorsam ist damit keine eigenständige verfassungsrechtliche Grundpflicht, sondern beruht auf der demokratischen Legitimation des Gesetzgebers und ist als solcher im Verfassungstext nicht extra aufgenommen.

II. Anbindung an Generalklauseln

1. Ableitung aus Sozialstaatsprinzip

In der Literatur wird zum Teil aus dem Sozialstaatsprinzip eine Verpflichtung zu sozialer Verantwortung hergeleitet. Dies wird auch als Grundpflicht zu einem Mindestmaß an Solidarität gegenüber der Gemeinschaft bezeichnet. Als solches liege das sozialstaatliche Verantwortungsprinzip eigentlich jeder Staatlichkeit, ja überhaupt jeder Gemeinschaft zugrunde. Keine Gemeinschaft könne existieren, ohne dass ein Mindestmaß an Solidarität vorhanden sei, an wechselseitiger Achtung; ein Mindestmaß an Bemühen, andere nicht zu schädigen.

Jeder, der heute in einer staatlichen Gemeinschaft lebe, habe dadurch auch Vorteile, von denen er im Alltag Gebrauch mache und sei dadurch verpflichtet, seinerseits auf die Gemeinschaft Rücksicht zu nehmen. Aus diesem allgemeinen Zusammenhang wird dann eine Solidaritätspflicht abgeleitet im Sinne einer verfassungsrechtlichen Grundpflicht[982].

Eine solche undifferenzierte, aus allgemeinen und mit dem Verfassungsrecht unvermittelten Erwägungen abgeleitete verfassungsrechtliche Grundpflicht zur Solidarität würde aber in der Konsequenz eine von vornherein sozialverpflichtete Freiheit produzieren. Wenn Lern-, Fortbildungs-, Arbeitsunlust, gesundheitsschädliche Lebensweise und falsche Einstellungen zu Krankheiten etc. in unnötigen Belastungen enden, dann soll hier diesen Belastungen durch soziale Grundpflichten entgegengesteuert werden. Wenn man aber die soziale Grundpflicht zur Eigenverantwortung und Rücksichtnahme ins Auge fasst, so wäre es zu kurz gedacht, nur eine verfassungsrechtliche Überhöhung der vielfältigen prozeduralen und materiellen Mitwirkungspflichten des Empfängers von Sozialleistungen nach dem SGB (§ 60 ff. SGB-AT30), der dem Arbeitslosen zumutbaren Beschäftigung (§ 103 AFG31) oder der dem Sozialhilfeempfänger zumutbaren Arbeit (§§ 25 BSHG32) vorzunehmen. Man käme gewissermaßen zu spät, wenn man erst dem sozial Hilfebedürftigen eine Grundpflicht auferlegen wollte. Vielmehr müsste man schon vorher die gesamte Lebensführung aller Staatsbürger so in die Pflicht nehmen, dass vermeidbare Inanspruchnahmen der Gemeinschaft von vornherein ausgeschlossen sind. Es gäbe dann neben den bekannten verfassungsrechtlichen Pflichten auch die Pflicht, sich auszubilden, zu arbeiten, seine Gesundheit zu erhalten etc.

Im Ergebnis wäre damit das verfassungsrechtlich anerkannte Prinzip der Eigenverantwortung in einem komplexen und sich ständig ausdehnenden Pflichtenkanon aufgelöst.

Eine Ableitung von Grundpflichten aus dem Sozialstaatsprinzip würde damit dieses Prinzip entgegen der freiheitlichen Verfassungssystematik überstrapazieren.

344

345

---

982   Vgl. zum ganzen Zusammenhang einer Ableitung von Grundpflichten aus dem Sozialstaatsprinzip: Bachof, VVDStRL, S. 98 ff.

2. Ableitung aus Staatszwecken

In der Literatur wird zum Teil versucht, die Grundpflichten des Bürgers aus den Grundaufgaben des Staates abzuleiten, weil die Grundpflichten mit den Staatsaufgaben in einem starken Zusammenhang stehen sollen.

346

Aus der Sicht von Schuppert (VVDStrL, S. 106 ff.) sind es drei wichtige Staatsaufgaben, die verfassungsrechtliche Grundpflichten des Bürgers konstituieren. Genannt wird die der Staatsaufgabe zur Gewährleistung von Sicherheit im Innern entsprechende allgemeine Gehorsamspflicht des Bürgers. Weiterhin die der Staatsaufgabe der Landesverteidigung korrespondierende allgemeine Wehrpflicht und schließlich die der Staatsaufgabe der Beschaffung von Ressourcen korrespondierende Pflicht zur Steuerzahlung (vgl. zum Ganzen Schuppert, VVDStRL, S. 107). Weil man diese Grundaufgaben des Staates nicht abschaffen könne, sei es auch ausgeschlossen, diese Grundpflichten zu suspendieren. Damit würde man nämlich die Grundaufgaben des Staates undurchführbar machen. In der Konsequenz werden dann Grundpflichten nicht als Schranken an die Grundpflichten herangetragen, sondern die verfassungsrechtlichen Grundpflichten des Bürgers werden abgeleitet aus einem rechtlich nicht weiter diskutierten Herrschaftscharakter eines „modernen Staates".

Ähnlich geht Badura (a.a.O. Fn. 1) davon aus, dass man die Grundpflichten als Eintrittskarten des Bürgers für seine Mitgliedschaft im Staatsverband verstehen könne. Die Grundpflichten sind danach der Austausch für die staatlichen Leistungen gezahlte Preis für die Gewährleistung von Sicherheit, Landesverteidigung und kostenintensiven Aufgaben.

Ebenso will Kirchhoff (VVDStRL, S. 128 ff.) Grundpflichten daraus ableiten, dass der Bürger an einer Gefährdungsgemeinschaft mit dem Staat teilhabe. Beispielsweise trage der Bürger die Lasten an innerem und äußerem Unfrieden, den der Staat hervorrufe oder zulasse. Ebenso trage der Bürger die technischen Risiken, welche der Staat verursache oder gestatte. Schließlich hat er auch die Finanzverbindlichkeiten, welche der Staat eingeht, zu erfüllen. Diese allgemeine in der Staatsverfassung angelegte Gefahrengemeinschaft wirke sich unmittelbar auf die Rechtspflichten der Bürger aus. Der Freiheitsgehalt der Verfassung wird nach dieser Auffassung gesteigert wenn man die aus der staatlichen Gefahrengemeinschaft ja schon naturwüchsig folgenden Pflichten in verfassungsrechtliche Grundpflichten des Bürgers sodann den Grundrechten entgegenstelle.

Gegenüber diesen Positionen ist an der Systematik des Bonner Grundgesetzes festzuhalten. Das Grundgesetz geht davon aus, dass Staatsaufgaben mittels demokratisch legitimierter Gesetzgebung gelöst werden und sieht daneben keine Notwendigkeit noch irgendwelche selbständige verfassungsrechtliche Grundpflichten zu postulieren. Aus der Konstruktion vor- oder außenrechtlicher Herrschaft können natürlich Pflichten abgeleitet werden, aber gerade keine Rechtspflichten.

Dasselbe gilt für gesellschaftsvertragliche Erwägungen oder einer Art von gefahrvoller Kameradschaft zwischen Staat und Bürger. Es handelt sich dabei um Konstruktionen, die jedenfalls nicht mit dem geltenden Verfassungsrecht zu tun haben.

III. Verfassungsrechtliche Grundpflichten als Grundlage für die Gesetzgebung?

347

In der Literatur wird zum Teil ersucht, eine Rechtfertigung für die Annahme verfassungsrechtlicher Grundpflichten daraus zu gewinnen, dass die staatliche Gesetzgebung einer solchen verfassungsrechtlichen Grundlage bedürfe: „Wo anders als in verfassungsrechtlichen Pflichtigkeiten können alle unsere Verbindlichkeiten gründen, wenn Verwaltungsrecht „konkretisiertes Verfassungsrecht" ist und jede rechtliche Belastung einer verfassungsmäßigen Grundlage bedarf? (Götz, VVDStRL, S. 45 f.)

Allerdings ist die verfassungstheoretische Voraussetzung dieser Argumentation zweifelhaft. Nicht für jedes belastende Gesetz ist prinzipiell eine Legitimation in der Verfassung in Gestalt einer besonderen Pflicht erforderlich. Vielmehr können Gesetze für den Bürger pflichtbegründende Wirkung auch auf der Ebene des einfachen Gesetzes haben, wenn sich diese pflichtbegründende Wirkung mit den Grundrechten vereinbaren lässt. Danach brauchen wir keine umfassenden Verfassungspflichten, um einfachgesetzliche Pflichten verfassungsrechtlich zu begründen. Dafür genügt die demokratische Legitimation des Gesetzgebers und die Vereinbarkeit des Gesetzes mit den betroffenen Grundrechten der Bürger. Daher ist auch eine Ableitung von Grundpflichten als gesonderte Grundlage für die Gesetzgebung nicht möglich.

IV. Sind die Grundpflichten aus einer notwendigen Konnexität heraus automatisch mit den Grundrechten Gesetze?

348

Zum Teil wird in der Literatur eine sehr enge Konnexität der verfassungsrechtlichen Rechte mit entsprechenden Pflichten betont. Verfassungsrechtliche Freiheit bedeutet danach, Sicherung der Autonomie der Person, deren Begriff aber ihr Gegenüber einschließt.[983] Verfassungsrechtliche Freiheit heißt hier Freiheit im Miteinander der Bürger, welche in gleicher Weise frei sind. Die Annahme gewisser elementarer Pflichten ist für diese Ansicht also die notwendige Konsequenz der staatlichen Aufgabe, die gleichen Freiheitsansprüche aller miteinander verträglich zu machen und gegeneinander zu sichern, sowie die Erfüllung aller Gemeinschaftsaufgaben zu organisieren.[984]

Fraglich ist aber, was eine solche Konnexität für die freiheitliche Verfassungstradition des Bonner Grundgesetzes heißen kann. Hier kann ein Vergleich mit der sozialistischen Verfassungstradition von Nutzen sein.

Innerhalb der sozialistischen Verfassungstradition wird den Grundpflichten der Bürger eine wachsende Bedeutung zugemessen.[985]

Es gilt danach der Grundsatz der Einheit von Rechten und Pflichten[986], welche zum einen besagt, dass dem Bürger aus den Rechten der Verfassung die Pflicht erwächst, von diesen Rechten aktiv in der Weise Gebrauch zu machen, dass sie der Stärkung der sozialistischen Staatsmacht, der Mehrung des gesellschaftlichen Reichtums und der Höherentwicklung der Gesellschaft dienen[987].

---

983 Götz VVDStRL, S. 45 f.

984 Hofmann VVDStRL, S. 74.

985 Zur Grundrechtskonzeption der sozialistischen Verfassungen vgl. Autorenkollektiv, Staatsrecht der DDR, 1978, Brunner, Politische Soziologie der UdSSR Teil I und II 1977; Mampel, Die sozialistische Verfassung der DDR, 2. Aufl, 1982, S. 536 ff.

986 Vgl. Mampel, Die sozialistische Verfassung der DDR, Bd. 2 Art. 19 Erl. 3, S. 13.

987 Vgl. T. Schönrath, StuR 1972, S. 1715 ff., 1720; Einheit von Rechten und Pflichten nicht als ihr Zusammentreffen, sondern Zusammenwirken; anders noch Klenner, Studien über Grundrechte, 1964, S. 97 f.: Identität von Grundrechten und Grundpflichten.

Ob damit schlechthin eine Gleichsetzung von Rechten und Pflichten gegeben ist, wurde in der Theorie mehrfach erörtert. Diese Frage kann hier allerdings vernachlässigt werden, da jedenfalls nach einheitlicher Ansicht die Grundrechte nur nach Maßgabe der politischen, ökonomischen und ideologischen Garantien gewährleistet sind.

Die Einheit von Rechten und Pflichten im sozialistischen Verfassungsrecht bezieht sich weiterhin auf die in der Verfassung ausdrücklich benannten Grundpflichten. In der Verfassung der DDR von 1968 - 1974 haben diese ausdrücklich benannten Grundpflichten eine Aufwertung erfahren. Die Formel „Grundrechte und Grundpflichten der Bürger" ist in den Verfassungstext aufgenommen und wird von allen Kommentatoren ausdrücklich in der Vordergrund gestellt[988].

Im Unterschied zum sozialistischen Verfassungsdenken ist in der bürgerlich-liberalen Verfassungstradition die Asymmetrie von Rechten und Pflichten zentral für jede Diskussion über Grundpflichten. Zwischen Rechten und Pflichten gibt es danach grundlegende Unterscheidungsmerkmale. Über Rechte kann man verfügen, auf sie verzichten, auf Pflichten dagegen nicht. Pflichten kann man nur verletzen, wenn man nicht durch Dritte davon befreit wird. Ein System, das an Pflichten anknüpft, schafft daher eine viel radikalere und engere Bindung der Bürger als ein System, das sich auf individuelle Rechte gründet. Ein auf Rechte begründetes System ist demgegenüber flexibler.

Daher ist die Asymmetrie von Rechten und Pflichten eine notwendige Bedingung für einen freiheitlichen Staat. Man kann im Asymmetriegrundsatz von Rechten und Pflichten keine Grundpflichten aus einem Gegenseitigkeitsprinzip zu Grundrechten ableiten, weil damit gerade der Symmetriegedanke im Sinne eines spiegelbildlichen Ansatzes entgegen dem Asymmetriegrundsatz eingeführt würde.

Im Ergebnis ist damit festzustellen, dass weder einzelne verfassungsrechtliche Pflichten im Sinne der Grundpflichtentheorie interpretiert werden können, noch dass verfassungsrechtliche Generalklauseln entsprechende Grundpflichten der Bürger postulieren.

Frage 3: Die Grundpflichten als Auslegungsrichtlinie

In der Diskussion um verfassungsrechtliche Grundpflichten des Bürgers wird wiederholt vorgeschlagen, die Grundpflichten als vom Grundgesetz insgesamt vorausgesetzte Konstruktion ähnlich dem Grundsatz der „wehrhaften Demokratie" einzuführen oder zumindest als Auslegungsrichtlinie zu gebrauchen. So fordert etwa Hofmann (VVDStRL, S. 124) dazu auf, am Grundgesetz in der Weise zu arbeiten, dass man stärker als bisher den Zusammenhang von Rechten und Pflichten ins Bewusstsein hebt. 349

Es frage sich also, ob die Grundpflichtentheorie als Theorieelement der Konkretisierung verwendet mit der geltenden Verfassungsrechtslage vereinbar ist.

I. Grammatische Auslegung

Die ergibt zunächst, dass im Verfassungstext die Bezeichnung „Grundpflichten" nicht gebraucht wird. Trotzdem könnte es sich allerdings noch ähnlich wie bei der bekannten Rechtsfigur der „wehrhaften Demokratie" bei der Theorie der Grundpflichten um eine dogmatische Verallgemeinerung eines Strukturprinzips der Verfassung handeln. 350

---

988   Autorenkollektiv, Staatsrecht der DDR, S. 190.

Das isolierte grammatische Element ist somit ohne Berücksichtigung der weiteren auf die Sprachdaten bezogenen Konkretisierungselemente nicht trennscharf. Erst unter Hinzuziehung des systematischen Elements sowie des historischen und genetischen Elements lässt sich entscheiden, ob die Grundpflichtentheorie mit der geltenden Verfassungsrechtslage vereinbar ist.

II. Systematische Auslegung

Als systematische Erwägung für die Theorie der Grundpflichten wird in der Literatur des Öfteren das Problem der Begrenzung grundrechtlich gewährleisteter Freiräume im Sinne einer „Pflichtigkeit grundrechtlicher Freiheiten" angesprochen: „Die Rechtsprechung des Bundesverfassungsgerichts hat im Zusammenhang mit dem Elternrecht des Art. 6 II GG die Verknüpfung von Recht und Pflicht eingefangen in dem Begriff Verantwortung. Mir scheint dieser Begriff - so unscharf er auch ist - weist in die Richtung, die weiterverfolgt werden sollte. Mir jedenfalls geht es sehr darum, im Zusammenhang mit der heutigen Diskussion weiter über die Entwicklung von Kriterien für die verantwortliche Ausübung grundrechtlicher Freiheit nachzudenken. Ich meine, dass man die Frage stellen muss, ob nicht grundrechtliche Freiheit, wenn man sich dazu versteht, sie als Rechtsinstitut und nicht als Ausgrenzung zu begreifen, auch in bestimmter Weise inhaltlich definiert werden muss" (Hollerbach, VVDStRL, S. 134). 351

Die hier angedeutete systematische Erwägung, dass es der Grundpflichten als Instrumente zur Begrenzung grundrechtlicher Freiheiten bedarf, ist allerdings nicht tragfähig.

Denn aus der bisher in Rechtsprechung und Literatur entwickelten Schrankensystematik kann im Wege einer rechtsstaatlich konsequenten methodischen Reflexion die Normbereichsanalyse als Instrument gewonnen werden, um die sachliche Reichweite dieser Gewährleistungen unabhängig vom nebulösen Begriff einer grundsätzlichen Pflichtigkeit der Grundrechte genau zu bestimmen.

Umgekehrt ist vielmehr zu fragen, ob die an der liberalen Tradition orientierte Systematik des Bonner Grundgesetzes die Einführung von Grundpflichten als selbständige verfassungsrechtliche Dimension nicht gerade ausschließt.

Das Verhältnis zwischen Rechten und verfassungsrechtlichen Pflichten wird im Bonner Grundgesetz von den Rechten des Einzelnen her bestimmt. Ihr Verhältnis folgt nicht den Kategorien von Leistungs- und Gegenleistungsanspruch. Die Pflichten bedürfen vielmehr immer wieder spezieller Anordnung des Gesetzgebers, der dabei demokratisch legitimierte politische Entscheidungen trifft und den Geboten der Bestimmtheit und der Verhältnismäßigkeit Genüge tun muss.

Das für die rechtsstaatliche Verfassung schlechthin konstituierende Modell der Verteilung von Rechten und Pflichten auf verschiedenen Ebenen benötigt den Gesetzgeber als Motor für Gesamtverantwortung und Pflichtenordnung.

Nur der Gesetzgeber kann diese Pflichtenordnung herstellen.

Insoweit ergibt sich die schon erwähnte grundsätzliche Asymmetrie von Rechten und Pflichten, die ihren folgerichtigen Ausdruck in den sogenannten negativen Grundrechten findet[989]. Die Grundrechte gewähren auch Freiheit von Betätigungszwängen - etwa die Freiheiten, keinem Glauben anzuhängen[990], Meinungen zu verschweigen[991], sich Vereinigungen[992] und Koalitionen nicht anzuschließen. Wenn das Bundesverfassungsgericht[993] kürzlich drastisch formuliert hat, Art. 12 GG gewährleiste auch „die Freiheit überhaupt keinen Beruf zu ergreifen und auszuüben", so kommt dieser negative Schutz durch die Grundrechte darin zutreffend zum Ausdruck. Die Bejahung des negativen Grundrechts steht auch nicht in Widerspruch zu der oft zitierten Menschenbildformel[994] des Bundesverfassungsgerichts, die zur Verdeutlichung von Grenzen der Grundrechte und als Legitimation zulässiger Grundrechtsbeschränkung verwendet wird, aber selbst in dieser unklaren Rolle niemals als Pflichtenfüllhorn verwendet wird.

Aus dem Bauprinzip der rechtsstaatlichen Verfassung als einer Verfassung auch der ausgrenzenden Freiheit folgt zwingend, dass in ihr eine Parallelität von Grundrechten und Grundpflichten nicht bestehen kann, sondern eben das Verhältnis von Asymmetrie. Die Pflichten, die es von diesem Verfassungsprinzip her geben kann, sind vom Gesetzgeber aufgestellte Pflichten, gesetzlich ausgeformte Pflichten, die nach Inhalt und Umfang begrenzt sind und jeweils gegenüber den grundrechtlichen Freiheitsgewährleistungen in einer Begründungs- und Notwendigkeitslast stehen, dem sogenannten Verhältnismäßigkeitsprinzip.

Es gibt danach keine Grundpflichten als unmittelbar aus der Verfassung heraus geltende grundsätzlich umfassende und erst im Einzelfall zu begrenzende Pflichten, sondern die Systematik des Grundgesetzes ist gerade umgekehrt.

Dieses Ergebnis bestätigt auch die Diskussion um das sogenannte besondere Gewaltverhältnis. Nach der traditionellen Auffassung sollte in diesen besonderen Gewaltverhältnissen eine Gehorsamspflicht als Ausdruck der Gewaltunterworfenheit unmittelbar und umfassend bestehen. Rechtliche Regelungen dienten nur dazu, diese umfassende Gehorsamspflicht rechtlich zu formen und zu begrenzen. Genau wegen dieser Struktur eines rechtlich nicht vermittelten und bloß begrifflich vorausgesetzten Unterordnungsverhältnisses ist die Rechtsfigur des besonderen Gewaltverhältnisses in der weiteren Diskussion im Hinblick auf die rechtsstaatlichen Freiheitsgewährleistungen abgelehnt worden. Daher lässt sich auch nicht über die Theorie der Grundpflichten ein vorgängiges und erst nachträglich rechtlich zu begrenzendes Pflichtverhältnis des Staatsbürgers gegenüber dem Staat wieder einführen.

Neben diesen sich aus der verfassungsrechtlichen Stellung der Grundrechte ergebenden Argumenten ist aber auch noch das Demokratieprinzip als systematischer Zusammenhang zu berücksichtigen. Eine Aufrichtung von verfassungsrechtlichen Grundpflichten würde vorbeigehen an den demokratisch legitimierten und organisierten Staatswillensbildungsprozessen.

---

989 Vgl. Bleckmann, Allgemeine Grundrechtslehren, 1979, S. 219; Merten, VerwArch 73 (1982), S. 103 ff., 106 f. mwN.

990 BVerfGE 52, 223, 246 f. m.w.N.

991 Maunz/Dürig/Herzog/Scholz, Grundgesetz-Kommentar, Art. 5 GG, Rn. 40.

992 BVerfGE 50, 290, 367; Maunz/Dürig/Herzog/Scholz, Grundgesetz-Kommetar, Art. 9 GG, Rn. 169, 226 ff. m.w.N.

993 BVerfGE 58, 358, 364.

994 BVerfGE 2, 112; 4, 7, 15 f.; 6, 32, 40 f.; 8, 274, 328 f.; 12, 45, 51; 27, 344, 350 f.; 30, 1, 20; 30, 173, 193; 32, 373, 379; 33, 1, 10 f.; 33, 303, 334; 35, 202, 225; 39, 334, 367; 45, 187, 227; 50m 290m 353 f.

So könnte die Annahme von Grundpflichten den rechtsanwendenden Juristen dazu ermuntern, ohne gesetzliche Grundlage zum Anwalt eines selbstdefinierten Fortschritts oder Erhaltungsgedankens zu werden. Neben dieser Gefahr in der Anwendung des unklaren Rechtsinstituts von Grundpflichten liegt eine weitere Gefahr in der Rückwirkung auf die einfache Gesetzgebung: Wenn die Grundpflichten in der Verfassung mit einer gewissen Konkretheit formuliert sind, dann stehen sie ja unter der erschwerten Abänderbarkeit durch die Zwei-Drittel-Mehrheit. Das führt dazu, dass eine schmelzende Mehrheit, die ihre Zwei-Drittel-Mehrheit im Volk verloren hat, ihre politischen Ziele über diesen Pflichtenkatalog entgegen dem Mehrheitsprinzip durchsetzen könnte. Darin zeigt sich die mit den Grundpflichten verbundene Gefahr undemokratischer Versteinerungen und die Versuchung, politische Wahlergebnisse mit diesem Mechanismus zu verfestigen. Die Formulierung von Grundrechten folgt demgegenüber aus dem Misstrauen gegenüber dem einfachen Gesetzgeber. Mit der Verfestigung von Grundpflichten würden aber neue Gegenstrukturen gegen den einfachen Gesetzgeber und damit auch gegen die grundrechtlich gewährleisteten Willensbildungsprozesse im demokratischen Gefüge eingeführt.

Es ergibt sich aus diesen Erwägungen, dass die Grundpflichttheorie mit der Systematik des Grundgesetzes nicht zu vereinbaren ist.

III. Historisch/genetische Auslegung

Im zweiten Hauptteil der Weimarer Reichsverfassung sind Grundrechte und Grundpflichten in eine grundsätzliche Verbindung gebracht, die auch in Nachkriegsverfassungen wie der von Bayern[995], Bremen[996], Hessen[997], Rheinland-Pfalz[998] und Saarland[999] wieder aufgenommen wurde, vom Grundgesetz aber aufgegeben worden ist.

Der wichtigste Grund für den stark ausgeprägten Individualismus des Grundgesetzes ist die Reaktion gegen die Reichsverfassung des „Dritten Reiches". Dieses stand rechtspolitisch im Zeichen des Kampfes gegen das subjektive Recht und für volksgenössische, vom Primat der Rechtspflicht beherrschte Rechtsverhältnisse[1000]. Danach war die öffentlich-rechtliche Stellung des Einzelnen, insbesondere nach der sogenannten totalen Mobilmachung, im Wesentlichen als eine grenzenlos vielfältige Pflichtenstellung bestimmt[1001] und der Mensch war nur nach Maßgabe seiner Pflichtenerfüllung für den Führerstaat von Rechten anerkannt[1002].

Als Reaktion darauf war schon in Herrenchiemsee der Gedanke geäußert worden, es gäbe gar keine „echten" Grundpflichten[1003].

Aus diesem historischen Zusammenhang der Grundpflichtenproblematik lässt sich nun ein teleologisches Argument gegen die Grundpflichtentheorie begründen. Die Verfassungsväter entschieden sich damals für den Vorrang von Grundrechten, weil sie auch den Gesetzgeber mit seiner Definitionsmacht über Individualfreiheit dauerhaft an das Freiheitsziel binden wollten.

352

---

995   Bayerische Verfassung, 2. Hauptteil Grundrechte und Grundpflichten, Art. 98 ff. BV.

996   Verfassung von Bremen, 1. Hauptteil "Grundrechte und Grundpflichten", Art. 1 ff.

997   Hessische Verfassung, Art. 25, 27 ff.

998   Verfassung von Rheinland-Pfalz, 1. Hauptteil "Grundrechte und Grundpflichten", Art. 1 ff.

999   Verfassung des Saarland, 1. Hauptteil "Grundrechte und Grundpflichten, Art. 1 ff.

1000   Vgl. dazu P Thoss, Das subjektive Recht in der gliedschaftlichen Bindung, 1968.

1001   Vgl. W. Weber, die Dienst- und Leistungspflichten der Deutschen, 1943.

1002   Vgl. R. Freisler, Grundlegende Denkformen des Rechts im Wandel unserer Rechtserneuerung, 1941, S. 23; s.a. schon O Koellreutter, Grundriss der allgemeinen Staatslehre 1933, S. 49.

1003   Vgl. H. Nawiasky, Die Grundgedanken des Grundgesetzes für die Bundesrepublik Deutschland, 1950, S. 30.

Die Gründe für diese herausragende Stellung der Grundrechte liegen also in der überlegenen Macht des Staates, welche sich angesichts des Gesetzgebungsrechts auf einfachgesetzlicher Ebene nicht wirksam begrenzen lässt.

Für Grundpflichten fehlt eine entsprechende Rechtfertigung. Denn dem staatlichen Gesetzgeber kommt ohnehin die Möglichkeit zu, seine Bürger zu verpflichten und diese Pflichten durchzusetzen. Die Bürger stehen dem Staat nicht mit überlegener Macht gegenüber. Eine in der Verfassung verankerte Pflicht des Bürgers ist daher noch keine Grundpflicht, wie auch nicht jedes dem Bürger garantierte Recht ein Grundrecht ist. Wegen des Fehlens einer den Grundrechten entsprechenden Notwendigkeit Pflichten in dieser Weise zu überhöhen, ist es verfassungsrechtlich nicht möglich, diesen terminus in die Verfassung hineinzulesen. Freiheitsbeschränkungen sind zwar unerlässlich, aber nach geltendem Verfassungsrecht nur im Interesse des Schutzes gleichmäßiger Verteilung der Freiheit. Das Programm hierfür enthalten die Grundrechte, so dass dazu Grundpflichten nicht benötigt werden. Das Ergebnis der systematischen Auslegung wird also durch die historisch/genetische Auslegung bestätigt.

IV. Ergebnis

Die Grundpflichtentheorie ist mit der geltenden Verfassungsrechtsgrundlage nicht zu vereinbaren. Von Grundpflichten lässt sich daher nicht im verfassungsrechtlichen Sinn, sondern höchstens im ethischen Sinne sprechen. Sie stellten keine den Grundrechten selbständig gegenüberstehende verfassungsrechtliche Dimension dar.

353

Wiederholungsfragen zu den allgemeinen Grundrechtslehren

Wiederholungsfragen zu den Einzelgrundrechten

Die Zahlen verweisen auf die Randnummern des Skripts

hemmer/wüst
Verlagsgesellschaft mbH

VERLAGSPROGRAMM

2007

Jura mit den Profis

Liebe Juristinnen und Juristen,

Auch beim Lernmaterial gilt:

„Wer den Hafen nicht kennt, für den ist kein Wind günstig" (Seneca).

Häufig entbehren Bücher und Karteikarten der Prüfungsrealität. Bei manchen Produkten stehen ausschließlich kommerzielle Interessen im Vordergrund. Dies ist gefährlich: Leider kann der Student oft nicht erkennen wie gut ein Produkt ist, weil ihm das praktische Wissen für die Anforderungen der Prüfung fehlt.

Denken Sie deshalb daran, je erfahrener die Ersteller von Lernmaterial sind, um so mehr profitieren Sie. Unsere Autoren im Verlag sind alle Repetitoren. Sie wissen, wie der Lernstoff richtig vermittelt wird. Die Prüfungsanforderungen sind uns bekannt.

Unsere Zentrale arbeitet seit 1976 an examenstypischem Lernmaterial und wird dabei von hochqualifizierten Mitarbeitern unterstützt.

So arbeiteten z.B. ehemalige Kursteilnehmer mit den Examensnoten von 16,0; 15,54; 15,50; 15,25; 15,08; 14,79; 14,7; 14,7; 14,4; 14,25; 14,25; 14,08; 14,04 ... als Verantwortliche an unserem Programm mit. Unser Team ist Garant, um oben genannte Fehler zu vermeiden. Lernmaterial bedarf ständiger Kontrolle auf Prüfungsrelevanz. Wer sonst als derjenige, der sich täglich mit Examensthemen beschäftigt, kann diesem Anforderungsprofil gerecht werden.

Gewinnen Sie, weil

- gutes Lernmaterial Verständnis schafft

- fundiertes Wissen erworben wird

- Sie intelligent lernen

- Sie sich optimal auf die Prüfungsanforderungen vorbereiten

- Jura Spaß macht

und Sie letztlich unerwartete Erfolge haben, die Sie beflügeln werden.

Damit Sie sich Ihre eigene Bibliothek als Nachschlagewerk nach und nach kostengünstig anschaffen können, schlagen wir Ihnen speziell für die jeweiligen Semester Skripten und Karteikarten vor. Bildung soll für jeden bezahlbar bleiben, deshalb der studentenfreundliche Preis.

Viel Spaß und Erfolg beim intelligenten Lernen.

Grundwissen

- Skripten „Grundwissen"
- Die wichtigsten Fälle
- Musterfälle für die Zwischenprüfung
- Lexikon, die examenstypischen Begriffe

Basiswissen für die Scheine

- Die Basics
- Die Classics

Examenswissen

- Skripten Zivilrecht
- Skripten Strafrecht
- Skripten Öffentliches Recht
- Skripten Wahlfach
- Die Musterklausuren für´s Examen

Karteikarten

- Die Shorties
- Die Karteikarten
- Übersichtskarteikarten

BLW-Skripten

Assessor-Skripten/-karteikarten

Intelligentes Lernen/Sonderartikel

- Coach dich - Psychologischer Ratgeber
- Lebendiges Reden - Psychologischer Ratgeber
- Lernkarteikartenbox
- Der Referendar
- Klausurenblock
- Gesetzesbox
- Wiederholungsmappe
- Jurapolis - das hemmer-Spiel

Life&LAW - die hemmer-Zeitschrift

Alle Preise gültig ab 01/2007

HEMMER Skripten - Logisch aufgebaut!

Intelligentes Lernen
schnell & effektiv

Randbemerkung
Zur schnellen Rekapitulation
des Skripts

hemmer-Methode
Zur richtigen Einordnung des Gelernten
in der Klausurlösung

Systematische Verweise
Isoliertes Lernen
vermeiden!
Zusammenhänge
verstehen.
Unsere Skriptenreihe –
der große Fall

Randnummern
Für zielgenaues
Arbeiten mit
Stichwortverzeichnis
und Wieder-
holungsfragen

Freiraum
Viel Platz für
eigene
Anmerkungen

Schemata
Übersichtliches Lernen

Fußnoten
Vertiefende Literatur
und Rechtsprechung

§ 3 RECHTSVERNICHTENDE EINWENDUNGEN   123

IV. Leistungsstörungen[318]

1. Einordnung

Begriff

Erbringt der Schuldner seine Leistung nicht, nicht rechtzeitig, oder
nicht ordnungsgemäß, so bezeichnet man das als Leistungsstörung.   581

Auswirkungen auf Primäranspruch

Das Recht der Leistungsstörungen ist das Kerngebiet des allgemeinen Schuldrechts; deshalb haben wir es auch in unserer Skriptenreihe hauptsächlich dort verortet. Daneben ergeben sich aber vielfältige Wechselwirkungen zum Primäranspruch, die im folgenden angesprochen werden sollen.

> **hemmer-Methode:** Das Recht der Leistungsstörungen ist ein überaus
> komplexes und daher klausurrelevantes Problem. Nachfolgend be-
> schränkt sich die knappe Darstellung auf die Auswirkungen hinsicht-
> lich der Primäransprüche der Vertragspartner. Zur Vertiefung dieser
> hier nur angedeuteten Probleme vgl. Sie unbedingt HEMMER/WÜST,
> Schuldrecht I!

2. Unmöglichkeit

> **hemmer-Methode:** Ausführlich hierzu Hemmer/Wüst Schuldrecht I,
> Rn. 9 ff.

Unter Unmöglichkeit versteht man die dauerhafte Nichterbringbarkeit
der geschuldeten Leistung.   582

> **hemmer-Methode:** Was genau Inhalt der Leistungspflicht ist, müssen
> Sie oft an Hand genauer Sachverhaltsarbeit ermitteln. Unterschätzen
> Sie diese Aufgabe nicht – sie kann die Weichen für den Fortgang der
> Klausur stellen. Ungenauigkeiten können „tödlich" sein.

a) Arten der Unmöglichkeit   583

Unter dem Oberbegriff Unmöglichkeit werden die folgenden Alternativen behandelt.

```
                          Unmöglichkeit
      ┌──────────────┬──────────────┬──────────────┐
 „wirkliche"     „faktische"    „moralische"   „wirtschaftliche"
 Unmöglichkeit   Unmöglichkeit  Unmöglichkeit  Unmöglichkeit
 § 275 Absatz 1  § 275 Absatz 2 § 275 Absatz 3  § 313
      │                         │       │
 Primäranspruch geht       Einrede gegen
      unter                Primäranspruch
 (rechtsvernichtende
  Einwendungen)
```

318   Vgl. dazu auch den zusammenfassenden Überblick von MEDICUS, „Die Leistungsstörungen im neuen Schuldrecht", JuS 2003, 521 ff.

examenstypisch - anspruchsvoll - umfassend

Grundwissen

Für Ihr Jurastudium ist es nötig, sich schnell mit dem notwendigen Basiswissen einen Überblick zu verschaffen. Was aber ist wichtig und richtig?

Bei der Fülle der Ausbildungsliteratur kann einem die Lust auf Jura vergehen. Wir beschränken uns in dieser Ausbildungsphase auf das Wesentliche. Weniger ist mehr.

Skripten Grundwissen

Die Reihe „Grundwissen" stellt die theoretische Ergänzung unserer Reihe „die wichtigsten Fälle" dar.

Mit ihr soll das notwendige Hintergrundwissen vermittelt werden, welches für die Bewältigung der Fallsammlungenerforderlich ist. Auf diese Art und Weise ergänzen sich beide Reihen ideal. Hilfreich dabei sind Verweisungen auf die jeweiligen Fälle der Fallsammlungen, so dass man das Erlernte gleich klausurtypisch anwenden kann.

Die Darstellung erfolgt bewusst auf sehr einfachem Niveau. Es werden also für die Bewältigung der Ausführungen keine Kenntnisse vorausgesetzt. Ebenso wird bewusst auf Vertiefungshinweise verzichtet. Eine Vertiefung kann erfolgen, wenn die Kenntnisse anhand der Fälle wiederholt wurden. Dazu werden Hinweise in den Fallsammlungen gegeben.

Grundwissen und die Reihe „Die wichtigsten Fälle" sind so das ideale Lernsystem für eine klausur- und damit prüfungstypische Arbeitsweise.

Grundwissen Zivilrecht

BGB AT (111.10)	6,90 €
Schuldrecht AT (111.11)	6,90 €
erhältlich ab Frühjahr 2007	
Schuldrecht BT I (111.12)	6,90 €
Schuldrecht BT II (111.13)	6,90 €
Sachenrecht I (111.14)	6,90 €
Sachenrecht II (111.15)	6,90 €

Grundwissen Strafrecht

erhältlich ab Frühjahr 2007	
Strafrecht AT (112.20)	6,90 €
Strafrecht BT I (112.21)	6,90 €

Grundwissen Öffentliches Recht

Staatsrecht (113.30)	6,90 €
Verwaltungsrecht (113.31)	6,90 €

Die wichtigsten Fälle

Die vorliegende Fallsammlung ist für Studenten in den ersten Semestern gedacht. Gerade in dieser Phase ist es wichtig, bei der Auswahl der Lernmaterialien den richtigen Weg einzuschlagen.

Die Gefahr zu Beginn des Studiums liegt darin, den Stoff zu abstrakt zu erarbeiten. Ein problemorientiertes Lernen, d.h. ein Lernen am konkreten Fall, führt zum Erfolg. Das gilt für die kleinen Scheine/die Zwischenprüfung genauso wie für das Examen. Wer gelernt hat, sich die Probleme des Falles aus dem Sachverhalt schnell zu erschließen, schreibt die gute Klausur.

Bei der Anwendung dieser Lernmethode sind wir Marktführer. Profitieren Sie von der 30-jährigen Erfahrung des Juristischen Repetitoriums hemmer im Umgang mit Examensklausuren. Diese Erfahrung fließt in sämtliche Skripten des Verlages ein. Das Repetitorium beschäftigt ausschließlich Spitzenjuristen, teilweise Landesbeste ihres Examenstermins. Die so erreichte Qualität in Unterricht und Skripten werden Sie woanders vergeblich suchen. Lernen Sie mit den Profis!

Ihre Aufgabe als Jurist wird es einmal sein, konkrete Fälle zu lösen. Diese Fähigkeit zu erwerben ist das Ziel einer guten juristischen Ausbildung. Nutzen Sie die Chance, diese Fähigkeit bereits zu Beginn Ihres Studiums zu trainieren. Erarbeiten Sie sich das notwendige Handwerkszeug anhand unserer Fälle. Sie werden feststellen:

Wer Jura richtig lernt, dem macht es auch Spaß. Je mehr Sie verstehen, desto mehr Freude werden Sie haben, sich neue Probleme durch eigenständiges Denken zu erarbeiten. Wir bieten Ihnen mit unserer juristischen Kompetenz die notwendige Hilfestellung.

Fallsammlungen gibt es viele. Die Auswahl des richtigen Lernmaterials ist jedoch der entscheidende Aspekt. Vertrauen Sie auf unsere Erfahrungen im Umgang mit Prüfungsklausuren. Unser Beruf ist es, alle klausurrelevanten Inhalte zusammenzutragen und verständlich aufzubereiten. Prüfungsinhalte wiederholen sich. Wir vermitteln Ihnen das, worauf es in der Prüfung ankommt – verständlich – knapp – präzise.

BGB AT (115.21)	12,80 €
Schuldrecht AT (115.22)	12,80 €
Schuldrecht BT (115.23)	12,80 €
GOA-BereicherungsR (115.24)	12,80 €
Deliktsrecht (115.25)	12,80 €
Verwaltungsrecht (115.26)	12,80 €
Staatsrecht (115.27)	12,80 €
Strafrecht AT (115.28)	12,80 €
Strafrecht BT I (115.29)	12,80 €
Strafrecht BT II (115.30)	12,80 €
Sachenrecht I (115.31)	12,80 €
Sachenrecht II (115.32)	12,80 €
ZPO I (115.33)	12,80 €
ZPO II (115.34)	12,80 €
Handelsrecht (115.35)	12,80 €
Erbrecht (115.36)	12,80 €
Familienrecht (115.37)	12,80 €
Gesellschaftsrecht (115.38)	12,80 €
Arbeitsrecht (115.39)	12,80 €
StPO (115.40)	12,80 €

Sonderband
Der Streit- und Meinungsstand im neuen Schuldrecht

Der hemmer/wüst Verlag stellt mit dem vorliegenden Werk die umstrittensten Problemkreise in 24 Fällen des neuen Schuldrechts dar, zeigt den aktuellen Meinungsstand auf und schafft so einen Überblick. Es wird das notwendige Wissen vermittelt.

115.20   *14,80 €*

Musterfälle für die Zwischenprüfung

Exempla docent - an Beispielen lernen. Die Fälle zu den Basics! Nur wer so lernt, weiß was in der Klausur verlangt wird.
Die Fallsammlungen erweitern unsere Basics und stellen die notwendige Fortsetzung für das Schreiben der Klausur dar. Genau das, was Sie für die Scheine brauchen - nämlich exemplarisch dargestellte Falllösungen. Wichtige, immer wiederkehrende Konstellationen werden berücksichtigt.

Profitieren Sie von der seit 1976 bestehenden Klausurerfahrung des Juristischen Repetitoriums hemmer. Über 1000 Klausuren wurden für die Auswahl der Musterklausuren auf ihre „essentials" analysiert

Musterklausur für die Zwischenprüfung Zivilrecht

Ein Muss: Klassiker wie die vorvertragliche Haftung (c.i.c.), die Haftung bei Pflichtverletzungen im Schuldverhältnis (§ 280), Vertrag mit Schutzwirkung, Drittschadensliquidation, Mängelrecht, EBV, Bereicherungs- und Deliktsrecht werden klausurtypisch aufbereitet. Auf „specials" wie Saldotheorie, Verarbeitung, Geldwertvindikation, Vorteilsanrechnung und Nebenbesitz wird eingegangen. So entsteht wichtiges Grundverständnis.

16.31   14,80 €

Musterklausur für die Zwischenprüfung Strafrecht

Auch hier wieder prüfungstypische Fälle mit genauen Aufbauhilfen. Die immer wiederkehrenden „essentials" der Strafrechtsrechtsklausur werden in diesem Skript abgedeckt: Von der Abgrenzung von dolus eventualis und bewusster Fahrlässigkeit über die Irrtumslehre bis hin zu Problemen der Täterschaft und Teilnahme, u.v.m. Wer sich die Zeit nimmt, diese Musterfälle sorgfältig durchzuarbeiten, besteht jede Grundlagenklausur.

16.32   14,80 €

Musterklausur für die Zwischenprüfung Öffentliches Recht

Dieses Skript enthält die wichtigsten, in der Klausur immer wiederkehrenden Problemkonstellationen für die Bereiche Verfassungs- und Verwaltungsrecht. Im Verfassungsrecht werden die Zulässigkeitsvoraussetzungen von Verfassungsbeschwerden, Organstreitverfahren sowie abstrakter und konkreter Normenkontrolle erörtert. Im Rahmen der Begründetheitsprüfung werden die klausurrelevanten Grundrechte ausführlich erläutert. Gleichzeitig werden auch staatsorganisationsrechtliche Problemfelder aufbereitet. Die Klausuren zum Verwaltungsrecht zeigen die optimale Prüfung von Anfechtungs-, Verpflichtungs- und Fortsetzungsfeststellungsklagen sowie von Widerspruchsverfahren. Standardprobleme wie die Rücknahme oder der Widerruf eines Verwaltungsaktes und die Behandlung von Nebenbestimmungen eines VA sind u.a. Gegenstand der Begründetheitsprüfung.

16.33   14,80 €

Die examenstypischen Begriffe/ ZivilR.

Das Grundwerk für die eigene Bibliothek. Alle examenstypischen Begriffe in diesem Nachschlagewerk werden anwendungsspezifisch für Klausur und Hausarbeit erklärt. Das gesammelte Examenswissen ist eine optimale schnelle Checkliste. Zusätzlicher Nutzen: Das große Stichwortverzeichnis. Neben der Einbettung des gesuchten Begriffs in den juristischen Kontext finden Sie Verweisungen auf entsprechende Stellen in unserer Skriptenreihe. Begriffe werden transparenter. Sie vertiefen Ihr Wissen. So können Sie sich schnell und auf anspruchsvollem Niveau einen Überblick über die elementaren Rechtsbegriffe verschaffen.

14.01   14,80 €

Basiswissen

Sie sind Jurastudent in den mittleren Semestern und wollen die großen Scheine unter Dach und Fach bringen. Wenn Sie sich in dieser Phase mit tausend Meinungen beschäftigen, besteht die Gefahr, sich im Detail zu verlieren. Wir empfehlen Ihnen, schon jetzt das Material zu wählen, welches Sie nicht nur durch die Scheine, sondern auch durch das Examen begleitet.

Die „Basics" - Reihe

Die Klassiker der hemmer-Reihe. So schaffen Sie die Universitätsklausuren viel leichter. Die Basics vermitteln Ihnen Grundverständnis auf anspruchsvollem Niveau, sie sind auch für die Examensvorbereitung ideal.
Denn: Wissen wird konsequent unter Anwendungsgesichtspunkten erworben.
Die Basics dienen auch der schnellen Wiederholung vor dem Examen oder der mündlichen Prüfung, wenn Zeit zur Mangelware wird.

Basics-Zivilrecht I
BGB-AT/ Vertragliche Schuldverhältnisse mit dem neuen Schuldrecht
Im Vordergrund steht die Vermittlung der Probleme des Vertragsschlusses, u.a. das Minderjährigenrecht und die Stellvertretung. Neben rechtshindernden (z.B. §§ 134, 138 BGB) und rechtsvernichtenden Einwendungen (z.B. Anfechtung) werden auch die Klassiker der Pflichtverletzung nach § 280 BGB wie Unmöglichkeit (§§ 280 I, III, 283), Verzug (§§ 280 I, II, 286) und Haftung bei Verletzung nicht leistungsbezogener Nebenpflichten i.S.d. § 241 II BGB (früher: pVV bzw. c.i.c. jetzt: § 280 I bzw. § 280 I i.V.m. § 311 II BGB) behandelt. Ausführlich wird auf die wichtige Unterscheidung von Schadensersatz nach § 280 I BGB und Schadensersatz statt der Leistung nach §§ 280 I, III, 281-283 bzw. § 311a II BGB eingegangen. Nach Mängelrecht, Störung der GG und Schadensrecht schließt das Skript mit dem nicht zu unterschätzenden Gebiet des Dritten (z.B. Abgrenzung § 278 / § 831 / § 31; § 166; Vertrag mit Schutzwirkung zugunsten Dritter; DriSchaLi) im Schuldverhältnis ab.

110.0011   14,80 €

Basics-Zivilrecht II
Gesetzliche Schuldverhältnisse, Sachenrecht
Das Skript befasst sich mit dem Recht der GoA, dem Bereicherungsrecht und dem Recht der unerlaubten Handlungen als immer wieder klausurrelevante gesetzliche Schuldverhältnisse. Der Einstieg in das Sachenrecht wird mit der Abhandlung des Besitzrechts und dem Erwerb dinglicher Rechte an beweglichen Sachen erleichtert, wobei der Schwerpunkt auf dem rechtsgeschäftlichen Erwerb des Eigentums liegt. Über das für jede Prüfung unerlässliche Gebiet des EBV gibt das Skript einen ausführlichen Überblick. Eine systematische Aufbereitung des Pfandrechts und des Grundstücksrechts führen zum richtigen Verständnis dieser prüfungsrelevanten Gesetzesmaterie.

110.0012   14,80 €

Basics-Zivilrecht III
Familienrecht/ Erbrecht
Die typischen Probleme des Familienrechts: Von der Ehe als Klassiker für die Klausur (z.B. § 1357; GbR; Gesamtschuldner; Gesamtgläubiger; §§ 1365; 1369 BGB) zum ehelichen Güterrecht bis hin zur Scheidung.
Gegenstand des Erbrechts sind die gesetzliche und gewillkürte Erbfolge, die möglichen Verfügungen (Testament bzw. Erbvertrag) des Erblassers und was sie zum Inhalt haben (z.B. Erbeinsetzung, Vermächtnis, Auflage), Annahme und Ausschlagung der Erbschaft sowie neben Fragen der Rechtsstellung des Erben (z.B. im Verhältnis zum Erbschaftsbesitzer) auch das Pflichtteilsrecht und der Erbschein. Fazit: Das Wichtigste in Kürze für den schnellen Überblick.

110.0013   14,80 €

Basics-Zivilrecht IV
Zivilprozessrecht (Erkenntnisverfahren und Zwangsvollstreckungsverfahren)
Wegen fehlender Praxis ist in der Regel die ZPO dem Studenten fremd. Von daher wurde hier besonders auf leichte Verständlichkeit Wert gelegt. Der Schwerpunkt im Erkenntnisverfahren liegt neben den immer wiederkehrenden Problemen der Zulässigkeitsvoraussetzungen (z.B. Zuständigkeit, Streitgegenstand) auf den typischen Problemen des Prozesses, wie z.B. Versäumnisurteil, Widerklage und Klagenhäufung. Die Beteiligung Dritter am Rechtsstreit wird im Hinblick auf die Klausur und die examensrelevante Verortung erklärt.
Das Kapitel der Zwangsvollstreckung befasst sich vor allem mit dem Ablauf der Zwangsvollstreckung und den möglichen Rechtsbehelfen von Schuldner, Gläubiger und Dritten.
Dieses Skript gehört daher zur „Pflichtlektüre", um sich einen vernünftigen Überblick zu verschaffen!

110.0014   14,80 €

Basiswissen

Basics-Zivilrecht V
Handels- und Gesellschaftsrecht

Im Vordergrund steht: Wie baue ich eine gesellschaftsrechtliche Klausur richtig auf. Häufig geht es um die Haftung der Gesellschaft und der Gesellschafter. Eine systematische Aufbereitung führt durch das Recht der Personengesellschaften, also der GbR und OHG, sowie der KG. Das Recht der Körperschaften, wozu der rechts- und nichtrechtsfähige Verein, die GmbH sowie die AG zählen, wird ebenso im Überblick dargestellt. Auf dem Gebiet des Handelsrechts als Sonderrecht des Kaufmanns dürfen typische Problemkreise wie Kaufmannseigenschaft, Handelsregister, Wechsel des Unternehmensträgers und das kaufmännische Bestätigungsschreiben nicht fehlen. Abschließend befasst sich das Skript mit den Mängelrechten beim Handelskauf, der auch häufig die Schnittstelle zu BGB-Problemen darstellt.

110.0015   *14,80 €*

Basics-Zivilrecht VI
Arbeitsrecht

Das Arbeitsrecht gehört in den meisten Bundesländern zum Pflichtprogramm in der Examensvorbereitung. Hier tauchen immer wieder die gleichen Fragestellungen auf, die in diesem Skript knapp, präzise und klausurtypisch aufbereitet werden, wie die Zulässigkeit der Kündigungsschutzklage, Kündigungsschutz nach dem KSchG, innerbetrieblicher Schadensausgleich, fehlerhafter Arbeitsvertrag und die Reaktionsmöglichkeiten des Arbeitnehmers auf Änderungskündigungen. Ferner bildet auch das Recht der befristeten Arbeitsverhältnisse nach dem TzBfG einen Schwerpunkt.

110.0016   *14,80 €*

Basics-Strafrecht

Je besser der Einstieg, umso besser später die Klausuren. Weniger ist häufig mehr. Alle klausurwichtigen Probleme und Fragestellungen des materiellen Strafrechts auf einen Blick: Vom StGB-AT bis hin zum StGB-BT finden Sie all das dargestellt, was als Grundlagenwissen im Strafrecht angesehen wird. Außerdem werden die wichtigsten Aufbaufragen zur strafrechtlichen Klausurtechnik - an denen gerade Anfänger häufig scheitern - in einem eigenen Kapitel einfach und leicht nachvollziehbar erläutert.

110.0032   *14,80 €*

Basics-Öffentliches Recht I
Verfassungsrecht/ Staatshaftungsrecht

Materielles und prozessuales Verfassungsrecht bilden zusammen mit wichtigen Problemstellungen des Staatshaftungsrechts die Grundlage für dieses Skript. Öffentlich-rechtliches Wissen wird konsequent unter Anwendungsgesichtspunkten erworben.

110.0035   *14,80 €*

Basics-Öffentliches Recht II
Verwaltungsrecht

Grundfragen des allgemeinen und besonderen Verwaltungsrechts werden im Rahmen der wichtigsten Klagearten der VwGO verständlich und einprägsam dargestellt. Zusammen

mit dem Skript Ö-Recht I werden Sie sich in der öffentlich rechtlichen Klausur sicher fühlen.

110.0036   *14,80 €*

Basics-Steuerrecht

Die Basics im Steuerrecht für einen einfachen, aber instruktiven Einstieg in das materielle Einkommensteuer- und Steuerverfahrensrecht. Die notwendigen Bezüge des Einkommensteuerrechts zum Umsatz- und Körperschaftssteuerrecht werden dargestellt sowie auf examens- und klausurtypische Konstellationen hingewiesen. Ein ideales Skript für alle, die sich erstmals mit der Materie befassen und die Grundstrukturen verstehen wollen. Es wird der Versuch unternommen, den Einstieg so verständlich wie möglich zu gestalten. Dazu werden immer wieder kleine Beispiele gebildet, die das Erlernen des abstrakten Stoffs vereinfachen sollen.

110.0004   *14,80 €*

Basics-Europarecht

Neben unserem Hauptskript nun die Basics zum Europarecht. Verständlicher Einstieg oder schnelle Wiederholung der wesentlichen Probleme? Für beides sind die Basics ideal. Wer in die Tiefe gehen möchte, kann dies mit unserem Klassiker, dem Hauptskript Europarecht. In Verbindung mit den Classics Europarecht und der Fallsammlung auf Examensniveau sind Sie somit gerüstet für die Prüfung in Ausbildung und Examen. Vernachlässigen Sie dieses immer wichtiger werdende Prüfungsgebiet nicht!

110.0005   *14,80 €*

Skripten Classics

> In den Classics haben wir für Sie die wichtigsten Entscheidungen der Obergerichte, denen Sie während Ihres Studiums immer wieder begegnen, ausgewählt und anschaulich aufbereitet. Bestimmte Entscheidungen müssen bekannt sein. In straffer Form werden der Sachverhalt, die Entscheidungssätze und die Begründung dargestellt. Die hemmer-Methode ordnet die Rechtssprechung für die Klausuren ein. Rechtsprechung wird so verständlich, Seitenfresserei vermieden.
>
> Hiermit bereiten Sie sich auch gezielt auf die mündliche Prüfung vor.

BGH-Classics Zivilrecht

Rechtskultur und Verständnis des Gesetzes werden in weiten Teilen von der Rechtsprechung geprägt. Nicht umsonst spricht man von der Rechtsprechung als der normativen Kraft des Faktischen. Die wegweisenden Entscheidungen müssen Student, Referendar und Anwalt bekannt sein. Auf leicht erfaßbare, knappe, präzise Darstellung wird Wert gelegt. Die hemmer-Methode sichert den für die Klausur und Hausarbeit notwenigen „background" ab.

15.01   *14,80 €*

In der letzten Phase sollten Sie sich mit voller Kraft auf das Examen vorbereiten. Besonders wichtig ist jetzt fundiertes Wissen auf Examensniveau! unser Filetstück: die Hauptskripten. Konfronierten Sie sich frühzeitig mit dem, was Sie im Examen erwartet. Examenswissen unter professioneller Anleitung.

BGH-Classics Strafrecht

Auch die Entscheidungen im Strafrecht in ihrer konkreten Aufbereitung führen zur richtigen Einordnung der jeweiligen Problematik. Es wird die Interessenslage der Rechtsprechung erklärt. Im Vordergrund steht oft Einzelfallgerechtigkeit. Deswegen vermeidet die Rechtsprechung auch allzu dogmatische Entscheidungen.

Effizient, und damit in den wesentlichen Punkten knapp und präzise, wird die Entscheidung selbst wiedergegeben. So sparen Sie sich Zeit und erleiden nicht den berühmten Informationsinfarkt. Sowohl in der Examensvorbereitung, als auch in Klausur und Hausarbeit dienen die Classics als schnelles Lern- und Nachschlagewerk.

15.02   *14,80 €*

Classics Öffentliches Recht

Das Skript umfasst die Dauerbrenner aus den Bereichen der Rechtsprechung zu den Grundrechten, zum Staatsrecht, Verwaltungsrecht AT und BT sowie zum Europarecht. Neben der inhaltlichen Darstellung der Entscheidung werden mit Hilfe knapper Anmerkungen Besonderheiten und Bezüge zu anderen Problematiken hergestellt und somit die Fähigkeit zur Verknüpfung geschärft.

15.03   *14,80 €*

Classics Europarecht

Anders als im amerikanischen Recht gibt es bei uns kein reines „case-law". Gleichwohl hat die Rechtsprechung für Rechtsentwicklung und -fortbildung eine große Bedeutung. Gerade im Europarecht kommt man ohne festes Basiswissen in der europäischen Rechtsprechung nur selten zum Zuge. Auch für das Pflichtfach ein unbedingtes Muss!

15.04   *14,80 €*

Zivilrecht BGB-AT I-III

> Die Aufteilung der Unwirksamkeitsgründe nach den verschiedenen Büchern des BGB (z.B. BGB-AT, Schuldrecht AT usw.) entspricht nicht der Struktur des Examensfalls. Wegen der klassischen Einteilung wird der Begriff BGB-AT/ Schuldrecht AT beibehalten. Unsere Skripten BGB-AT I - III unterscheiden entsprechend der Fallfrage in Klausur und Hausarbeit (Anspruch entstanden? Anspruch untergegangen? Anspruch durchsetzbar?) zwischen wirksamen und unwirksamen Verträgen, zwischen rechtshindernden, rechtsvernichtenden und rechtshemmenden Einwendungen. Damit stellen sich diese Skripten als großer Fall dar und dienen auch als Checkliste für Ihre Prüfung. Schon das Durchlesen der Gliederung schafft Verständnis für den Prüfungsaufbau.

BGB-AT I
Entstehen des Primäranspruchs

Besteht der Vertrag, so kann der Anspruchsteller Erfüllung, z.B. Übereignung, Überlassung der Mietsache etc. verlangen. Dies setzt unter anderem Rechtsfähigkeit der Vertragspartner, eine wirksame Willenserklärung, Zugang und ggf. Bevollmächtigung voraus. Nur wenn ein wirksamer Vertrag vorliegt, entsteht die Leistungspflicht des Schuldners und deren Folgeproblematik wie Rücktritt und Schadensersatz. Konsequent befasst sich das Skript daher auch mit den Problemkreisen der Stellvertretung sowie der Einbeziehung von AGB'en.

0001   *14,80 €*

BGB-AT II
Scheitern des Primäranspruchs

Scheitert der Vertrag von vornherein, so entfallen Erfüllungsansprüche. Die Unwirksamkeitsgründe sind im Gesetz verstreut, wie z.B. § 125, § 134, § 2301. Als konsequentes Rechtsfolgenskriptum sind alle klausurtypischen rechtshindernden Einwendungen zusammengefasst.

0002   *14,80 €*

BGB-AT III
Erlöschen des Primäranspruchs

Der Primäranspruch (bzw. Leistungs- oder Erfüllungsanspruch) kann nachträglich wegfallen, z.B. durch Erfüllung, Aufrechnung, Anfechtung, Unmöglichkeit. Nur wer Unwirksamkeitsgründe im Kontext des gescheiterten Vertrags einordnet, lernt richtig. Die rechtshemmenden Einreden (z.B. Verjährung, § 214 BGB) bewirken, dass der Berechtigte sein Recht nicht (mehr) geltend machen kann.

0003   *14,80 €*

Schuldrecht

Die Reihe Schuldrecht orientiert sich an der Klausurrelevanz des Schuldrechts. In nahezu jeder Klausur ist nach Schadensersatzansprüchen des Gläubigers bei Leistungsstörungen des Schuldners, nach bereicherungsrechtlichen Ansprüchen oder nach der deliktischen Haftung gefragt.

Die Schuldrechtsskripten eignen sich hervorragend sowohl zur erstmaligen Aneignung der Materie als auch zur aufgrund der Schuldrechtsreform notwendigen Neustrukturierung bereits vorhandenen Wissens.

Die klassischen Rechtsfolgeskripten zum Schadensersatz - „klausurtypisch!"

Schadensersatzrecht I

Das Skript erfasst neben Allgemeinem zum Schadensersatzrecht zunächst den selbstständigen Garantievertrag als Primäranspruch auf Schadensersatz. Daneben wird die gesetzliche Garantiehaftung behandelt. Ebenfalls enthalten sind die Sachmängelhaftung im Kauf- und Werk-, Miet- und Reisevertragsrecht sowie die Rechtsmängelhaftung.

0004   *14,80 €*

Schadensersatzrecht II

Umfassende Darstellung des Leistungsstörungsrechts, rechtsfolgenorientierte Darstellung der Sekundäransprüche-Schadensersatzansprüche.

0005   *14,80 €*

Schadensersatzrecht III

Befasst sich schwerpunktmäßig mit dem Anspruchsinhalt, d.h. mit der Frage des Umfangs der Ersatzpflicht, also dem „wie viel" eines dem Grunde nach bereits bestehenden Anspruchs. Drittschadensliquidation, Vorteilsausgleichung und hypothetische Schadensursachen dürfen nicht fehlen.

0006   *14,80 €*

Schuldrecht I

Das allgemeine Leistungsstörungsrecht war schon immer äußerst klausurrelevant. Dies hat sich durch die Schuldrechtsreform in erheblichem Maße verstärkt, zumal das Besondere Schuldrecht nun häufig Rückverweisungen auf die §§ 280 ff. BGB vornimmt (z.B. § 437 BGB). Entsprechend der Gesetzessystematik ist das Skript von der Rechtsfolge her aufgebaut: Welche Art des Schadensersatzes verlangt der Gläubiger? Schwerpunkte bilden das Unmöglichkeitsrecht, der allgemeine Anspruch aus § 280 I BGB (auch vorvertragliche Haftung und Schuldnerverzug), die Ansprüche auf Schadensersatz statt der Leistung, Rücktritt und Störung der Geschäftsgrundlage.

0051   *14,80 €*

Schuldrecht II

Die Klassiker im Examen! Kauf- und Werkvertrag in allen prüfungsrelevanten Varianten. Dies gilt insbesondere beim Kauf, dessen spezielles Gewährleistungsrecht abgeschafft und stattdessen auf die §§ 280 ff. BGB Bezug genommen wurde. Das Skript setzt sich mit den kaufspezifischen Fragestellungen wie Sachmangelbegriff, Nacherfüllung, Rücktritt, Minderung und Schadensersatz, Versendungs- und Verbrauchsgüterkauf auseinander. Ferner wird das - dem Kauf nun weitgehend gleichgeschaltete - Werkvertragsrecht behandelt.

0052   *14,80 €*

Schuldrecht III

Umfassend werden die klausurrelevanten Probleme der Miete, Pacht, Leihe, des neuen Darlehensrechts (samt Verbraucherwiderruf nach §§ 491 ff. BGB), des Leasing- und Factoringrechts abgehandelt. Die äußerst wichtigen Fragestellungen aus dem Bereich Bürgschaft („Wer bürgt, wird erwürgt"), Reise- und Maklervertrag kommen ebenfalls nicht zu kurz.

0053   *14,80 €*

Examenswissen

Bereicherungsrecht

Die §§ 812 ff. sind regelmäßig die Folge unwirksamer Verträge. Abgrenzungsprobleme gibt es dabei u.a. zum Wegfall der Geschäftsgrundlage (z.B. Rückabwicklung bei der nichtehelichen Lebensgemeinschaft) und §§ 987 ff. Die hemmer-Methode versteht sich als Gebrauchsanweisung für die erfolgreiche Bewältigung des anspruchsvollen Rechtsgebiets Bereicherungsrecht. Ohne Verständnis für dieses Rechtsgebiet bleibt der Zusammenhang im Zivilrecht im Dunkeln.

0008   14,80 €

Verbraucherschutzrecht

Das Verbraucherschutzrecht erlangt im Gesamtgefüge des BGB eine immer stärkere Bedeutung. Kaum ein Bereich, in dem die Besonderheiten des Verbraucherschutzrechtes nicht zu abweichenden Ergebnissen führen, so z.B. bei den §§ 474 ff. BGB, oder bei der Widerrufsproblematik der §§ 355 ff. BGB. Insbesondere die umständliche Verweisungstechnik der §§ 499 ff. BGB stellt den Bearbeiter von Klausuren vor immer neue Herausforderungen. Das Skript liefert eine systematische Einordnung in den Gesamtzusammenhang. Wer den Verbraucher richtig einordnet, schreibt die gute Klausur.

0007   14,80 €

Deliktsrecht I

Eine umfassende Einführung in das deliktische Haftungssystem. Da die deliktische Haftung gegenüber jedermann besteht, können die §§ 823 ff BGB. in jede Klausur problemlos eingebaut werden. Neben einer umfassenden Übersicht über die Haftungstatbestände werden sämtliche klausurrelevanten Problemfelder der §§ 823 ff BGB. umfassend behandelt (z.B. Probleme der haftungsbegründenden und -ausfüllenden Kausalität). § 823 I BGB ist als elementarer, strafrechtsähnlicher Grundtatbestand leicht erlernbar. Auch § 823 II und §§ 824 - 826 BGB sollten nicht vernachlässigt werden. Neben § 831 BGB (Vorsicht beim Entlastungsbeweis!), der Haftung für Verrichtungsgehilfen, befasst sich der erste Band auch mit der Mittäterschaft, Teilnahme und Beteiligung gem. § 830 BGB.

0009   14,80 €

Deliktsrecht II

Deliktsrecht II vervollständigt das deliktische Haftungssystem mit besonderem Schwerpunkt auf der Gefährdungshaftung und der Haftung für vermutetes Verschulden. Zum einen erfolgt eine ausführliche Erörterung der im BGB integrierten Haftungsnormen. Zum anderen vermittelt das Skript ein umfassendes Wissen in den klausurrelevanten Spezialgesetzen wie dem StVG, dem ProdHaftG und dem UmweltHaftG. Abgerundet werden die Darstellungen durch den wichtigen Beseitigungs- und Unterlassungsanspruch des § 1004 BGB.

0010   14,80 €

Sachenrecht I-III:

> Sachenrecht ist durch immer wiederkehrende examenstypische Problemfelder gut ausrechenbar. Anders als das Schuldrecht ist es ein klar strukturiertes Rechtsgebiet. In der Regel besteht deswegen eine feste Vorstellung, wie der Fall zu lösen ist. Deshalb gilt es gerade hier, mit der hemmer-Methode den Ersteller der Klausur als imaginären Gegner zu erfassen. Es gilt, Begriffe wie z.B. Widerspruch und Vormerkung in ihrer rechtlichen Wirkung zu begreifen und in den Kontext der Klausur einzuordnen.

Sachenrecht I

Zu Beginn werden die allgemeinen Lehren des Sachenrechts (Abstraktionsprinzip, Publizität, numerus clausus etc.) behandelt, die für den Einstieg und ein grundlegendes Verständnis der Materie unabdingbar sind. Im Vordergrund stehen dann das Besitzrecht und das Eigentümer-Besitzer-Verhältnis. Gerade das EBV ist klausurrelevant. Hier dürfen Sie keinesfalls auf Lücke lernen. Schließlich geht es auch um den immer wichtiger werdenden (verschuldensunabhängigen) Beseitigungs- bzw. Unterlassungsanspruch aus § 1004 BGB.

0011   14,80 €

Sachenrecht II

Sachenrecht II behandelt den Erwerb dinglicher Rechte an beweglichen Sachen. Neben dem Erwerb kraft Gesetzes ist Schwerpunkt hier natürlich der rechtsgeschäftliche Erwerb des Eigentums. Bei dem Erwerb vom Berechtigten und den §§ 932 ff. BGB müssen Sie sicher sein, insbesondere, wenn wie im Examensfall regelmäßig Dritte (Besitzdiener, Besitzmittler, Geheißpersonen) in den Übereignungstatbestand eingeschaltet werden. Daneben geht es um die klausurrelevanten Probleme beim Pfandrecht, bei der Sicherungsübereignung und beim Anwartschaftsrecht des Vorbehaltsverkäufers.

0012   14,80 €

Sachenrecht III

Gegenstand des Skripts Sachenrecht III ist das Immobiliarsachenrecht, wobei die Übertragung des Eigentums an Grundstücken im Vordergrund steht. Weitere Schwerpunkte bilden u.a. Erst- und Zweiterwerb der Vormerkung, die Hypothek und Grundschuld -Gemeinsamkeiten und Unterschiede-, Übertragung sowie der Wegerwerb von Einwendungen und Einreden bei diesen.

0012A   14,80 €

Kreditsicherungsrecht

Der Clou! Wettlauf der Sicherungsgeber, Verhältnis Hypothek zur Grundschuld, Verlängerter Eigentumsvorbehalt und Globalzession/Factoring sind häufig Prüfungsgegenstand. Lernen Sie das, was zusammen gehört, als zusammengehörend zu betrachten. Alle examenstypischen Sicherungsmittel im Überblick: Wie sichere ich neben dem bestehenden Rückzahlungsanspruch einen Kredit? Unterschieden werden Personalsicherheiten (z.B. Bürgschaft, Schuldbeitritt), Mobiliarsicherheiten (z.B. Sicherungsübereignung, Sicherungsabtretung, Eigentumsvorbehalt und Pfandrecht) sowie Immobiliar-sicherheiten (Grundschuld und Hypothek). Wer die Unterscheidung zwischen akzessorischen und nichtakzessorischen Sicherungsmitteln wirklich verstanden hat, geht unbesorgt in die Prüfung.

0013   *14,80 €*

Nebengebiete

Familienrecht

Das Familienrecht wird häufig in Verbindung mit anderen Rechtsgebieten geprüft. So sind z.B. §§ 1357, 1365, 1369 BGB Schnittstelle zum BGB-AT und nur in diesem Kontext verständlich. Die sog. Ehestörungsklage hat ihre Bedeutung bei §§ 823 und 1004 BGB. Da nur der geschädigte Ehegatte einen eigenen Schadensersatzanspruch gegen den Schädiger hat, stellen sich Probleme der Vorteilsanrechnung (vgl. § 843 IV BGB) und Fragen beim Regress. Von Bedeutung sind bei der Nichtehelichen Lebensgemeinschaft Bereicherungsrecht und, wie bei Eheleuten auch, familienrechtliche Bestimmungen sowie das Recht der BGB-Gesellschaft. Die typischen Problemkreise des Familienrechts sind berechenbar und leicht erlernbar.

0014   *14,80 €*

Erbrecht

„Erben werden geboren, nicht gekoren." oder „Erben werden gezeugt, nicht geschrieben." deuten auf germanischen Einfluß mit seinem Sippengedanken. Das Prinzip der Universalsukzession und die Testamentidee sind römischrechtliche Tradition. Die Spannung zwischen individualistischem (der Erbe steht im Vordergrund) und kollektivistischem Ansatz (die Sippe ist privilegiert) ist auch für die Klausur von großer praktischer Relevanz, z.B. gewillkürte oder gesetzliche Erbfolge, Formwirksamkeit des Testaments (auch gemeinschaftliches Testament und Erbvertrag), Widerruf und Anfechtung, Bestimmung durch Dritte, Vor- und Nach- sowie Ersatzerbschaft, Vermächtnis, Pflichtteilsrecht, Erbschaftsbesitz, Miterben, Erbschein. Auch die dingliche Surrogation, z.B. bei § 2019 BGB, und das Verhältnis des Erbrechts zum Gesellschaftsrecht sollte als prüfungsrelevant bekannt sein.

0015   *14,80 €*

Zivilprozessrecht I

Versäumnisurteil, Erledigung, Streitverkündung, Berufung (ZPO I, sog. Erkenntnisverfahren) sind mit der hemmer-Methode leicht verständlich für die Klausuranwendung auf-

bereitet. Von den vielen Bestimmungen der ZPO sind insbesondere diejenigen, die mit materiellrechtlichen Problemen verknüpft werden können, klausurrelevant. ZPO-Probleme werden nur dann richtig erfasst und damit auch für die Klausur handhabbar, wenn man den praktischen Hintergrund verstanden hat. Dies erleichtert Ihnen die hemmer-Methode. Die klausurrelevanten Neuerungen der ZPO-Reform sind selbstverständlich eingearbeitet.

0016   *14,80 €*

Zivilprozessrecht II

Zwangsvollstreckungsrecht - mit diesem Skript halb so wild: Grundzüge, allgemeine und besondere Vollstreckungsvoraussetzungen, sowie die klausurrelevanten Rechtsbehelfe wie §§ 771 BGB (und die Abgrenzung zu § 805), 766 und 767 BGB werden wie gewohnt übersichtlich und gut verständlich für die Anwendung in der Klausur aufbereitet. Dann werden auch gefürchtete Zwangsvollstreckungsklausuren leicht.

0017   *14,80 €*

Arbeitsrecht

Arbeitsrecht ist stark von Richterrecht geprägt und hat sich auch, wie z.B. im Streikrecht, praeter legem entwickelt. Entsprechend häufig sind die Neuerungen. Gleichwohl ist die Arbeitsrechtsklausur im Regelfall standardisiert: Kündigungsschutz (Feststellungsklage) und Lohnzahlung (Leistungsklage) bilden häufig das Grundgerüst. Eingestreut sind regelmäßig Probleme wie z.B. Gratifikationen, Urlaubsabgeltungsanspruch, faktische Bindung und Anwendbarkeit der Grundrechte. Verständnis entsteht. So macht Arbeitsrecht Spaß. Das Standardwerk! Ausgehend von einem großen Fall wird das gesamte Arbeitsrecht knapp und prägnant erklärt.

0018   *16,80 €*

Handelsrecht

Handelsrecht verschärft wegen der Sonderstellung der Kaufleute viele Bestimmungen des BGB (z.B. §§ 362, 377 HGB). Auch Vertretungsrecht wird modifiziert (z.B. § 15 HGB, Prokura), ebenso die Haftung (§§ 25 ff HGB). So kann eine Klausur ideal gestreckt werden. Deshalb sind Kenntnisse im Handelsrecht unerlässlich, alles in allem aber leicht erlernbar.

0019A   *14,80 €*

Gesellschaftsrecht

Ein Problem mehr in der Klausur: die Gesellschaft, insbesondere BGB-Gesellschaft, OHG, KG und GmbH. Zu unterscheiden ist häufig zwischen Innen- und Außenverhältnis. Die Haftung von Gesellschaft und Gesellschaftern muss jeder kennen. In der examenstypischen Klausur sind immer mehrere Personen vorhanden (Notendifferenzierung!), so dass sich zwangsläufig die typischen Schwierigkeiten der Mehrpersonenverhältnisse stellen (Zurechnung, Gesamtschuld, Ausgleichsansprüche etc.).

0019B   *14,80 €*

Rechtsfolgeskripten

Regelmäßig ist die sog. Herausgabeklausur („A verlangt von B Herausgabe. Zu Recht?") Prüfungsgegenstand. Der Rückgriff kann als Zusatzfrage jede Klausur abschließen. Klausurtypisch werden diese Problemkreise im Anspruchsgrundlagenaufbau dargestellt. So schreiben Sie die 18 Punkteklausur. Ein Muss für jeden Examenskandidaten!

Herausgabeansprüche

Der Band setzt das Rechtsfolgesystem bisheriger Skripten fort. Die Anspruchsgrundlagen, die in den verschiedenen Rechtsgebieten verstreut sind, werden in einem eigenen Skript klausurtypisch konzentriert behandelt, §§ 285, 346, 546, 604, 812, 861, 985, 1007 BGB. Die ideale Checkliste für die Herausgabeklausur. Wer konsequent von der Fallfrage aus geht, lernt richtig.

0031   *14,80 €*

Rückgriffsansprüche

Der Regreß ist examenstypisch. Dreiecksbeziehungen sind nicht nur im wirklichen Leben problematisch, sondern auch im Recht. Der Band gibt unsere Erfahrungen mit den verschiedenen Examenskonstellationen wieder. Beispielhaft ist die Begleichung einer Schuld durch einen Dritten und der Regreß beim Schuldner. In Betracht kommen häufig GoA, Gesamtschuld und Bereicherungsrecht.

0032   *14,80 €*

Strafrecht

Eine zweistellige Punktezahl ist im Strafrecht immer im Bereich des Möglichen. Gerade im Strafrecht ist es wichtig, die Klassiker genau zu kennen. Im Strafrecht/Strafprozessrecht wird Ihre Belastbarkeit getestet: innerhalb relativ kurzer Zeit müssen viele Problemkreise „abgehakt" werden.

Strafrecht AT I

Für das Verständnis im Strafrecht unabdingbar sind vertiefte Kenntnisse des Allgemeinen Teils. Der Aufbau eines vorsätzlichen Begehungsdelikts wird ebenso vermittelt wie der eines vorsätzlichen Unterlassungsdelikts bzw. eines Fahrlässigkeitsdelikts. Darin eingebettet werden die examenstypischen Probleme erläutert und anhand der hemmer-Methode Lernverständis geschaffen. Um die allgemeine Strafrechtssystematik besser zu verstehen, beinhaltet dieses Skript zudem Ausführungen zur Garantiefunktion des Strafrechts, zum Geltungsbereich des deutschen Strafrechts sowie einen Überblick über strafrechtliche Handlungslehren.

0020   *14,80 €*

Strafrecht AT II

Dieses Skript vermittelt Ihnen anwendungsorientiert die Problemkreise Versuch (insbesondere Rücktritt vom Versuch), Täterschaft und Teilnahme (z.B. Täter hinter dem Täter), die Irrtumslehre (z.B. aberratio ictus), sowie das Wichtigste zu den Konkurrenzen. Grundbegriffe werden erläutert und zudem in den klausurtypischen Zusammenhang gebracht. Auch Sonderfälle wie die „actio libera in causa" werden in fallspezifischer Weise erklärt.

0021   *14,80 €*

Strafrecht BT I

Bei den Klassikern wie u.a. Diebstahl, Betrug einschließlich Computerbetrug, Raub, Erpressung, Hehlerei, Untreue (BT I) sollte man sich keine Fehltritte leisten. Mit der hemmer-Methode wird der verständnisvolle Umgang mit Fällen, die im Grenzbereich eines oder mehrerer Tatbestände liegen, eingeübt. Auf klausurtypische Fallkonstellationen wird hingewiesen.

0022   *14,80 €*

Strafrecht BT II

Immer wieder in Hausarbeit und Klausur: Totschlag, Mord, Körperverletzungsdelikte, Aussagedelikte, Urkundsdelikte, Straßenverkehrsdelikte. In aller Regel werden diese Delikte mit Täterschaftsformen des Allgemeinen Teils kombiniert, und dadurch die Problematik klausurtypisch gestreckt.

0023   *14,80 €*

Strafprozessordnung

Strafprozessrecht hat auch im Ersten Juristischen Staatsexamen deutlich an Bedeutung gewonnen: In fast jedem Bundesland ist mittlerweile verstärkt mit StPO-Zusatzfragen im Examen zu rechnen. Begriffe wie z.B. Legalitätsprinzip, Opportunitätsprinzip und Akkusationsprinzip dürfen keine Fremdworte bleiben. Lernen Sie spielerisch die Abgrenzung von strafprozessualem und materiellem Tatbegriff.

0030   *14,80 €*

Examenswissen

Verwaltungsrecht

Auch die Verwaltungsrechtsskripten sind klausur- und hausarbeitsorientiert und damit als großer Fall zu verstehen. Trainieren Sie Verwaltungsrecht mit uns klausurorientiert. Lernen Sie mit der hemmer-Methode die richtige Einordnung. Im Öffentlichen Recht gilt: wenig Dogmatik - viel Gesetz. Gehen Sie deshalb mit dem sicheren Gefühl in die Prüfung, die Dogmatik genau zu kennen und zu wissen, wo Sie was zu prüfen haben.

Verwaltungsrecht I

Wie in einem großen Fall sind im Verwaltungsrecht I die klausurtypischen Probleme der Anfechtungsklage als zentrale Klageart der VwGO dargestellt. Entsprechend der Reihenfolge in einer Klausur werden Fragen der Zulässigkeit, vom Vorliegen eines VA bis zum Vorverfahren, und der Begründetheit, von der Ermächtigungsgrundlage bis zum Widerruf und der Rücknahme von VAen, klausurorientiert aufbereitet.

0024   14,80 €

Verwaltungsrecht II

Die richtige Einordnung der Prüfungspunkte im Rahmen der Zulässigkeit und Begründetheit von Verpflichtungs-, Fortsetzungsfeststellungs-, Leistungs- und Feststellungsklage sowie Normenkontrolle unter gleichzeitiger Darstellung typischer Fragestellungen der Begründetheit sind Gegenstand dieses Skripts. Sie machen es zu einem unentbehrlichen Hilfsmittel zur Vorbereitung auf Zwischenprüfung und Examina.

0025   14,80 €

Verwaltungsrecht III

Profitieren Sie von unserer jahrelangen Erfahrung als Repetitoren und unserer Sachkenntnis von Prüfungsfällen. Widerspruchsverfahren, vorbeugender und vorläufiger Rechtsschutz, Rechtsmittel sowie Sonderprobleme aus dem Verwaltungsprozess- und allgemeinen Verwaltungsrechts sind anschließend für Sie keine Fremdwörter mehr.

0026   14,80 €

Staatsrecht

Stoffauswahl und Schwerpunktbildung von Verfassungsrecht (Staatsrecht I) und Staatsorganisationsrecht (Staatsrecht II) orientieren sich am praktischen Bedürfnis von Klausur und Hausarbeit. Da in diesem Bereich häufig nach dem Prinzip „terra incognita" gelernt wurde, gilt es Lücken zu schließen. Wer Staatsrecht richtig gelernt hat, kann sich jedem Fall stellen. Es gilt der Wahlspruch der Aufklärung: „sapere aude" (Wage, Dich Deines Verstandes zu bedienen.), Kant, auf ihn Bezug nehmend Karl Popper (Beck'sche Reihe, „Große Denker").

Staatsrecht I

Die Grundrechte sind das Herzstück der Verfassung. Zulässigkeit und Begründetheit der Verfassungsbeschwerde geben jedem Klausurersteller die Möglichkeit, Grundrechtsverständnis abzuprüfen. Die einzelnen Grundrechte werden im Rahmen der Begründetheit der Verfassungsbeschwerde umfassend erklärt. Lernen Sie mit der hemmer-Methode den richtigen Fallaufbau, auf den gerade im Öffentlichen Recht besonders viel Wert gelegt wird.

0027   14,80 €

Staatsrecht II

Speziell hier gilt: Die wenigen Klassiker, die immer wieder in der Klausur eingebaut sind, muss man kennen. Dies sind im Prozessrecht: Organstreitigkeiten, abstrakte und konkrete Normenkontrolle und föderale Streitigkeiten (Bund-/Länderstreitigkeiten). Das materielle Recht beinhaltet Staatszielbestimmungen (Art. 20 GG), Finanzverfassung, daneben auch oberste Staatsorgane, Gesetzgebungskompetenz und -verfahren, Verwaltungsorganisation und das Recht der politischen Parteien. Mit diesen Problemkreisen sollten Sie sich im Rahmen einer sinnvollen Examensvorbereitung mit den jeweiligen landesrechtlichen Besonderheiten auseinandersetzen. Skripten, die die Problematik „verallgemeinernd" auf Bundesebene darstellen, helfen meist nicht weiter!

0028   14,80 €

Staatshaftungsrecht

Das Staatshaftungsrecht ist eine Querschnittsmaterie aus den Bereichen Verfassungsrecht, Allgemeines und Besonderes Verwaltungsrecht und dem Bürgerlichen Recht. Diese Besonderheit macht es einerseits kompliziert, andererseits interessant für Klausurersteller! In diesem Skript finden Sie alle klausurrelevanten Probleme des Staatshaftungsrechts examenstypisch aufgearbeitet.

0040   14,80 €

Europarecht

Immer auf dem neusten Stand! Unser Europarecht hat sich zum Klassiker entwickelt. Anschaulich und klar strukturiert erspart es Zeit und dient dem Allgemeinverständnis für dieses in Zukunft immer wichtiger werdende Prüfungsgebiet. Zusammen mit der Fallsammlung Europarecht Garant für ein erfolgreiches Abschneiden in der Prüfung! Die hohe Nachfrage gibt dem Skriptum recht.

0029   16,80 €

Öffentliches Recht - landesspezifische Skripten

Wesentliche Bereiche des Öffentlichen Rechts-Kommunalrecht, Sicherheitsrecht, Bauordnungsrecht - sind aufgrund der Kompetenzverteilung des Grundgesetzes Landesrecht. Hier müssen Sie sich im Rahmen einer sinnvollen Examensvorbereitung mit den jeweiligen landesrechtlichen Besonderheiten auseinandersetzen. Skripten, die die Problematik „verallgemeinernd" auf Bundesebene darstellen, helfen meist nicht weiter!

Baurecht/Bayern
Baurecht/Nordrhein-Westfalen
Baurecht/Baden-Württemberg

Bauplanungs- und Bauordnungsrecht werden in klausurtypischer Aufarbeitung so dargestellt, dass selbst ein Anfänger innerhalb kürzester Zeit die Systematik des Baurechts erlernen kann. Vertieft werden darüber hinaus alle wichtigen Spezialprobleme des Baurechts wie gemeindliches Einvernehmen, Vorbescheid, Erlass von Bebauungsplänen etc. behandelt.

01.0033 BauR Bayern	*14,80 €*
02.0033 BauR NRW	*14,80 €*

erhältlich ab Frühjahr 2007

03.0033 BauR Baden Württ.	*14,80 €*

Polizei- und Sicherheitsrecht/ Bayern
Polizei- und Ordunungsrecht/NRW
Polizeirecht/Baden Württemberg

Gerade das Polizei- und/oder Sicherheitsrecht stellt sich von Bundesland zu Bundesland unterschiedlich dar: Hier kommt die Stärke der landesrechtlichen Skripten voll zur Geltung! Lernen Sie im jeweils regionalen Kontext die Begriffe Primär- und Sekundärmaßnahme, Konnexität, Anscheins- und Putativgefahr usw. Der Aufbau des Skripts orientiert sich an der typischen Systematik einer Polizeirechtsklausur.

01.0034 Polizei-/SR Bayern	*14,80 €*
02.0034 Polizei-/OR NRW	*14,80 €*
03.0034 PolizeiR/ Baden Württ.	*14,80 €*

Kommunalrecht/Bayern
Kommunalrecht/NRW
Kommunalrecht/Baden Württemberg

In vielen Bundesländern ist Kommunalrecht das Herz der verwaltungsrechtlichen Klausur, da es sich mit den meisten anderen Bereichen des Verwaltungsrecht-BT hervorragend kombinieren lässt: Begriffe wie eigener und übertragener Wirkungskreis, Kommunalaufsicht, Verbands- und Organkompetenz, Befangenheit von Gemeinderäten, Kommunale Verfassungsstreitigkeit, gemeindliche Geschäftsordnung und vieles mehr werden in gewohnt fallspezifischer Art dargestellt und erklärt.

01.0035 KomR. Bayern	*14,80 €*
02.0035 KomR. NRW	*14,80 €*
03.0035 KomR. Baden Württ.	*14,80 €*

Schwerpunktskripten

Auch im Bereich der Wahlfachgruppen können Sie auf die gewohnte und bewährte Qualität der Hemmer-Skripten zurückgreifen. Wir ermöglichen Ihnen, das Gebiet Ihrer Wahlfachgruppe effektiv und examenstypisch zu erschließen. Die Zusammenstellung der Skripten orientiert sich am examensrelevanten Stoff und den wichtigsten Problemkreisen.

Kriminologie

Das Skript Kriminologie umfasst sämtliche, für die Wahlfachgruppe relevanten Bereiche: Kriminologie, Jugendstrafrecht und Strafvollzug. Im Mittelpunkt stehen insbesondere die Erscheinungsformen und Ursachen von Kriminalität, der Täter, aber auch das Opfer und die Kontrolle und Behandlung des Straftäters. Durch die Behandlung vieler strafrechtlicher Grundbegriffe ist das Skriptum auch für den Studenten geeignet, der diese Wahlfachgruppe nicht gewählt hat.

0039	*16,80 €*

Völkerrecht

Die Probleme im Völkerrecht sind begrenzt. Der Band vermittelt den Einstieg in die Rechtsmaterie und stellt die wichtigsten Probleme des Völkerrechts dar. Ergänzt durch Beispielfälle und die Judikatur des IGH ist dieses Skript ein unverzichtbares Hilfsmittel. Erschließen Sie sich mit Hilfe dieses Skripts die Problemkreise der völkerrechtlichen Verträge, über die Personalhoheit bis hin zum Interventionsverbot.

0036	*16,80 €*

Internationales Privatrecht

In der Praxis wird der Jurist von morgen nicht darum herumkommen, sich mit IPR zu beschäftigen. Internationale Verflechtungen gewinnen an Bedeutung und den nationalen Scheuklappen wird entgegen gewirkt. Das Skript ist fallorientiert und ermöglicht den leichten Einstieg. Die Anwendung des Internationalen Einheitsrechts, staatsvertraglicher Kollisionsnormen sowie des autonomen Kollisionsrechts werden hier erläutert. Auch werden die Rechte der natürlichen Person auf internationaler Ebene vom Vertragsrecht bis hin zum Sachenrecht behandelt.

0037	*16,80 €*

Kapitalgesellschaftsrecht

Im Skript Kapitalgesellschaftsrecht werden die Gründung der Kapitalgesellschaften und deren Organisationsverfassung dargestellt. Es beinhaltet daneben die Rechtsstellung der Gesellschafter, die Finanzordnung der Gesellschaften und die Stellung der Gesellschaften im Rechtsverkehr. Abschließend erfolgt ein Überblick über das Konzernrecht und Sonderformen der Kapitalgesellschaften.

0055	*16,80 €*

Rechtsgeschichte I

Gegenstand des Skripts ist die Rechtsgeschichte des frühen Mittelalters bis hin zur Rechtsgeschichte des 20. Jahrhunderts. Inhaltlich deckt es die Bereiche Verfassungsrechtsgeschichte, Privatrechtsgeschichte und Strafrechtsgeschichte ab. Hauptsächlich hilft das Skript bei der Vorbereitung auf die rechtsgeschichtlichen Klausuren. Gleichzeitig ist es auch für „kleine" Grundlagenklausuren und die „großen" Examensklausuren geeignet. Ideal auch zur Vorbereitung auf die mündliche Prüfung.

0058	*16,80 €*

Rechtsgeschichte II

Das Skript Rechtsgeschichte II befasst sich mit der Römischen Rechtsgeschichte und liefert im Zusammenhang mit dem Skript Rechtsgeschichte I (Deutsche Rechtsgeschichte) den Stoff für die Wahlfachgruppe. Darüber hinaus sollten Grundzüge der Rechtsgeschichte zum Wissen eines jeden Jurastudenten gehören. Mit diesem Skript werden Sie schnell in die Entwicklungen und Einflüsse der Römischen Rechtsgeschichte eingeführt.

0059	*16,80 €*

Examenswissen

Wettbewerbs- und Markenrecht

Im Rahmen des Rechts des unlauteren Wettbewerbs werden die Grundzüge erklärt, die für das Verständnis dieser Materie unerlässlich sind. Aus dem Bereich des Immaterialgüterrechts wird das Markenrecht näher betrachtet, etwa Unterlassungs- und Schadensersatzansprüche wegen Markenverletzung.

0060 *16,80 €*

Rechts- und Staatsphilosophie sowie Rechtssoziologie

Ziel des Skriptes ist es, über die Vermittlung des für die Klausur erforderlichen Wissens hinaus den Leser zu befähigen, ein eigenständiges rechts-philosophisches Denken zu entwickeln und die erforderliche Argumentation auszuprägen. Das Werk führt zunächst gezielt in die Grundlagen und Fragestellungen der Rechtsphilosophie und Rechtssoziologie ein. Dem folgt eine historisch wie thematisch orientierte Auswahl von Philosophen und Soziologen, wobei nach einem festen Gliederungsmuster deren Leben, Vorstellung von Recht und Gerechtigkeit, Gesellschaft und Staat vorgestellt wird. Die Ausführungen schließen mit aktuellen Bezügen zur jeweiligen Theorie als Denkanstoß ab.

0062 *16,80 €*

Insolvenzrecht

Das Skript umfasst sämtliche relevanten Bereiche: Insolvenzantragsverfahren, vorläufige Insolvenzverwaltung, Anfechtung, Aus- und Absonderung sowie alles rund um das Amt des Insolvenzverwalters. Ebenfalls besprochen werden die Besonderheiten von Arbeitsverhältnissen in der Insolvenz sowie die Besonderheiten des Verbraucherinsolvenzverfahrens. Mit einer Vielzahl von Beispielen aus der Praxis ist das Skriptum geeignet, sich einen groben Überblick über diesen sehr bedeutsamen Bereich zu verschaffen.

0063 *16,80 €*

Steuererklärung leicht gemacht

Das Skript gibt alle erforderlichen Anleitungen und geldwerte Tipps für die selbstständige Erstellung der Einkommensteuererklärung von Studenten und Referendaren. Zur Verdeutlichung sind Beispielfälle eingebaut, deren Lösungen als Grundlage für eigene Erklärungen dienen können.

0038 *14,80 €*

Abgabenordnung

Die Abgabenordnung als das Verfahrensrecht zum gesamten Steuerrecht hält viele Besonderheiten bereit, die Sie sowohl im Rahmen der Pflichtfachklausur im 2. Examen, wie auch in der Wahlfachklausur beherrschen müssen. Hierbei hilft zwar Systemverständnis im allgemeinen Verwaltungsrecht, das wir Ihnen mit unseren Skripten Verwaltungsrecht I - III vermitteln. Jedoch ist auch eine detaillierte Auseinandersetzung mit abgabenordnungsspezifischen Problemen unverzichtbar. Im Ersten gleichsam wie im Zweiten Examen stellen verfahrensrechtliche Fragen regelmäßig zwischen 25 und 30 % des Prüfungsstoffes der Steuerrechtsklausur dar. Hier zeigt sich immer wieder, dass das Verfahrensrecht zu wenig beachtet wurde. Eine gute Klausur kann aber nur dann gelingen, wenn sowohl die einkommensteuerrechtliche als auch die verfahrensrechtliche Problematik erfasst wurde.

0042 *16,80 €*

Einkommensteuerrecht

Der umfassende Überblick über das Einkommensteuerrecht! Der gesamte examensrelevante Stoff sowohl für die Wahlfach-gruppe als auch für die Pflichtklausur im 2. Examen: Angefangen bei den einkommensteuerlichen Grundfragen der subjektiven Steuerpflicht und den Besteuerungstatbeständen der sieben Einkommensarten, über die verschiedenen Gewinnermittlungsmethoden, bis hin zur Berechnung des zu versteuernden Einkommens orientiert sich das Skript streng am Klausuraufbau und stellt so absolut notwendiges Handwerkszeug dar.

0043 *21,80 €*

Die Musterklausuren für das Examen

Fahrlässig handelt, wer sich diese Fälle entgehen lässt! Aus unserem langjährigen Klausurenkursprogramm die besten Fälle, die besonders häufig Gegenstand von Prüfungen waren und sicher wieder sein werden. Lernen Sie den Horizont von Klausurenerstellern und -korrektoren anhand von exemplarischen Fällen kennen .

Musterklausuren Examen Zivilrecht

Das Repetitorium hemmer ist für seine Trefferquote bekannt. Das zeigt sich auch in den Musterklausuren: Teilweise wurden die ausgewählten Fälle später zu nahezu identischen Originalexamensfällen. Die Themenkreise sind weiter hochaktuell. Examensklausuren haben eine eigene Struktur. Der Ersteller konstruiert Sachverhalt und Lösung nach bestimmten Regeln, die es zu erfassen gilt. Objektiv muss die Klausur wegen der Notendifferenzierung anspruchsvoll, aber lösbar sein, eine Vielzahl von Problemen beinhalten und bei der Lösung ein einheitliches Ganzes ergeben. Subjektives Merkmal ist, wie der Ersteller die objektiven Merkmale gewichtet hat. Hier zeigt sich sein Ideengebäude, welches zu erfassen die wesentliche Aufgabe bei der Klausurbewältigung ist.

16.01 *14,80 €*

Musterklausuren Examen Strafrecht

Wenig Gesetz, viel Dogmatik. Gerade im Strafrecht gilt: „Streit erkannt, Gefahr gebannt!" Strafrecht ist regelmäßig ein Belastungstest: Strafrechtliche Klausuren bestehen aus einer Vielzahl von Problemen aus dem Allgemeinen Teil, dem Besonderen Teil, bzw. aus beiden. Routine beim „Abhaken" der Problemkreise zahlt sich aus.

16.02 *14,80 €*

Musterklausuren Examen Steuerrecht

Steuerrechtliche Klausuren zeichnen sich durch immer wiederkehrende Einzelkonstellationen aus, die zu einem großen Fall zusammengebastelt sind. Es ist leicht eine gute Note zu schreiben, wenn man die Materie kennt. Auf der Grundlage von original Examensklausuren aus den letzten Jahren werden die klassischen Problemfelder aus dem materiellen Recht wie aus dem Verfahrensrecht examenstypisch aufbereitet und vermittelt.

16.03 *14,80 €*

Musterklausur Examen Europarecht

Europarecht ist ohne Fälle nicht fassbar. Erleichtern Sie sich das Verständnis für Europarecht, indem Sie anwendungsspezifisch und fallorientiert lernen. Nachdem das Europarecht auch als Pflichtfach immer größere Bedeutung erlangt, stellt diese Fallsammlung als Erweiterung des Lernmaterials zum Europarecht eine unerlässliche Hilfe bei der Examensvorbereitung dar.

16.04 *14,80 €*

Die Shorties - Minikarteikarten

Die Shorties - in 20 Stunden zum Erfolg

Die wichtigsten Begriffe und Themenkreise werden anwendungsspezifisch erklärt.

Knapper geht es nicht.

Die „sounds" der Juristerei (super learning) grafisch aufbereitet - in Kürze zum Erfolg.

- als Checkliste
zum schnellen Erfassen des jeweiligen Rechtsgebiets.

- zum Rekapitulieren
mit dem besonderen Gedächtnistraining schaffen Sie Ihr Wissen ins Langzeitgedächtnis.

- vor der Klausur zum schnellen Überblick

- ideal vor der mündlichen Prüfung

Die Shorties 1 *BGB AT, SchuldR AT (50.10)*	21,80 €
Die Shorties 2/I *KaufR, MietV, Leihe, WerkVR, ReiseV, Verwahrung* *(50.21)*	21,80 €
Die Shorties 2/II *GoA, BerR, DeliktsR,* *SchadensersatzR (50.22)*	21,80 €
Die Shorties 3 *SachenR, ErbR, FamR (50.30)*	21,80 €
Die Shorties 4 *ZPO I/II, HGB (50.40)*	21,80 €
Die Shorties 5 *StrafR AT/BT (50.50)*	21,80 €
Die Shorties 6 *Öffentliches Recht (50.60)* *(VerwR, GrundR, BauR, StaatsOrgR, VerfProzR)*	21,80 €

So lernen Sie richtig mit der hemmer-Box (im Preis inklusive):

1. Verstehen: Haben Sie den gelesenen Stoff verstanden, wandert die Karte auf Stufe 2., Wiederholen am nächsten Tag.

2. Wiederholen: Haben Sie den Stoff behalten, wandert er von Stufe 2. zu Stufe 4.

3. kleine Strafrunde: Konnten Sie den Inhalt von 2. nicht exakt wiedergeben, arbeiten Sie die Themen bitte noch einmal durch.

4. fundiertes Wissen: Wiederholen Sie die hier einsortierten Karten nach einer Woche noch einmal. Konnten Sie alles wiedergeben? Dann können Sie vorrücken zu Stufe

5. Langzeitgedächtnis: Wiederholen Sie auf dieser Stufe das Gelernte im Schnelldurchlauf nach einem Monat. Sollten noch Fragen offen bleiben, gehen sie bitte eine Stufe zurück.

HEMMER Karteikarten -
Logisch und durchdacht aufgebaut!

Einleitung
führt zur Fragestellung hin und verschafft Ihnen den schnellen Überblick über die Problemstellung

Frage oder zu lösender Fall
konkretisiert den jeweiligen Problemkreis

II. Verschulden bei Vertragsverhandlungen

Vorvertragliche Sonderverbindung

SchR-AT I

hemmer Karte 22

Die c.i.c. setzt ein vorvertragliches Vertrauensverhältnis voraus. Dieses entsteht nicht durch jeden gesteigerten sozialen Kontakt, sondern nur durch ein Verhalten, das auf den Abschluss eines Vertrages oder die Anbahnung geschäftlicher Kontakte abzielt. Ob es später tatsächlich zu einem Vertragsschluss kommt, ist dagegen unerheblich. Der Vertragsschluss ist nur erheblich für die Abgrenzung zwischen §§ 280 I, 241 II BGB (pVV) und §§ 280 I, 311 II, 241 II BGB (c.i.c.): Fällt die Pflichtverletzung in den Zeitraum vor Vertragsschluss, sind ohne Rücksicht auf den späteren Vertragsschluss die §§ 280 I, 311 II, 241 II BGB richtige Anspruchsgrundlage.

A macht einen Stadtbummel. Aus Neugier betritt er ein neues Geschäft, um das Warenangebot näher kennen zu lernen. Dazu kommt es aber nicht. Er rutscht kurz hinter dem Eingang auf einer Bananenschale aus und bricht sich ein Bein.

Hat A Ansprüche aus c.i.c.?

Abwandlung: A betritt das Geschäft nur, weil es gerade zu regnen angefangen hat. Er hat keinerlei Kaufinteresse.

Juristisches Repetitorium
examenstypisch · anspruchsvoll · umfassend **hemmer**

---

1. Grundfall:

Fraglich ist, ob ein vorvertragliches Schuldverhältnis vorliegt. Dieses entsteht insbesondere erst durch ein Verhalten, das auf die Aufnahme von Vertragsverhandlungen (§ 311 II Nr. 1 BGB), die Anbahnung eines Vertrags (§ 311 II Nr. 2 BGB) oder eines geschäftlichen Kontakts (§ 311 II Nr. 3 BGB) abzielt. Hier betritt A das Geschäft zwar ohne konkrete Kaufabsicht, aber doch als potentieller Kunde in der Absicht, sich über das Warensortiment zu informieren, um später möglicherweise doch etwas zu kaufen. **Sein Verhalten ist somit auf die Anbahnung eines Vertrags gerichtet, bei welchem der A im Hinblick auf eine etwaige rechtsgeschäftliche Beziehung dem Geschäftsinhaber die Möglichkeit zur Einwirkung auf seine Rechte, Rechtsgüter und Interessen gewährt oder ihm diese anvertraut, vgl. § 311 II Nr. 2 BGB.**

Der Geschäftsinhaber hat die Pflicht, alles Zumutbare zu unternehmen, um seine Kunden vor Schäden an Leben und Gesundheit zu schützen. Diese Pflicht wurde hier verletzt. Im Hinblick auf die Darlegungs- und Beweislast zum Vertretenmüssen ist von § 280 I 2 BGB auszugehen. Ausreichend ist daher von Seiten des Geschädigten der Nachweis des objektiv verkehrsunsicheren Zustands im Verantwortungsbereich des Schuldners, hier durch die Bananenschale. Der Schuldner, also der Geschäftsinhaber muss dann nachweisen, dass er und seine Erfüllungsgehilfen alle zumutbaren Maßnahmen zur Vermeidung des Schadens ergriffen haben. Das wird regelmäßig nicht gelingen. **Von Vertretenmüssen ist daher auszugehen,** gegebenenfalls ist dem Geschäftsinhaber das *Verschulden der Erfüllungsgehilfen (z.B. Ladenangestellten) nach § 278 BGB zuzurechnen.* Die **Pflichtverletzung war ursächlich für den Schaden des A. A kann somit Schadensersatz aus §§ 280 I, 311 II Nr. 2, 241 II BGB verlangen** (u.U. gekürzt um einen *Mitverschuldensanteil*).

2. Abwandlung:

In der Abwandlung hat A von vornherein keinerlei Kaufabsicht. Sein **Verhalten ist nicht auf die Anbahnung eines Vertrags gerichtet.** Das bloße Betreten eines Ladens genügt jedoch nicht, um ein gesteigertes Vertrauensverhältnis zu begründen. **Daher scheiden Ansprüche aus §§ 280 I, 311 II Nr. 2, 241 II BGB aus.** *Es kommen lediglich deliktische Schadensersatzansprüche in Betracht.*

hemmer-Methode: Bei dauernden Geschäftsbeziehungen, innerhalb derer sich ein Vertrauensverhältnis herausgebildet hat, ist eine Haftung aus c.i.c. auch für Handlungen, die nicht unmittelbar auf die Anbahnung eines Vertrages gerichtet sind, gerechtfertigt, sofern die Handlung in engem Zusammenhang mit der Geschäftsbeziehung steht.

Antwort
informiert umfassend und in prägnanter Sprache

hemmer-Methode
ein modernes Lernsystem, das letztlich erklärt, was und wie Sie zu lernen haben. Gleichzeitig wird „background" vermittelt. Die typischen Bewertungskategorien eines Korrektors werden miterklärt. So lernen Sie Ihre imaginären Gegner (Ersteller und Korrektor) besser einzuschätzen und letztlich zu gewinnen. Denken macht Spass und Jura wird leicht.

---

examenstypisch - anspruchsvoll - umfassend

Die Karteikarten

Die Karteikartensätze

Lernen Sie intelligent mit der 5-Schritt-Methode. Weniger ist mehr. Das schnelle Frage- und Antwortspiel sich auf dem Markt durchgesetzt. Mit der hemmer-Methode wird der Gesamtzusammenhang leichter verständlich, das Wesentliche vom Unwesentlichen unterschieden. Ideal für die AG und Ihre Lerngruppe: wiederholen Sie die Karteikarten und dem hemmer-Spiel „Jurapolis". Lernen Sie so im Hinblick auf die mündliche Prüfung frühzeitig auf Fragen knapp und präzise zu antworten. Wissenschaftlich ist erwiesen, dass von dem Gelernten in der Regel innerhalb von 24 Stunden bis zu 70% wieder vergessen wird. Daher ist es wichtig, das Gelernte am nächsten Tag zu wiederholen, bevor Sie sich neue Karteikarten vornehmen. Mit den Karteikarten können Sie leicht kontrollieren, wie viel Sie behalten haben.

Karteikarten bieten die Möglichkeit, knapp, präzise und zweckrational zu lernen. Im Hinblick auf das Examen werden die wichtigsten examenstypischen Problemfelder vermittelt. Das Karteikartensystem entspricht modernen Lernkonzepten und führt zum „learning just in time" (Lernen nach Bedarf). Da sie kurz und klar strukturiert sind, kann mit ihnen in kürzester Zeit der Lernstoff erarbeitet und vertieft werden.

Basics - Zivilrecht

Das absolut notwendige Grundwissen vom Vertragsabschluß bis zum EBV. Alles was Sie im Zivilrecht wissen müssen. Die Grundlagen müssen sitzen.

20.01   *12,80 €*

Basics - Strafrecht

Karteikarten Basics-Strafrecht bieten einen Überblick über die wichtigsten Straftatbestände wie z.B.: Straftaten gegen Leib und Leben sowie Eigentumsdelikte und Straßenverkehrsdelikte, sowie verschiedene Deliktstypen, wichtige Probleme aus dem allgemeinen Teil, z.B. Versuch, Beteiligung Mehrerer, usw.

20.02   *12,80 €*

Basics - Öffentliches Recht

Anhand der Karten Basics-Öffentliches Recht erhalten Sie einen breitgefächerten Überblick über Staatsrecht, Verwaltungs-, und Staatshaftungsrecht. So lassen sich die verschiedenen Rechtsbehelfe optimal in ihrer Zulässigkeits- und Begründetheitsstation auf die Grundlagen hin erlernen.

20.03   *12,80 €*

BGB-AT I

Die BGB-AT I Karteikarten beinhalten das, was zum Wirksamwerden eines Vertrages beiträgt (Wirksamwerden der WE, Geschäftsfähigkeit, Rechtsbindungswille, usw.) bzw. der Wirksamkeit hindernd entgegensteht (Willensvorbehalte, §§ 116 ff., Sittenwidrigkeit, u.v.m.). Die Problemfelder der Geschäftsfähigkeit, insbesondere das Recht des Minderjährigen, dürfen bei dieser Möglichkeit zu lernen nicht fehlen.

22.01   *14,80 €*

BGB-AT II

Die BGB-AT II Karteikarten stellen in bekannt knapper und präziser Weise dar, was auf dem umfangreichen Gebiet der Stellvertretung von Ihnen erwartet wird. Die unerlässlichen Kenntnisse der Probleme der Anfechtung, der AGB-Bestimmungen und des Rechts der Einwendungen und Einreden können hiermit zur Examensvorbereitung wiederholt bzw. vertieft werden.

22.02   *14,80 €*

Schuldrecht AT I

Im bekannten Format werden hier die Grundbegriffe des Schuldrechts dargestellt. Dazu gehören der Inhalt und das Erlöschen des Schuldverhältnisses (z.B. durch Erfüllung, Aufrechnung oder auch Rücktritt). Insbesondere die verschiedenen Probleme in Zusammenhang mit der Haftung im vorvertraglichen Schuldverhältnis nach §§ 280 I, 311 II, 241 II BGB (c.i.c.), das Verhältnis des allgemeinen Leistungsstörungsrechts zu anderen Vorschriften und die Formen und Wirkungen der Unmöglichkeit werden behandelt.

22.031   *14,80 €*

Schuldrecht AT II

Klassiker wie Verzug, Abtretung, Schuldübernahme, Vertrag zugunsten oder mit Schutzwirkung zugunsten Dritter und Drittschadensliquidation gehören hier genauso zum Stoff der Karteikarten wie die Gesamtschuldnerschaft und das Schadensrecht (§§ 249 ff. BGB), das umfassend von Schadenszurechnung bis hin zu Art, Inhalt und Umfang der Ersatzpflicht dargestellt wird.

22.032   *14,80 €*

Schuldrecht BT I

Bei diesen Karteikarten steht das Kaufrecht als examensrelevante Materie im Vordergrund. Die Schwerpunkte bilden aber auch Sachmängelrecht und die Probleme rund um den Werkvertrag.

22.40   *14,80 €*

Schuldrecht BT II

Die Karteikarten Schuldrecht BT II behandeln nach Kaufrecht im Karteikartensatz Schuldrecht BT I, die restlichen Vertragstypen. Dazu gehören vor allem das Mietrecht, der Dienstvertrag, die Bürgschaft und die GoA. Auch Gebiete wie z.B. Schenkung, Leasing, Schuldanerkenntnis und Auftrag kommen nicht zu kurz.

22.41   *14,80 €*

Bereicherungsrecht

Die §§ 812 ff. BGB sind regelmäßig die Folge unwirksamer Verträge. Abgrenzungsprobleme gibt es u.a. zum Wegfall der Geschäftsgrundlage (z.B. Rückabwicklung bei der nichtehelichen Lebensgemeinschaft) und §§ 987 ff. BGB. Der Karteikartensatz versteht sich als Gebrauchsanweisung für die erfolgreiche Bewältigung des anspruchsvollen Rechtsgebiets Bereicherungsrecht. Ohne Verständnis für dieses Rechtsgebiet bleibt der Zusammenhang im Zivilrecht im Dunkeln.

22.08   *14,80 €*

Die Karteikarten

Deliktsrecht

Thematisiert werden im Rahmen dieser Karteikarten schwerpunktmäßig die §§ 823 I und 823 II BGB. Verständlich und präzise wird auch auf die Probleme der §§ 830 ff. eingegangen, wobei besonders auf den Verrichtungsgehilfen und die Gefährdungshaftung geachtet wird. Neben einem Einblick in das Staatshaftungsrecht wird auch die Haftung aus dem StVG, ProdHaftG und die negatorische/quasinegatorische Haftung behandelt.

22.09   *14,80 €*

Sachenrecht I

Mit den Karteikarten können Sie ein so komplexes Gebiet wie dieses optimal wiederholen und Ihr Wissen trainieren. Das Sachenrecht mit EBV, Anwartschaftsrecht und Pfandrechten ist für jeden Examenskandidaten ein Muss.

22.11   *14,80 €*

Sachenrecht II

Auch auf einem so schwierigen Gebiet wie dem Grundstücksrecht und den damit verbundenen Pfand- und Sicherungsrechten geben die Karteikarten nicht nur eine zügige Wissensvermittlung, sondern reduzieren die Komplexität des Immobiliarsachenrechts auf das Wesentliche und erleichtern somit die eigene Systematik, z.B. des Hypothek- und Grundschuldrechts, zu verstehen. Begriffe wie die Vormerkung und das dingliche Vorkaufsrecht müssen im Examen beherrscht werden.

22.12   *14,80 €*

Kreditsicherungsrecht

Die Karteikarten als Ergänzung zum Skript Kreditsicherungsrecht ermöglichen Ihnen, spielerisch mit den einzelnen Sicherungsmitteln umzugehen, und die Unterschiede zwischen akzessorischen und nichtakzessorischen Sicherungsmitteln genauso wie ihre Besonderheiten zu beherrschen.

22.13   *14,80 €*

Arbeitsrecht

Arbeitsrecht ist stark von Richterrecht geprägt und hat sich auch, wie z.B. im Streikrecht, praeter legem entwickelt. Entsprechend häufig sind die Neuerungen. Gleichwohl ist die Arbeitsrechtsklausur im Regelfall standardisiert: Kündigungsschutz (Feststellungsklage) und Lohnzahlung (Leistungsklage) bilden häufig das Grundgerüst. Eingestreut sind regelmäßig Probleme wie z.B. Gratifikationen, Urlaubsabgeltungsanspruch, faktische Bindung und Anwendbarkeit der Grundrechte.

22.18   *14,80 €*

Familienrecht

Die wichtigsten Problematiken dieses Gebietes werden hier im Überblick dargestellt und erleichtern Ihnen den Umgang mit Ehe, Sorgerecht, Vormundschaft, aber auch dem Familienprozessrecht.

22.14   *14,80 €*

Erbrecht

Die Grundzüge des Erbrechts mit den einzelnen Problem-atiken der gewillkürten und gesetzlichen Erbfolge, des Pflichtteilrechts und der Erbenhaftung gehören ebenso zum Examensstoff wie die Annahme und Ausschlagung der Erbschaft und die Problematik mit dem Erbschein. Die Grundlagen zu beherrschen ist wichtiger als einzelne Sonderprobleme.

22.15   *14,80 €*

ZPO I

ZPO taucht zunehmend in den Examensklausuren auf und darf nicht vernachlässigt werden. Nutzen Sie die Möglichkeit, sich durch die knappe und präzise Aufbereitung in den Karteikarten mit dem Prozessrecht vertraut zu machen, um im Examen eine ZPO-Klausur in Ruhe angehen zu können.

22.16   *14,80 €*

ZPO II

Die Karteikarten ZPO II führen Sie quer durch das Recht der Zwangsvollstreckung bis hin zu den verschiedenen Rechtsbehelfen in der Zwangsvollstreckung. Dabei können Rechtsbehelfe wie die Vollstreckungsgegenklage oder die Drittwiderspruchsklage den Einstieg in eine BGB-Klausur bilden.

22.17   *14,80 €*

Handelsrecht

Im Handelsrecht kehren oft bekannte Probleme wieder, die mittels der Karteikarten optimal wiederholt werden können. Auch für das umfassende Schuld- und Sachenrecht des Handels, in dem auch viele Verknüpfungen zum BGB bestehen, bieten die Karteikarten einen guten Überblick.

22.191   *14,80 €*

Gesellschaftsrecht

Die Personengesellschaften, Körperschaften und Vereine haben viele Unterschiede, weisen aber auch Gemeinsamkeiten auf. Um diese mit allen wichtigen Problemen optimal vergleichen zu können, eignen sich besonders die Karteikarten im Überblicksformat.

22.192   *14,80 €*

Strafrecht-AT I

Das vorsätzliche Begehungsdelikt mit all seinen Problemen der Kausalität, der Irrtumslehre bis hin zur Rechtfertigungsproblematik und Schuldfrage ist hier umfassend, aber in bekannt kurzer und übersichtlicher Weise dargestellt.

22.20   *14,80 €*

Strafrecht-AT II

Die Karteikarten Strafrecht AT II decken die restlichen Problemkreise Versuch (insbesondere Rücktritt vom Versuch), Täterschaft und Teilnahme, das Fahrlässigkeitsdelikt und die oft vernachlässigten Konkurrenzen ab.

22.21   *14,80 €*

Strafrecht-BT I

Ergänzend zum Skript werden Ihnen hier die Vermögensdelikte in knapper und übersichtlicher Weise veranschaulicht. Besonders im Strafrecht BT, wo es oft zu Abgrenzungsproblematiken kommt (z.B. Abgrenzung zwischen Raub und räuberischer Erpressung) ist eine Darstellung auf Karteikarten sehr hilfreich.

22.22   14,80 €

Strafrecht-BT II

Die Strafrecht BT II - Karten befassen sich mit den Nichtvermögensdelikten. Besonderes Augenmerk wird hierbei auf die Körperverletzungsdelikte sowie die Urkundendelikte und die Brandstiftungsdelikte gelegt.

22.23   14,80 €

StPO

In fast jeder StPO-Klausur werden Zusatzfragen auf dem Gebiet des Strafprozessrechts gestellt. Es handelt sich hierbei meist um Standardfragen, aber gerade diese sollten Sie sicher beherrschen. Die Karteikarten decken alle Standardprobleme ab, von Prozessmaximen bis hin zu den einzelnen Verfahrensstufen.

22.30   14,80 €

Verwaltungsrecht I

Ob allgemeines oder besonderes Verwaltungsrecht - die einzelnen Probleme der Eröffnung des Verwaltungsrechtsweges werden Ihnen immer wieder begegnen. Wiederholen Sie hier auch Ihr Wissen rund um die Anfechtungsklage, welche die zentrale Klageart in der VwGO darstellt.

22.24   14,80 €

Verwaltungsrecht II

Von der Verpflichtungsklage über die Leistungsklage bis hin zum Normenkontrollantrag sowie weitere Bereiche, mit deren jeweiligen Sonderproblemen werden alle verwaltungsrechtlichen Klagearten dargestellt.

22.25   14,80 €

Verwaltungsrecht III

Mittels Karteikarten können die Spezifika der jeweiligen Rechtsgebiete umfassend aufbereitet und verständlich erklärt werden. Thematisiert werden im Rahmen dieser Karten das Widerspruchsverfahren, der vorläufige sowie der vorbeugende Rechtsschutz und das Erheben von Rechtsmitteln.

22.26   14,80 €

Staatsrecht

Karteikarten eignen sich besonders gut, die einzelnen Grundrechte, Verfassungsrechtsbehelfe und Staatszielbestimmungen darzustellen, da gerade die einschlägigen Rechtsbehelfe zum Bundesverfassungsgericht sehr klaren und eindeutigen Strukturen folgen, innerhalb derer eine saubere Subsumtion notwendig ist. Das Gesetzgebungsverfahren und die Aufgaben der obersten Staatsorgane können hierbei gut wiederholt werden. Auch wird ein kurzer Einblick in die auswärtigen Beziehungen und die Finanzverfassung gegeben.

22.27   14,80 €

Europarecht

Nutzen Sie die Europarechtskarteikarten, um im weitläufigen Gebiet des Europarechts den Überblick zu behalten.

Vom Wesen und den Grundprinzipien des Gemeinschaftsrechts über das Verhältnis von Gemeinschaftsrecht zum mitgliedstaatlichen Recht bis hin zu den Institutionen wird hier übersichtlich alles dargestellt, was Sie als Grundlagenwissen benötigen. Hinzu kommen die klausurrelevanten Bereiche des Rechtsschutzes und der Grundfreiheiten.

22.29   14,80 €

Übersichtskarteikarten

Ihr Begleiter vom 1. Semester bis zum 2. Staatsexamen! Die wichtigsten Problemfelder im Zivil-, Straf- und Öffentlichen Recht sind knapp, präzise und übersichtlich dargestellt. Sie erfassen effektiv auf einen Blick das Wesentliche. Die grafische Aufbereitung auf der Vorderseite erleichtert den schnellen Zugriff. Die Kommentierung mit der hemmer-Methode auf der Rückseite schafft die Einordnung für die Klausur. Nutzen Sie die Übersichtskarten auch als Checkliste zur Kontrolle.

BGB im Überblick I

Mit den Übersichtskarteikarten verschaffen Sie sich einen schnellen und effizienten Überblick über die wichtigsten zivilrechtlichen Problemkreise des BGB-AT, Schuldrecht AT und BT sowie des Sachenrecht AT und BT. Knapp und teilweise graphisch aufbereitet vermitteln Ihnen die Übersichtskarten das Wesentliche. Aufbauschemata helfen Ihnen bei der Subsumtion. Für den Examenskandidaten sind die Übersichtskarten eine „Checkliste", für den Anfänger eine Möglichkeit zum ersten Einblick.

25.01   30,00 €

BGB im Überblick II

Diese Karteikarten bieten einen Überblick der Gebiete Erbrecht, Familienrecht, Handelsrecht, Arbeitsrecht und ZPO. Für den Examenskandidaten sind die Übersichtskarteikarten eine „Checkliste", für den Anfänger ein erster Einblick.

25.011   30,00 €

Strafrecht im Überblick

Die Übersichtskarten leisten eine Einordnung in den strafrechtlichen Kontext. Im Hinblick auf das Examen werden so die wichtigsten examenstypischen Problemfelder vermittelt. Behandelt werden die Bereiche Strafrecht AT I und II wie auch BT I und II und StPO. Im Strafrecht BT ist bekanntlich fundiertes Wissen der Tatbestandsmerkmale mit ihren Definitionen gefragt, was sich durch Lernen mit den Übersichtskarten gezielt und schnell wiederholen lässt.

25.02   30,00 €

Öffentliches Recht im Überblick

Verschaffen Sie sich knapp einen Überblick über das Wesentliche der Gebiete Staatsrecht und Verwaltungsrecht. Die verwaltungs- und staatsrechtlichen Klagearten, Staatszielbestimmungen und die wichtigsten Vorschriften des Grundgesetzes werden mit den wichtigsten examenstypischen Problemfeldern verknüpft und vermindern in der gezielten Knappheit die Datenflut.

25.03   16,80 €

ÖRecht im Überblick / Bayern
ÖRecht im Überblick / NRW

Mit dem zweiten Satz der Übersichtskarteikarten im Öffentlichen Recht können Sie Ihr Wissen nun auch auf den Gebiete Polizei- und Sicherheitsrecht überprüfen und auffrischen. Die wichtigsten Probleme auf den Gebieten Baurecht und Kommunalrecht werden im klausurspezifischen Kontext dargestellt, z.B. die Besonderheiten von Kommunalverfassungsstreitigkeiten im Kommunalrecht oder Fortsetzungsfeststellungsklagen im Polizeirecht.

25.031 ÖRecht im Überb. / Bayern	*16,80 €*
25.032 ÖRecht im Überb. / NRW	*16,80 €*

Europarecht/Völkerrecht im Überblick

Die Übersichtskarten zum Europarecht dienen der schnellen Wiederholung. Gerade in diesem Rechtsgebiet ist es wichtig, einen schnellen Überblick über Institutionen, Klagearten usw. zu bekommen. Klassiker wie Grundfreiheiten und Verknüpfungen zum deutschen Recht werden ebenfalls dargestellt. Komplettiert wird der Satz durch eine Darstellung der Grundzüge des Völkerrechts.

25.04	*16,80 €*

Skripten für BWL'er, WiWi und Steuerberater

Profitieren Sie von unserem know-how.
Seit 1976 besteht das ,in Würzburg gegründete, Repetitorium hemmer und bildet mit Erfolg aus. Grundwissen im Recht ist auch im Wirtschaftsleben heute eine Selbstverständlichkeit. Die prüfungstypischen Standards, die so oder in ähnlicher Weise immer wiederkehren, üben wir anhand unserer Skripten mit Ihnen ein. Durch unsere jahrelange Erfahrung wissen wir, mit welchen Anforderungen zu rechnen sind und welche Aspekte der Ersteller einer juristischen Prüfungsklausur der Falllösung zu Grunde legt. Das prüfungs- und praxisrelevante Wissen wird umfassend und gleichzeitig in der bestmöglichen Kürze dargestellt. Der Zugang zur „Fremdsprache Recht" wird damit erleichtert. Die richtige Investition in eine gute Ausbildung garantiert den Erfolg.

Privatrecht für BWL'er, WiWi & Steuerberater	
18.01	*14,80 €*
Ö-Recht für BWL'er, WiWi & Steuerberater	
18.02	*14,80 €*
Musterklausuren für´s Vordiplom/PrivatR	
18.03	*14,80 €*
Musterklausuren für´s Vordiplom/ÖRecht	
18.04	*14,80 €*
Die wichtigsten Fälle:	
BGB-AT, Schuldrecht AT/BT für BWL'er	
118.01	*14,80 €*
Die wichtigsten Fälle:	
GesR, GoA, BereicherungsR für BWL'er	
118.02	*14,80 €*

Skripten Assessor-Basics

Trainieren Sie mit uns genau das, was Sie im 2. Staatsexamen erwartet. Die Themenbereiche der Assessor-Basics sind alle examensrelevant. So günstig erhalten Sie nie wieder eine kleine Bibliothek über das im 2. Staatsexamen relevante Wissen. Die Skripten dienen als Nachschlagewerk, sowie als Anleitung zum Lösen von Examensklausuren.

Theoriebände
Die Zivilrechtliche Anwaltsklausur/Teil 1:	
410.0004	*18,60 €*
Das Zivilurteil	
410.0007	*18,60 €*
Die Strafrechtsklausur im Assessorexamen	
410.0008	*18,60 €*
Die Assessorklausur Öffentliches Recht	
410.0009	*18,60 €*

Klausurentraining (Fallsammlung)
Zivilurteile (früher. Zivilprozess)	
410.0001	*18,60 €*
Arbeitsrecht	
410.0003	*18,60 €*
Strafprozess	
410.0002	*18,60 €*
Zivilrechtliche Anwaltsklausuren/Teil 2:	
410.0005	*18,60 €*
Öffentlichrechtl. u. strafrechtl. Anwaltsklausuren	
410.0006	*18,60 €*

in Vorbereitung: Skript FGG-Verfahren

Karteikarten Assessor-Basics

Zivilprozessrecht im Überblick	
41.10	*19,80 €*
Strafrecht im Überblick	
41.20	*19,80 €*
Öffentliches Recht im Überblick	
41.30	*19,80 €*
Familien- und Erbrecht im Überblick	
41.40	*19,80 €*

Coach dich!
Rationales Effektivitäts-Training zur Überwindung
emotionaler Blockaden

70.05   *19,80 €*

Lebendiges Reden (inkl. CD)
Wie man Redeangst überwindet und die Geheimnisse
der Redekunst erlernt.

70.06   *21,80 €*

Die praktische Lern-Karteikartenbox
- Maße der Lernbox mit Deckel:
  je 160 mm x 65 mm x 120 mm
- für alle Karteikarten, auch für die Übersichtskarteikarten
- inclusive Lernreiter als Sortierhilfe:
  In 5 Schritten zum Langzeitgedächtnis

28.01   *1,99 €*

Der Referendar
24 Monate zwischen Genie und Wahnsinn

Das gesamte nicht-examensrelevante Wissen über Trink-
versuche, Referendarsstationen, Vorstellungsgespräch... von
Autor und Jurist Jörg Steinleitner. Humorvoll und sprach-
lich spritzig! 250 Seiten im Taschenbuchformat

70.01   *8,90 €*

Der Rechtsanwalt
Meine größten (Rein-) Fälle

Die im vorliegenden Band vereinigten Kolumnen erschienen in der Zeitschrift Life&LAW unter dem Titel: „Voll, der
Jurist". Steinleitner hat sie für die Buchausgabe überarbei-
tet und ergänzt. 250 Seiten im Taschenbuchformat

70.02   *9,90 €*

Orig. Klausurenblock
DinA 4, 80 Blatt, Super praktisch
- Wie in der Prüfung wissenschaftlicher Korrekturrand,
  1/3 von links
- glattes Papier zum schnellen Schreiben
- Klausur schreiben, rausreißen, fertig

KL 1		*2,49 €*
S 805	*DinA 4, 80 Blatt, 5er Pack*	*11,80 €*
S 810	*DinA 4, 80 Blatt, 10er Pack*	*22,80 €*

Life&Law - die hemmer-Zeitschrift
Die Life&Law ist eine monatlich erscheinende Ausbildungs-
zeitschrift. In jeder Ausgabe werden aktuelle Entscheidungen im Bereich des Zivil- , Straf- und Öffentlichen Rechts
für Sie aufbereitet und klausurtypisch gelöst.

Die Gesetzesbox
- stabile Box aus geprägtem Kunstleder mit
  Magnetverschluss
- Schutz für Ihre Gesetzestexte (Schönfelder und
  Sartorius), innen und außen gepolstert
- Box und Leseständer in einem, abwaschbar, leicht

28.05   *24,80 €*

Intelligentes Lernen: Wiederholungsmappe
Kaum etwas ist frustrierender, als sich in mühseliger Arbeit
Wissen anzueignen, nur um wenige Zeit später festzustellen, dass das Meiste wieder vergessen wurde. Anstatt sein
Wissen konstant auszubauen, wird ein und dasselbe immer
wieder von neuem angegangen. Ein solches Vorgehen hat
nur einen geringen Lernerfolg. Aber auch Motivation und
Konzentrationsfähigkeit leiden unter diesem ständigen
„Ankämpfen" gegen das Vergessen. Von Spaß am Lernen
kann keine Rede sein. Mit dieser Wiederholungsmappe
möchten wir diesem Problem beim Lernen entgegentre-
ten. Mit einem effektiven Wiederholungsmanagement
werden Sie Ihr Wissen beständig auf einem hohen Niveau
halten. Wiederholungsmappe inklusive Übungsbuch und
Mindmaps

75.01   *9,90 €*

Jurapolis - das hemmer-Spiel
Mit Jurapolis lernen Sie Jura spielerisch.

Die mündliche Prüfungssituation wird spielerisch trainiert. Sie
trainieren im Spiel Ihre für die mündliche Prüfung so wichti-
ge rhetorische Fähigkeiten. Vergessen Sie nicht, auch im
Mündlichen wird entscheidend gepunktet.
Inklusive Karteikartensatz (ohne Übersichtskarteikarten und
Shorties) nach Wahl, bitte bei Bestellung angeben!
Lässt sich auch mit eigenen Karteikarten spielen!

40.01   *30,00 €*

Im hemmer.card Magazin wird dem Leser Wissenswertes
und Interessantes rund um die Juristerei geboten.
Als hemmer-Kursteilnehmer/in (auch ehemalige) erhalten
Sie die Life&LAW zum Vorzugspreis von 5,- € mtl.

Art.Nr.: AboLL (ehem. Kurs-Teilnehmer)	*5,00 €*
Art.Nr.: AboLL (nicht Kurs-Teilnehmer)	*6,00 €*

Life&LAW Jahrgangsband

Art.Nr.: LLJ	*1999 - 2005*	*je 50,00 €*
bitte Jahrgang angeben		
Art.Nr.: LLJ05	*2006*	*80,00 €*
Art.Nr.: LLE	*Einband für Life&LAW*	*je 6,00 €*
bitte Jahrgang angeben		

Der Jahreskurs

Würzburg - Augsburg - Bayreuth - Berlin-Dahlem - Berlin-Mitte - Bielefeld - Bochum - Bonn - Bremen - Dresden - Düsseldorf - Erlangen - Frankfurt/M - Frankfurt/Oder - Freiburg - Gießen - Göttingen - Greifswald - Halle - Hamburg - Hannover - Heidelberg - Jena - Kiel - Köln - Konstanz - Leipzig - Mainz - Mannheim - Marburg - München - Münster - Osnabrück - Passau - Potsdam - Regensburg - Rostock - Saarbrücken - Stuttgart - Trier - Tübingen

Unsere Jahreskurse beginnen jeweils im Frühjahr (März) und im Herbst (September).

In allen Städten ist im Kurspreis ein Skriptenpaket integriert:

Bereits mit der Anmeldung wählen Sie 12 Produkte (Skripten oder Karteikarten) kursbegleitend:

- ✔ daher frühzeitig sich anmelden!
- ✔ sich einen Kursplatz sichern
- ✔ mit den Skripten / Karteikarten lernen
- ✔ Life&Law im Kurspreis integriert
- ✔ keine Kündigungsfristen

Juristisches Repetitorium
examenstypisch **hemmer** anspruchsvoll

umfassend

Karl Edmund Hemmer / Achim Wüst

Gewinnen Sie mit der „HEMMER-METHODE"!

Wer in vier Jahren sein Studium erfolgreich abschließen will, kann sich einen Irrtum im Hinblick auf Examensvorbereitung und Ausbildungsmaterial nicht leisten!

Ihr Ziel: Sie wollen ein gutes Examen:

Stellen Sie frühzeitig die Weichen richtig. Trainieren Sie unter professioneller Anleitung das, was Sie im Examen erwartet. Dazu hat Ihre Ausbildung den Ansprüchen des Examens zu entsprechen. Um das Examen sicher zu erreichen, müssen Sie wissen, mit welchem Anforderungsprofil Sie im Examen zu rechnen haben.
Die Kunst, eine gute Examensklausur zu schreiben, setzt voraus:

Problembewusstsein

„Problem erkannt, Gefahr gebannt". Ein zentraler Punkt ist das Prinzip, an authentischen Examensproblemen zu lernen. Anders als im wirklichen Leben gilt: „Probleme schaffen, nicht wegschaffen".

Juristisches Denken

Dazu gehört die Fähigkeit,

- ✔ komplexe Sachverhalte in ihre Bestandteile zu zerlegen (assoziative Textauswertung),
- ✔ die notwendigen rechtlichen Erörterungen anzuschließen,
- ✔ Einzelprobleme zueinander in Beziehung zu setzen,
- ✔ zu einer schlüssigen Klausurlösung zu verbinden und
- ✔ durch ständiges Training wiederkehrende examenstypische Konstellationen zu erfassen.

Grundlegende Fehler werden so vermieden.

Abstraktionsvermögen

Die Gesetzessprache ist abstrakt. Der Fall ist konkret. Nur wer über das notwendige Abstraktionsvermögen verfügt, ist in der Lage, die für die Falllösung erforderliche Transformationsleistung zu erbringen. Diese Fähigkeit wird geschult durch methodisches Lernen.

Sprachsensibilität

Damit einhergehend ist Genauigkeit und Klarheit in der Darstellung, Plausibilität und Überzeugungskraft erforderlich.

Was macht das Juristische Repetitorium Hemmer so erfolgreich?

In allen drei Rechtsgebieten gilt: Examenstypisches, umfassendes und anspruchsvolles Lernsystem.

1. Kein Lernen am einfachen Fall:

Grundfall geht an Examensrealität vorbei!

Hüten Sie sich vor Übervereinfachung beim Lernen! Unterfordern Sie sich nicht. Die Theorie des einfachen Grundfalles nimmt zwar als psychologischer Aspekt die Angst vor Falllösungen, die Examensreife kann aber so nicht erlangt werden. Es fehlt die Einbindung des gelernten Teilwissens in den Kontext des großen Falls. Ein vernetztes Lernen findet nicht statt. Außerdem: Für den Grundfall brauchen Sie kein Repetitorium. Sie finden ihn in jedem Lehrbuch. Die Methode der Reduzierung juristischer Sachverhalte auf den einfachen Grundfall bzw. das Schema entspricht weder in der Klausur noch in der Hausarbeit der Examensrealität. Sie müssen sich folglich das notwendige Anwendungswissen für das Examen selbst aneignen. Schablonenhaftes Denken ist im Examen gefährlich. Viele lernen nur nach dem Prinzip „Aufschieben und Hinauszögern" von zu erledigenden Aufgaben. Dies erweist sich als Form der Selbstsabotage. Wer sich überwiegend mit Grundfällen und dem Auswendiglernen von Meinungen beschäftigt, dem fehlt am Schluss die Zeit, Examenstypik einzutrainieren.

2. Kein Lernen am Rechtsprechungsfall mit Literaturmeinung

Rechtsprechungsfall entspricht nicht der Vielschichtigkeit des Examensfalls

Zwar ermöglicht dies Einzelprobleme leichter als durch Lehrbücher zu erlernen, es fehlt aber eine den Examensarbeiten entsprechende Vielschichtigkeit.

Außerdem besteht die Gefahr des Informationsinfarkt. Viel Wissen garantiert noch lange nicht, auch im Examen gut abzuschneiden. Maßgeblich ist die Situationsgebundenheit des Lernens. Wer sich examenstypisch am großen Fall Problemlösungskompetenz unter Anleitung erarbeitet, reduziert die Informationsmenge auf das Wesentliche.

Durch richtiges Lernen mit einem ausgesuchten, am Examen orientierten Fallmaterial verschaffen Sie sich mehr Freizeit. Nur wer richtig lernt, erspart sich auch Zeit. Weniger ist häufig mehr!

Die Examensklausuren und noch mehr die Hausarbeiten sind so konstruiert, dass die notwendige Notendifferenzierung ermöglicht wird. Die Examensrealität ist damit in der Regel anders als der einfache Rechtsprechungsfall. Examensfälle sind anspruchsvoll.

3. hemmer-Methode: Lernen am examenstypischen „großen" Fall

Wir orientieren uns am Niveau von Examensklausuren, weil sich gezeigt hat, dass traditionelle Lehr- und Lernkonzepte den Anforderungen des Examens nicht entsprechen. Der Examensfall und damit der große Fall ist eine konstruierte Realität, auf die es sich einzustellen gilt.

Examen ist eine konstruierte Realität

Die „HEMMER-METHODE" ist eine neue Lernform und holt die Lernenden aus ihrer Passivität heraus. Mit gezielten, anwendungsorientierten Tipps unterstützen wir vor allem die wichtige Sachverhaltsaufbereitung und damit Ihre Examensvorbereitung.

Jura ist ein Sprachspiel

Denken Sie daran, Jura ist ein Spiel und zuallererst ein *Sprachspiel*, auch im Examen.

Es kommt auf den richtigen Gebrauch der Worte an.

Lernen Sie mit uns einen genauen und reflektierten Umgang mit der juristschen Sprache. Dies heißt immer auch, genau denken zu lernen. Profitieren Sie dabei von unserem Erfahrungswissen. Die juristische Sprache ist erlernbar. Wie Sie sie sinnvoll erlernen, erfahren Sie in unseren Kursen. Statt reinem Faktenwissen erhalten Sie Strategie- und Prozesswissen. „Schach dem Examen!."

Spaß mit der Arbeit am Sachverhalt

Die genaue Arbeit am Sachverhalt bringt Spaß und hat sich als sehr effizient für das juristische Verständnis von Fallkonstellationen herausgestellt. Dabei ist zu beachten, dass die juristische Sprache eine Kunstsprache ist. Wichtig wird damit die Transformation:

So erklärt der Laie in der Regel in der Klausur nicht: „Ich fechte an, ich trete zurück", sondern „Ich will vom Vertrag los".

Lernen Sie, den Sachverhalt richtig zu lesen. Steigern Sie Ihre Leseaufmerksamkeit. Gehen Sie deshalb gründlich und liebevoll mit dem Sachverhalt um, und verlieren Sie sich dabei nicht in Einzelheiten. Letztlich geht es um die Wahrnehmungsfähigkeit: Was ist im Sachverhalt des Examensfalles angelegt und wie gehe ich damit um („Schlüssel-Schloß- Prinzip"). Der Sachverhalt gibt die Problemfelder vor. Entgehen Sie der Gefahr, dass Sie „ein Weihnachtsgedicht zu Ostern vortragen."

Trainieren von denselben Lerninhalten in verschiedenen Anwendungssituationen

Juristerei setzt eine gewisse Beweglichkeit voraus, d.h. jeder Fall ist anders, manchmal nur in Nuancen. Akzeptieren Sie: Jeder Fall hat einen experimentellen Charakter. Trainieren Sie Ihr bisheriges Wissen an neuen Problemfeldern. Dies verhindert, dass das Gelernte auf einen bestimmten Kontext fixiert wird. Trainieren Sie, dieselben Lerninhalte in verschiedene Anwendungssituationen einzubetten und aus unterschiedlichen Blickwinkeln zu betrachten. Denn wer einen Problemkreis von mehreren Seiten her kennt, kann damit auch flexibler umgehen. Verbessern Sie damit Ihre Transferleistung. Über das normale additive Wissen hinaus vermitteln wir sog. metabegriffliches Wissen, d.h. bereichsübergreifendes Wissen.

Modellhaftes Lernen

Modellhaftes Lernen schafft Differenzierungsvermögen, ermöglicht Einschätzungen und fördert den Prozess der Entscheidungsfindung. Seien Sie kritisch gegenüber Ihren Ersteinschätzungen. Eine gewisse Veränderungsbereitschaft gehört zum Lernprozess. Überprüfen Sie Ihr Wertungssystem auch im Hinblick auf das Ergebnis des Falles.

Hüten Sie sich vor zu starkem Routinedenken und damit vor automatisierten Mustern. Fragen Sie sich stets, ob Sie mit Ihren Annahmen den Fall weiterlösen können oder ob Sie in eine Sackgasse geraten.

Assoziationsmethode als erste „Herangehensweise": Hypothesenbildung

Mit der Assoziationsmethode lehren wir in unseren mündlichen Kursen, wie Sie die zentralen Probleme des Falles angehen und ausdeuten. Dabei wird die Bedeutung nahezu aller Worte untersucht. Durch frühe Hypothesenbildung werden alle für die Falllösung möglichen Problemkonstellationen durchgespielt. Die spätere gezielte Selektion führt dazu, dass die für den konkreten Sachverhalt abwegigen Varianten ausscheiden (Prinzip der Retardation bzw. der negativen Evidenz). Die übriggebliebenen Hypothesen bestimmen die Lösungsstrategie.

Wichtigste Arbeitsphase = Problemaufriss

Die erste Stunde, der Problemaufriss, ist die wichtigste Stunde. Es werden die Weichen für die spätere Niederschrift gestellt. Wenn Sie die Klausur richtig erfassen (den „roten Faden"/die „main street"), sind Sie zumindest auf der sicheren Seite und schreiben nicht an der Klausur vorbei.

4. Ersteller als „imaginärer" Gegner

Dialog mit dem Klausurersteller

Der Ersteller des Examensfalles hat auf verschiedene Problemkreise und ihre Verbindung geachtet. Der Ersteller als Ihr „imaginärer Gegner" hat, um Notendifferenzierungen zu ermöglichen, verschiedene Problemfelder unterschiedlicher Schwierigkeit versteckt. Der Fall ist vom Ersteller als kleines Kunstwerk gewollt. Diesen Ersteller muss der Student als imaginären Gegner bei seiner Falllösung berücksichtigen. Er muss also versuchen, sich in die Gedankengänge, Annahmen und Ideen des Erstellers hineinzudenken, und dessen Lösungsvorstellung wie im Dialog möglichst nahe zu kommen. Je ideenreicher Ihre Ausbildung verläuft, desto mehr Möglichkeiten erkennen Sie im Sachverhalt. Die Chance, eine gute Klausur zu schreiben, wird größer.

Wir fragen daher konsequent bei der Fall-lösung:

- ✔ Was will der Ersteller des Falles („Sound")?
- ✔ Welcher „rote Faden" liegt der Klausur zugrunde („main-street")?
- ✔ Welche Fallen gilt es zu erkennen?
- ✔ Wie wird bestmöglicher Konsens mit dem Korrektor erreicht?

Die Falllösung wird dann nicht durch falsches Schablonendenken geprägt, vielmehr zeigen Sie, dass Sie gelernt haben, mit den juristischen Begriffen umzugehen, dass es nicht nur auswendig gelernte Begriffe sind, sondern dass Sie sich darüber im Klaren sind, dass der Begriff immer erst in der konkreten Anwendung seine Bedeutung gewinnt.

Unterfordern Sie sich nicht! Lernen Sie nicht auf zu schwachem Niveau. Zwar ist „der Einäugige unter den Blinden König". Die Einäugigkeit rächt sich aber spätestens im Examen. Ziel jeden guten Unterrichts muss eine realistische Selbsteinschätzung der Hörer sein.

Problemorientiertes Lernen, unterstützt durch Experten Wichtig ist, mit der Assoziationsmethode im richtigen sozialen Kontext zu lernen, denn gemeinsames Lernen in Gruppen ist nicht nur motivierend, sondern auch effektiv. Nehmen Sie an einer Atmosphäre teil, in der Sie sinnvoll Erfahrungsaustausch, Meinungsvielfalt und Kontakt mit Experten erfahren. Maßgeblich ist die gezielte Unterstützung. Wir geben das Niveau vor. Achten Sie stets darauf, dass die Lernsituation anwendungsbezogen bleibt und der Vielschichtigkeit des Examens entspricht. Unser Repetitorium spricht den Juristen an, der sich am Prädikatsexamen orientiert. Insoweit profitieren Sie auch vom Interesse und Wissensstand der anderen Kursteilnehmer.

Gefahr bei Kleingruppen Hüten Sie sich vor sog. „Kleingruppen". Dort besteht die Gefahr, dass Schwache und Nichtmotivierte den Unterricht allzusehr mitbestimmen: „Der Schwächste bestimmt das Niveau!" Wichtig ist doch für Sie, auf welchem Niveau (was und wie) die Auseinandersetzung mit der Juristerei stattfindet. Wer nur

auf vier Punkte lernt, landet leicht bei drei Punkten!

Soviel ist klar: Wie Sie lernen, beeinflusst Ihr Examen. Weniger bekannt ist, dass das Fehlen bestimmter Informationen das Examen verschlechtert.

Glauben Sie an die eigene Entwicklungsfähigkeit, schöpfen Sie ihr Potential aus.

5. Spezielle Ausrichtung auf Examenstypik

Im Trend des Examens Dies hat weiterhin den Vorteil, dass wir voll im Trend des Examens liegen. Die Thematik der Examensfälle ist bei uns auffällig häufig vorher im Kurs behandelt worden. Auch in Zukunft ist damit zu rechnen, dass wir mit Ihnen innerhalb unseres Kurses die Themen durchsprechen, die in den nächsten Prüfungsterminen zu erwarten sind.

6. „Gebrauchsanweisung"

Vertrauen Sie auf unsere Expertenkniffe. Die **„HEMMER-METHODE"** setzt richtungsweisende Maßstäbe und ist Gebrauchsanweisung für Ihr Examen.

Der Erfolg gibt uns recht!

Examensergebnisse Die Examenstermine zeigen, dass **unsere Kursteilnehmer** überdurchschnittlich abschneiden; z.B. Würzburg, Ergebnisse **1991-2006:** 15,08 (Landes**bester**); 14,95* (**Bester** des Termins 2006 I in Würzburg); 14,79*; 14,7* (**Beste** des Termins 98 I); 14,66* (**Bester** des Termins 2006 II in Würzburg); 14,3* (Landes**bester**); 14,25* (**Bester** des Termins 2005 II); 14,16* (**Beste** des Termins 2000 II), 14,08* (**Beste** des Termins in Würzburg 96 I); 14,08 (Landes**bester**); 14,04* (**Bester** des Termins 2004 II); 13,87; 13,83*; 13,8*; 13,75* (**Bester** im Termin 99/II in Würzburg); 13,75*; 13,7 (7. Semester, **Bester** des Termins in Würzburg 95 II); 13,66* (**Bester** des Termins 97 I, 7. Semester); 13,6*; 13,54*, 13,41*, 13,4*; 13,3* (**Beste** des Termins 93 I in Würzburg); 13,3* (**Bester** des Termins 91 I in Würzburg), 13,29*; 13,2* (**Bester** des Termins 2001 I in Würzburg); 13,2; 13,12*; 13,08* (**Bester** des letzten Termins 2002 I in Würzburg), 13,04*; 13,02* (**Bester** des Termins 95 I in Würzburg); 13,0; 12,91* (**Bester** des Termins 99 I in Würzburg); 2 x 12,87* (7. Semester); 12,83* (**Bester** des Termins 2004 I);

12,8*; 12,79*; 12,75*; 12,62; 12,6; 12,6*; 12,6; 12,58*; 12,54*; 12,54*, 12,5*; 12,41; 12,37* (7. Semester); 12,3*; 12,25*; 12,2; 12,2*; 12,18; 12,12*; 12,12; 12,1; 12,08; 12,08*; 12,06; 12,04* (**Beste** des Termins 98 II; Ergebnis Februar '99); 12,0*; 12,0*; 12,0*; 12,0*; 12,0*; 12,0*; 11,83; 11,8; 11,79*; 11,75*; 11,75; 11,75; 11,6; 11,58*; 11,54*; 11,5*; 11,5;...

(*hemmer-Mitarbeiter bzw. ehemalige hemmer-Mitarbeiter)

Ziel: solides Prädikatsexamen Lassen Sie sich aber nicht von diesen „Supernoten" verschrecken. Denn unsere Hauptaufgabe sehen wir nicht darin, nur Spitzennoten zu produzieren: Wir streben ein solides Prädikatsexamen an. So erreichten z.B. schon im ersten Durchgang unsere Kursteilnehmer in Leipzig (Termin 1994 II) bereits nach dem Schriftlichen einen Schnitt von 8,6 Punkten, wobei der Gesamtdurchschnitt aller Kandidaten nur 5,46 Punkte betrug (Quelle: Fachschaft Jura Leipzig, »Der kleine Advokat«, April 1995). Aber am allerwichtigsten für uns ist: Unsere Durchfallquote ist äußerst gering!

Regelmäßiges Training an examenstypischem Material zahlt sich also aus.

Spitzennoten von Mitarbeitern Dies zeigt sich auch z.B. bei unseren Verantwortlichen: In jedem Rechtsgebiet arbeiteten Juristen mit, die ihr Examen mit **„sehr gut"** bestanden haben.

Professionelle Vorbereitung zahlt sich aus. Noten unserer Kursleiter (ehemalige Kursteilnehmer in Würzburg) im bayerischen Staatsexamen, wie **13,5, 13,4** und **12,9** und andere mit „gut" sind Ihr Vorteil. Nur wer selbst gut ist, weiß auf was es im Examen ankommt. Nur so wird gutes Material erstellt.

Die Ergebnisse unserer Kursteilnehmer im Ersten Staatsexamen können auch Vorbild für Sie sein. Motivieren Sie sich durch Ihre guten Mitkursteilnehmer/innen. Lassen Sie sich daher nicht von unseren Supernoten verschrecken, sehen Sie dieses Niveau als Anreiz für Ihr Examen. „Wer nur in der C-Klasse spielt, bleibt in der C-Klasse."

Wir sind für unser Anspruchsniveau bekannt.